GUIDES VOIR

ÉGYPTE

W0319050

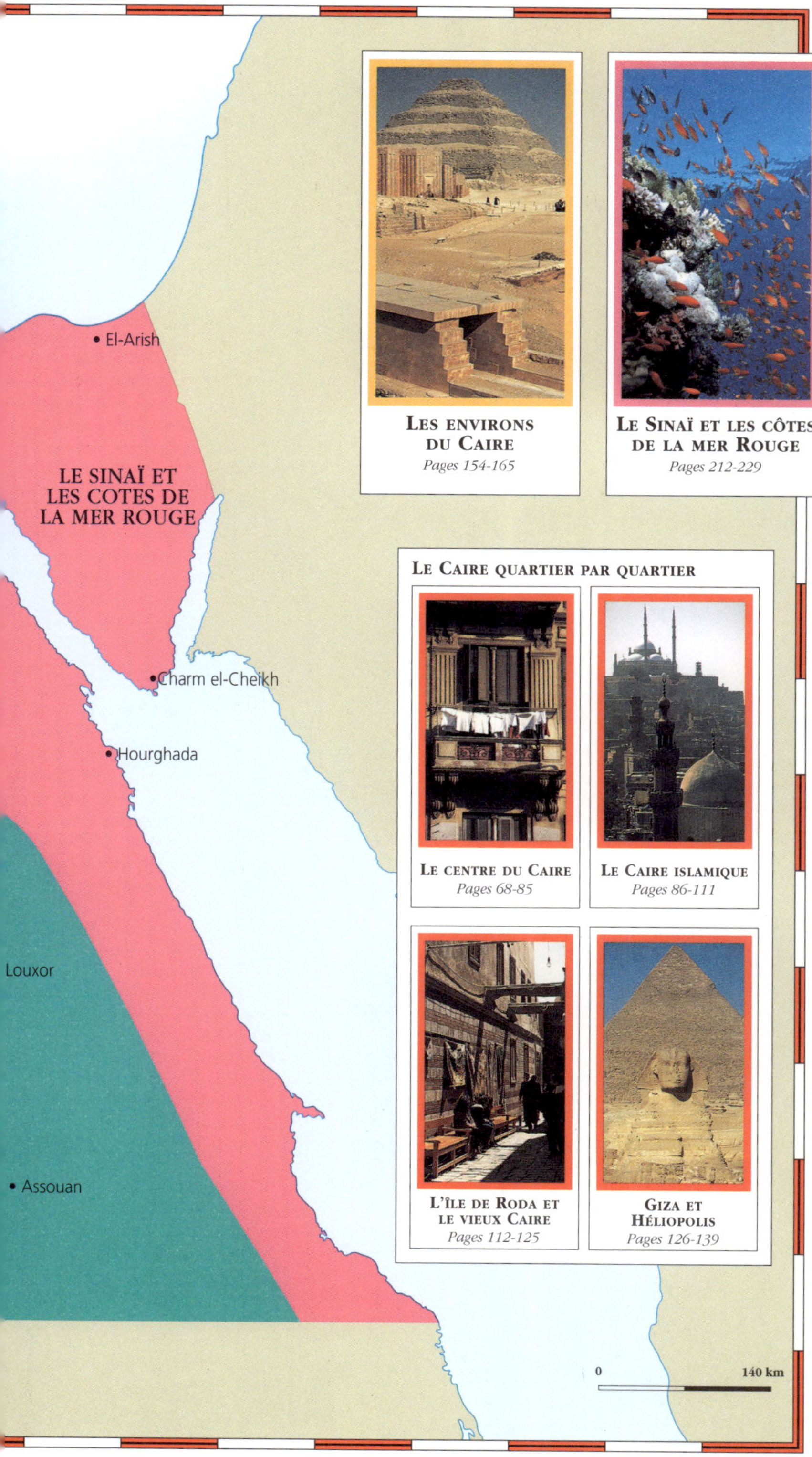

Le Caire quartier par quartier

GUIDES VOIR

ÉGYPTE

HACHETTE

HACHETTE TOURISME
43, quai de Grenelle, 75905 Paris Cedex 15

DIRECTION
Cécile Boyer-Runge

RESPONSABLE DE PÔLE
Amélie Baghdiguian

ÉDITION
Catherine Laussucq

TRADUIT ET ADAPTÉ DE L'ANGLAIS PAR
Dominique Darbois Clous
avec la collaboration de Lene Lasry

MISE EN PAGE (PAO)
Anne-Marie Le Fur

CE GUIDE VOIR A ÉTÉ ÉTABLI PAR
Jane Dunford, Dr Joann Fletcher,
Andrew Humphreys, Kyle Pakka

www.dk.com

Publié pour la première fois en Grande-Bretagne
en 2001, sous le titre : *Eyewitness Travel Guides : Egypt*
© Dorling Kindersley Ltd., London 2001, 2005
© Hachette Livre (Hachette Tourisme) 2002
pour la traduction et l'édition française
Cartographie © Dorling Kindersley 2001, 2005

Tous droits de traduction, d'adaptation
et de reproduction réservés pour tous pays.
La marque Voir est une marque déposée.

Conformément à une jurisprudence constante (Toulouse 14. 01. 1887),
les erreurs ou omissions involontaires qui auraient pu subsister
dans ce guide, malgré nos soins et les contrôles de l'équipe de rédaction,
ne sauraient engager la responsabilité de l'éditeur.

IMPRIMÉ ET RELIÉ EN CHINE
PAR SOUTH CHINA PRINTING COMPANY

DÉPÔT LÉGAL : 49279, septembre 2005
COLLECTION 32 - Édition 01
ISBN : 2-01-240067-1
ISSN : 1246-8134
N° DE CODIFICATION : 24-0067-9

Aussi soigneusement qu'il ait été établi, ce guide
n'est pas à l'abri des changements de dernière heure.
Faites-nous part de vos remarques, informez-nous
de vos découvertes personnelles : nous accordons
la plus grande attention au courrier de nos lecteurs.

◁ **Guide local s'abritant du soleil au temple de Louxor, vallée du Nil**

Champs fertiles arrosés par le Nil à Loux

SOMMAIRE

La maison de la Radio vue de la tour du Caire

Le Caire quartier par quartier

Frise de fleurs de lotus de l'ancienne Égypte, symbole de renaissance

L'Égypte région par région

Les bonnes adresses

Oasis de Dakhla : étal de fruits avec la production locale

Église copte « suspendue » au Caire

Trekking dans le désert

Renseignements pratiques

Pied colossal à Ramesseum

COMMENT UTILISER CE GUIDE

Ce guide, plein de renseignements utiles et de conseils pratiques, vous aidera à profiter au mieux de votre séjour en Égypte. La *Présentation de l'Égypte* situe le pays dans son contexte géographique, historique et culturel. Dans *Le Caire* et les cinq chapitres régionaux, textes, cartes et illustrations présentent les principaux sites. De nombreuses rubriques traitent de sujets aussi variés que la cuisine, la faune, les hiéroglyphes et la mythologie. Les *Bonnes adresses* fournissent des informations sur les hôtels et les restaurants. Les *Renseignements pratiques* regroupent toutes sortes d'informations et de conseils utiles, par exemple concernant le change, le téléphone ou l'usage des transports locaux.

LE CAIRE QUARTIER PAR QUARTIER

Nous avons divisé la ville en trois sections, traitées chacune dans un chapitre. Les quartiers périphériques de Giza et Héliopolis sont regroupés dans un dernier chapitre. Tous les sites sont indiqués sur le plan du chapitre, et numérotés. Les renseignements sur les sites sont faciles à trouver, ils suivent l'ordre de la numérotation du plan.

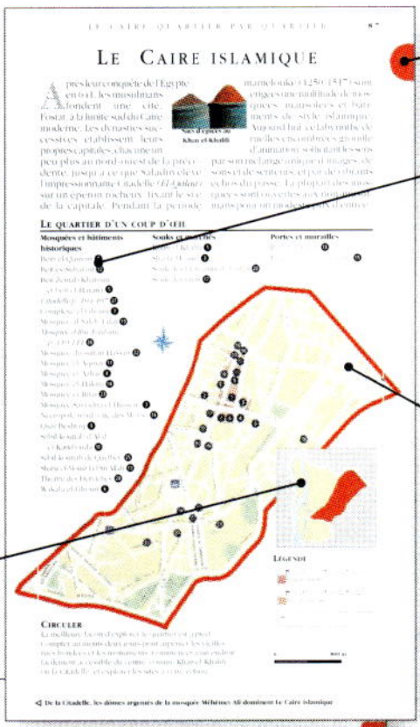

Un repère rouge signale toutes les pages concernant Le Caire.

Le quartier d'un coup d'œil répertorie les sites du chapitre, par catégories : rues et places, sites religieux, musées, mosquées et monuments historiques.

1 Plan général du quartier
*Pour un repérage facile, les sites sont signalés et numérotés sur cette carte. Les sites du centre-ville figurent aussi dans l'*Atlas des rues *du* Caire *(p. 140-149).*

Une carte de situation permet de se repérer par rapport aux autres quartiers.

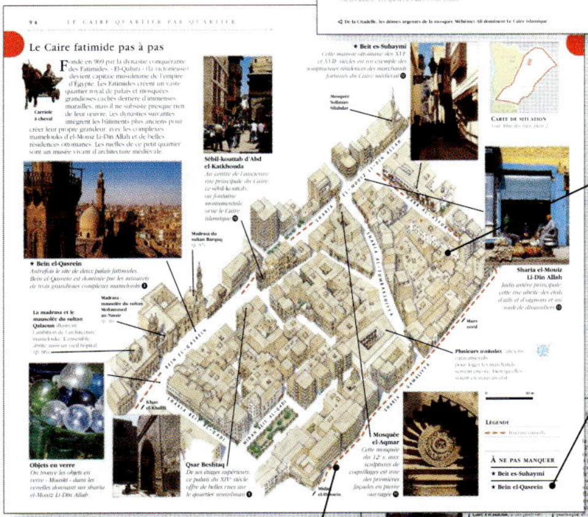

2 Plan du quartier pas à pas
Il offre une vue aérienne du cœur de chaque quartier.

Les étoiles signalent les sites et œuvres à ne pas manquer.

Le meilleur itinéraire apparaît en rouge.

3 Renseignements détaillés
Les monuments y sont décrits individuellement, avec une foule d'informations : adresses, heures d'ouverture, tarifs, possibilité de photographier, visites guidées, accès pour handicapés, liaison par transports publics.

L'ÉGYPTE RÉGION PAR RÉGION

Traitant Le Caire à part, nous avons divisé le pays en cinq régions, présentées par chapitres. Villes, sites religieux, monuments et autres points d'intérêt figurent sur une *carte illustrée.*

1 Introduction
Elle présente les paysages, l'histoire et le caractère de chaque région, montrant son évolution au cours des siècles et ce qu'elle offre aujourd'hui au visiteur.

2 Carte illustrée
Elle montre le réseau routier et offre une vue d'ensemble illustrée de la région. Tous les sites intéressants sont numérotés. Elle fournit aussi des conseils utiles pour circuler dans la région, en voiture ou par les transports publics.

Chaque région d'Égypte est facilement repérable grâce aux codes de couleur *(voir le rabat de couverture).*

3 Renseignements détaillés
Chaque ville importante, chaque site à visiter est décrit individuellement, en suivant la numérotation de la carte illustrée. *Pour chaque ville, les principaux sites et monuments sont présentés en détail.*

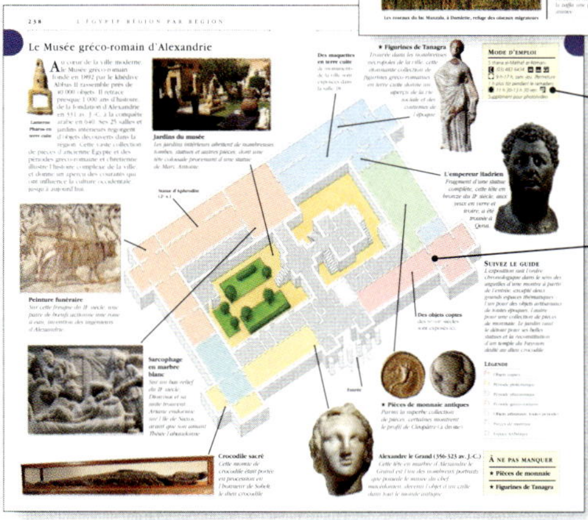

Le mode d'emploi vous aide à organiser votre visite.

4 Principaux sites d'Égypte
Des doubles pages leur sont réservées. Les coupes des bâtiments historiques en dévoilent l'intérieur. Certains sites sont présentés en vue aérienne, et leurs richesses essentielles mises en évidence.

PRÉSENTATION DE L'ÉGYPTE

L'Égypte dans son environnement

À l'angle nord-est de l'Afrique, l'Égypte, aux côtes baignées par la Méditerranée et la mer Rouge, voisine avec la Libye à l'ouest, Israël à l'est et le Soudan au sud. Le désert couvre plus de 90 % du pays. Ses 68 millions d'habitants peuplent surtout la vallée et le delta du Nil. Une minorité vit dans les oasis éparpillées dans l'intérieur désertique.

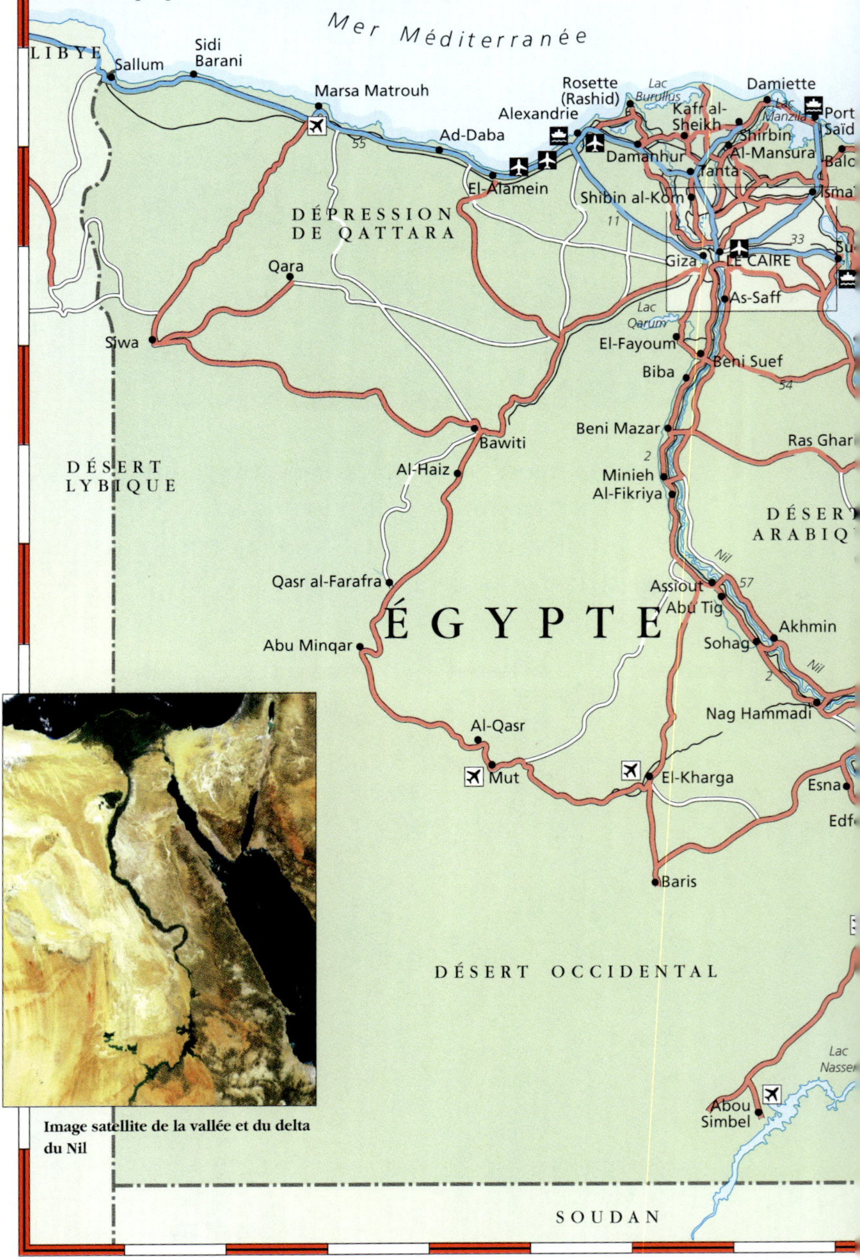

Image satellite de la vallée et du delta du Nil

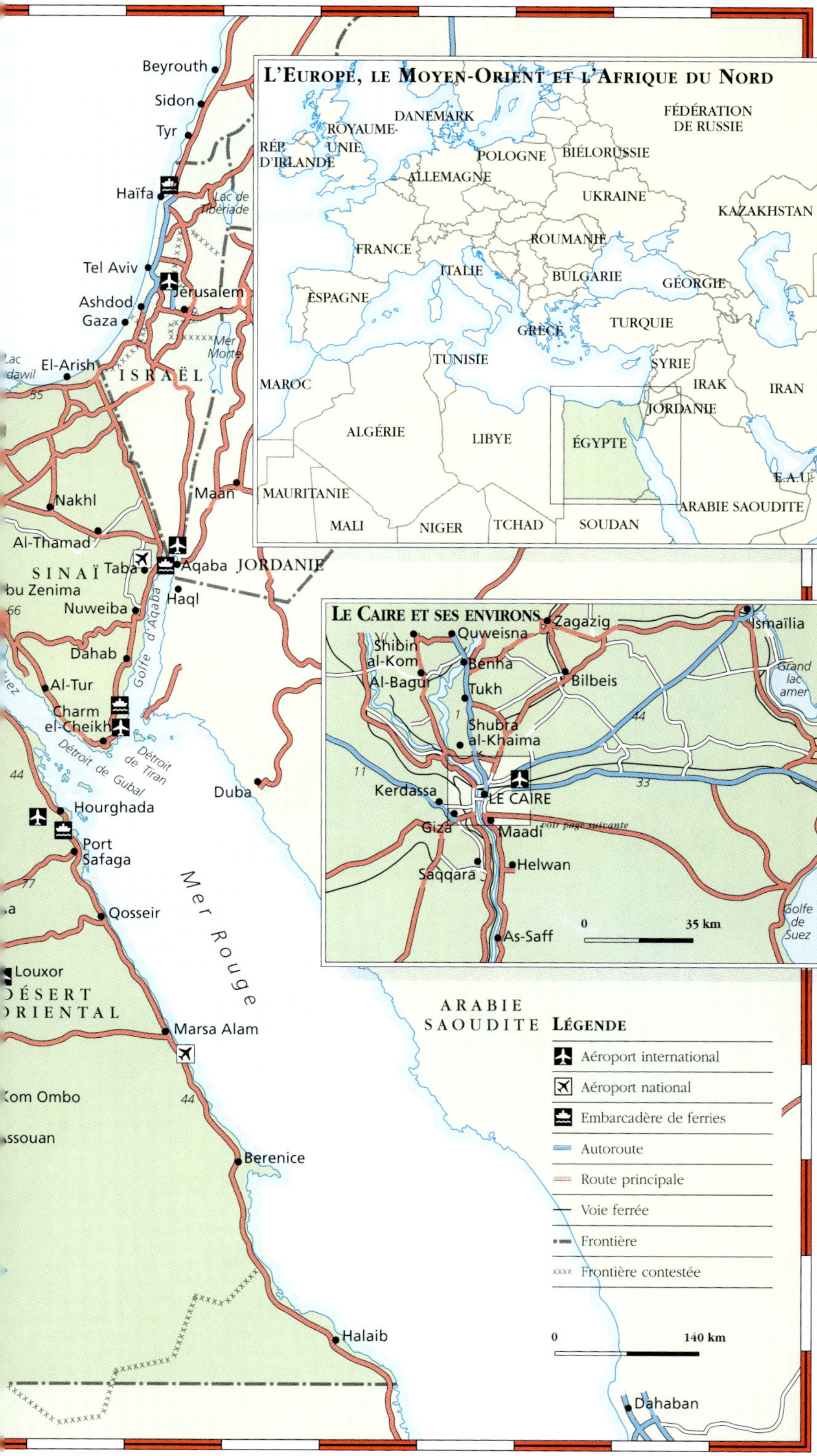

L'Europe, le Moyen-Orient et l'Afrique du Nord
FÉDÉRATION DE RUSSIE
DANEMARK
ROYAUME-UNIE
RÉP. D'IRLANDE
POLOGNE
BIÉLORUSSIE
ALLEMAGNE
UKRAINE
KAZAKHSTAN
FRANCE
ROUMANIE
ITALIE
BULGARIE
GÉORGIE
ESPAGNE
GRÈCE
TURQUIE
TUNISIE
SYRIE
MAROC
IRAK
IRAN
JORDANIE
ALGÉRIE
LIBYE
ÉGYPTE
E.A.U.
MAURITANIE
ARABIE SAOUDITE
MALI
NIGER
TCHAD
SOUDAN
Le Caire et ses environs
Zagazig
Ismaïlia
Quweisna
Shibin al-Kom
Benha
Al-Bagur
Tukh
Bilbeis
Grand lac amer
Shubra al-Khaima
Kerdassa
LE CAIRE
Giza
Maadi
voir page suivante
Helwan
Saqqara
As-Saff
Golfe de Suez
0 35 km
Beyrouth
Sidon
Tyr
Haïfa
Lac de Tibériade
Tel Aviv
Jérusalem
Ashdod
Gaza
Mer Morte
El-Arish
ISRAËL
Nakhl
Maan
Al-Thamad
SINAÏ
Taba
Aqaba
JORDANIE
Haql
Nuweiba
Golfe d'Aqaba
Dahab
Al-Tur
Charm el-Cheikh
Détroit de Gubal
Détroit de Tiran
Duba
Hourghada
Port Safaga
Mer Rouge
Qosseir
Louxor
Marsa Alam
Kom Ombo
Berenice
Halaib
ARABIE SAOUDITE
Dahaban
Légende
Aéroport international
Aéroport national
Embarcadère de ferries
Autoroute
Route principale
Voie ferrée
Frontière
Frontière contestée
0 140 km

Le Grand Caire

Bordant le Nil à environ 200 km au sud de la Méditerranée, le Grand Caire, capitale et plus grande ville de l'Égypte, couvre 457 km². Sa population compte environ 16 millions de personnes, ce qui en fait une des villes les plus peuplées du monde. Entre les collines de Moqattam à l'est et les pyramides de Giza (Guizèh) à l'ouest. Le Caire est la porte du delta fertile et du long chapelet de villes agricoles qui ponctuent le cours du Nil.

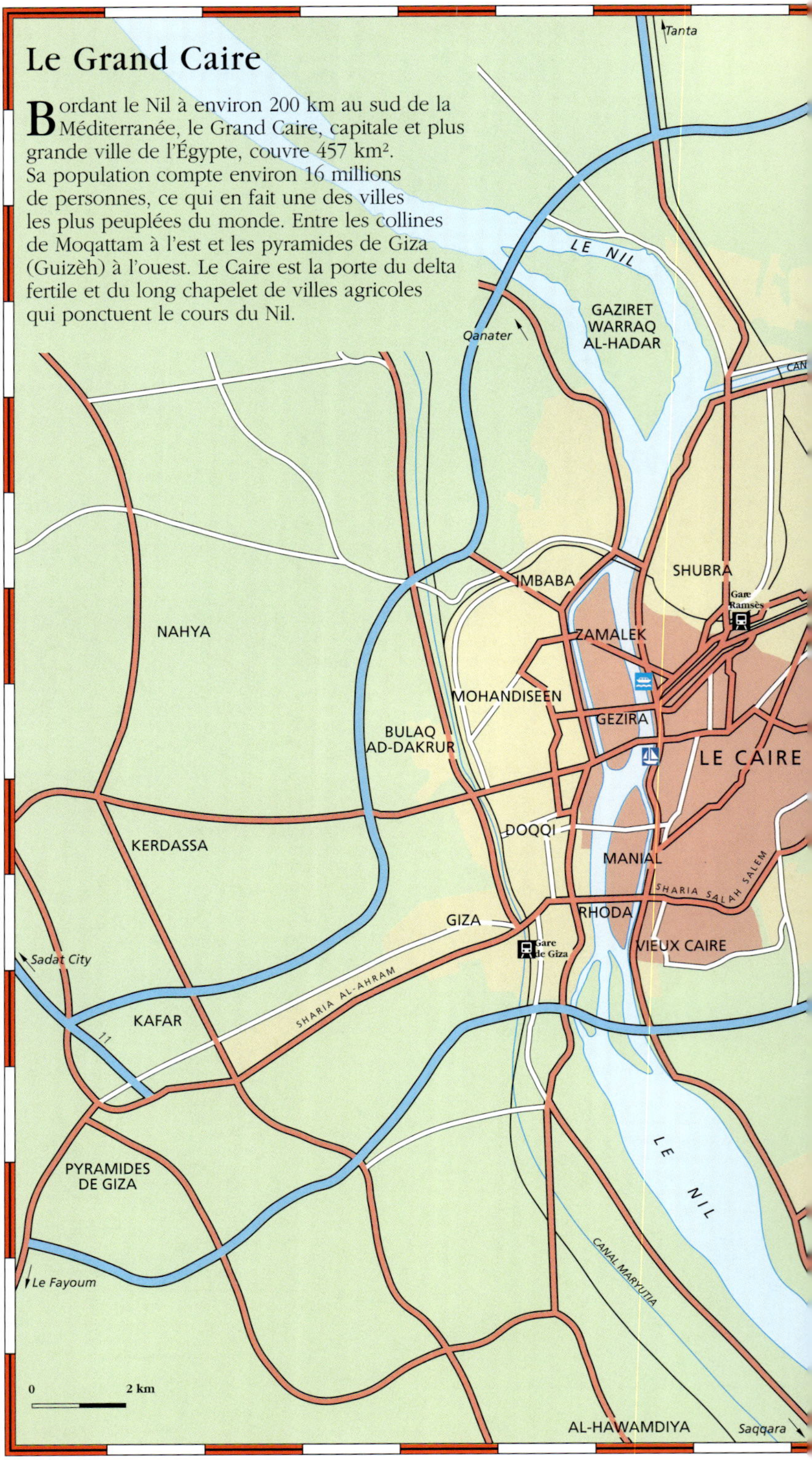

Les maisons du quartier islamique se pressent au pied de la citadelle

UNE IMAGE DE L'ÉGYPTE

En s'installant sur les rives fertiles du Nil, les anciens Égyptiens ont fondé une civilisation splendide et millénaire, dont les réalisations n'ont cessé de fasciner le monde. L'Égypte se tourne vers l'avenir mais ne peut ignorer son passé glorieux, et les contrastes qui en résultent font d'elle un pays unique et captivant.

Source de la fascination qu'exerce le pays, la civilisation de l'ancienne Égypte a fleuri sous le règne d'une trentaine de dynasties, d'environ 3000 av. J.-C. à 30 av. J.-C. La puissance du Nil a été le moteur essentiel du développement du royaume : sa crue annuelle, irriguant les terres et déposant son limon fertile, favorisait d'abondantes récoltes. Les Égyptiens pouvaient ainsi se consacrer au développement de leur savoir et de leur culture, créant une civilisation unique et sophistiquée. Au cours des millénaires, des vagues successives d'envahisseurs ont traversé l'Égypte : Perses, Grecs, Romains, croisés, Arabes et Turcs y laissant leur empreinte dans leur descendance. Aujourd'hui, la plupart des Égyptiens appartiendraient au groupe ethnique hamitique. Les tribus bédouines et berbères du désert, jadis nomades, descendent des Arabes. La communauté nubienne du sud (moins de 200 000 personnes) forme un troisième groupe.

Le pectoral de Toutankhamon (1336-1327 av. J.-C.)

LA VIE QUOTIDIENNE

Aujourd'hui encore, le Nil demeure l'artère vivante du pays : l'âpreté du pays force près de 96 % des Égyptiens à habiter soit le delta, soit la vallée du fleuve.

Le delta fertile du Nil, exemple mondial de culture intensive

◁ Marchandage pendant une foire aux chameaux, spectacle coloré et fascinant

Une felouque solitaire descend paisiblement le cours tranquille du Nil

Le cycle des crues a été arrêté en 1971 par l'achèvement du haut barrage d'Assouan, obligeant les *fellahs* (paysans) à recourir aux engrais artificiels. Mais la vie au bord du Nil se déroule aujourd'hui comme il y a des millénaires.

Le village traditionnel égyptien compte 500 à 10 000 habitants qui vivent au milieu de cultures intensives. Les maisons ne comportent en général qu'un ou deux niveaux. Chaque bourg a sa mosquée ou son église, parfois un pigeonnier coloré, quelques boutiques et un bâtiment administratif. La plupart des villageois vivent de l'agriculture et leurs silhouettes revêtues de la longue *galabiya* traditionnelle parsèment le paysage, travaillant durement les champs ou menant paître leurs bêtes, buffles, chèvres et moutons.

Bavardage au café, passe-temps favori des hommes égyptiens

La population urbaine est en progression rapide depuis les années 1980. Le grignotement progressif des terres agricoles et l'essor des industries de service dans les villes ont provoqué un exode rural massif. Les villes se sont formées de maisons à deux étages et d'immeubles à toit plat et balcons, souvent très serrés. La forte densité de la population génère aussi des problèmes de circulation. Noyé dans la cacophonie des moteurs et des Klaxon, Le Caire en est une démonstration flagrante.

La famille reste le noyau essentiel de cette société à tradition patriarcale. L'identité sociale d'un individu est intimement liée à sa place dans le réseau familial. Aujourd'hui, avec la dispersion croissante des personnes, l'idéal de la famille élargie vivant en communauté s'estompe. Mais des liens

Les Égyptiennes portent de plus en plus le foulard ou *hijab*

solides perdurent entre grands-parents, neveux, membres de la famille par alliance et autres membres, formant un tissu social dense et resserrant la communauté.

RELIGION ET CULTURE

La religion sous-tend tous les niveaux de la société. L'islam est proclamé religion officielle par la Constitution, et près de 90 % des Égyptiens sont des musulmans sunnites *(p. 91)*. Viennent ensuite les chrétiens, rattachés surtout à l'Église copte *(p. 122)*. Mais si l'on dit à un Égyptien, musulman ou chrétien « à demain », la réponse sera toujours *« Inch'Allah »*, à la grâce de Dieu. Le nombre des casinos, bars, night-clubs et stations balnéaires peut induire en erreur le touriste de passage. En fait les Égyptiens sont plutôt conservateurs, attachés à des valeurs religieuses et traditionnelles, surtout à la campagne. Le jeu et la consommation d'alcool en public sont mal vus. Il est rare de voir un Égyptien en short en dehors des plages.

Oum Khalsoum, en concert

Les femmes aussi sont presque toujours bien couvertes. Dans les années 1970, elles ont accédé à une plus grande indépendance et à l'éducation, venant grossir les rangs des travailleurs non agricoles. Beaucoup de musulmanes ont abandonné le *hijab*, ou foulard. Mais dans les années 1990, sous la pression croissante des conservateurs islamistes, elles ont repris des tenues plus sévères. Même au Caire, elles sont de plus en plus nombreuses à porter foulard et vêtements amples. Néanmoins, leur nombre sur le marché du travail est demeuré élevé.

Gouvernés par des étrangers pendant des millénaires, les Égyptiens n'ont conquis leur réelle indépendance qu'en 1952, quand Gamal Abdel Nasser a destitué le dernier souverain étranger et forgé pour son peuple une véritable identité. Malgré son climat d'agitation politique, l'Égypte connut alors une période de vitalité culturelle, quand Oum Khalsoum, la diva du monde arabe, chantait pour le peuple et que Naguib Mahfouz écrivait ses grands romans.

Les pyramides de Giza, un rappel permanent du passé dans Le Caire moderne

La tournée périlleuse du boulanger autour de la place Ataba, au Caire

Lauréat du prix Nobel en 1988, Mahfouz a donné un coup de fouet à la littérature égyptienne. Peu d'auteurs égyptiens remportent depuis un tel succès. Le boom démographique, allié à l'influence de la musique occidentale, a ouvert un marché à la musique pop de création locale. Mais dans les boutiques et les taxis de toute l'Égypte vibrent toujours les accents émouvants d'Oum Khalsoum. Le cinéma a connu son heure de gloire dans les années 1940 et 1950, quand les studios égyptiens tournaient des films pour tout le monde arabe. Hormis quelques films découverts à l'occasion de festivals internationaux, la production de qualité reste modeste.

POLITIQUE ET ÉCONOMIE

Après l'abolition de la monarchie en 1952, Nasser procède à la dissolution des partis politiques ; il présente en 1956 une nouvelle Constitution, instaurant la république d'Égypte. Son Union nationale, plus tard Union socialiste arabe (USA), devient parti unique. En 1971, une nouvelle Constitution déclare l'Égypte « État socialiste et démocratique », mais les autres partis ne seront autorisés qu'en 1977. Trois ans plus tard, l'USA est abolie. Aujourd'hui au pouvoir, le parti national démocrate (PND) d'Hosni Moubarak est le descendant direct de l'USA de Nasser. Le

Nasser, président de 1956 à 1970

Les tours du Caire moderne surplombent le Nil

système égyptien de « parti dominant » installe au pouvoir un grand parti au centre de l'éventail politique, sous la pression, de part et d'autre, des petits partis. Ce système réduit les possibilités de réformes radicales, mais permet au gouvernement d'avancer prudemment.

En réduction depuis dix ans, la dette nationale atteint néanmoins le double du budget de l'État. La première activité économique reste l'agriculture, qui emploie une grande part des travailleurs, nourrit l'essentiel du pays et fournit de précieux biens d'exportation, notamment le coton. Le projet du grand barrage a augmenté de milliers d'hectares la superficie cultivable et a répondu à un besoin criant d'énergie. Mais, dans le même temps, le développement industriel et urbain a englouti autant de terres, en grignotant les illustres traces du passé. Quoique ralentie, l'expansion démographique sape tous les efforts en matière économique. Au coté du tourisme, les minerais, le pétrole et le gaz sont d'autres importantes sources de richesses. En 1997, l'assassinat de 58 touristes *(p. 172)* a secoué le pays, faisant gravement chuter la fréquentation étrangère. Le nombre de visiteurs vient seulement de retrouver son niveau antérieur, et le gouvernement demeure très conscient des maux que pourraient engendrer de nouveaux troubles.

Le tracé d'une autoroute rencontre des tombeaux antiques

L'Égypte aujourd'hui

Étant donné la place de la tradition et de la religion dans la vie quotidienne, on peut s'étonner de l'influence grandissante de la technologie et du mode de vie occidentaux depuis dix ans. On trouve des fast-foods dans tout le pays. Mais cette invasion culturelle récente ne profite qu'à une minorité privilégiée, à cause du fossé qui semble infranchissable entre riches et pauvres. Pour aggraver les choses, la télévision et les films occidentaux ont eu un impact important sur la population, créant des attentes et générant du ressentiment chez les moins favorisés. Le spectacle des touristes profitant d'un luxe hors de portée de l'Égyptien moyen n'arrange rien. Néanmoins, le mélange fascinant de ses monuments anciens et de sa culture récente ainsi que l'hospitalité naturelle de ses habitants continuent à jouer en faveur de l'Égypte.

Près de la mer Rouge, superbes plages et soleil permanent attendent le visiteur

Découvrir l'Égypte ancienne

L'historien grec Hérodote

La splendeur et la durée de la civilisation égyptienne ancienne fascinent depuis toujours. Dès 1400 av. J.C, Touthmosis IV entreprend des fouilles à Giza. L'historien grec Hérodote rédige en 450 av. J.-C. un rapport détaillé de sa visite en Égypte. L'égyptologie moderne commence en 1798, quand Bonaparte commande une étude sur le pays. Le sujet connaît ensuite un succès grandissant. Depuis vingt ans, ordinateurs et microscopes électroniques ont pris le relais des pelles et des pioches.

***Les savants de Bonaparte**, durant l'occupation française (1798-1802), collectent le matériau de leur* Description de l'Égypte, *qui fera autorité.*

***Jean-François Champollion** (1790-1832), brillant linguiste français qui a découvert la signification des hiéroglyphes, un événement majeur pour le progrès de l'égyptologie.*

Les hiéroglyphes *remontent au moins à 3200 av. J-C. ; c'est la plus ancienne écriture connue. Utilisés surtout dans un cadre religieux, on les retrouve jusqu'en l'an 394, avec les 6 000 caractères du temple de Philae.*

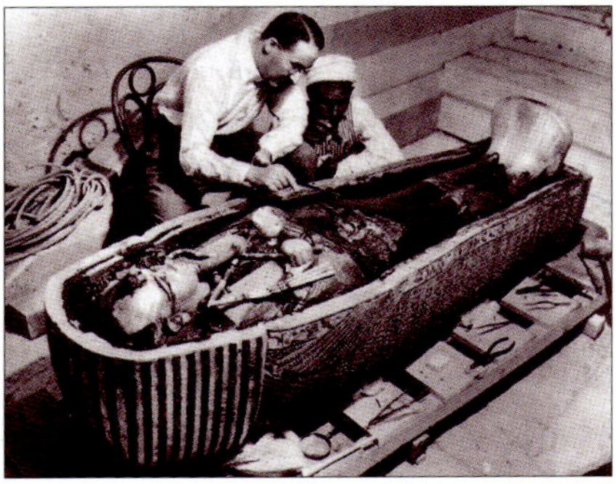

***Carter** a dû ôter avec soin les multiples couches de résines et d'onguents solidifiés couvrant l'ultime cercueil de Toutankhamon. Le corps était enfermé dans trois cercueils ; le dernier était en or massif.*

Howard Carter (1873-1939)

Après des études d'art, Carter rejoint une mission archéologique en Égypte en 1891. Il connaît la gloire en 1922 quand il découvre la tombe inviolée de Toutankhamon dans la Vallée des Rois.

***Des nombreux trésors** découverts par Carter, la plupart sont exposés au musée archéologique du Caire* (p. 74-77).

Le kiosque de Trajan (appelé aussi le bois de lit du pharaon) avant sa réinstallation à Philae

Le déplacement des temples anciens

Les eaux du lac Nasser créé par le haut barrage d'Assouan (1960-1971) menaçaient de noyer de nombreux temples et tombes dans le rocher de la vallée. Par crainte de voir disparaître ces merveilles, l'UNESCO a lancé une campagne mondiale de soutien pour un sauvetage en trois étapes : étude de la région, démontage des sites menacés et déplacement du plus grand nombre possible de monuments. On a ainsi soigneusement démonté et réinstallé, à une distance sûre, vingt trésors de l'Égypte nubienne et quatre du Soudan. Les deux plus grosses opérations concernaient le grand temple d'Abou Simbel *(p. 210-211)* et le complexe de Philae *(p. 208)*.

Des découvertes sous-marines

En 1996, une équipe dirigée par l'archéologue français Franck Goddio commence l'exploration des vestiges engloutis d'Alexandrie, la ville royale de Cléopâtre, dernière reine d'Égypte, mettant au jour statues, sphinx et céramiques.

***Le masque de Toutankhamon**, joyau du trésor découvert par Carter, fit le tour des grands musées du monde, ranimant l'intérêt pour l'histoire passionnante de l'Égypte (ici en 1972 au British Museum, admiré par Elizabeth II).*

Archéologie et technologie

L'égyptologie est une science assez récente, mais d'immenses progrès ont eu lieu depuis que Champollion a ouvert la porte aux millénaires d'histoire égyptienne. Aujourd'hui, les égyptologues s'appuient sur les nouvelles technologies, au laboratoire comme sur le terrain, et même sous l'eau.

***La restauration et la préservation** d'objets anciens demandent un travail hautement qualifié, méticuleux, effectué dans un environnement rigoureusement contrôlé.*

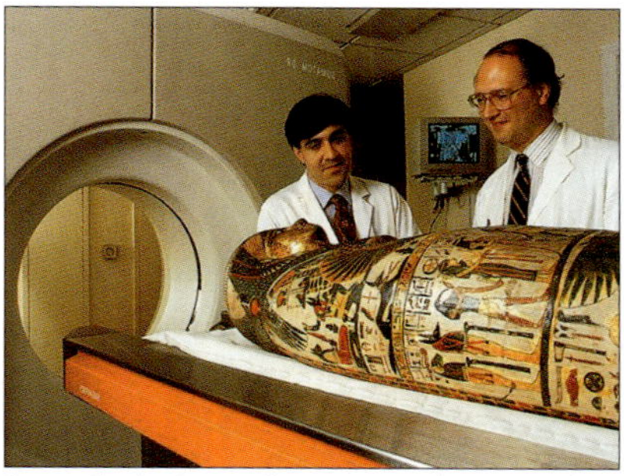

***Les technologies modernes** comme la tomographie, la datation au carbone, l'analyse de l'ADN et des oligo-éléments, l'endoscopie et le microscope électronique contribuent ensemble à une datation plus précise et à une meilleure compréhension des objets archéologiques.*

Les hiéroglyphes

Ce hiéroglyphe signifie « mouvement » ou « aller »

Vieux d'environ 5 200 ans, les hiéroglyphes égyptiens sont le plus ancien système d'écriture complet connu. Littéralement « lettre gravée sacrée », hiéroglyphe désigne la belle écriture en images dans laquelle les anciens Égyptiens exprimaient leur foi, en gravant le moindre pan de mur de leurs monuments. Quoique composés d'images, les hiéroglyphes apportent des informations d'une grande finesse sémantique. On les lit de gauche à droite, de droite à gauche ou de haut en bas. Ce système étant trop lent et peu pratique au quotidien pour l'écriture sur papyrus, des modes d'écriture plus fonctionnels se sont développés par la suite. La dernière inscription en hiéroglyphes connue orne depuis 394 la porte d'Hadrien à Philae.

Thot, *dieu de la Sagesse à tête d'ibis, patron des scribes, tient l'ouas, son sceptre, symbole de pouvoir.*

Les scribes *appartenaient à l'élite de la société égyptienne, pour l'essentiel illettrée. L'apprentissage des hiéroglyphes durait des années, mais les enjeux étaient élevés ; le roi Horembeb commença sa carrière comme scribe.*

La pierre de Rosette ou le code déchiffré

L'art de déchiffrer les hiéroglyphes était depuis longtemps perdu quand, en 1799, l'armée de Bonaparte découvrit à Rosette une stèle de granit noir qui en détient la clef. On y voit un même texte en trois langues : hiéroglyphes, démotique et grec. Deux concurrents principaux entrent dans la course pour déchiffrer les signes : un médecin anglais, Thomas Young, et un brillant linguiste français, Jean-François Champollion. En 1819, Young devance Champollion en traduisant le démotique et en identifiant les cartouches de Ptolémée et de Cléopâtre. Mais en 1822 Champollion traduit d'autres noms et rédige une compilation de symboles. Grâce à cette liste, il comprend qu'il existe plusieurs types de hiéroglyphes, aux fonctions différentes, et découvre les bases du système d'écriture égyptien.

La pierre de Rosette porte les inscriptions des prêtres de Ptolémée V (196 av. J.-C.)

Les scribes de l'époque des Ptolémées, *pour garder l'exclusivité du savoir, ont porté le nombre de hiéroglyphes de 700 à 6 000.*

L'importance du nom

Les anciens Égyptiens pensaient que le nom était aussi essentiel à la vie que l'âme. Un grand pouvoir lui était attaché ; prononcer le nom d'un défunt pouvait le ramener à la vie. Aussi les inscriptions funéraires rappellent-elles souvent le nom du défunt, pour qu'on le prononce après sa mort, lui assurant ainsi l'éternité.

***Les pharaons** protégeaient leurs noms par des cartouches et multipliaient leurs chances de vie éternelle en multipliant leurs noms.*

***Ce détail de la table des Pharaons** d'Abydos donne certains des noms de Ramsès II, dont « le roi de Haute- et Basse-Égypte, Usermaatre Setepenre, fils de Rê, et Ramsès, aimé d'Amon ».*

Un texte en hiéroglyphes

Les hiéroglyphes, art décoratif et images rituelles associés à des textes, jouent un rôle essentiel dans les cérémonies religieuses. Les inscriptions funéraires protègent les morts et les guident dans le passage vers l'au-delà. Ce détail de l'inscription funéraire du scribe Nebked (vers 1400 av. J.-C.) montre le défunt avec son épouse et sa mère vénérant le dieu Osiris. Son matériel de scribe est glissé dans sa ceinture.

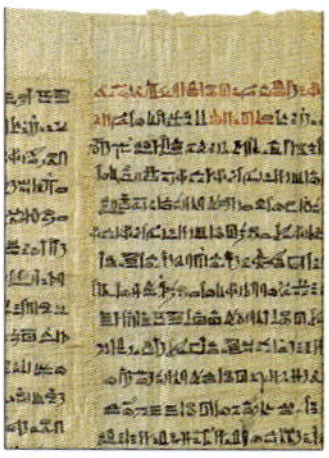

***L'écriture hiératique**, plus rapide, remonte environ à 2600 av. J.-C. Elle a servi aux messages ordinaires jusqu'à environ 600 av. J.-C., quand le démotique (populaire), encore plus rapide, la supplante.*

Le déchiffrage des hiéroglyphes

Pour simplifier, il existe trois types de hiéroglyphes. Les phonogrammes indiquent des sons de syllabes. Par exemple, en ancien égyptien, « fils » se dit *sa*. Le canard représente ce son. Les idéogrammes représentent un objet ou une action : ainsi, un soleil sur l'horizon signifie « apparition ». Le type déterminatif dénote, confirme ou modifie le sens du mot auquel il est attaché ; par exemple, trois barres indiquent un pluriel. Pour corser les choses, de nombreux symboles peuvent être tour à tour phonogrammes, idéogrammes ou déterminatifs. Celui du panier, *neb*, peut être le phonogramme de « seigneur » ou un simple panier. Les signes à forme humaine ou animale font face au début du texte, indiquant le sens de la lecture.

Hiéroglyphes de « fils de Rê, seigneur des apparitions »

Temples et vie religieuse

Statue de prêtre en prière

Pour les anciens Égyptiens, l'univers se compose de dualités – fertilité ou stérilité, vie ou mort, ordre ou chaos – que la déesse Maât maintient en harmonie. Pour préserver cet équilibre, des temples gigantesques sont dédiés à un dieu ou à un groupe de dieux. Au cœur de chaque communauté, le temple cultuel, entretenu par les prêtres au bénéfice de tous, est le siège du pouvoir divin. C'est aussi un centre économique et politique qui emploie de nombreux membres de la communauté, servant d'hôtel de ville, de centre médical et d'école.

***La déesse Maât**, personnification de l'ordre cosmique et de l'harmonie, définit les lois suivant lesquelles les rois doivent gouverner. Elle régit les étoiles, les saisons et les relations des humains avec les dieux.*

Prêtre funéraire en peau de léopard célébrant des rites sacrés

La journée d'un prêtre du temple

Les prêtres sont littéralement les serviteurs du dieu ou de la déesse, chargés des rituels quotidiens qui règlent le cours de l'univers. Intermédiaire entre les mortels et le dieu, le pharaon délègue cependant ses devoirs au grand prêtre, chargé alors du rite le plus sacré, la vénération du dieu au cœur du sanctuaire. Deux fois par jour, la statue du dieu est baignée et habillée, avant de recevoir des offrandes de nourriture et de boisson. On brûle de l'encens, et les offrandes sont aspergées avec l'eau du lac sacré, garantie de pureté. Une fois « l'esprit » des aliments prélevé par le dieu, les prêtres peuvent les consommer.

Reconstitution d'un temple cultuel

Le complexe du temple abrite la divinité, mais représente aussi l'univers. Son architecture symbolise les éléments primordiaux : eau, lumière solaire, étoiles, forêt et, en son cœur, obscurité.

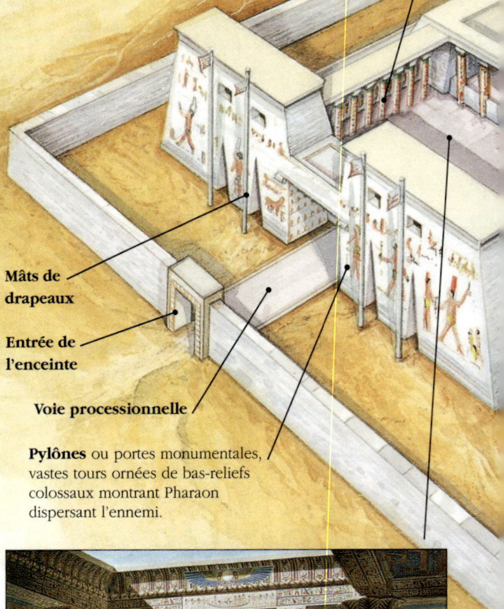

***La cour centrale**, ici une reconstitution au XIXe siècle de Philae (p. 208), s'orne de colonnades et de bas-reliefs éclatants montrant le roi présentant ses offrandes aux divinités du temple.*

***Les décorations tombales**, comme ce détail de Louxor* (p. 180-181) *représentant une offrande de canards, dépeignent des cérémonies rituelles typiques. Sculptées ou peintes, ces scènes permettent au rite de se répéter à l'infini.*

***Le sanctuaire**, ici celui d'Edfou* (p. 200-201), *tout au fond du temple, en est la pièce maîtresse. Il renferme la statue du dieu. Chaque jour, on y porte des offrandes pour que la bienveillante essence divine demeure dans sa statue.*

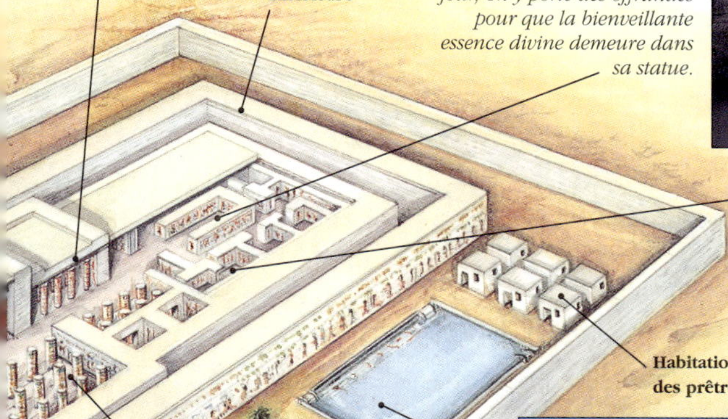

Les salles intérieures, peu éclairées, annoncent l'approche du saint des saints. On y garde le trésor ou on y vénère des divinités secondaires.

La salle hypostyle cherche à évoquer une forêt primitive sous un ciel nocturne, avec un plafond souvent peint d'étoiles et de hautes colonnes à bas-reliefs végétaux.

***Les lacs sacrés**, comme celui de Karnak* (p. 184-185), *sont un élément important des temples cultuels. Les officiants s'y baignent avant les rites pour se purifier.*

Le Ramesseum, le temple funéraire de Ramsès II à Thèbes *(p. 196-197)*

LES TEMPLES FUNÉRAIRES

Outre les temples cultuels locaux, chaque pharaon élève son temple funéraire, pour qu'après sa mort le rituel des offrandes s'y déroule au profit de son âme. Sous l'Ancien et le Moyen Empire, il est bâti près de sa tombe. Mais vers 1500 av. J.-C., c'est devenu un vaste complexe, éloigné du tombeau qui se cache dans une vallée désertique. On voit de beaux exemples de temples funéraires du Nouvel Empire sur la rive ouest à Louxor *(p. 180-181)*. Un des plus spectaculaires est celui de la reine Hatchepsout *(p. 192-193)* à Deir el-Bahari.

La mythologie égyptienne

Bès, génie du foyer

L'ancienne religion égyptienne est un système complexe de croyances, intégrant une foule de divinités nées de l'observation du monde. Ces dieux évoluant peu à peu en « personnalités », chaque communauté forge des mythes autour des siens. Ces mythes sont nombreux et variés ; il existe au moins trois versions de la Création, toutes faisant surgir la vie des eaux du chaos originel sous la forme d'un tertre. Plusieurs villes se targuent d'être ce site premier, où la vie serait apparue sous l'action des neuf dieux d'Héliopolis, des huit dieux d'Hermopolis ou de celui, unique, de Memphis.

***Amon**, « celui qui est caché », est promu divinité nationale quand Thèbes prend les rênes du pays et souhaite l'unifier.*

Le mythe de la Création

Ce détail d'un mythe répandu de la Création montre le lien des dieux avec le monde. Au début n'existe que l'océan primitif, le Noun. Puis Atoum se crée en se pensant lui-même. Il éternue et voici Shou, puis Tefnout. Il fait reculer les eaux et appelle plantes et animaux. Shou et Tefnout ont deux enfants, Geb, la terre, et Nout, le ciel, qui à son tour produit les étoiles.

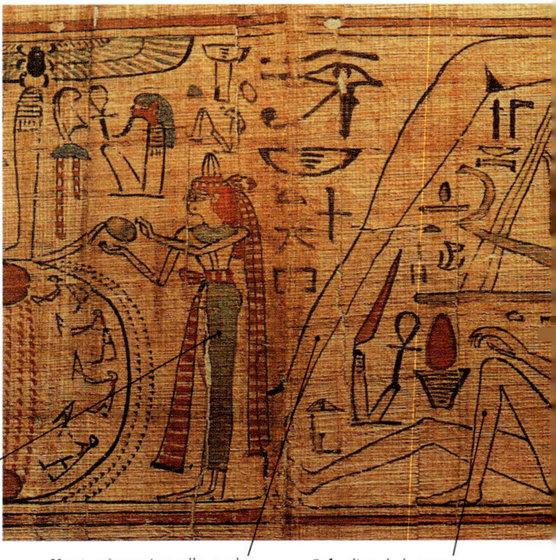

Nephtys arrose la terre de l'eau de la fertilité, tandis que les hommes labourent.

Nout, mère universelle, avale le soleil tous les soirs et le met au monde tous les matins.

Geb, dieu de la terre, dont le genou plié figure la montagne.

Osiris entouré de son fils Horus et de sa fidèle épouse Isis

Osiris, Isis et Horus

Un des mythes les plus répandus est celui d'Osiris et Isis. Le roi Osiris, ayant appris aux Égyptiens à vivre, à prier et à cultiver le blé, est tué par son frère jaloux, Seth, qui disperse les morceaux de son corps dans tout le pays. Isis, épouse bien-aimée d'Osiris, réunit les morceaux avec sa sœur Nephtys et, avec l'aide des dieux Thot et Anubis, reconstitue Osiris, la première momie d'Égypte. Elle emploie sa magie pour le ressusciter, concevant alors leur fils Horus, qui vengera son père. Osiris gagne l'au-delà pour régner sur les morts en juge suprême.

Osiris dans une pose classique

Le soleil

Les Égyptiens considéraient le soleil, élément primordial, comme source de toute vie, vainqueur chaque nuit des forces de l'ombre suivant un cycle perpétuel. Vénéré sous plusieurs noms et formes, il est le plus souvent représenté par Rê à tête de faucon, Atoum, Khepri, Harakhtès ou le disque solaire Aton. On appelait « fils de Rê » le pharaon, représentant du dieu sur terre. Quand, pour des raisons politiques, Amon devient divinité suprême, on renforce son statut en l'alliant à Rê pour créer Amon-Rê, Roi des Dieux.

***Khepri**, sous forme d'un scarabée bousier, était assimilé au dieu-soleil Rê. Il roulait le soleil à travers le ciel comme une boulette de bouse.*

***Rê-Harakhtès** est une combinaison d'Horus, dieu du ciel, dont l'œil droit est le soleil et l'œil gauche la lune, et de Rê, tout-puissant dieu du soleil.*

Rê, créateur de l'univers, porte le soleil sur la tête.

Maât maintient l'équilibre du monde.

Shou, jaloux de Geb et Nout, les maintient séparés.

Principaux dieux

- **Amon** : puissante divinité thébaine
- **Anubis** : dieu des embaumeurs, à tête de chacal
- **Atoum** : le dieu-soleil dans sa fonction de Créateur
- **Bès** : dieu du foyer et des femmes en couches
- **Geb** : dieu de la terre
- **Hathor** : déesse de l'amour, du plaisir et de la beauté
- **Horus** : dieu à tête de faucon étroitement associé au pharaon
- **Isis** : déesse de la magie
- **Khepri** : dieu du soleil à forme de scarabée
- **Maât** : déesse de la vérité et de l'équilibre universel
- **Nekhbet** : déesse-vautour de Haute-Égypte
- **Nephtys** : protectrice des morts avec Isis
- **Nout** : déesse du ciel
- **Osiris** : dieu de l'au-delà
- **Ptah** : dieu créateur, patron des artisans
- **Rê** : forme dominante du dieu-soleil
- **Sekhmet** : déesse de la destruction à tête de lionne
- **Seth** : dieu du chaos
- **Shou** : dieu de l'atmosphère
- **Tefnout** : déesse de l'humidité
- **Thot** : dieu de la sagesse à tête d'ibis
- **Ouadjyt** : déesse-cobra de Basse-Égypte

Adoration de l'oiseau Benou (peinture funéraire)

L'oiseau Benou

À l'aube de la Création, l'oiseau Benou, survolant les eaux du Noun, voit le premier la terre pointer à la surface ; il est assimilé au soleil. Le tertre originel, où les rayons du soleil auraient pour la première fois touché la terre, est symbolisé par la pierre Benben d'Héliopolis, premier des obélisques, dont on recouvrira la pointe d'or pour capter les premiers rayons du soleil.

L'obélisque symbolise la première terre

Traditions funéraires

Amulette, œil oudjat d'Horus

Les anciens Égyptiens croyaient en la vie éternelle et avaient élaboré un culte funéraire complexe pour maintenir la vie après la mort. On préservait le corps du défunt par la momification pour que l'âme survive dans la momie embaumée. On fournissait ensuite au mort tout ce dont il pouvait avoir besoin dans l'au-delà, avant de le confier à l'éternité dans un rituel funéraire élaboré.

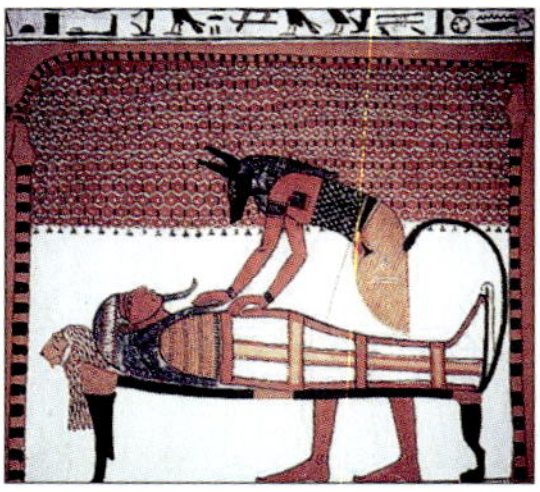

***Anubis**, dieu des embaumeurs à tête de chacal, met la dernière main à une momie (relief funéraire, XIXe dynastie).*

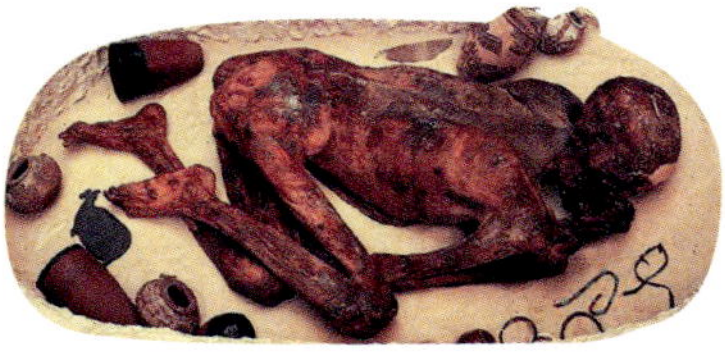

***La momification naturelle** avait lieu quand le corps était enterré à même le sable. En absorbant les fluides, le sable desséchait et préservait les tissus.*

La momification

Les premières momies préhistoriques sont sans doute accidentelles. La momification volontaire débute à la IVe dynastie avec les premières techniques d'embaumement. Des prêtres spécialisés retirent les organes internes, ne laissant que le cœur, qui sera pesé dans l'au-delà. Puis ils dessèchent le corps avec du natron et l'enveloppent de bandelettes de toile.

***Le natron** est un mélange naturel de sels de sodium. On en imprégnait l'intérieur et la surface du corps pendant 40 jours afin de le dessécher.*

***Les vases canopes** renferment les organes internes du défunt : intestin, estomac, foie et poumons, dans des vases séparés. Ils sont placés dans la tombe près du cercueil.*

***Ramsès III**, momie royale remarquablement conservée découverte en 1881 à Deir el-Bahari, est aujourd'hui exposée au Musée archéologique du Caire* (p. 74-77).

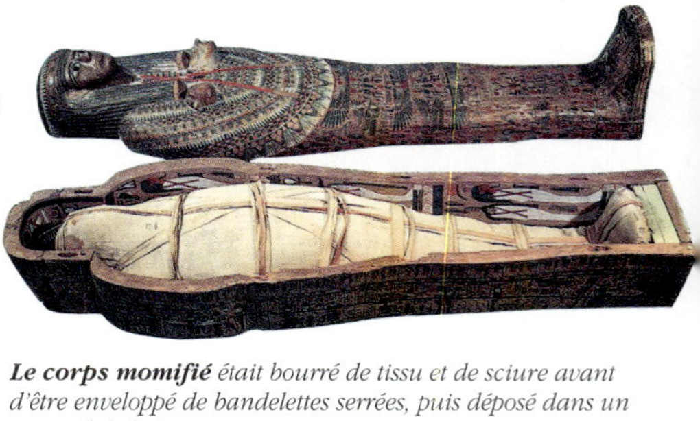

***Le corps momifié** était bourré de tissu et de sciure avant d'être enveloppé de bandelettes serrées, puis déposé dans un cercueil de bois peint.*

Momies d'animaux

Croyant que tous les êtres vivants abritaient l'essence divine, les anciens Égyptiens les respectaient. Ils vénéraient comme représentants des dieux sur terre ceux qui partageaient leurs attributs, et les momifiaient après la mort. À la fin de la Basse Époque (664-332 av. J.-C.), on momifiait et on enterrait dans des catacombes toutes sortes d'animaux : chats et ibis par millions, mais aussi taureaux, lions, crocodiles, serpents et musaraignes.

Momie d'ibis

Momie de chat

Masques funéraires

On recouvrait la tête de la momie d'un masque, portrait idéalisé du mort, pour aider l'âme du défunt à reconnaître son corps. En or massif pour les pharaons, comme Toutankhamon, ils étaient plus souvent en cartonnage peint.

Le masque funéraire *se compose du visage encadré d'une perruque stylisée et d'un pectoral.*

Les portraits dits du Fayoum*, peints sur des panneaux de bois, recouvrent les visages de momies d'époque romaine. Souvent réalisés du vivant de la personne, ils sont plus réalistes que les premiers masques* (p. 165).

Objets funéraires

Outre les biens matériels de base, on plaçait dans la tombe des objets funéraires amulettes et *oushebtis* et une maquette de barque pour le transport du défunt à Abydos.

Les oushebtis*, statuettes d'ouvriers, sont déposés dans la tombe pour effectuer dans l'au-delà les corvées à la place du défunt.*

Les amulettes*, portées par les vivants et les morts, protègent du mal et portent bonheur.*

Maquette de barque funéraire *symbolisant le voyage du défunt pour Abydos, royaume d'Osiris, le dieu des morts* (p. 26).

Rites et cérémonies funéraires

Lors des funérailles, la famille dépose des offrandes de nourriture et les prêtres procèdent à des rites particuliers afin de protéger le défunt, de lui assurer un voyage heureux dans l'au-delà et de le nourrir en chemin. Pour plus de protection, images et textes rituels sont placés près du corps ou ornent la tombe.

Le Livre des Morts *est un guide pour l'au-delà. Ici, le défunt traverse le lac des Offrandes, sa barque chargée de cadeaux.*

Le rite d'ouverture de la bouche *était effectué sur le corps avant l'enterrement, pour que le défunt recouvre ses sens et ses fonctions dans l'au-delà.*

La pesée du cœur *est l'étape finale du voyage dans l'au-delà. Un jury de dieux préside à la cérémonie et décide si le défunt mérite la vie éternelle. La balance d'Anubis à tête de chacal compare le cœur à la plume de Vérité. S'il est trop lourd, on le donne à dévorer au monstre Ammout. S'il est en équilibre, l'âme gagne la vie éternelle.*

La vie quotidienne en Égypte ancienne

Statuette funéraire du laboureur avec ses bœufs

La famille tient une place essentielle dans la société hiérarchisée de l'ancienne Égypte. On encourage les unions précoces pour perpétuer la lignée et, point non négligeable, assurer des funérailles convenables. Le mariage avait apparemment lieu sans cérémonie, un des conjoints rejoignant simplement le foyer de l'autre. Les enfants profitaient brièvement de leur jeunesse avant d'endosser leurs responsabilités adultes. L'éducation était surtout professionnelle, et les garçons étaient souvent apprentis de leurs pères.

Ce portrait de famille *montre le mari et l'épouse* (au centre), *entourés du fils et d'un homme plus âgé.*

L'habitation égyptienne

En briques de boue séchées au soleil, les maisons se sont mal conservées. Des vestiges montrent qu'elles étaient plutôt carrées, avec des chambres et des réserves entourant un séjour central, et parfois un escalier menant au toit ou à un étage. Certaines possédaient même une salle de bains rudimentaire.

Les maisons égyptiennes *disposaient d'une climatisation sommaire grâce à de petites ouvertures et à des bouches d'aération sur le toit, comme l'illustre cette peinture de la tombe du scribe Nakht* (XVIIIe *dynastie*).

La bouche d'aération du toit recueille la brise fraîche du nord.

Les petites fenêtres en hauteur laissent entrer lumière et brise, mais pas le soleil.

La cuisine se fait dehors ou dans une dépendance.

La maison de l'âme*, comme ce modèle en terre cuite, était placée dans la tombe pour loger l'âme du mort. On y retrouve beaucoup d'éléments des maisons du passé, voire des habitations rurales d'aujourd'hui.*

Un logement plus sophistiqué*, comme ce modèle de maison de ville, reflète le statut supérieur du propriétaire.*

Le village de Deir el-Médina construit au XVIe siècle av. J.-C. pour les ouvriers de la Vallée des Rois

Village d'ouvriers à Deir el-Médina

Dans une vallée retirée sur la rive ouest du Nil en face de Louxor, on a mis au jour les fondations d'un village d'artisans et d'ouvriers, employés par le gouvernement aux tombeaux de la Vallée des Rois. Ce très ancien exemple de planification urbaine montre, à l'intérieur d'un mur d'enceinte, des rangées de maisons donnant toutes sur une rue centrale. La maison typique de Deir el-Médina a quatre à six pièces, et une ou deux caves. Des chapelles et les tombes des habitants émaillent le pourtour du village.

***La femme** combine souvent travail et soins des enfants. Sur ce bas-relief funéraire de la XXVIe dynastie, une mère trie des fruits dans un verger en gardant son enfant.*

Les femmes dans la société

La femme de l'ancienne Égypte doit souvent son statut à son père ou à son mari, mais elle jouit d'une condition assez enviable. Égale de l'homme devant la loi, elle peut posséder ou louer des biens, créer une affaire, hériter de manière équitable et parfois même devenir Pharaon. Elle peut divorcer et se remarier. Si son mari la quitte, il lui doit une pension. Le rôle qui lui est dévolu est la gestion du foyer et de la famille. Les plus pauvres doivent, en plus, travailler aux côtés des hommes.

***Deux femmes** manient le tourniquet d'une presse pour extraire l'huile essentielle des lys pour le parfum (bas-relief, XXXe dynastie).*

***Trois femmes nobles** partagent le plaisir du parfum des fleurs de lotus et des fruits de la mandragore (peinture, XVIIIe dynastie).*

L'ancienne Égypte au travail

L'essentiel des terres agricoles appartiennent au roi, aux temples et à de riches particuliers. Elles sont cultivées par le gros de la population, soit directement pour le propriétaire, soit pour un fermier qui paie un loyer et des impôts importants. Les artisans expérimentés, charpentiers, bijoutiers, tailleurs de pierre, sont plus aisés. Beaucoup travaillent pour le pharaon, les temples ou la noblesse fortunée. Proches du sommet de la hiérarchie, scribes *(p. 22)*, prêtres *(p. 24)* et hauts fonctionnaires tiennent les rênes du pays.

***L'agriculture nilotique** est décrite, idéalisée, dans cette peinture de l'au-delà (XIXe dynastie, tombeau de Sennedjem et Iyeneferti), montrant la moisson, le labour et la récolte du lin.*

***Le Nil** apporte ses poissons et son limon fertile, mais avec de redoutables contreparties. Ce bas-relief de l'Ancien Empire rappelle la menace que représentaient les crocodiles pour le bétail.*

***Le lait** jouait un grand rôle dans l'alimentation. Les anciens Égyptiens élevaient aussi chèvres, moutons et porcs.*

***Les artisans qualifiés** travaillaient dans de grands ateliers ou des villages entiers, comme à Deir el-Médina.*

***Les paysans** constituaient l'essentiel de la main-d'œuvre des grands travaux. Tout le monde était réquisitionné, sauf les fonctionnaires. Cette peinture montre la fabrication des briques de terre.*

L'Égypte musulmane

L'islam a été fondé par Mahomet, un marchand né vers l'an 570 à La Mecque ; vers l'âge de 40 ans il a reçu et transcrit dans le Coran la parole de Dieu, ou Allah. Son enseignement étant mal perçu à La Mecque, il s'enfuit en 622 avec ses disciples à Médine. Cet exil, ou hégire, marque l'année zéro du calendrier musulman. Avant sa mort en 632, Mahomet retourne conquérir La Mecque. Les armées de l'islam déferleront ensuite sur les provinces byzantines de l'est méditerranéen, arrivant en Égypte en 640.

***Le croissant de lune**, symbole familier de l'islam, rappelle aussi le calendrier lunaire qui règle la vie religieuse des musulmans.*

***Le Coran**, livre sacré des musulmans, est pour eux la parole directe d'Allah, qui ne peut, pensent-ils, être vraiment comprise qu'en arabe. Il se divise en 114 chapitres ou sourates, couvrant de nombreux sujets touchant à la famille, au mariage, à la loi et à l'éthique.*

***Cette maison** ornée de scènes de pèlerinage où figure la Grande Mosquée de La Mecque atteste que son propriétaire a effectué le pèlerinage.*

Musulmans en prière devant la mosquée Sayyidna el-Hussein

Les cinq piliers de la foi

L'islam repose sur cinq obligations. La première est la *chahada*, consistant à proclamer « il n'y a de Dieu qu'Allah et Mahomet est son prophète ». La deuxième est de dire les prières quotidiennes, cinq en principe, en se tournant vers La Mecque. La troisième consiste à jeûner du lever au coucher du soleil pendant le mois sacré du ramadan. La quatrième est de faire l'aumône. La dernière, le *hadj*, consiste à aller au moins une fois de sa vie en pèlerinage à La Mecque, patrie du Prophète.

La visite des mosquées

En dehors de la prière et de l'assemblée du vendredi, la plupart des mosquées d'Égypte se visitent. Il est d'usage de régler un petit droit d'entrée et de donner un pourboire au gardien et à la personne qui garde vos chaussures ou vous prête un foulard. Ouvertes 24 h sur 24, les mosquées ne se visitent que de 9 h à 19 h. Elles ferment plus tôt en hiver et pendant le ramadan *(p. 312)*.

Cour à arcades de la mosquée el-Azhar, Le Caire

Les fêtes musulmanes *sont peu nombreuses : il y a quatre fêtes principales* (p. 39). *Les plus grandes sont l'Aïd el-Adha, marquant la fin du pèlerinage à La Mecque, et l'Aïd el-Fitr, qui clôt le ramadan. Elles sont souvent organisées par chaque quartier sous forme de grandes festivités, en principe en plein air.*

L'appel à la prière

Cinq fois par jour, le *muezzin* appelle à la prière depuis le balcon d'un minaret de la mosquée. Aujourd'hui, c'est souvent un enregistrement diffusé par haut-parleur.

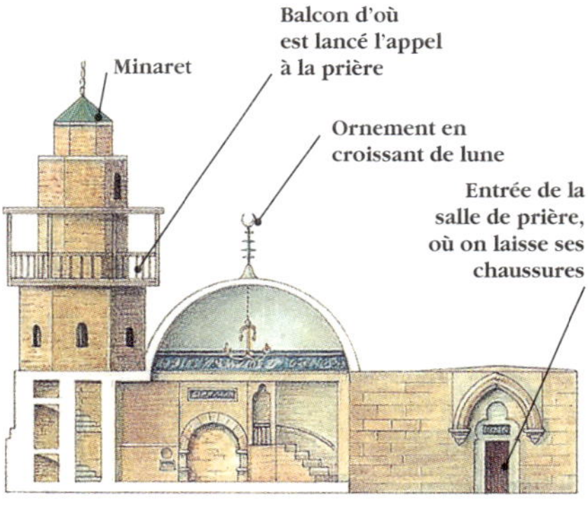

Les mosquées *suivent une diversité de styles mais possèdent des éléments communs. Tout d'abord un* mirhab, *niche sacrée indiquant la direction de La Mecque, puis souvent un* minbar, *la chaire où l'imam prêche le vendredi.*

Architecture islamique

Détail du plafond d'une *madrasa*

L'expression « architecture islamique » ne s'applique pas seulement aux mosquées, mais à un éventail fascinant de bâtiments. Les styles utilisés sont nés sous les premières dynasties musulmanes - Toulounides, Fatimides et Ayyoubides. Un sommet de créativité est atteint à la période mamelouke *(p. 57)*, quand les riches et orgueilleux sultans font venir des artisans de tout le Proche-Orient pour élever palais et mausolées, mais aussi institutions, hôpitaux, écoles et fontaines de rue, dont beaucoup servent toujours. La dernière grande période de l'architecture musulmane d'Égypte est celle des Turcs ottomans *(p. 58)*. Leurs chefs-d'œuvre sont à Istanbul, leur cité impériale, mais ils ont laissé ici des monuments impressionnants.

Bâtiment dans le style mosquée avec dômes et minarets *(p. 93)*

Architecture profane

Le style des maisons privées (*beit* en arabe) dépend du rang social mais aussi du climat. Certains éléments, les petites fenêtres couvertes de panneaux de bois, les vastes salles aérées, les arcades ombragées et les fontaines, servaient à conserver la fraîcheur. Les maisons se divisaient traditionnellement en quartiers des hommes et quartiers des femmes (*salamlik* et *haramlik*).

Les moucharabiehs permettaient aux femmes de regarder la rue sans être vues.

Les bouches d'aération du toit entraînent la brise fraîche vers l'intérieur.

Les plus belles demeures *peuvent s'élever sur trois ou quatre étages. S'y retrouvent des éléments tels* ablaq *(couches de pierre contrastées), arcades et fontaines.*

La maison d'Amasyali *est l'une des remarquables maisons de marchands ottomans subsistant à Rosette* (p. 235).

Les plafonds en bois *sont souvent sculptés de superbes motifs géométriques sophistiqués, peints de couleurs vives.*

Les fontaines intérieures rafraîchissent les pièces des maisons aisées.

Le qaa ou pièce de réception *est le cœur somptueux des riches maisons de marchands.*

LE *SÉBIL-KOUTTAB* (FONTAINE-ÉCOLE)

La fontaine publique ou *sébil* est typique de l'architecture musulmane. Elle va du simple bec surplombant une auge au grandiose sébil-kouttab d'Abd el-Katkhouda. Le *kouttab* est une loggia où l'on enseignait le Coran.

Des carreaux peints *de scènes de La Mecque ornent certains* sébils-kouttabs, *illustrant la fonction religieuse du bâtiment.*

Le *sébil-kouttab* d'Abd el-Katkhouda *(p. 98)*

LA *MADRASA* (ÉCOLE CORANIQUE)

Dans les *madrasas*, on enseigne le droit et la théologie coraniques. Souvent, mosquée et *madrasa* sont un seul et même bâtiment. L'islam sunnite, branche de l'islam majoritaire en Égypte, propose quatre écoles de droit (hanafisme, malékisme, shaféisme et hanbalisme). La *madrasa* traditionnelle comporte donc quatre lieux d'enseignement distincts, souvent sous la forme d'*iwans*, vastes espaces sous arcades autour d'une cour centrale.

Les fontaines servent aux ablutions qui précèdent la prière.

Madrasa* du sultan Barquq *(p. 97)

LA *WAKALA* (CARAVANSÉRAIL)

Précurseur de l'hôtel moderne, la *wakala* offrait l'hospitalité aux caravanes des marchands qui ont fait la richesse de l'Égypte médiévale. Les animaux étaient parqués et les marchandises stockées au rez-de-chaussée ; les marchands étaient logés dans les étages. La nuit, par sécurité, le portail unique se refermait sur le bâtiment.

Les chambres des voyageurs surplombaient la cour centrale carrelée de la *wakala*.

Des fontaines servaient d'abreuvoir aux bêtes.

La *wakala* el-Ghouri *(p. 92)*

LES MAUSOLÉES

Certains des plus beaux monuments d'Égypte sont des tombeaux, les mausolées. Tout comme les pharaons avant eux, avec leurs pyramides et leurs immenses temples funéraires, les sultans médiévaux recherchaient la gloire jusque dans la mort. Ils le firent avec faste, dépensant des fortunes dans d'immenses complexes funéraires. La mosquée et la *madrasa* étaient souvent élevées à côté de la chambre funéraire, coiffée d'un dôme. À l'intérieur, les corps étaient placés en hauteur dans un cénotaphe, la tête marquée d'une stèle en forme de pilier. À l'époque ottomane, les stèles des soldats sont souvent ornées d'un turban sculpté.

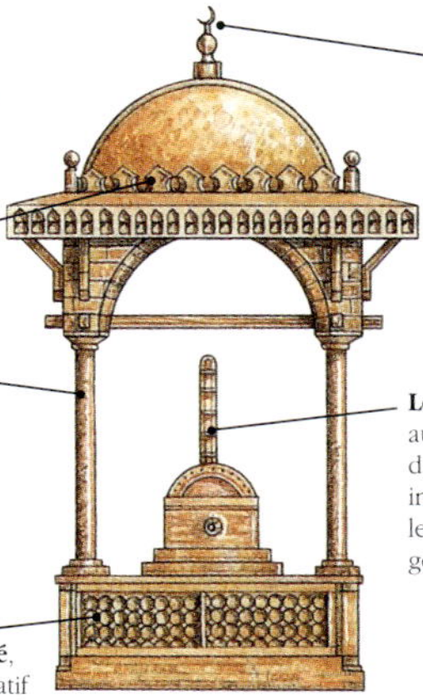

Des ferronneries ouvragées ornent la coiffe du mausolée.

Le croissant de lune, symbole de l'islam, est un élément essentiel de tout tombeau musulman.

Quatre colonnes de marbre supportent le ciel du cénotaphe.

Le pilier dressé aux extrémités du cénotaphe indique parfois le rang et le genre du défunt.

Panneaux de bois ajouré, élément décoratif récurrent.

Mausolée, fin de la période ottomane

Paysages et faune d'Égypte

Formée à 90 % de désert, l'Égypte n'est pas pour autant une étendue stérile. Nombre de plantes et d'animaux ont développé des stratégies pour résister aux températures extrêmes et à la longue sécheresse. Moins adaptables, les hommes sont peu nombreux dans les oasis du désert *(p. 257)*, alors que 96 % vivent près de l'eau, dans le delta verdoyant du Nil ou sa longue vallée. Malgré le Nil généreux et le sol fécond, le pays doit lutter pour pouvoir nourrir sa population en expansion rapide. Une abondante vie marine anime les côtes. Les chatoyants coraux de la mer Rouge *(p. 223)* constituent un des biotopes les plus riches de la planète.

Le désert se traverse grâce au chameau et aux dattes

DÉSERTS

Beaucoup imaginent le désert comme une immense mer de sable. Mais le Sinaï, au paysage rocheux, est aussi un désert au sens strict, il reçoit moins de 250 mm de pluie par an. Le vent puissant, autre caractéristique du désert, érode les rochers en silhouettes étranges et crée le sable qui s'accumule en dunes mouvantes.

***Les cultures des oasis**, vitales pour l'économie, produisent en grandes quantités canne à sucre, légumes, dattes, figues et autres fruits.*

***Le fennec** dort durant le jour et ne quitte sa tanière qu'à la tombée de la nuit. Son ouïe exceptionnelle lui permet d'attraper insectes et petits animaux dans l'obscurité.*

***Le scorpion**, parfaitement adapté au désert, a besoin de peu d'eau car les insectes dont il se nourrit la lui fournissent.*

***Les palmiers-dattiers** qui prospèrent dans le paysage rocailleux du désert poussent « la tête au feu et les pieds dans l'eau », indiquant à coup sûr une source d'eau cachée.*

***Le massif rouge du Sinaï** dépasse par endroits 2 000 m. Sillonné d'oueds (cours d'eau temporaires) généralement à sec, il prend soudain vie lors de crues sporadiques.*

VALLÉE ET DELTA DU NIL

Du lac Nasser au delta, le Nil forme un ruban de terre habitable ne dépassant jamais 20 km de large. Autrefois, ses crues apportaient au sol un riche limon, propice au développement d'une flore et d'une faune variées. Le barrage d'Assouan *(p. 207)* ayant mis fin aux crues, les paysans recourent aux engrais chimiques. L'agriculture du delta est l'une des plus intensives au monde.

Les terres agricoles *sont irriguées par un réseau complexe de canaux et de digues. Ce milieu humide est le paradis des aigrettes, prédateurs de grenouilles, d'insectes et de petits rongeurs.*

Le mimosa *des rives du Nil se reconnaît aisément à son abondante floraison jaune.*

Le papyrus*, très utilisé jadis, a presque disparu au XIXe siècle. On ne le cultive plus que dans quelques endroits choisis.*

La gallinule poule d'eau*, échassier pourpre de la taille du canard, vit tout le long du Nil. Ses pieds allongés lui permettent de circuler sur les nénuphars.*

Le cobra cracheur*, symbole de la Basse Égypte sous les pharaons, chasse dans les champs la nuit. Il n'est pas dangereux pour l'homme mais peut attaquer s'il est menacé, projetant son venin avec précision dans les yeux de l'agresseur.*

LES RÉGIONS CÔTIÈRES

La Méditerranée baigne la côte nord de l'Égypte, où la pêche est une activité première. On trouve aussi des villages de pêcheurs sur les côtes du Sinaï et sur la mer Rouge, mais le tourisme y reste la première ressource. Ces côtes sont bordées de grands récifs de corail *(p. 223)* qui attirent les plongeurs du monde entier. Le surdéveloppement côtier menace fortement ce biotope fragile.

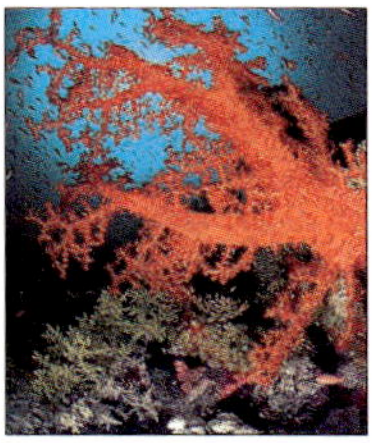

Les récifs coralliens*, cadre multicolore d'une vie marine spectaculaire et foisonnante.*

LA MANGROVE

La mangrove protège de l'érosion le littoral de la péninsule du Sinaï, et filtre aussi la pollution marine. La zone de boue qu'elle crée est l'habitat idéal des crabes et des échassiers. Les palétuviers survivent dans l'eau de mer en évacuant l'excès de sel par les feuilles.

Paysage de mangrove sur la côte du Sinaï

L'ÉGYPTE AU JOUR LE JOUR

Le calendrier égyptien est ponctué de fêtes musulmanes, chrétiennes, nationales et locales. Leurs dates sont parfois difficiles à prédire, car elles sont fixées de différentes façons. Le calendrier musulman comporte douze mois lunaires de 29 ou 30 jours et l'Église chrétienne copte suit le calendrier julien et le calendrier solaire copte. La confusion est accrue par les nombreux changements de date des fêtes et manifestations profanes. Mieux vaut se faire confirmer les dates sur place. Le plus souvent joyeuses, ces festivités, ou *moulids*, permettent d'approcher la culture égyptienne, car coptes et musulmans les célèbrent souvent ensemble. Toute l'année ont lieu des rencontres sportives de toutes sortes, parfois curieuses ou fascinantes comme des courses de chameaux ou des épreuves de natation longue durée dans le Nil.

Fabrication de bonbons au marché

PRINTEMPS

Le printemps est une période agréable pour visiter l'Égypte. Les grands sites, pyramides de Giza, Louxor et Assouan, ne sont pas trop surpeuplés, et l'on est encore loin des chaleurs de l'été. Le *khamsin* peut être gênant. C'est un vent chaud et sec qui souffle du Sahara, soulevant parfois des nuées de poussière orange et obligeant à rester à l'intérieur.

Les grandes fêtes du printemps sont, en mars, le nouvel an égyptien et la Pâque copte. Le lundi de Pâques, tous les Égyptiens fêtent Cham el-Nessim, « respirer la brise », profitant de l'air frais printanier avec des pique-niques et activités de plein air.

MARS

Floralies, jardins Orman, sharia Giza à Giza.
Annonciation *(23 mars)*. Cette fête copte célèbre l'annonce faite à la Vierge de la future naissance de Jésus.
Pâques est la plus grande fête du calendrier copte. Le patriarche copte célèbre la messe à la cathédrale Saint-Marc du Caire.
Cham el-Nessim, célébrée à la fois par les coptes et les musulmans, est une fête de plein air qui remonterait au temps des pharaons.

AVRIL

Course internationale de chameaux. La course la plus « secouée » du monde a lieu autour de Charm el-Cheikh.
Libération du Sinaï *(25 avril)*. On célèbre le retrait des troupes israéliennes du Sinaï en 1982.

L'arrivée du printemps fêtée par des familles à Cham el-Nessim

La communauté copte célébrant le dimanche des Rameaux, une semaine avant Pâques

MAI

Fête du travail *(1er mai)*. La plupart des commerces sont fermés ce jour.
***Moulid* de Sainte Demiana** *(15-20 mai)*. Les coptes fêtent une de leurs grandes saintes.
Concours national de pêche à Charm el-Cheikh. Ce genre de manifestation se multiplie dans les stations de la mer Rouge.
Course de natation du Nil à Zamalek, Le Caire. L'attrait international de ce marathon de natation surprend quand on voit les eaux troubles du Nil.
Ragabliyya est la fête locale de Tanta. À la fin du printemps, quand les eaux du Nil montent, on célèbre pendant trois jours le saint soufi Saïd Ahmed el-Badawi.

Fêtes musulmanes

Festins, réunions de famille, musique et processions, les fêtes musulmanes se célèbrent dans la joie. Les plus grandes sont l'Aïd el-Fitr, qui marque la fin du ramadan, mois de jeûne rituel, et l'Aïd el-Adha, qui fête le pèlerinage à La Mecque. On a aussi le Moulid an-Nabi, qui célèbre la naissance de Mahomet, Ras as-Sana, le nouvel an musulman, et plusieurs fêtes de saints ou *moulids*.

Les gâteaux de l'Aïd el-Fitr *sont préparés traditionnellement pour les trois jours de fête qui clôturent le ramadan. La nourriture joue un grand rôle dans les fêtes musulmanes. Sa préparation est souvent un rite social.*

Les derviches soufis *apparaissent aux* moulids. *Vêtus de costumes éclatants, ils tournent en psalmodiant pendant des heures, recherchant l'union avec Dieu. Ils traversent aussi la ville en procession.*

L'Aïd el-Fitr *célèbre joyeusement la fin du ramadan. Les célébrations durent en principe trois jours. On met des habits neufs et on échange des cadeaux.*

Les fêtes religieuses *sont l'occasion de réunions de familles. Les fêtes musulmanes tournent souvent autour des plaisirs de la table, et le pique-nique rencontre un franc succès.*

Le calendrier musulman

Il comporte douze mois de 29 à 30 jours. Basée uniquement sur la lune, l'année musulmane a environ onze jours de moins que le calendrier occidental. Il est difficile d'obtenir les dates à l'avance puisque l'islam se base sur l'observation réelle du croissant de lune à un point donné. Les centres islamiques locaux donnent les dates pour l'année en cours.

Aïd el-Adha
Marque le moment du *hadj*, le pèlerinage à La Mecque.

Ras an-Sana
L'équivalent musulman du nouvel an est moins marqué qu'en Occident.

Moulid an-Nabi
La naissance du Prophète donne lieu à de grandes festivités. Les rues vibrent du bruit et des couleurs de la fête.

Ramadan
Durant le neuvième mois du calendrier musulman, beaucoup de musulmans pratiquent en partie le jeûne et l'abstinence. Tous les soirs au coucher du soleil, l'*iftar* vient briser le jeûne.

Aïd el-Fitr
La fin du ramadan est le début de trois jours de festivités joyeuses.

Les ânes cheminent sous le soleil torride de la Vallée des Rois à Louxor

ÉTÉ

De juin à août, la température en Haute-Égypte atteint des sommets insupportables. Les sites sont souvent moins fréquentés, les chambres d'hôtels plus disponibles. Beaucoup d'Égyptiens prennent des vacances sur la côte nord, où il fait un peu plus frais. Dans les stations de la mer Rouge, l'eau claire des plages apporte de la fraîcheur en pleine canicule. Dans la chaleur polluée de l'été, Le Caire peut devenir très inconfortable et il y a moins de fêtes intéressantes.

JUIN

Compétition internationale de squash Al-Ahram à Giza. Des sportifs de tous pays se démènent sur des courts à cloison de verre, éclairés de spots, dans le spectaculaire décor des Pyramides.
Fête du Retrait *(18 juin)*. Le départ en 1956 de l'armée britannique de la zone du canal de Suez et la naissance de la République d'Égypte.

JUILLET

Fête de la Révolution *(23 juil.)*. En souvenir du coup d'État de 1952 qui a renversé la monarchie *(p. 62)*.

Festival Shopping et Tourisme, Le Caire *(juil.-août)*.

AOÛT

Festival folklorique international à Ismaïlia, avec des groupes du monde entier.
Festival international de la chanson au Caire, avec une intéressante palette d'artistes.

AUTOMNE

L'automne apporte une température plus douce et une foule de fêtes et de festivals. Si certains visent manifestement à augmenter les ressources du tourisme, les meilleurs offrent des instants magiques qui méritent vraiment le détour. Attention cependant, les autorités peuvent modifier les dates de ces fêtes.

SEPTEMBRE

Festival du Nil ou Wafa an-Nil, au Caire. Sur le Nil se déroulent processions, parades et compétitions sportives.
Festival international de cinéma à Alexandrie.

FÊTES COPTES

Les coptes célèbrent les grandes fêtes chrétiennes, Noël, Épiphanie, Pâques, Annonciation, la plus importante étant Pâques. Les fêtes des saints sont aussi l'occasion de joyeux *moulids*, à l'instar des fêtes musulmanes, *moulid* de Sainte Demiana, fête des apôtres Pierre et Paul et, au mois d'août, *moulids* de la Vierge et de Saint Georges.
Coptes et musulmans fêtent Cham el-Nessim au printemps par des pique-niques familiaux d'œufs peints et de poisson salé.

***Shenouda III**, patriarche de l'Église chrétienne copte, préside cérémonies et fêtes importantes.*

***Les fêtes coptes**, avant tout religieuses, sont organisées autour de messes à caractère familial.*

LE CALENDRIER COPTE

Une partie des fêtes coptes suit le calendrier julien, l'autre le calendrier solaire copte. Celui-ci comporte 13 mois, 12 de 30 jours plus un mois intercalaire de 5 jours en fin d'année, et de 6 jours les années bissextiles.

Pâques
Fête essentielle du calendrier copte, sa date peut varier jusqu'à un mois par rapport à celle de la Pâque orthodoxe.

Parade haute en couleurs à la fête du cheval arabe, Ar-Zahraa

Les Égyptiens sont fiers de leur cinéma. Ce festival montre plus de films nationaux que celui du Caire en décembre, qui est plus fréquenté.

Octobre

Aïda à Giza. Verdi a composé ce grand opéra à thème égyptien pour l'ouverture du canal de Suez. On joue cet opéra très couru devant les pyramides.
Biennale méditerranéenne d'Alexandrie. Réservée aux artistes, qui s'y retrouvent pour échanger sur l'art et la culture.
Fête nationale (fête de l'Armée) *[6 oct.]*. Parades, passages d'escadrilles, chants et films patriotiques rythment la journée.
Commémoration de la bataille d'El-Alamein. Les anciens Alliés et pays de l'Axe honorent leurs morts dans les campagnes d'Afrique du Nord de la Seconde Guerre mondiale.
Fête de Ramsès, à Abou Simbel *(22 oct.)*. Ce jour-là, comme à nouveau en février, les rayons du soleil atteignent le sanctuaire du temple de Ramsès et illuminent les statues.
***Moulid* de Saïd Ahmed el-Badawi** à Tanta. Après la récolte du coton, jusqu'à deux millions de personnes participent à la plus vaste fête d'Égypte, qui dure une semaine.
Fête de la libération nationale *(23 oct.)* et **Victoire de Suez** *(24 oct.)* sont populaires et commémorent les hauts faits du pays.
Rallye du Pharaon (Rallye international d'Égypte). Ce rallye international, rude épreuve automobile de douze jours parcourant 6 400 km de désert égyptien, accueille les grands constructeurs et pilotes du monde entier.

Novembre

Fête du cheval arabe à Ar-Zahraa. Fière de ses chevaux, l'Égypte les montre à l'occasion de deux fêtes. L'autre a lieu en mai à Sharkeya, dans le delta.
Concours de pêche international à Charm el-Cheikh. Organisé dans plusieurs stations de la mer Rouge, cette compétition attire des concurrents de tous pays.
Fête nationale de Louxor *(4 nov.)*. On célèbre en même temps la découverte, en 1922, du tombeau de Toutankhamon.
Championnat mondial de bowling au Caire. Le bowling à dix quilles, qui serait né en ancienne Égypte, est de plus en plus populaire.

Un des événements culturels majeurs de l'année, le spectaculaire *Aïda* de Verdi

Hiver

L'hiver apporte un peu de fraîcheur et quelques rares averses au Caire, à Alexandrie et sur le littoral méditerranéen. Les jours sont encore chauds et ensoleillés, mais les nuits peuvent être froides, surtout dans le désert. C'est le début de la saison qui apporte son flot de visiteurs étrangers attirés par le soleil et les mystères fascinants de l'ancienne Égypte. Croisières et hôtels de Haute-Égypte sont très demandés en cette saison, et les prix grimpent.

Décembre

Régates internationales du Nil. La fédération égyptienne d'aviron fait venir du monde entier des équipes de rameurs jeunes ou expérimentés, pour des régates à Louxor et au Caire.
Festival international de cinéma au Caire. Ce festival souvent turbulent attire les meilleures réalisations mondiales. Son franc succès est dû en partie au fait que c'est pour les Égyptiens l'unique occasion de l'année de voir des films non censurés. Ceux qui comportent des scènes de sexe ou de nus attirent une foule animée, mais il y a beaucoup d'autres bons films à voir.

Le chaos organisé du Salon international du livre du Caire

Janvier

Championnat international de voile à Port Safaga. Le spectacle des voiles colorées glissant sur une mer généralement calme se regarde mieux du rivage.
Nouvel an *(1er janv.)* est un jour férié.
Noël copte *(7 janv.)*. Ce jour-là, les coptes d'Égypte revêtent leurs plus beaux atours, rendent visite à leur famille et festoient. Ce n'est pas un jour férié officiel, mais beaucoup de coptes le chôment.
Marathon international d'Égypte à Louxor. Jusqu'à 2 000 coureurs bravent la chaleur pour participer au marathon. La course des Pharaons est une épreuve sur 100 km, lancée en 1977 parce que, dit-on, un archéologue a trouvé cette année-là une inscription concernant une course de cette distance, disputée par les soldats du roi au VIIe siècle av. J.-C.
Compétition internationale de planche à voile à Hourghada. La mer Rouge offre des conditions idéales pour les compétitions nautiques ; il y en a plusieurs dans l'année.

Planche à voile sur la mer Rouge

Épiphanie *(19 janv.)*. Les coptes célèbrent la révélation de l'essence divine de Jésus à son baptême par Jean-Baptiste.
Rallye Paris-Dakar-Le Caire. Le célèbre rallye traverse parfois l'Afrique d'ouest en est. Après 11 000 km, les valeureux pilotes freinent dans un nuage de fumée et de poussière au pied des pyramides de Giza.
Salon international du livre du Caire à Nasr City. En principe pour les professionnels, la foire attire bibliophiles et Cairotes désireux de profiter de l'ambiance en mangeant sur le pouce. Un service d'autobus dessert la foire au départ de midan el-Tahrir.

Un concurrent dans la catégorie moto du Paris-Dakar-Le Caire

Février

Fête d'Abou Simbel *(22 fév.)*. Seulement deux fois dans l'année (l'autre est en octobre), les rayons du soleil pénètrent dans le sanctuaire du grand temple de Ramsès.

Le climat égytien

Plongée dans la mer Rouge

En Égypte, le climat est presque toujours ensoleillé, très chaud et très sec. Il y a des pluies régulières seulement sur la côte nord en hiver, mais elles n'atteignent pas 100 mm par an. Il y a deux saisons, la saison chaude de mai à octobre, la saison plus fraîche de novembre à avril. Attention, les nuits en hiver dans le désert peuvent être froides. Le *khamsin*, un vent sec qui soulève des tempêtes de sable, souffle en avril et mai.

Le delta et la côte méditerranéenne

mois	avr.	juil.	oct.	janv.
°C	23	30	28	18
°C	15	23	20	11
	10	12	9	7
	3 mm	- mm	5 mm	48 mm

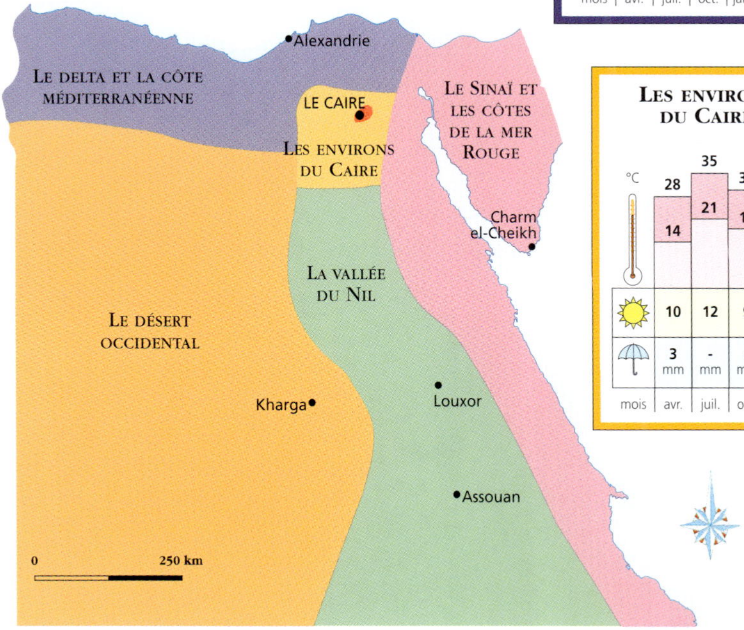

Les environs du Caire

mois	avr.	juil.	oct.	janv.
°C	28	35	30	19
°C	14	21	18	9
	10	12	9	7
	3 mm	- mm	- mm	5 mm

Le désert occidental

mois	avr.	juil.	oct.	janv.
°C	37	42	37	21
°C	20	23	21	5
	11	12	11	10
	- mm	- mm	- mm	- mm

La vallée du Nil

mois	avr.	juil.	oct.	janv.
°C	34	40	35	24
°C	18	25	19	8
	9	10	8	7
	- mm	- mm	- mm	- mm

Le Sinaï et les côtes de la mer Rouge

mois	avr.	juil.	oct.	janv.
°C	26	32	30	21
°C	16	25	23	10
	11	12	11	10
	- mm	- mm	- mm	- mm

ΚΡΟΚΟΔΙΛΟΠΑΡΔΑΛΙΣ

HISTOIRE DE L'ÉGYPTE

L'environnement naturel a joué un rôle déterminant dans l'histoire égyptienne. Quand l'absence de pluie contraignit les premiers habitants nomades à migrer vers la vallée du Nil, ce fertile sillon inondable donna naissance à une nation qui devait produire quelques-unes des plus importantes réalisations de l'histoire humaine et fonder une civilisation pratiquement inchangée pendant plus de 3 000 ans.

On fait en principe débuter l'histoire égyptienne en 3100 av. J.-C. Mais l'activité humaine de la période prédynastique remonte le temps à des milliers d'années antérieures. Autrefois, le Sahara était une savane verte et fertile où vivaient des tribus nomades, qui ont dessiné le portrait de leur gibier sur le roc (pétroglyphes). Les archéologues ont découvert que les éleveurs de troupeaux de Nabta Playa, dans le delta occidental, dressaient des cercles de pierres servant de calendrier dès 8000 av. J.-C.

La vie de ces premiers hommes reste inchangée pendant près de 4 000 ans, mais, le climat devient aride et les tribus fuient le désert qui avance (*deshret*, ou terre rouge), vers les rives du Nil aux terres enrichies par les crues annuelles du fleuve (*kemet*, ou terre noire). On a mis au jour des implantations montrant le développement rapide d'une culture sophistiquée : maisons en briques, ateliers et temples primitifs.

La palette de Narmer, environ 3100 av. J.-C.

Le besoin d'organiser ces premières communautés conduit à l'invention du premier système d'écriture complet du monde, les hiéroglyphes. Les fouilles d'Abydos montrent que cette écriture sophistiquée existait depuis environ 3250 av. J.-C., plusieurs siècles avant les écrits mésopotamiens les plus anciens. L'expansion de la société entraîne inévitablement des conflits entre communautés. Le pays se divise en deux royaumes ennemis, Basse-Égypte au nord et Haute-Égypte au sud. Ils seront réunis en une seule nation vers 3100 av. J.-C. Sans doute le document le plus important de toute l'histoire de l'Égypte, la palette cosmétique en ardoise du roi Narmer (appelé aussi Menès) trouvée à Hiérakonpolis, rapporte la création de ce premier État-nation du monde. La pose dramatique du roi s'apprêtant à fendre le crâne de l'ennemi vaincu deviendra une représentation classique des pharaons pour les trois millénaires suivants.

CHRONOLOGIE

8000 av. J.-C. À Nabta Playa, dans le désert occidental, une ancienne implantation humaine dresse d'immenses statues et un cercle de pierres-calendrier

Poteries, 4000-3000 av. J.-C.

3400 av. J.-C. Le plus vieux temple d'Égypte est bâti à Hiérakonpolis

3250 av. J.-C. Invention des hiéroglyphes, première écriture complète du monde

10000 av. J.-C. | **5000 av. J.-C.** | **4500 av. J.-C.** | **4000 av. J.-C.** | **3500 av. J.-C.**

10000 av. J.-C. Les peuples nomades du Sahara dessinent des pétroglyphes montrant leur gibier

Le plus ancien visage égyptien connu

Vers 4000 av. J.-C. Dans une implantation néolithique du delta occidental naît la plus ancienne figure humaine sculptée d'Afrique

3100 av. J.-C. Le roi Narmer réunifie l'Égypte et choisit Memphis comme capitale

◁ **Mosaïque gréco-romaine décrivant la crue du Nil, les temples de l'Égypte et sa faune légendaire**

Khéphren sous la protection du dieu-faucon Horus

L'Ancien Empire (3100-2180 av. J.-C.)

Dans l'Ancien Empire, Memphis, première capitale de l'Égypte unifiée, est le centre stratégique du pouvoir, à la jonction entre la Haute-Égypte et la Basse-Égypte, non loin du Caire actuel à la pointe du delta. En référence à leur origine méridionale, les premiers rois avaient Abydos pour lieu de sépulture, alors que les rois suivants choisiront de se faire inhumer près de leur nouvelle capitale, dans la nécropole de Saqqara. Outre la première pyramide d'Égypte (vers 2650 av. J.-C.), on y voit de nombreux *mastabas*, tombes en forme de bancs destinées aux membres de la cour, au décor superbe. Pensant que le roi était l'incarnation vivante du dieu Horus, les courtisans cherchaient à être enterrés près du pouvoir divin.

Les successeurs de Narmer réussissent à éliminer les menaces extérieures et organisent le pays en 42 provinces ou *nomes*, administrées par une bureaucratie extrêmement efficace. L'opulence du pays provient d'un système fiscal soigneusement organisé, basé sur la réquisition et la distribution de l'abondante production de céréales, et sert à financer des réalisations grandioses. Ces projets culminent avec les imposants complexes de pyramides des rois-dieux de l'Ancien Empire, Djoser, Snéfrou, Khéops et Khéphren. L'organisation de grands travaux aide à unifier le pays et le grand nombre d'artisans requis entraîne une évolution rapide des arts et techniques.

De tous les pharaons bâtisseurs de pyramides, Snéfrou, le plus grand, en élèvera trois, dont la première vraie pyramide à Dahchour. Grâce aux techniques développées par Snéfrou, son fils Khéops pourra construire la plus grande des pyramides de Giza (Guizèh) vers 2589 av. J.-C.

Des siècles de grands travaux et une série de mauvaises récoltes affaiblissent l'économie et entraînent un déclin du pouvoir royal, reflété par le format plus petit des pyramides d'Abousir et Saqqara. Le règne interminable de Pépi II (2278-2184, 94 ans !) ne fait qu'aggraver la situation. Le roi est perçu comme un faible vieillard et le pouvoir royal s'affaiblit encore. Nitocris, première femme pharaon d'Égypte, accède ensuite au trône. On se souvient

Les pyramides de Giza, magnifiques symboles du pouvoir divin des premiers pharaons

Chronologie

Figurine de l'Égypte unifiée, vers 2900 av. J.-C.

2665 av. J.-C. Le plus ancien monument de pierre du monde, la pyramide à degrés de Djoser, s'élève à Saqqara

2613–2589 av. J.-C. Règne de Séfrou, bâtisseur de trois pyramides à Dahchour et Meidoum

2900 av. J.-C.	2800 av. J.-C.	2700 av. J.-C.	2600 av. J.-C.	2500 av. J.-C

2686 av. J.-C. Khasekhemoui élève le plus ancien monument de briques connu à Hiérakonpolis

Vers 2589 av. J.-C. Khéops (Khoufou) élève la Grande Pyramide à Giza (Guizèh)

Vers 2558 av. J.-C. Khéphren (Khafré) bâ sa pyramide à Giza. S complexe comprend plus ancien temple d'Égypte encore debo

d'elle comme « la plus courageuse et la plus belle » de son temps, mais il est trop tard pour inverser le déclin de la royauté.

Mentouhotep II, fondateur thébain de la XIe dynastie

Première période intermédiaire, Moyen Empire et deuxième période intermédiaire (2180-1550 av. J.-C.)

L'autorité royale décline et les hauts fonctionnaires, se détachant du roi, rejoignent leurs provinces d'origine. Ils créent leurs propres petits royaumes, défendus par des armées privées. Le pays se morcelle peu à peu. L'autorité centrale finit par se dissoudre dans l'anarchie. C'est le début de la première période intermédiaire vers 2180 av. J.-C.

L'absence de pouvoir central se voit clairement dans la multiplication des styles artistiques provinciaux, reflétant les goûts locaux. L'écroulement de l'ordre social apparaît aussi dans la littérature « tout n'est que ruines... les hommes tuent leurs frères... le sang coule partout ».

Les derniers fragments du pouvoir royal se rassemblent à Hérakléopolis, porte de l'oasis du Fayoum, s'efforçant de régner au moyen d'alliances avec les régions sud. Mais ces unions temporaires explosent quand Thèbes instaure une nouvelle monarchie. Guerres civiles et combats acharnés entre tribus voisines déchirent le pays. Après une lutte longue et féroce, Montouhotep II, puissant seigneur guerrier thébain, conquiert le Nord et réunifie le pays sous la XIe dynastie. Son règne sort l'Égypte du chaos de la première période intermédiaire et lui apporte la stabilité du Moyen Empire (vers 2055 av. J.-C.). Thèbes devient maintenant une grande métropole, où les artisans créent de nouveaux styles à un rythme jamais égalé depuis le temps des pyramides. Les anciennes mines et routes commerciales rouvrent et une politique expansionniste s'instaure. Jamais le pharaon ne retrouvera son statut de divinité du passé, mais la monarchie thébaine restaure le pouvoir royal, et l'enrichissement du trésor permet de reprendre de grands travaux. Le plus grand de ces monuments sera l'imposant complexe funéraire de Montouhotep, à Deir el-Bahari, qui servira 500 ans plus tard de modèle au temple d'Hatchepsout.

Statuettes de l'armée privée du gouverneur d'Assiout (vers 2000 av. J.-C.)

2278 av. J.-C. Pépi II accède au trône et règne 94 ans

2184 av. J.-C. Début du règne de Nitocris, première reine d'Égypte

2180 av. J.-C. Première période intermédiaire - dispersion du pouvoir et guerre civile

2004 av. J.-C. Montouhotep II est inhumé à Deir el-Bahari

2400 av. J.-C. | **2300 av. J.-C.** | **2200 av. J.-C.** | **2100 av. J.-C.** | **2000 av. J.-C.**

Statue en cuivre grandeur nature de Pépi Ier (2321-2287 av. J.-C.)

2160 av. J.-C. Les rois des IXe et Xe dynasties vivent à Hérakléopolis

2125 av. J.-C. Les chefs de guerre thébains forment leur propre dynastie, la XIe.

2055 av. J.-C. Montouhotep II de Thèbes vainc Hérakléopolis et réunit l'Égypte. Le dieu thébain Amon croît en importance

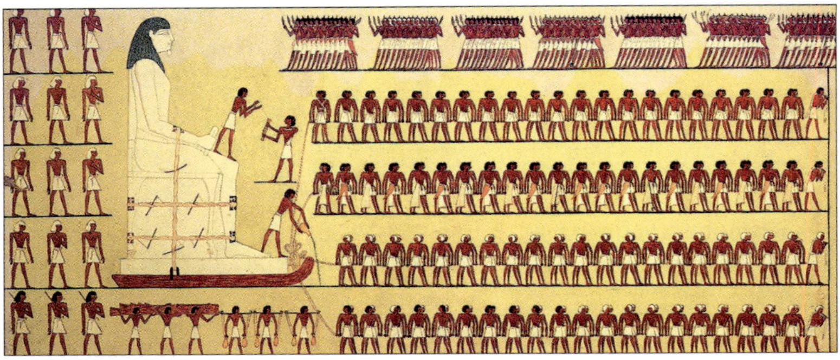

Équipes d'ouvriers tirant une immense statue de pierre, tombe de Djehutihotep, Moyen-Empire (vers 1850 av. J.-C.)

Les rois de la XIIe dynastie (environ 1985-1795 av. J.-C.) réinstallent le palais royal dans l'ancienne capitale, Memphis, pour se rapprocher du cœur du pays. Ils poursuivent d'ambitieux travaux de construction, et art et littérature donnent ce qu'on appellera la période classique de la culture égyptienne. Des pharaons tels que Sésostris III et Aménemhat III bâtissent des pyramides impressionnantes à Saqqara, Dahchour, Lahoun et Haouwara. Ils y sont enterrés en compagnie de leur famille avec de splendides bijoux d'or, d'améthyste, de cornaline et de lapis-lazuli.

Les campagnes victorieuses élargissent les frontières du pays. Le pouvoir se centralise en ôtant leurs prérogatives aux gouverneurs provinciaux, les remplaçant par une armée de fonctionnaires dévoués. Beaucoup de ces derniers sont des immigrants de la Palestine voisine, paisiblement installés depuis environ 150 ans dans le nord de l'Égypte, et progressivement intégrés à la société égyptienne. Infiltrant le gouvernement, ils profitent de l'instabilité engendrée par la série de règnes trop brefs des XIIIe et XIVe dynasties. En 1650 av. J.-C., ces colons, qu'on nomme Hyksos (souverains étrangers), finissent par prendre le pouvoir.

Cela marque le début de la deuxième période intermédiaire, quand l'Égypte se trouve à nouveau séparée en deux. Avec pour capitale Avaris, les Hyksos concluent une alliance avec la Nubie pour les aider à contrôler le Sud, où l'opposition des autochtones au pouvoir étranger s'organise à Thèbes. Le pays vit à nouveau des épisodes de guerre civile, jusqu'à ce que le chef de guerre thébain Taâ II et ses fils Kamès et Ahmosé réussissent à chasser les Hyksos de l'Égypte et réunissent le nord et le sud du pays.

Sphinx au visage d'Aménemhat III

CHRONOLOGIE

1965 av. J.-C. Assassinat d'Aménemhat Ier et accession au trône de son fils Sésostris Ier

1900 av. J.-C.

1874-1855 av. J.-C. Règne de Sésostris III

1855 av. J.-C. Sésostris III et sa famille sont inhumés à Dahchour

Statue de Sésostris III

1800 av. J.-C.

1799-1795 av. J.-C. Règne de la deuxième reine d'Égypte, Sebekneferourê

1795-1725 av. J.-C. Période instable sous la XIIIe dynastie, 70 rois se succèdent

1750-1650 av. J.-C. Souverains mineurs de la XIVe dynastie

1700 av. J.-C

Tête d'Horus, pendentif du Moyen Empire

LE NOUVEL EMPIRE (1550-1070 AV. J.-C.)

La réunification de l'Égypte marque le début du Nouvel Empire. C'est la période appelée l'Âge d'or égyptien, où une succession de pharaons guerriers font de l'Égypte l'empire le plus puissant du monde antique. L'expulsion des Hyksos est suivie de campagnes militaires vigoureuses, au nord jusqu'à l'Euphrate, au sud jusqu'en Nubie. Les immenses richesses amassées avec le tribut des vaincus servent à une série de travaux pharaoniques dans et autour de Thèbes, chaque souverain tentant de surpasser ses prédécesseurs. C'est pendant cette période que le magnifique temple de Karnak, centre du culte d'Amon, divinité thébaine, est embelli par les pharaons successifs. Amon est associé au dieu-soleil Rê pour créer Amon-Rê, « Roi des Dieux ». Les pharaons se font élever d'immenses temples funéraires sur la rive ouest du Nil, et sont enterrés dans des tombeaux spectaculaires, taillés dans le rocher de la vallée des Rois, ainsi s'assurent-ils la vie éternelle.

Premier roi du Nouvel Empire, Ahmosis poursuit les conquêtes militaires de sa famille et trace la voie pour ses successeurs. Son fils Aménophis Ier suit les traces de son père en pacifiant la Nubie. Il fonde aussi à Deir el-Médina un village pour les bâtisseurs des tombes royales, où il sera vénéré longtemps après sa mort, ainsi que sa mère, la cosouveraine Ahmosé-Nefertari.

Puis vient la lignée des Touthmosis, des hommes nés des épouses secondaires du roi, qui assoient leur légitimité en épousant des princesses royales.

À Touthmosis II succède Hatchepsout, son épouse et demi-sœur, qui devient une des plus célèbres reines d'Égypte, souvent représentée portant la barbe, insigne du pharaon. Son successeur, Touthmosis III, considéré comme le « Napoléon d'ancienne Égypte », étend l'empire jusqu'en Asie Mineure et à l'Euphrate. Son fils Aménophis II, grand guerrier comme lui et athlète accompli, consolide le joug égyptien sur les États vassaux d'Asie Mineure. Ces conquêtes fournissent les richesses utilisées avec tant de sagesse par le grand Aménophis III « le Magnifique » qui introduit une architecture monumentale visibles dans les colosses de Memnon. Ses 38 ans de règne pacifique marquent l'apogée de la culture et de l'art égyptiens.

Statue d'Hatchepsout portant la barbe de pharaon

Touthmosis III apporte des offrandes à Amon-Rê, dieu du Nouvel-Empire réunifié

1650 av. J.-C. Les Hyksos de Palestine prennent le pouvoir

vers 1560 av. J.-C. Le chef de guerre thébain Taâ II est tué en combattant les Hyksos

vers 1500 av. J.-C. La vallée des Rois devient lieu de sépulture royale

Tête de Touthmosis III

1458-1425 av. J.-C. Touthmosis III mène campagne jusqu'à l'Euphrate

1600 av. J.-C.

1500 av. J.-C.

1400 av. J.-C.

1550 av. J.-C. Ahmosis, le plus jeune fils de Taâ II, chasse les Hyksos d'Égypte et devient le premier roi de la XVIIIe dynastie

1525 av. J.-C. Aménophis Ier fonde le village des bâtisseurs royaux à Deir el-Médina

1473-1458 av. J.-C. Règne d'Hatchepsout

1390-1352 av. J.-C. Règne pacifique d'Aménophis III « le Magnifique »

Les pharaons d'Égypte

Les anciens Égyptiens rapportaient les événements à l'année du règne d'un pharaon (par exemple « an 5 de Ramsès »). Manéthon, érudit de l'époque des Ptolémées, a classé les rois par dynasties, système toujours exploité de concert avec les anciennes listes des rois, les rapports astronomiques et les méthodes de datation modernes. Sa chronologie, ni arrêtée ni complète, reste sujette à modifications.

Première période dynastique

3100-2890 av. J.-C.

Ire dynastie

Narmer	3100
Aha	3100
Djer	3000
Djet	2980
Den	2950
Andjib	2925
Semerkhet	2900
Qaâ	2890

2890-2686 av. J.-C.

IIe dynastie

Hotepsekhemoui	2890
Raneb	2865
Nineter	
Oueneg	
Sened	
Péribsen	2700
Khasekhemoui	2686

\# ou Akhenaton *(voir p. 171)*
* reine d'Égypte
† ou Amenhotep
‡ ou Sénousret

Première période intermédiaire

2181-2125 av. J.-C.

VIIe et VIIIe dynasties

De nombreux rois éphémères se succèdent durant cette période instable de l'ancienne Égypte. L'affaiblissement du pouvoir central entraîne l'instauration de dynasties locales.

2160-2055 av. J.-C.

IXe et Xe dynasties (hérakléopolitaines)

Kheti
Merikarê
Iti

XIe dynastie (thébaine)

Antef Ier	2125-2112
Antef II	2112-2063
Antef III	2063-2055

Moyen Empire

2055-1985 av. J.-C.

XIe dynastie (toute l'Égypte)

Montouhotep II	2055-2004
Montouhotep III	2004-1992
Montouhotep IV	1992-1985

Statue-Bloc de la 12e Dynastie

1985-1795 av. J.-C.

XIIe dynastie

Aménemhat Ier	1985-1955
Sésostris Ier ‡	1965-1920
Aménemhat II	1922-1878
Sésostris II ‡	1880-1874
Sésostris III ‡	1874-1855
Aménemhat III	1855-1808
Aménemhat IV	1808-1799
Sebekneferourê*	1799-1795

Des chevauchements de dates indiquent des périodes de co-régence

Nouvel Empire

Bracelet de la reine Ahotep, mère d'Ahmose, premier roi de la XVIIIe dynastie

1550-1295 av. J.-C.

XVIIIe dynastie

Ahmose	1550-1525
Aménophis Ier †	1525-1504
Thoutmosis Ier	1504-1492
Thoutmosis II	1492-1479
Thoutmosis III	1479-1425
Hatchepsout*	1473-1458
Aménophis II †	1427-1400
Thoutmosis IV	1400-1390
Aménophis III †	1390-1352
Aménophis IV #	1352-1336
Néfertiti Semenkharê*	1338-1336
Toutankhamon	1336-1327
Aï	1327-1323
Horemheb	1323-1295

1295-1186 av. J.-C.

XIXe dynastie

Ramsès Ier	1295-1294
Séti Ier	1294-1279
Ramsès II	1279-1213
Merenptah	1213-1203
Amenmès	1203-1200
Séti II	1200-1194
Siptah	1194-1188
Tousrê*	1188-1186

1186-1069 av. J.-C.

XXe dynastie

Sethnakht	1186-1184
Ramsès III	1184-1153
Ramsès IV	1153-1147
Ramsès V	1147-1143
Ramsès VI	1143-1136
Ramsès VII	1136-1129
Ramsès VIII	1129-1126
Ramsès IX	1126-1108
Ramsès X	1108-1099
Ramsès XI	1099-1069

Ramses III, bâtisseur du grand temple funéraire de Médinet-Habou

La Basse Époque

672-525 av. J.-C.

XXVIe dynastie (saïte)

Néchao Ier	672-664
Psammétique Ier	664-610
Néchao II	610-595
Psammétique II	595-589
Apriès	589-570
Ahmosis II	570-526
Psammétique III	526-525

525-359 av. J.-C.

XXVIIe dynastie (première période perse)

Cambyse II	525-522
Darius Ier	522-486
Xerxès Ier	486-465
Artaxerxès Ier	465-424
Darius II	424-405
Artaxerxès II	405-359

404-vers 380 av. J.-C.

XXVIIIe dynastie

Amyrtée	404-399

XXIXe dynastie

Néphérités Ier	399-393
Achoris	393-380
Néphérités II	vers 380

Un des sphinx de pierre du temple de Louxor, arborant le visage de Nectanebo Ier

380-343 av. J.-C.

XXXe dynastie

Nectanebo Ier	380-362
Teos	362-360
Nectanebo II	360-343

ANCIEN EMPIRE

2686-2613 av. J.-C. — IIIe DYNASTIE

Sanakht	2686-2667
Djoser	2667-2648
Sekhemkhet	2648-2640
Khaba	2640-2637
Houni	2637-2613

2613-2498 av. J.-C. — IVe DYNASTIE

Sneferu	2613-2589
Khufu	2589-2566
Djedefre	2566-2558
Khafre	2558-2532
Menkaure	2532-2503
Shepseskaf	2503-2498

Les pyramides de Giza, bâties sous la IVe dynastie

2494-2345 av. J.-C. — Ve DYNASTIE

Ouserkaf	2494-2487
Sahourê	2487-2475
Neferirkarê	2475-2455
Shepseskharê	2455-2448
Râneferef	2448-2445
Neouserrê	2445-2421
Menkaouher	2421-2414
Djedkarê	2414-2375
Ounas	2375-2345

2345-2181 av. J.-C. — VIe DYNASTIE

Téti	2345-2323
Ouserkarê	2323-2321
Pepi Ier	2321-2287
Merenrê	2287-2278
Pepi II	2278-2184
Nitocris*	2184-2181

DEUXIÈME PÉRIODE INTERMÉDIARE

Bas-relief en calcaire de Sérostris Ier ‡, temple de Karnak

1795-1650 av. J.-C.

XIIIe DYNASTIE

1795-vers1725

XIVe DYNASTIE

1750-1650

Souverains mineurs régnant sans doute en même temps que la dynastie précédente.

1650-1550 av. J.-C.

XVe DYNASTIE

(Hyksos)

Salitis	
Chian	vers 1600
Apopi	vers 1555
Khamoudi	

XVIe DYNASTIE

1650-1550

Souverains Hyksos mineurs, contemporains de la XVe dynastie.

1650-1550 av. J.-C.

XVIIe DYNASTIE

Plusieurs autres souverains gouvernent aussi de Thèbes, parmi lesquels :

Antef	
Taâ Ier	
Taâ II	vers 1560
Kamès	1555-1550

TROISIÈME PÉRIODE INTERMÉDIAIRE

1069-945 av. J.-C. — XXIe DYNASTIE

Smendès	1069-1043
Aménemisou	1043-1039
Psousennès Ier	1039-991
Aménemopé	993-984
Osorkon l'Ancien	984-978
Siamon	978-959
Psousennès II	959-945

Cercueil d'argent de Psousennès Ier, Tanis

945-715 av. J.-C. — XXIIe DYNASTIE

Chéchanq Ier	945-924
Osorkon Ier	924-889
Chéchanq II	vers 890
Takelot Ier	889-874
Osorkon II	874-850
Takelot II	850-825
Chéchanq III	825-773
Pami	773-767
Chéchanq V	767-730
Osorkon IV	730-715

818-715 av. J.-C. — XXIIIe DYNASTIE

Plusieurs lignées continues de souverains à Héracléopolis Magna, Hermopolis Magna, Léontopolis et Tanis, parmi lesquels :

Pédoubast Ier	818-793
Chéchanq IV	vers 780
Osorkon III	777-749

XXIVe DYNASTIE

Bocchoris	727-715

LA BASSE ÉPOQUE

747-656 av. J.-C. — XXVe DYNASTIE

Piye	747-716
Chabaka	716-702
Chabataka	702-690
Taharqa	690-664
Tanoutamon	664-656

343-332 av. J.-C. — LA 2e PÉRIODE PERSE

Artaxerxès III Ochos	343-333
Arsès	338-336
Darius III Codoman	336-332

L'ÉPOQUE DES PTOLÉMÉES

332-305 av. J.-C. — LA DYNASTIE MACÉDONIENNE

Alexandre le Grand	332-323
Philippe Arrhidée	323-317
Alexandre IV	317-305

Alexander le Grand coiffé à l'égyptienne

305-88 av. J.-C. — LA DYNASTIE PTOLÉMAÏQUE

Ptolémée Ier	305-285
Ptolémée II	285-246
Ptolémée III	246-221
Ptolémée IV	221-205
Ptolémée V	205-180
Ptolémée VI	180-145
Ptolémée VII	145
Ptolémée VIII	170-116
Ptolémée IX	116-107
(et 2e règne)	88-80
Ptolémée X	107-88

88-30 av. J.-C. — LA DYNASTIE PTOLÉMAÏQUE (SUITE)

Ptolémée XI	88-80
Ptolémée XII	80-51
Cléopâtre VII*	51-30
Ptolémée XIII	51-47
Ptolémée XIV	47-44
Ptolémée XV	44-30

L'Égypte devient partie de l'Empire romain en 30 av. J.-C. *(p. 53-56)*

Les Égyptiens mènent des prisonniers philistins, un des « peuples de la mer », temple funéraire de Ramsès III, Médinet-Habou

À la mort d'Aménophis III en 1352 av. J.-C., son fils Akhenaton *(p. 171)* lui succède. Sa politique maladroite, le transfert de la capitale à Akhetaton (actuel Tell el-Amarna) et sa tentative de renverser l'ordre religieux traditionnel déstabilisent gravement l'Égypte et amènent le pays au bord de la ruine. Son successeur, sans doute sa femme Néfertiti, restaure l'ordre en replaçant à Thèbes le siège du pouvoir et en rétablissant la religion traditionnelle. Le règne du fils d'Akhenaton, Toutankhamon, servira surtout à restaurer la stabilité intérieure avant que soit relancée l'expansion en terre étrangère. Mais c'est le talent militaire de Horemheb, ancien scribe devenu général puis pharaon, qui rend au pays sa grandeur passée. Dernier roi de la XVIIIe dynastie, il entreprend de reconstituer l'Empire égyptien.

Buste de Néfertiti, reine de la XVIIIe dynastie

Les rois de la XIXe dynastie, à partir de 1295, poursuivent cette politique militaire. Sous Séti Ier, l'Égypte retrouve beaucoup de son prestige à l'étranger. À l'intérieur, l'aura de la royauté est renforcée par de nouveaux grands travaux, comme la salle hypostyle de Karnak *(p. 184-185)* et le temple de Séti à Abydos. À Séti succède son fils Ramsès II, aussi appelé Ramsès le Grand, dont les 66 ans de règne sont marqués par de très nombreuses et immenses constructions. Il érige des monuments colossaux, dont l'impressionnant grand temple d'Abou Simbel *(p. 210-211)*, pour impressionner ses sujets et assurer à jamais sa renommée.

Son fils Méneptah lui succède, puis quatre autres pharaons en moins de vingt ans. Vers 1186 av. J.-C., Sethnakht inaugure la XXe dynastie et neuf pharaons vont se succéder, tous nommés Ramsès. Le plus grand parmi eux, Ramsès III, défend avec succès les frontières nord du pays contre les invasions répétées des Libyens et des colonisateurs de la Méditerranée, dits « peuples de la mer ». Mais ses faibles successeurs ne peuvent défendre ses acquis et l'infiltration étrangère s'accroît. S'ensuit une période de désordres internes où même les tombes royales sont pillées. Le Nouvel Empire s'effondre en 1070 av. J.-C.

CHRONOLOGIE

1279-1213 av. J.-C. Règne de Ramsès II

vers 1274 av. J.-C. Ramsès II proclame sa victoire sur les Hittites à la bataille de Qadesh

1070 av. J.-C. Chute du Nouvel Empire. L'Égypte se divise en nord et sud

747-656 av. J.-C. Les Nubiens conquièrent l'Égypte et règnent comme XXVe dynastie

1300 av. J.-C. | **1150 av. J.-C.** | **1000 av. J.-C.** | **850 av. J.-C.**

1352-1336 av. J.-C. Règne d'Akhenaton. Déplacement de la capitale à Akhetaton

Collier de Toutankhamon

1070 av. J.-C. Les pharaons règnent à partir de Tanis, dans le delta, mais les prêtres thébains contrôlent le sud

945-924 av. J.-C. Chéchanq Ier, le Chichaq de l'Ancien Testament, envahit Israël

Troisième période intermédiaire, Basse Époque et règne des Ptolémées (1070-30 av. J.-C.)

La fin du Nouvel Empire ouvre sur quatre siècles de désunion et d'infiltration étrangère appelés la troisième période intermédiaire. Nord et sud, sont à nouveau divisés. Les grands prêtres thébains de sang royal contrôlent toujours le sud, alors que la monarchie gouverne le nord à partir de Tanis, dans le delta oriental.

Alexandre le Grand

L'Égypte se morcèle encore avec l'invasion par la Libye du delta occidental, mais en 747 av. J.-C. la Nubie réunifie le pays et conserve le pouvoir plus d'un siècle avec la XXVe dynastie. La Basse Époque débute avec l'invasion assyrienne de l'Égypte en 669 av. J.-C. L'Assyrie pense gouverner par l'intermédiaire des rois vassaux, Néchao puis Psammétique, à partir de la ville de Saïs, dans le delta occidental. Mais Psammétique déjoue son suzerain et fonde la XXVIe dynastie « saïte », où une culture proprement égyptienne fleurit brièvement. L'invasion perse en 525 av. J.-C. détruit l'espoir d'un renouveau durable. Seul le bref règne de la XXXe dynastie, derniers souverains autochtones d'Égypte, interrompt deux siècles de domination perse. Alexandre le Grand, empereur de Macédoine, « délivre » l'Égypte des Perses et fonde sa nouvelle capitale Alexandrie sur la côte méditerranéenne ; il est suivi par le règne des Ptolémées.

Ptolémée V, en tenue de pharaon traditionnelle, fait des offrandes au taureau sacré Bouchis

À la mort d'Alexandre en 323 av. J.-C., son plus fidèle général Ptolémée prend en main le pouvoir. Les trois siècles suivants (305-30 av. J.-C.) verront quatorze de ses successeurs, tous portant son nom, régner à partir d'Alexandrie. Les Égyptiens acceptent les Ptolémées parce qu'ils gouvernent en pharaons traditionnels, élevant des temples à l'imitation du style égyptien ancien comme à Edfou, Dendera et Philae. Ils embellissent Alexandrie – entre autres avec le célèbre phare *(p. 241)* –, qui devient la première ville du monde antique. La dernière des Ptolémées, Cléopâtre VII, accède au trône en 51 av. J.-C. Pendant 21 ans de règne, elle restaure brièvement la grandeur égyptienne face aux visées expansionnistes de Rome. Son suicide marque la fin de l'ancienne Égypte et le pays devient finalement une province romaine.

669 av. J.-C. L'Assyrien Assurbanipal envahit l'Égypte

Momie féminine de la Basse Époque

332 av. J.-C. Alexandre le Grand conquiert l'Égypte et fonde Alexandrie

323 av. J.-C. Mort d'Alexandre à Babylone. Il est enterré en Égypte

30 av. J.-C. L'Égypte devient province romaine

51-30 av. J.-C. Règne de Cléopâtre VII

0 av. J.-C. | 550 av. J.-C. | 400 av. J.-C. | 250 av. J.-C. | 100 av. J.-C.

664-525 av. J.-C. Renaissance égyptienne sous la XXVIe dynastie « saïte »

525 av. J.-C. Invasion du roi perse Cambyse

380-345 av. J.-C. Les derniers souverains égyptiens, avec la XXXe dynastie

305 av. J.-C. Ptolémée Ier établit sa dynastie, régnant depuis Alexandrie

Pièce à l'effigie de Cléopâtre

Cléopâtre VII (69-30 av. J.-C.)

Cartouche de Cléopâtre

Sans doute le personnage le plus célèbre d'ancienne Égypte, la vraie Cléopâtre a été masquée par des siècles de désinformation, venant pour l'essentiel des Romains qui menaient contre elle une guerre de propagande. Pour eux, Cléopâtre, à la tête d'un royaume oriental décadent, avait séduit deux de leurs généraux pour s'emparer de leur empire. En réalité d'origine grecque macédonienne, elle eut un enfant de Jules César, et trois durant ses onze ans de vie avec Marc Antoine. Les deux Romains exploitèrent autant les richesses d'Égypte pour leurs ambitions impériales qu'elle s'appuya sur leur puissance militaire pour renforcer sa position.

***Ptolémée Ier (305-285 av. J.-C.)** règne sur l'Égypte après la mort de son proche ami Alexandre le Grand, fondant une dynastie qui durera près de 300 ans.*

PORTRAIT ORIENTALISTE DE CLÉOPÂTRE
S'inspirant des représentations dans les temples mais aussi d'une confusion entre exotisme et érotisme, cette peinture d'Alexandre Cabanel (1823-1889) présente Cléopâtre dans une séduisante mais trompeuse parure pharaonique.

***Ce buste classique** lui est sans doute plus fidèle. Elle est représentée en Pharaon sur les murs de temples comme Dendera* (p. 175) *afin d'affirmer son statut d'héritière légitime des grands pharaons.*

***Ce papyrus ptolémaïque** porte sa signature. Parlant sept langues dont l'égyptien, Cléopâtre employait le grec pour les documents officiels.*

L'ÉGYPTE ET L'EXPANSION ROMAINE

Entre le IVe et le Ier siècle av. J.-C., l'expansion romaine est en partie liée à un besoin croissant de blé, équivalant, pour le monde antique, au pétrole aujourd'hui. Grâce à son administration efficace « à la grecque » et à ses récoltes abondantes, l'Égypte est fabuleusement riche. Ce serait une menace si elle tombait dans de mauvaises mains : Rome doit alors soit s'attirer les bonnes grâces du pharaon, soit annexer le pays. Alternant astucieusement corruption et diplomatie, l'Égypte évite d'abord l'annexion. César et Antoine reçoivent de fortes sommes pour rendre le trône d'Égypte à Ptolémée XII, père de Cléopâtre. Quand Cléopâtre et son frère accèdent au trône en 51 av. J.-C., Rome prévoit simplement d'annexer l'Égypte à l'empire.

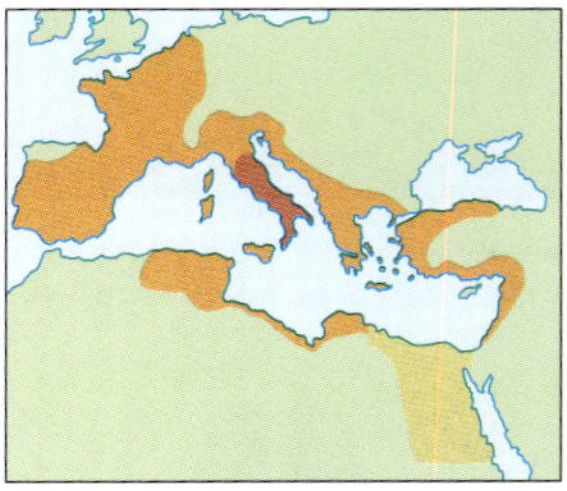

PROGRESSION DES EMPIRES

- *Rome, 300 av. J.-C.*
- *Rome, 51 av. J.-C.*
- *Royaume ptolémaïque, 51 av. J.-C.*

Cléopâtre et Rome

En 51 av. J.-C., Cléopâtre et son frère Ptolémée XIII sont nommés co-souverains d'Égypte. Chacun lutte pour le pouvoir et Rome envoie Jules César régler le différend. César place Cléopâtre sur le trône et a une liaison avec elle. Trois ans après le meurtre de César, Marc Antoine rend visite à la reine pour financer ses expéditions. Ils deviennent amants. Quand en 34 av. J.-C. Antoine cède des terres romaines à l'Égypte, Octave presse Rome de déclarer la guerre à Cléopâtre.

***Jules César**, qui a déplacé Cléopâtre à Rome, sera tué par les républicains inquiets de le voir restaurer la monarchie sous l'influence de la reine égyptienne.*

***Marc Antoine** fut raillé par les Romains d'avoir été le jouet de Cléopâtre. Contraint d'épouser la sœur d'Octave, il retourna ensuite à son amante égyptienne.*

***Octave**, pour la sauvegarde de l'empire, décide de combattre Antoine en mer près d'Actium, au large de la Grèce.*

***À la bataille d'Actium (31 av. J.-C.)**, les deux flottes se heurtent, ouvrant une brèche dans la formation d'Octave. Saisissant sa chance, Cléopâtre file vers l'Égypte, suivie de près par Antoine. Croyant qu'il déserte, ses hommes changent de camp. Un an plus tard, l'armée d'Octave bat les troupes d'Antoine et marche sur Alexandrie.*

***L'aspic africain** est un cobra qui, sous la forme de l'uræus, protège Pharaon ici-bas et dans l'au-delà. Il est donc très possible que Cléopâtre ait choisi le suicide par morsure de serpent.*

Cléopâtre, éternelle séductrice

L'histoire fascinante de Cléopâtre se nourrit de sa mort tragique. Vaincu par Octave, faussement persuadé que Cléopâtre est morte, Antoine se suicide. Voyant que tout est perdu, la reine se tue aussi. Cette épopée mêlant passion, pouvoir, ambition et tragédie finale a séduit les auteurs depuis la Renaissance, de Shakespeare à Hollywood.

***La pièce de Shakespeare** s'inspire des* Vies *de Plutarque (vers 75), le plus indulgent des récits sur Cléopâtre par les Romains.*

***Les productions hollywoodiennes**, comme* Cléopâtre *avec Élizabeth Taylor et Richard Burton, utilisent décors fastueux et costumes extravagants et s'embarrassent peu de précision historique.*

***Le maquillage des yeux**, détail bien rapporté par Hollywood, était aussi le fait des hommes en ancienne Égypte. Le mélange eau-pigments minéraux se conservait dans un étui.*

Du Christ à Mahomet

L'Égypte étant province romaine, les césars s'établissent comme successeurs des pharaons. Le christianisme se répand dans l'Empire romain. Les chrétiens égyptiens, dits coptes, sont en conflit avec l'autorité romaine. Quand en 323 le christianisme devient religion officielle de l'Empire romain d'Orient, à présent séparé de celui d'Occident, les différends théologiques persistent et conduisent à une sévère persécution des coptes.

Les Romains d'Orient, devenus les Byzantins, gardent le pouvoir sans partage jusqu'au VIIe s., quand déferle une nouvelle puissance venue d'Arabie. Suivant l'enseignement du prophète Mahomet, l'armée d'Islam écrase les Byzantins et entre en Égypte. Dédaignant Alexandrie, le général Amr ibn el-As marche sur la forteresse de Babylone, proche de l'ancienne capitale Memphis, qui se rend après un court siège. Amr installe ses hommes juste au nord, où il fonde la ville de Fostat.

L'Égypte devient une province du déjà vaste Empire musulman, gouverné d'abord à partir de Damas (les Omeyyades), puis de Bagdad (les Abbassides). Un administrateur envoyé par Bagdad, Ahmed Ibn Touloun, décide de déclarer le territoire indépendant. Sa mosquée est toujours là, mais sa dynastie ne lui survivra guère. En effet, son fils est assassiné et Bagdad reprend le pouvoir. En 969, les Fatimides de Tunisie s'emparent du pays. Ils fondent une ville au nord de Fostat, avec des murs d'enceinte entourant palais, grandes mosquées et esplanades. Ils l'appellent el-Qahira, « la victorieuse », nom que l'Europe transformera en Le Caire. Leur règne de seulement 200 ans s'arrête en 1171 avec l'arrivée du général syrien Salah ed-Din el-Ayyub, plus connu sous le nom Saladin.

Salah ed-Din el-Ayyub ou Saladin (1138-1193), pourfendeur de croisés

Celui-ci agrandit la muraille de la ville et bâtit une nouvelle forteresse, la Citadelle, qui existe toujours *(p. 104-107)*. Représentant du courant sunnite, Saladin fait également construire un grand nombre de *madrasas*, ou écoles coraniques, pour étouffer le chiisme, majoritaire dans le pays.

Héros du monde arabe qui a reconquis Jérusalem sur les croisés, Saladin voit son rôle dans l'histoire égyptienne éclipsé par la caste des guerriers qui lui succède, la dynastie mamelouke.

Cavaliers mamelouks à l'exercice, manuscrit illustré (1348)

Chronologie

30 av. J.-C.-395 de notre ère Période romaine

Portrait de momie romaine, IVe siècle

394 Fin de l'ancienne Égypte, Rome adopte le christianisme comme religion officielle et ferme les temples

451 L'Église copte d'Égypte se sépare de l'Église d'Orient au concile de Chalcédoine

527 Fondation du monastère Sainte-Catherine dans le Sinaï

640 L'armée de l'Islam menée par Amr ibn al-As conquiert l'Égypte

An 1	150	300	450	600

Lithographie du XIXe s. représentant le sultan Baybars Ier (vers 1265) qui fait tuer les chrétiens refusant la conversion à l'islam

ESCLAVES ET SOLDATS

Mamelouk signifie « celui qui appartient », reflétant l'origine de ces esclaves importés en Égypte pour servir à la garde du palais. Leur service était récompensé par des terres et parfois la liberté. Au milieu du XIIIe siècle, devenus la première puissance du pays, les Mamelouks le revendiquent pour eux-mêmes.

Ils maintiennent l'esclavage, et le guerrier qui a le plus d'esclaves dans son armée s'installe sur le trône comme sultan. Pas de lignée héréditaire, c'est le plus fort qui l'emporte. Seuls les dirigeants exceptionnels ou les plus féroces se maintiennent au pouvoir face à ce défi permanent.

Réputés excellents cavaliers, les Mamelouks sont fiers de leurs talents guerriers. De leur base située au Caire, ils mènent des campagnes victorieuses à travers Palestine et Syrie, achevant en 1291 la mission de Saladin en expulsant définitivement les croisés de Terre sainte. Gouvernant Jérusalem et Damas, ils se taillent un empire au nord jusqu'en Turquie orientale. Ces nouveaux territoires leur donnent la possibilité de contrôler le commerce entre l'Orient et l'Occident. L'impôt sur les épices, les parfums, les soieries et les teintures fait du Caire l'une des plus riches cités du monde. Son opulence se reflète dans la splendide architecture qu'a laissée cette époque avec des constructions comportant de luxueux panneaux de marbre, boiseries incrustées d'ivoire et ornements de pierre sculptée.

Le monopole mamelouk force l'Europe à ouvrir d'autres routes commerciales vers l'est. En 1498, Vasco de Gama contourne le cap de Bonne-Espérance, infligeant à l'Égypte un coup fatal. Pis encore, les Turcs ottomans de Constantinople grignotent l'Empire mamelouk au nord. Le sultan Qansouh el-Ghouri (1501-1516) chevauche à la rencontre de ce nouvel ennemi, mais l'armée mamelouke est vaincue. L'année suivante, les Turcs ottomans entrent dans Le Caire et prennent le contrôle de l'Égypte.

Splendide intérieur de la mosquée de Qaytbey (1475), financée par l'impôt

969 Les Fatimides fondent el-Qahira, ancêtre du Caire

1250 Les Mamelouks accèdent au pouvoir

1468-1496 Règne de Qaytbey, grand mécène de l'architecture

Céramique mamelouke, XVe siècle

900 — 1050 — 1200 — 1350 — 1500

876-879 Construction de la mosquée d'Ibn Touloun

1171 Salah ed-Din devient souverain d'Égypte

Veste de mamelouk (XIIIe siècle environ)

1516 L'armée mamelouke d'el-Ghouri est battue par les Ottomans, qui prennent le contrôle de l'Égypte

Bonaparte défait les Mamelouks à la bataille des Pyramides en 1798

La domination ottomane

Sous le règne ottoman, l'Égypte cesse d'être le centre du monde méditerranéen et Le Caire devient juste une capitale provinciale parmi toutes celles que gouverne Constantinople. Le sultan turc Selim « le Terrible », surnom acquis par son habitude d'exécuter ses conseillers, règne sur l'Égypte, où les Mamelouks détiennent toujours un grand pouvoir comme *beys*, ou seigneurs.

L'Empire ottoman atteint son apogée sous le règne de Soliman le Magnifique. Sa mort en 1566 annonce une longue période de déclin. Une succession de faibles sultans ottomans permet aux Mamelouks de refaire surface au milieu du XVIIe siècle comme premier pouvoir politique en Égypte. Mais dissensions internes et luttes sanglantes les empêchent d'exploiter vraiment leur avantage. En même temps, déclin économique et épidémies de peste affaiblissent le pays.

Le sultan Selim Ier (1467-1520), dit Selim « le Terrible »

L'Europe « découvre » l'Égypte

En 1798, Bonaparte entre en Égypte à la tête de l'armée française accompagné d'un grand nombre de savants. La France est en guerre avec l'Angleterre, et il voit dans l'occupation de l'Égypte un moyen de menacer le pouvoir britannique aux Indes. Les Français battent les Mamelouks à la bataille des Pyramides la même année, mais la victoire est de courte durée. La marine britannique de l'amiral Nelson coule la flotte française à Aboukir *(p. 246)*. Le sultan ottoman déclare alors la guerre à la France. La campagne d'Égypte

Chronologie

1520-1566 Règne de Soliman le Magnifique

1528 On élève Soliman Pacha, la première mosquée ottomane d'Égypte, à la Citadelle

1550

1566 Mort de Soliman le Magnifique

Soliman le Magnifique

1600

1623 Premières révoltes ouvertes contre le pouvoir de Constantinople

1650 Retour en force des Mamelouks

1650

s'achève en 1801, laissant en héritage la remarquable étude scientifique *Description de l'Égypte*, œuvre de 21 volumes, qui pousse de nombreux artistes et écrivains à visiter le pays et amorce le début de l'égyptologie.

Après avoir menacé de renverser le sultan ottoman, Méhémet-Ali négocie avec les Britanniques

MÉHÉMET-ALI ET SES SUCCESSEURS

La vacance du pouvoir entraîne une lutte pour le trône opposant Mamelouks, troupes ottomanes et un contingent de mercenaires albanais. Méhémet-Ali, commandant des Albanais, l'emporte en 1805. Pour affermir son pouvoir, il convie les émirs mamelouks à un banquet, afin de les faire massacrer. Il transforme l'Égypte en nation industrielle, met l'agriculture sous contrôle d'État. Il crée manufactures textiles, chantiers navals et usines de munitions pour fournir une armée de type occidental. Après une série de victoires militaires en Grèce, en Arabie et au Soudan, Méhémet-Ali menace le sultan ottoman, mais l'intervention des Anglais l'oblige à renoncer. Il meurt en 1849.

En 1811, le vice-roi Méhémet-Ali fait massacrer les principaux émirs mamelouks

Après deux successeurs, le khédive Ismaïl accède au pouvoir, déterminé à transformer l'Égypte en nation moderne. Il introduit un service postal national et étend le réseau ferroviaire dans tout le pays. Son plus grand exploit est de présider l'ouverture du canal de Suez *(p. 60-61)*, dont les travaux ont été financés par des banques européennes (prêts à taux exorbitant). La dette nationale s'élevant, Ismaïl doit vendre la majorité des actions du canal aux Français et aux Anglais.

Publicité du XIXe s. montrant des Européens à Giza

En 1882, des officiers de l'armée égyptienne menés par le colonel Ahmed Orabi fomentent des soulèvements populaires dans l'espoir d'instaurer un régime moins dépendant. Les Anglais envoient alors leurs navires de guerre bombarder Alexandrie et débarquent des troupes d'occupation, qui dispersent l'armée d'Orabi à Tell el-Kébir.

1707 Redoublement des luttes des Mamelouks pour le pouvoir au Caire

1719 La peste décime la population égyptienne

700 — 1750 — 1800 — 1850

Bonaparte en Égypte

1798 Campagne d'Égypte de Bonaparte

1805 Prise du pouvoir par Méhémet-Ali

1822 Le savant français Champollion traduit les hiéroglyphes

Le khédive Ismaïl

1869 Le khédive Ismaïl ouvre le canal de Suez

1882 Les troupes britanniques occupent l'Égypte

La construction du canal de Suez

Statue de Ferdinand de Lesseps

Déjà au VIIe siècle av. J.-C., les anciens Égyptiens avaient relié le Nil à la mer Rouge par un canal est-ouest. Un projet de canal nord-sud coupant l'isthme de Suez pour relier Méditerranée et mer Rouge voit le jour au Moyen Âge avec les marchands vénitiens. À la fin du XVIIIe siècle, les ingénieurs de Bonaparte reprennent l'idée, mais l'abandonnent : leurs calculs erronés montrent une différence de hauteur de 10 m entre les mers. Enfin, le consul de France en Égypte, Ferdinand de Lesseps, obtient l'accord du khédive Saïd pour démarrer les travaux, le 25 avril 1859.

***Cette impressionnante photo satellite** montre le canal de Suez séparant Afrique et Asie (le Sinaï).*

LE TRACÉ DU CANAL

Ce tableau du XIXe siècle d'Albert Rieger montre comment le canal utilise des lacs pour permettre aux navires de se croiser – lac Manzila à l'extrémité nord, lac Timsah et lacs Amers à mi-parcours. L'ensemble fait 163 km de long.

***Ferdinand de Lesseps** (1805-1894), diplomate français issu d'une longue lignée de fonctionnaires, a mis vingt ans à faire accepter ses plans du canal.*

Le Nil, bras de Rosette

Le Caire

Les lacs Amers offrent aux navires une aire de croisement naturelle.

Suez reste le plus important des ports égyptiens.

***La construction** du canal évoque les grands travaux d'ancienne Égypte. Une multitude d'ouvriers travaillent dans des conditions très pénibles, manquant d'eau potable, aidés seulement de chameaux chargés de paniers.*

LES TRAVAUX DU CANAL

Au départ, le creusement du canal s'effectue surtout à la main, mais trouver chaque mois les 20 000 ouvriers nécessaires s'avère difficile. La mortalité est élevée - près de 200 morts par an - et des épidémies comme le choléra arrêtent périodiquement les travaux. Après cinq années, le gouvernement égyptien cesse de fournir la main-d'œuvre paysanne, réquisitionnée et très réticente. Le travail se poursuit au moyen d'engins mécaniques permettant de réduire le nombre des ouvriers. Il faudra dix ans pour traverser les 96 km de lacs et les 64 km de terrain. Finalement, en mars 1869, les eaux de la Méditerranée gagnent les bassins des Lacs Amers, ouvrant une nouvelle voie maritime entre Europe et Asie.

***L'hôtel Marriott du Caire**, bâti pour l'impératrice Eugénie à l'imitation du palais de l'Alhambra, est l'une des extravagantes réalisations liées à l'ouverture du canal.*

Une frénésie de construction

Le creusement du canal entraîne un boom de la construction au Caire. On élève des bâtiments grandioses comme les Appartements du Khédive, rue ed-Din, pour loger les personnalités invitées aux célébrations d'ouverture. Sont bâtis un opéra pour les divertir, et un palais, l'actuel hôtel Marriott, pour recevoir l'invitée d'honneur, l'impératrice Eugénie, épouse de Napoléon III. On trace une avenue bordée d'arbres, toujours utilisée, pour la visite de l'impératrice aux pyramides. Le canal entraîne aussi la création de trois villes, Port-Saïd, Ismaïlia et Suez.

***La cérémonie d'inauguration** du canal commença le 17 novembre 1869. Le khédive Ismaïl, escortant l'impératrice Eugénie et l'empereur d'Autriche-Hongrie François-Joseph dans ce tableau de Mahmoud Saïd, accueillit ses hôtes avec faste.*

***L'opéra** Aïda, composé pour l'inauguration du canal par Giuseppe Verdi, ne fut pas prêt à temps. Verdi fit jouer à sa place* Rigoletto, *une autre de ses œuvres.*

La crise de Suez

Le président Gamal abd el-Nasser (1918-1970)

Le coût pharaonique des travaux et des cérémonies d'inauguration ruinent l'Égypte. Ismaïl doit vendre ses actions. Le canal de Suez est racheté par les Anglais et les Français qui en gardent le contrôle pendant 80 ans. En 1956, dans la foulée de l'Indépendance égyptienne, le président Nasser nationalise le canal. Angleterre et France, alliés avec Israël, envahissent la zone du canal pour tenter de le récupérer de force. La protestation internationale les contraint à retirer leurs troupes, abandonnant le canal aux Égyptiens.

Troupes britanniques débarquées à Port-Saïd en 1956

Ce cliché du début du XXe siècle montre l'élite britannique à l'hôtel Shepheard du Caire

L'OCCUPATION BRITANNIQUE

Quand la flambée de sa dette nationale empêche l'Égypte de rembourser ses emprunts, la Grande-Bretagne l'occupe, afin de protéger les intérêts britanniques dans le canal de Suez. Les khédives, héritiers de Méhémet-Ali, restent sur le trône, mais le vrai pouvoir est aux mains des Anglais.

Avec le début de la Première Guerre mondiale en 1914, leur mainmise sur les affaires égyptiennes se durcit. Les exigences de l'effort de guerre britannique accablent les paysans et le mécontentement s'accroît. À l'armistice, le désir d'indépendance des Égyptiens, exprimé par des nationalistes comme Saad Zaghloul, est froidement rejeté. Cela entraîne la violente révolte de 1919, qui force les Britanniques à déclarer la fin du Protectorat et à reconnaître l'Égypte comme État indépendant, avec un roi héréditaire, Fouad Ier, sixième fils du khédive Ismaïl. Malgré ce roi, justice, communications, politique étrangère et canal de Suez restent sous contrôle anglais. Durant la Seconde Guerre mondiale, l'Égypte est au cœur de la stratégie militaire britannique. À El-Alamein, la 8e armée de Montgomery repousse l'Afrika Korps de Rommel, changeant le cours de la guerre en Afrique du Nord.

Nasser est reçu en héros après le succès du coup d'État de 1952

LA RÉVOLUTION DE 1952

À la fin de la guerre, les Anglais retirent d'Égypte la plupart de leurs troupes, mais de nouvelles forces politiques exigent l'indépendance totale. Le désastre de la guerre de 1948, quand l'armée égyptienne est battue par le nouvel État d'Israël, affermit le courant pour l'indépendance. Le roi Farouk, fils de Fouad, qui aurait fait fortune en vendant du matériel défectueux à l'armée égyptienne, est rendu responsable. La colère explose le Samedi noir de 1952 : une foule déchaînée incendie des bureaux européens au centre du Caire. Suivent six mois d'émeutes et d'instabilité politique, jusqu'au 23 juillet, date du coup d'État sans effusion de sang de Gamal abd el-Nasser et son groupe, les Officiers libres. La monarchie est déposée et le roi Farouk exilé. Le général Mohammed Neguib devient Premier ministre puis président. Il est lui-même déposé par Nasser en 1954. Ce dernier devient à son tour Premier ministre puis président d'Égypte en 1957. L'idéologie socialiste de

CHRONOLOGIE

1900 – 1920 – 1940

1919 Émeutes anti-britanniques dans tout le pays

1922 Fouad Ier est fait roi par les Anglais

1942 La bataille d'El-Alar est un tournant pour les Alliés durant la Seconde Guerre mondiale

Howard Carter sort du tombeau de Toutankhamon

1922 Howard Carter découvre le tombeau de Toutankhamon

1935 Le roi Farouk succède à son père Fouad

1952 Les Officiers libres prennent le pouvoir, ouvrant la voie d'une république indépendante

Nasser alliée à son nationalisme arabe en fait le héros du peuple. Pendant la crise de Suez en 1956, après qu'il a annoncé son intention de nationaliser le canal, il doit faire face à l'invasion des forces alliées de Grande-Bretagne, de France et d'Israël. Ces dernières vont se retirer après l'intervention de l'ONU et des États-Unis.

L'âge d'or de Nasser s'interrompt brutalement en 1967, avec la cinglante défaite de l'Égypte dans la guerre des Six Jours contre Israël. Brisé, Nasser meurt trois ans plus tard.

Les présidents Clinton et Moubarak en 2000 durant les pourparlers de paix au Moyen- Orient

Sadate et Moubarak

Le successeur de Nasser, le vice-président Anouar el-Sadate, tourne le dos à la politique socialiste de son prédécesseur et encourage les investissements privés et étrangers. Le 6 octobre 1973, il lance une attaque surprise sur le front israélien le long du canal. Ce premier succès militaire, même s'il est vite suivi de revers, ouvre la voie à des pourparlers de paix qui vont culminer en 1979 avec la signature des accords de Camp David.

En 1981, Sadate est assassiné par des extrémistes islamistes. Son vice-président Hosni Moubarak prend la relève. Il hérite d'une économie affaiblie par l'explosion démographique et la rareté des terres agricoles. La reprise est lente, et longtemps les autres nations arabes se détournent de l'Égypte à cause du traité de paix signé avec Israël. En 1992, Boutros Boutros-Ghali devient le premier secrétaire général arabo-africain des Nations-Unies, jusqu'en 1996. Dans les années 1990, l'Égypte est secouée par la violence islamiste, notamment des assassinats de touristes. Le nombre de visiteurs chute, grevant fortement l'économie. Aujourd'hui, l'agitation se confine surtout à la Moyenne-Égypte. Le pays maintient une paix distante avec Israël et joue le rôle clé de médiateur pour la paix dans la crise du Moyen-Orient.

Lasers et feux d'artifice illuminent les pyramides de Giza la nuit du Millénaire

1956 Le président Nasser nouvellement élu déclenche la crise de Suez

Anouar el-Sadate (1918-1981)

1981 Sadate est assassiné. Hosni Moubarak lui succède

2000 Les célébrations du Millénaire aux pyramides sont suivies par le monde entier

1960 — **1980** — **2000**

1967 Guerre des Six Jours et défaite contre Israël

1970 Mort de Nasser. Anouar el-Sadate prend sa suite

1988 L'écrivain égyptien Naguib Mahfouz remporte le prix Nobel de littérature

Naguib Mahfouz

1999 Le scientifique égyptien Ahmed Zewail remporte le prix Nobel de chimie

LE CAIRE QUARTIER PAR QUARTIER

Le Caire d'un coup d'œil

La Tour du Caire

Le Caire a l'une des plus fortes densités de population du monde. Sa banlieue déborde largement sur la rive ouest du Nil, mais ses centres d'intérêt se trouvent sur la rive est. Son centre est le cœur de la ville moderne, avec ses beaux bâtiments du XIXe siècle. Les îles de Gezira et de Roda, rafraîchies par le Nil, sont plus paisibles. L'histoire romaine et paléochrétienne du Vieux Caire précède son statut de capitale. La ville musulmane, joyau du Caire, évoque les *Mille et Une Nuits* avec ses minarets, dômes, venelles et bazars. Plus loin, la banlieue d'Héliopolis s'étire au nord-est. Giza, avec les pyramides, se situe à l'ouest.

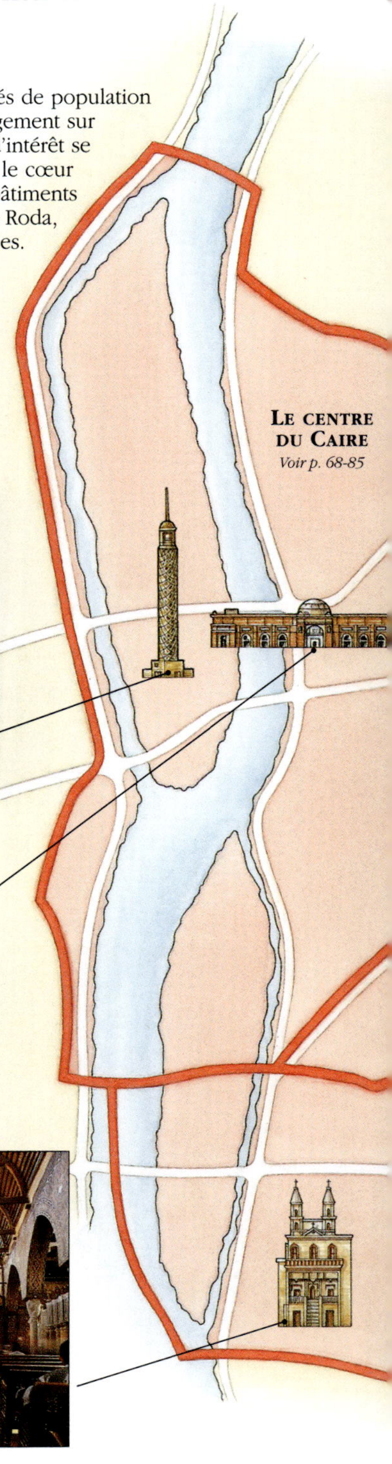

La Tour du Caire (p. 84) *avec ses 185 m, offre le meilleur panorama sur la ville. Sur cette toile de fond moderne, les felouques descendent paisiblement le Nil, spectacle plusieurs fois millénaire.*

Le Musée égyptien (p. 74-77) *renferme la première collection d'antiquités égyptiennes du monde. On y voit des céramiques comme cet hippopotame, et le trésor du jeune roi Toutankhamon.*

La « Suspendue » (p. 120-121) *fait partie d'un groupe d'églises bâties dans l'ancienne forteresse de Babylone, dans le Vieux Caire. Son nom vient de sa construction en hauteur au-dessus de deux portes romaines.*

◁ **Les dômes du Caire fatimide entourent le minaret de la *madrasa* et du mausolée du sultan Qalaoun**

Le Khan el-Kalili (p. 88-90), *vraie caverne d'Ali Baba, offre épices, parfums, bijoux et souvenirs. Le bazar déborde sur les quartiers voisins, aux superbes bâtiments mameloukes, et à l'intense activité commerciale depuis le Moyen Âge.*

La mosquée el-Azhar (p. 91) *au cœur de la capitale fatimide d'« el-Qahira » (Le Caire), est depuis plus de mille ans un centre de savoir et d'enseignement musulmans.*

La Citadelle (p. 104-107), *forteresse de pierre bâtie par Saladin au XIIe siècle, couronnée 700 ans plus tard par la mosquée de Méhémet-Ali, domine l'est du Caire.*

La mosquée d'Ibn Touloun (p. 110-111) *serait la plus ancienne du Caire. Sa dimension et la sobriété de ses formes géométriques inspirent une sérénité qui contraste avec la collection éclectique du musée Gayer Anderson voisin.*

Le centre du Caire

Quand Ismaïl *(p. 63)* accède au pouvoir en 1863, Le Caire est pratiquement une ville médiévale, au plan presque inchangé depuis 500 ans. Mais le khédive, éduqué en France, entreprend d'en faire une ville moderne à la mode, comparable à Paris. Plutôt que de réaménager la ville existante, il choisit d'assécher la plaine marécageuse qui court jusqu'au Nil et de créer une ville nouvelle, le cœur du Caire actuel. Sa belle architecture du XIXᵉ siècle, un peu abîmée, offre son décor à une animation typiquement moyen-orientale. Le Nil placide offre un refuge loin du tohu-bohu des passants et des voitures.

Sculpture devant le complexe de l'Opéra

Le centre d'un coup d'œil

Quartiers, rues et places
Corniche el-Nil 13
Garden City 12
Midan el-Tahrir 2
Midan Opéra et midan Ataba 7
Midan Ramsès 6
Sharia Qasr el-Nil 5
Sharia Talaat Harb 4
Zamalek 19

Musées et bâtiments historiques
Beit es-Sennari 10
Complexe de l'Opéra 16
Mausolée de Saad Zaghloul 11
Musée d'Art islamique 8
Musée du palais Abdine 9
Musée égyptien p. 74-77 1
Musée Mahmoud Khalil 15
Palais Manyal 14
Tour du Caire 17
Université américaine du Caire 3

Promenade
Promenade du Nil 18

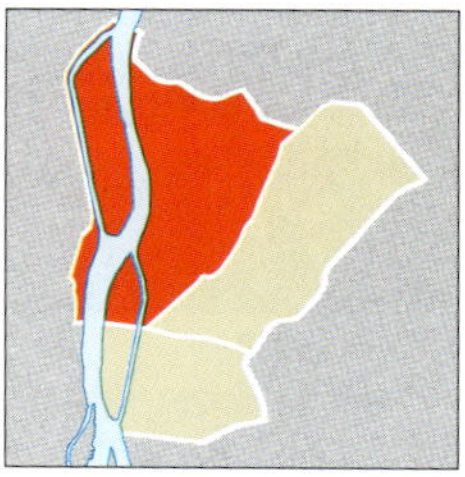

Circuler

La marche est la meilleure façon de découvrir le centre. Le taxi est une bonne formule si la distance est trop longue. La navette fluviale ou le métro avec les stations Sadate (place el-Tahrir) et Moubarak (place Ramsès) sont utiles pour rejoindre le Vieux Caire *(p. 328-329)* et Héliopolis.

Légende
- Plan du quartier pas à pas *p. 70-71*
- Bureau de poste
- Station de métro
- Location de felouques
- Embarcadère fluvial
- Gare routière
- Gare ferroviaire

Grandeur passée d'un balcon traditionnel, près de la place Ataba *(p. 78)*

Autour de midan el-Tahrir pas à pas

Plutôt laide et embouteillée, la place el-Tahrir est le pivot du centre-ville. Toutes les voies y mènent. Quelques jours suffisent pour se familiariser avec ses monuments austères, hôtel Nile Hilton, immeuble de la Ligue arabe et Mogamma, qui abrite 18 000 bureaucrates. Le rose bistre du Musée égyptien et la courbe élégante des façades entre Sharia Qasr el-Nil et Sharia Talaat Harb, quartier des compagnies aériennes, agences de voyages, boutiques de souvenirs et cafés, éclairent un peu l'ensemble.

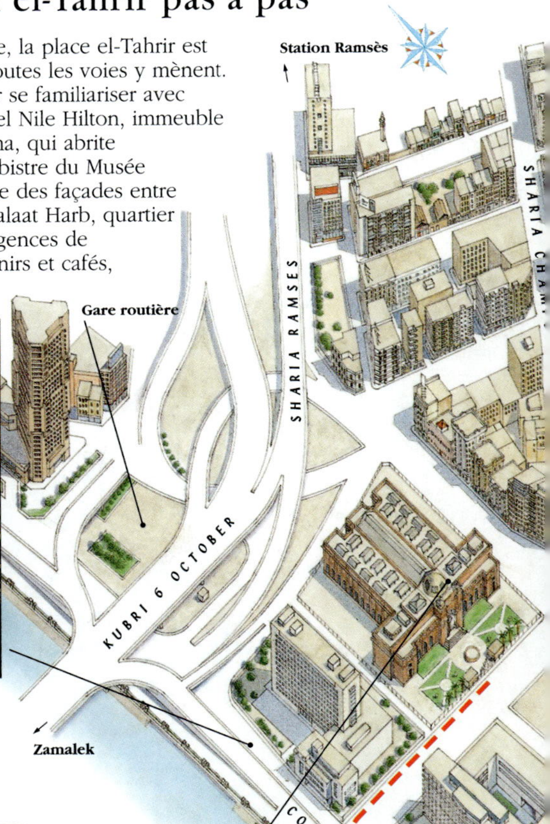

Le centre-ville
Le centre moderne, très animé, est bordé à l'ouest par les eaux paisibles du Nil.

★ Musée égyptien
Ce site très visité abrite la plus grande collection de trésors des pharaons du monde ❶

Le Nile Hilton
(p. 72), construit en 1959, premier hôtel moderne bâti en Égypte.

Corniche el-Nil
Ce boulevard bordé de bateaux, vaste et ombragé, est la promenade du soir préférée des Cairotes ⓭

0 130 m

LÉGENDE

– – – Itinéraire conseillé

À NE PAS MANQUER

★ Musée égyptien

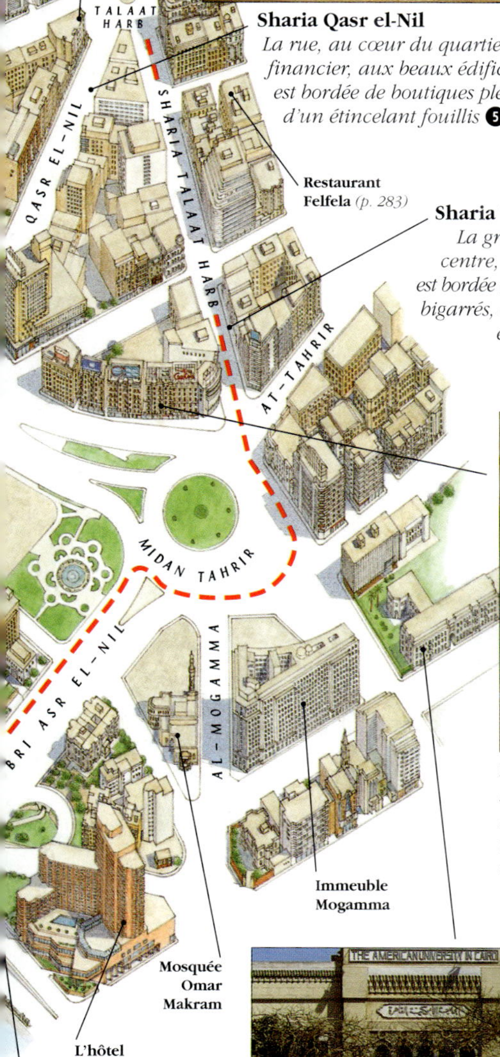

Salon de thé Groppi *(p. 72)*

Sharia Qasr el-Nil
La rue, au cœur du quartier financier, aux beaux édifices, est bordée de boutiques pleines d'un étincelant fouillis ❺

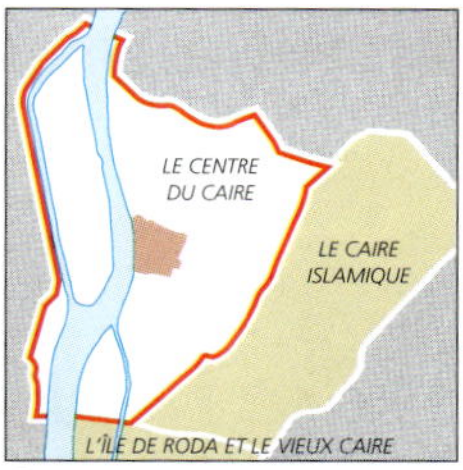

CARTE DE SITUATION
Voir Atlas des rues, plan 5

Restaurant Felfela *(p. 283)*

Sharia Talaat Harb
La grande rue du centre, très animée, est bordée de panneaux bigarrés, de boutiques et de cafés ❹

Midan el-Tahrir
Les cafés des côtés est et sud de la place offrent une étape idéale entre deux visites culturelles ❷

Immeuble Mogamma

Mosquée Omar Makram

L'hôtel Intercontinental Sémiramis *(p. 266)*

L'immeuble de la Ligue arabe, lieu de rencontre des leaders du monde arabe.

L'Université américaine du Caire
Le bâtiment néo-islamique de l'Université américaine, établissement prestigieux fréquenté par les expatriés et la jeunesse égyptienne aisée ❸

Deux Cairotes portant la *galabiya* traditionnelle à midan el-Tahrir

Le Musée égyptien ❶

Voir p. 74-77.

Midan el-Tahrir ❷

Plan 5 B4. **M** *Sadate.*

La place el-Tahrir n'a pas toujours été cet impressionnant carrefour urbain. Jusqu'au XIXe siècle s'étendait ici une plaine marécageuse, inondée l'été par le Nil. Parvenu au pouvoir, le khédive Ismaïl (1863-1879) entreprend d'assécher ce terrain avec le grand projet de transformer Le Caire, et y bâtit une ville à l'européenne, avec des boulevards bordés d'arbres et des places majestueuses.

On élève en bord de fleuve le Qasr el-Nil (palais du Nil), sur une vaste esplanade, midan Ismaïlia. Mais la gloire d'Ismaïl est de courte durée, son grand projet n'assèche pas seulement les marais, mais aussi les caisses de l'État. Non maîtrisée, la dette égyptienne envers les créditeurs étrangers s'envole.

En 1882 débarquent les Anglais qui prennent le contrôle *(p. 59)*, choisissant Qasr el-Nil pour quartier général, y logeant ensuite leur armée d'occupation. Fourmillant de troupes alliées pendant la Seconde Guerre mondiale, le bâtiment s'attire la réputation d'un repaire de punaises. À la fin de la guerre, les troupes s'en vont et on démolit le palais. En 1959 on élèvera sur le site le Nile Hilton, premier hôtel international moderne d'Égypte. La révolution de 1952 efface toutes les traces de l'ancien régime, dont le nom d'Ismaïl, et la plus grande place du Caire est rebaptisée midan el-Tahrir, place de la Libération. Elle tient lieu de centre au Caire, et plusieurs compagnies aériennes et agences de voyages y ont leurs bureaux. La mosquée Omar Makram y accueille les funérailles nationales. Le grand immeuble monolithique Mogamma abrite près de 18 000 fonctionnaires ; c'est là que doit s'adresser le visiteur souhaitant prolonger son visa.

L'Université américaine du Caire ❸

Qasr al-Aini, Midan el-Tahrir. **Plan** 5 B4. **M** *Sadate.* ◯ *8 h 30-17 h dim.-jeu. ; 10 h 30-17 h sam.*

Dominé hélas par une aile en béton assez laide, le bâtiment central de l'American University of Cairo (AUC) est construit dans un séduisant style néo-islamique. Suivre les cours de l'AUC est très prestigieux et hors de prix pour la plupart des Égyptiens. Les visiteurs peuvent voir sa remarquable librairie et les expositions d'art de la galerie Sony. L'AUC s'est progressivement développée ; elle accueille aujourd'hui plus de 5 000 étudiants à plein temps. Il est prévu que le campus déménage sur un site plus grand à l'est d'Heliopolis en 2007.

Drapeaux flottant sur la façade néo-islamique de l'Université américaine

La synagogue Shar Hashameim, près de la rue Talaat Harb

Sharia Talaat Harb ❹

Plan 5 C3. **M** *Sadate.*

Reliant les places el-Tahrir et Orabi, la rue *(sharia)* Talaat Harb, quintessence du Caire moderne, étire trottoirs bondés et chaussée bloquée dans une cacophonie d'avertisseurs. Le piéton reçoit d'une oreille la musique hurlante des autoradios, de l'autre celle des magasins. La fumée des gaz d'échappement se mêle aux odeurs de cuisine et d'encens. De beaux immeubles s'élèvent au-dessus de ce tohu-bohu, notamment autour de midan Talaat Harb, où des bâtiment haussmanniens dominent la statue de Talaat Harb, fondateur de la Banque nationale.

Sur la place, le salon de thé **Groppi** fournissait autrefois en gâteaux la famille royale d'Angleterre. De sa gloire passée demeurent les charmantes mosaïques pailletées entourant l'entrée. Autres vestiges d'un âge d'or révolu, les lignes Art déco du

Paris sur le Nil

S'inspirant du projet du baron Haussmann pour moderniser Paris au milieu du XIXe siècle, le khédive Ismaïl s'adresse à des architectes étrangers pour réaliser son rêve d'un Caire moderne. Leurs créations de style Renaissance, baroque et même gothique, s'ornent de grilles en ferronnerie, stucs, ornements de feuillages, anges et chérubins, avec scarabées et sphinx pour la note locale. Les immeubles plus tardifs tiennent mieux compte du patrimoine égyptien, incorporant des motifs islamiques, rayures horizontales contrastées ou merlons. Les rues du centre, dont Qasr el-Nil et les axes nord-sud Mohammed Farid et Emad el-Din, montrent encore nombre de ces belles réalisations.

Le koubri (pont) Qasr el-Nil arbore le style européen du Caire voulu par le khédive Ismaïl

cinéma Métro, inauguré en 1939 avec *Autant en emporte le vent*. Il projette aujourd'hui des films d'action à petit budget qui valent le détour pour l'ambiance dans la salle : le public y applaudit la défaite des bandits.

La tension israélo-arabe fait qu'on ne mentionne guère la communauté juive d'Égypte. Pourtant, dans la rue Adly, qui rejoint Talaat Harb à côté du cinéma Métro, la synagogue Shar Hashamaim, de style babylonien, atteste leur présence ancienne (visite de l'extérieur uniquement).

Talaat Harb débouche sur une autre place élégante, qui porte le nom du nationaliste Ahmed Orabi, défenseur en 1881 d'une réforme politique. À l'est prend la voie piétonnière sharia Alfy, bordée de petits bars et restaurants, dont l'excellent Alfy Bey *(p. 282)*.

Sharia Qasr el-Nil ❺

Plan 5.C3. **M** *Sadate.*

Rue commerçante grouillante d'animation reliant les places el-Tahrir et de l'Opéra en passant devant le Nile Hilton, Qasr el-Nil ne montre pratiquement que des devantures, où le clinquant le dispute au brillant. Les rues transversales forment le quartier traditionnel des banques. Au croisement de la rue as-Sharif se dresse l'immeuble de la Banque nationale d'Égypte. On y voit aussi la Bourse, qui connaît un regain d'activité depuis la fin des années 1990, quand le gouvernement lança une vague de privatisations. Le boom boursier se reflète dans le programme de rénovation qui a concerné tout un quartier (60 000 m²) du centre. Le quartier de la Bourse est devenu piétonnier et beaucoup de rues, récemment pavées, sont agrémentées de réverbères de style XIXe, parterres fleuris, verdure et palmiers. Certains bâtiments ont été rajeunis. Citons notamment le bel immeuble des assurances Trieste à l'angle de la rue Sharif, dû à l'architecte italien Antonio Lascaic (1856-1946), auteur de nombreux édifices Belle Époque du centre.

Statue de Mustafa Kamel sur la place du même nom

Sharia Qasr el-Nil traverse la place Mustafa Kamel, fondateur, en 1907, du parti nationaliste égyptien, l'un des premiers opposants à l'occupation britannique. Sa statue orne la place.

Qasr el-Nil longe encore des bijouteries et quelques marchands de plaques de rues (on peut faire inscrire son nom en souvenir), puis débouche dans sharia el-Gumhuriya. Cette avenue mène à la place de l'Opéra *(p. 78)*, autrefois l'une des plus majestueuses, aujourd'hui occupée par un immense parc auto et l'hôtel Continental Savoy, décrépit.

Modeste étal de fruits dans une ruelle proche de la rue Talaat Harb

Le Musée égyptien ❶

Bracelet en or de Tanis

Le Français Auguste Mariette (1821-1881) fonde en 1863 le premier Musée égyptien d'antiquités nationales. Les collections débordent vite deux premiers sites, et on construit en 1902 le bâtiment actuel pour les loger. Plus de 120 000 objets y sont exposés et 150 000 autres emplissent les réserves du sous-sol. Le joyau de la collection est le trésor du tombeau de Toutankhamon, mais on voit aussi de remarquables objets de chaque période de l'ancienne Égypte, de la palette de Narmer (près de 3100 av. J.-C.) aux troublants portraits gréco-romains du Fayoum, du IIe siècle.

SUIVEZ LE GUIDE

On visite deux niveaux. Au rez-de-chaussée, la présentation suit à peu près l'ordre chronologique dans le sens des aiguilles d'une montre au départ du hall d'entrée, alors qu'à l'étage elle s'organise par thèmes. L'atrium central abrite la statuaire monumentale.

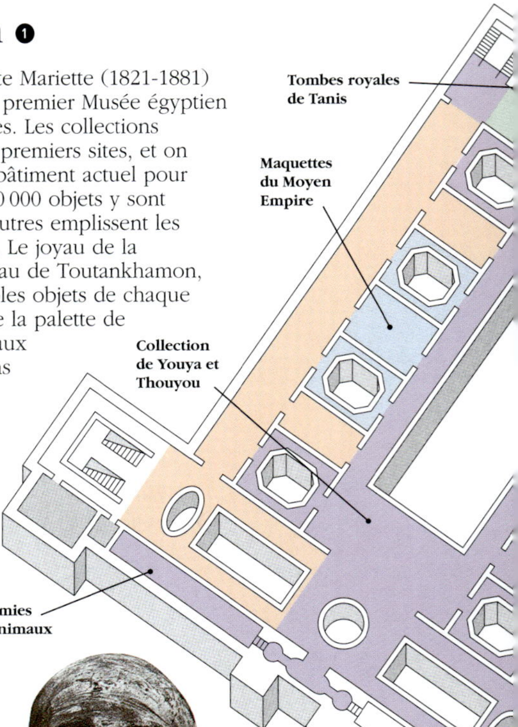
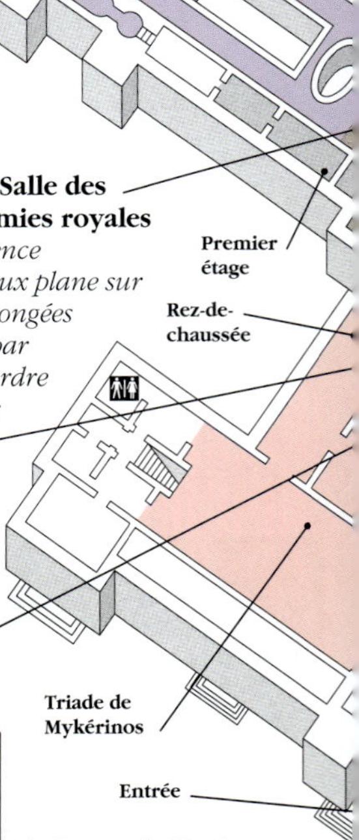

★ Salle des momies royales
Un silence respectueux plane sur les momies, allongées autour de la pièce par ancienneté dans l'ordre inverse des aiguilles d'une montre.

Le prince Rahotep et Nofret
Ces statues réalistes en calcaire (vers 2620 av. J.-C.) viennent d'un mastaba *(tombe-chapelle) près de la pyramide de Meidoum* (p. 164).

À NE PAS MANQUER

- ★ Galeries de Toutankhamon
- ★ Salle des momies royales
- ★ Salle amarnienne
- ★ Statue de Ka-Aper

★ Statue de Ka-Aper
Le personnage finement sculpté a des yeux cernés de cuivre, le blanc des yeux en quartz opaque et les cornées en cristal de roche percé et empli de pâte noire.

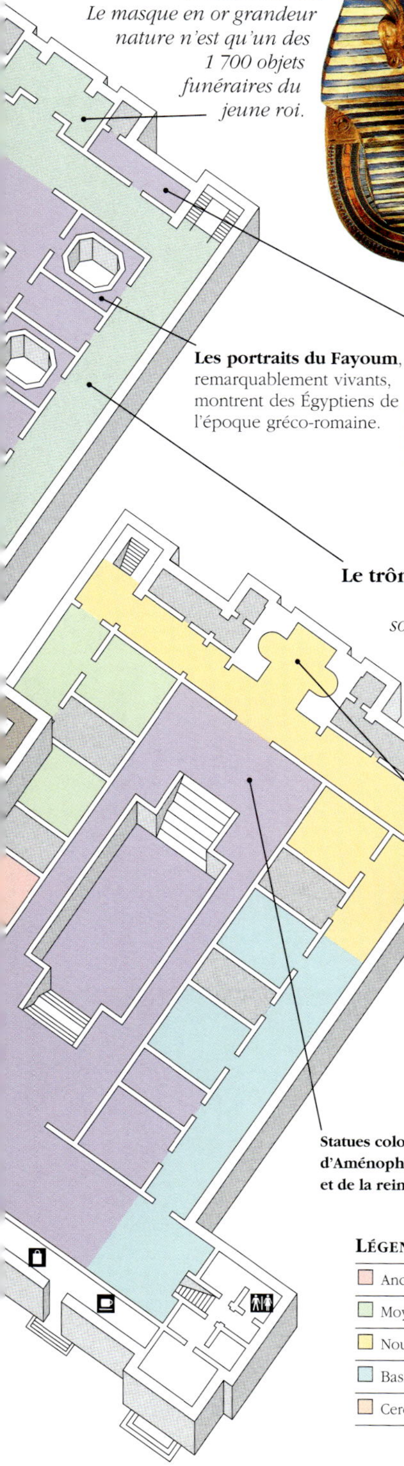

★ Les galeries de Toutankhamon
Le masque en or grandeur nature n'est qu'un des 1 700 objets funéraires du jeune roi.

MODE D'EMPLOI

Midan el-Tahrir, Le Caire. **Plan** 5 B3. *Sadate. Midan el-Tahrir.* *(02) 578 24 48, (02) 578 2452.* *9 h-18 h 30 t.l.j. (dernière entrée 18 h) ; 9 h-15 h pendant le ramadan.* *Possibilité de consigne.* **Salle des Momies royales** *mêmes horaires que le musée principal.*

Les portraits du Fayoum, remarquablement vivants, montrent des Égyptiens de l'époque gréco-romaine.

Bijoux égyptiens antiques
Perles en or et lapis-lazuli, ce collier est un exemple du talent raffiné des joailliers royaux (XIe siècle env. av. J.-C.)

Le trône de Toutankhamon
Au dos du trône somptueusement décoré, on découvre Toutankhamon et son épouse sous les rais du soleil Aton.

★ Salle amarnienne
Sous les quinze ans de règne d'Akhenaton, l'ancienne religion (p. 171) *et l'art ancien sont abandonnés. Un nouveau style apparaît, avec des figures à tête allongée (comme ce buste du roi) et à ventre proéminent.*

Statues colossales d'Aménophis III et de la reine Tiyi

LÉGENDE

Ancien Empire	Galeries de Toutankhamon
Moyen Empire	Salle des momies royales
Nouvel Empire	Maquettes du Moyen Empire
Basse Époque	Collections diverses
Cercueils et sarcophages	Espace technique

À la découverte du Musée égyptien

Masque funéraire en or de Thouyou

Le musée n'est pas très grand mais il abrite une foule d'objets et toute personne quelque peu intéressée par l'ancienne Égypte aura besoin de plus d'une visite pour tout voir. Aux heures d'affluence, une longue file peut se former devant la salle du masque de Toutankhamon. Pour l'observer à loisir, mieux vaut venir dès l'ouverture ou tard dans l'après-midi et se rendre directement aux galeries du pharaon. Des guides indépendants louent leurs services à l'entrée. Ils peuvent être utiles car les descriptifs sont rares dans le musée.

La frise des oies de Meidoum, peinture sur plâtre (vers 2620 av. J.-C.)

L'Ancien Empire

La belle statuaire monumentale est présentée au rez-de-chaussée. Tout d'abord dans l'atrium, avec le grand Djoser aux yeux vides, sculpté dans le calcaire il y a près de 5 000 ans. Il fut découvert à Saqqara *(p. 158-160)* dans son *serdab*, une petite pièce scellée à côté de sa pyramide à degrés. Autre merveille de l'Ancien Empire, la statue de Khéphren, bâtisseur de la moyenne pyramide de Giza, occupe la salle 42. Sur son trône, le roi (le mot *pharaon* est rare avant 1500 av. J.-C.) a la tête protégée par les ailes du faucon Horus, symbole de bénédiction divine sur son règne. Dans la même salle, Ka-Aper, dignitaire de la Ve dynastie, avance le pied gauche dans une posture stylisée qui suggère le mouvement et, comme ses yeux étincelants, rend la statue vivante. La salle 32 montre d'autres exemples de la vitalité des artistes de l'Antiquité. Très réalistes, le prince Rahotep et la princesse Nofret, tous deux assis, laissent voir sous leur perruque leur frange naturelle. De même, sur des panneaux trouvés au Fayoum *(p. 164)*, les oies de Meidoum sont finement observées. La salle 37 renferme une émouvante collection d'ornements personnels en albâtre et de mobilier de chambre, dont un lit à baldaquin doré, un fauteuil et un coffret à bijoux, possessions d'Hetep-Heres, mère de Khéops, le constructeur de la Grande Pyramide. On voit aussi le coffre canope en albâtre qui renfermait les viscères d'Hetep-Heres dans sa tombe à Giza.

Le Nouvel Empire

Le Nouvel Empire fut un âge d'or pour les arts, mais beaucoup de belles œuvres sont au musée de Louxor *(p. 183)*. La salle 3 renferme cependant de superbes objets d'Amarna, capitale de courte durée du roi « hérétique » Akhenaton *(p. 171)*. Ici, la musculature déliée typique de la statuaire pharaonique est remplacée par des ventres proéminents, des cuisses lourdes et des visages exagérément étirés. On le voit notamment sur les bas-reliefs du roi et de sa jeune famille vénérant le dieu-soleil Aton, dont les rayons se terminent curieusement par des mains crochues. Une exception remarquable à ce style, la tête sculptée inachevée de Néfertiti, l'épouse d'Akhenaton, est stupéfiante de beauté et de naturel.

Tête de la reine Néfertiti (vers 1340 av. J.-C.)

Aménophis III passe sur des captifs nubiens liés (relief XVIIIe dynastie)

Le trône sculpté de Toutankhamon, incrusté d'or et d'ivoire

Les galeries de Toutankhamon

Deux statues grandeur nature qui défendaient la tombe de Toutankhamon gardent l'entrée des galeries du pharaon, qui occupent les ailes nord et est à l'étage. Parmi les quelque 1 700 objets figurent des plateaux de jeu, du matériel de chasse, des divans et lits et, bien sûr, le fabuleux masque funéraire du roi. Une grande vitrine expose des *oushebtis*, figurines du roi censées effectuer à sa place les tâches demandées dans l'au-delà. On en a trouvé 413 dans la tombe, une pour chaque jour de l'année, plus les contremaîtres. À côté se dresse le splendide trône royal, dit « du lion » à cause des têtes et des pattes de lion qui ornent ses côtés. Outre sa valeur artistique, ce trône illustre parfaitement l'influence de la période amarnienne, quand le culte d'Aton était vivace *(p. 171)*. Le disque solaire et les rayons d'Aton rappellent les reliefs d'Amarna, et le nom donné au roi à cette époque, Toutankhaton, est inscrit au dos du trône.

L'aile nord abrite un coffre canope en albâtre contenant quatre vases aux couvercles en tête de Toutankhamon. On passe ensuite dans la salle 3, qui expose le masque en or massif du pharaon et les deux cercueils intérieurs, l'un en bois doré serti de pierres semi-précieuses, l'autre en or massif. Le corps du jeune roi repose dans son tombeau de la Vallée des Rois, sur la rive ouest du Nil.

Un des éventails dorés de Toutankhamon

Maquettes du Moyen Empire

La vie quotidienne des Égyptiens plus modestes est bien illustrée dans plusieurs salles de l'aile ouest, avec des maquettes très détaillées de scènes domestiques de la XIe dynastie. Elles comprennent un atelier de tisserand, une maison avec son jardin et un bassin, une rangée de scribes assis comptabilisant le bétail de leur maître. Les maquettes fournissent une foule d'informations sur la vie en ancienne Égypte, tout en montrant le soin des artistes à rendre la vie ordinaire. Elles proviennent d'une tombe de Deir el-Bahari, sur la rive ouest de Thèbes *(p. 192-193)*.

Statuette de jeune servante (vers 2010 av. J.-C.)

Salle des momies royales

Pour visiter la salle, on achète un billet séparé au comptoir en haut de l'escalier sud-est. On se retrouve alors face à face avec des rois légendaires, Touthmosis II, Séti Ier, le grand Ramsès II. À voir le bon état des corps, on oublie qu'ils sont morts il y a plus de 3 000 ans. Le visage au nez pincé de Ramsès II ne ressemble guère à son buste élégant des galeries du Nouvel Empire.

Collections diverses

Outre les momies humaines, le musée possède une fascinante collection d'animaux emmaillotés dans les salles 53 et 54. Les anciens Égyptiens vénéraient certains animaux consacrés aux dieux, comme l'ibis et le babouin pour Thot, le crocodile pour Sobek, le chat pour Bastet. Dans les régions où ces cultes étaient vivaces, on a mis au jour, dans les sanctuaires associés à ces dieux, une multitude de momies animales. On a récemment découvert à Saqqara des tombes emplies de milliers d'oiseaux momifiés. De l'autre côté du hall d'entrée, la salle 43 rassemble des objets funéraires de la XVIIIe dynastie provenant de la tombe de Youya et Thouyou, arrière-grands-parents de Toutankhamon, découverte en 1905 sur la rive ouest de Thèbes. Éblouis par le faste du trésor de Toutankhamon, la plupart des visiteurs oublient leurs superbes sarcophages et autres beaux objets.

On connaît mieux les peintures funéraires gréco-romaines, dites portraits du Fayoum, du nom de l'oasis où beaucoup furent trouvées *(p. 164-165)*. La salle 14 renferme une collection de ces visages émouvants, avec certaines des momies concernées.

Deux galeries assez récentes présentent les tombes royales de Tanis et des bijoux anciens, dont certaines des plus belles pièces du musée. Tanis fut une grande cité du Delta durant les XXIe et XXIIe dynasties *(p. 235)*. En 1939, les archéologues ont découvert une série de tombes royales intactes qui renfermaient un merveilleux trésor de masques mortuaires, cercueils et bijoux raffinés. Le cercueil de Psousennès Ier, orné d'une saisissante tête de faucon, est en argent massif, fait remarquable car l'argent, rare en Égypte, devait être importé à très grand prix.

Midan Ramsès 6

Plan 2 D3. *Moubarak.*

Marquant la limite nord du centre-ville, la place Ramsès est la porte du Caire. Autrefois, quand le fleuve suivait un cours différent, un port desservait ici la cité royale d'Héliopolis. Quand, au XIIe siècle, Saladin gouverne l'Égypte et se donne comme objectif de fortifier Le Caire, il bâtit ici une grande porte, Bab el-Hadid, ou la porte de Fer. Elle resta debout jusqu'en 1847, date à laquelle elle fut démolie pour aménager la nouvelle gare, Mahattat Ramses.

La gare Ramsès reste le grand terminus du Caire, qui dessert toutes les destinations, telles qu'Alexandrie, Assouan et Louxor. Le **Musée national du Rail**, logé dans l'aile est de la gare, possède une fascinante collection de locomotives, wagons raffinés, maquettes et plans en grand nombre.

Au centre de la place, mais écrasé par une six-voies surélevée, se trouve le colosse de Ramsès II, réplique de l'original trouvé dans les années 1950 à Memphis, qui a orné la place jusqu'à la fin des années 1990. Reconnaissant enfin que la pollution élevée risquait de l'abîmer, les autorités ont rapporté le colosse de 9 m sur son ancien site de Memphis, où il règne sur un nouveau musée à ciel ouvert.

Musée national du Rail
Midan Ramses. **Plan** 2 D3.
Moubarak. *(02) 576 3793.*
8 h-14 h, mar.-dim.

Réplique du colosse en granit rose de Ramsès II à midan Ramsès

Anciens grands magasins Tiring, œuvre d'Oscar Horowitz (1911), midan Ataba

Midan Opera et midan Ataba 7

Plan 6 D2 et E2. *Ataba.*

En 1868, en cinq mois seulement, on bâtit un opéra neuf pour les cérémonies d'inauguration du canal de Suez. Pour marquer l'événement, on commande au compositeur italien Giuseppe Verdi l'opéra *Aïda*. Mais il ne peut l'achever à temps, et c'est avec son *Rigoletto* qu'on inaugure le nouvel édifice.

Entièrement en bois, prenant modèle sur la Scala de Milan, l'Opéra est le plus beau monument du centre-ville mais il est détruit par un incendie en 1971. On élève sur le site un parking à étages moins charmant, mais la place s'appelle toujours midan Opera. Au milieu de l'esplanade se dresse la statue du général Ibrahim Pacha (1789-1848), vice-roi d'Égypte, qui a mené la campagne victorieuse de Syrie en 1832-1833.

Juste après s'ouvre midan Ataba, qui sépare la ville « européenne » à l'ouest et l'ancienne ville médiévale, Le Caire islamique, à l'est. Ici les rues deviennent plus étroites, les bâtiments plus ramassés et décrépits. La place n'est qu'un carrefour encombré, mais les rues attenantes abritent plusieurs marchés. Au nord-ouest s'étend le quartier des bouquinistes, au nord-est le marché aux vêtements, au sud-est le matériel électronique et au sud-ouest quelques marchands de cartes et papeterie. Ils sont logiquement installés en face de la poste centrale, bâtiment ancien avec une cour charmante, dont l'annexe renferme le **Musée de la Poste**. L'Égypte est l'un des premiers pays à avoir imprimé des timbres (1866). Quoique petit, le musée possède une abondante collection, modèles de carrioles et bicyclettes postales, boîtes aux lettres anciennes et quantités de timbres. Sur midan Ataba se trouve le **Théâtre de marionnettes du Caire**, qui donne régulièrement des spectacles pour enfants et adultes.

Statue d'Ibrahim Pacha à Midan Opera

Musée de la Poste
Midan Ataba. *Ataba.*
9 h-13 h, sam.-jeu.

Théâtre de marionnettes du Caire
Midan Ataba. *Ataba.* *(02) 591 0954.* *oct.-mai : représentation à 11 h du mar. au dim., repr. suppl. à 18 h 30 jeu. et ven.*

Étal de vêtements devant la mosquée à midan Ataba

Musée d'Art islamique ❽

Sharia Port Said. **Plan** 6 E3.
Mohammed Naguib.
(02) 390 9930. *8 h 30-16 h t.l.j. (9 h-13 h pdt. le ramadan).*
11 h 30-13 h, ven.

Souvent négligé des foules qui visitent le Musée archéologique, cet endroit, rénové en 2004, abrite de très beaux exemples d'art décoratif médiéval, récupérés sur l'initiative du khédive Tewfik dans les maisons, mosquées et palais du Caire islamique. Les plus saisissants sont les *moucharabiehs*, panneaux réalisés avec des milliers de morceaux de bois. On en voit toujours dans les vieilles maisons, servant à protéger les pièces du soleil tout en laissant entrer la brise fraîche. Autrefois, ils permettaient aux femmes de la maison de regarder dans la rue sans être vues. Le musée montre d'autres exemples de beau travail du bois provenant des mosquées de la ville, dont d'immenses portes incrustées d'ivoire, des frises sculptées et un superbe *minbar* (chaire), du XIVe siècle. Trois remarquables fontaines ornementales illustrent une autre spécialité des artisans égyptiens, les incrustations de pierre et de marbre. Ces fontaines, des périodes mamelouke et ottomane, ornaient les entrées de riches maisons de marchands. On admirera des lampes en verre émaillé, magnifiques objets souvent ornés d'écriture arabe stylisée qu'on suspendait par des chaînes au plafond des mosquées. On voit aussi des tapis, des céramiques persanes et turques, des manuscrits et livres enluminés.

Cour des canons au musée du palais Abdine

Musée du palais Abdine ❾

Sharia al-Gamaa. **Plan** 6 D4.
Mohammed Naguib. *(02) 391 0042.* *10 h-14 h, sam.-jeu. (10 h-13 h pdt. le ramadan).*

L'ancien palais royal Abdine est en partie ouvert au public comme musée. Il abrite plusieurs collections, armes, cadeaux présidentiels, achats royaux et vaisselle d'argent.

À partir de Saladin, au XIIe siècle, le souverain gouverne l'Égypte à l'abri de la Citadelle *(p. 104-107)*. Mais 700 ans plus tard, le khédive Ismaïl rompt la tradition, faisant bâtir une résidence de style européen à la limite de sa ville nouvelle. Conçu par le Français Rousseau, le palais aux 500 pièces est commencé en 1863 et achevé plus de dix ans après. Au fil des ans, il est constamment remanié et agrandi ; dans les années 1930 est ajoutée une salle du trône byzantine. Après le renversement du roi Farouk en 1952, le palais Abdine reste vide. Actuellement, on l'utilise pour recevoir les chefs d'État en visite.

À la fin des années 1980, le président Moubarak lance la restauration du palais. À cause du tremblement de terre qui secoue l'Égypte en 1992 et touche le palais, les travaux durent plus longtemps que prévu. Le président inaugure enfin le musée en 1998.

On rejoint le musée par des jardins soignés à l'arrière du palais. Il occupe un ensemble de salles sobres. Les appartements d'État au décor plus somptueux sont fermés au public. Un vaste espace est accordé à la collection de fusils, épées et dagues. La plupart sont des cadeaux offerts aux khédives, rois et présidents égyptiens. On voit aussi des médailles et décorations, ainsi qu'une salle de cadeaux et hommages offerts à Hosni Moubarak. La section des objets en argent expose aussi des pièces en cristal et objets d'art de la famille du vice-roi Méhémet-Ali. Au cœur du musée s'ouvre une cour, avec au centre une fontaine qu'entourent les bustes de Méhémet-Ali, du khédive Ismaïl et du roi Fouad Ier.

Entrée du palais, du musée et des jardins Abdine

PHILIPS
MCI
TRIX
حلوة الدنيا !
ALO
GEMMA
GENERAL TRADIN
البنك العربى
ARAB BANK

SONY
SAMBA
ClickGold
mita
ERICSSON

Beit es-Sennari ⑩

Harat (impasse) Monge, près de sharia Khayrat. **Plan** 4 D2. ☎ *(02) 391 5565.* Ⓜ *Saad Zaghloul.* ◯ *9 h 30-15 h, sam.-mer.*

Bonaparte envahit l'Égypte en 1798, amenant avec lui une armée de savants, érudits et artistes pour y établir une base culturelle française. Les quelques années suivantes, ils effectuent la première étude européenne de ce pays et publient leurs recherches dans le rapport *Description de l'Égypte (p. 20).*

Bonaparte réquisitionne la maison *(beit)* bâtie en 1794 pour l'occultiste soudanais Ibrahim Katkhouda es-Sennari, et y loge de nombreux artistes. Elle montre de beaux *moucharabiehs* en bois, une cour agréable et un ensemble de pièces bien conservées. Après une rénovation complète, la maison abrite l'Institut des arts appliqués, et expose objets en verre, tissus, céramiques et autres œuvres d'artistes locaux.

Moucharabieh **vu de côté, premier étage de la maison es-Sennari**

Élégante façade courbe d'un immeuble de Garden City, bordé de trottoirs ombragés

Mausolée de Saad Zaghloul ⑪

Sharia Mansour. **Plan** 5 B5. Ⓜ *Saad Zaghloul.*

Saad Zaghloul (1853-1927) a presque toute sa vie cherché à chasser les Anglais d'Égypte. Héraut national de l'indépendance, pour un temps Premier ministre, Zaghloul était hautement respecté, même des gouverneurs étrangers qu'il affrontait. Après sa mort, on élève rapidement ce grand mausolée en granit dont le style rappelle celui d'un temple pharaonique avec corniche en surplomb et entrée flanquée de deux piliers massifs à chapiteaux en lotus. On visite aussi la maison de Zaghloul, **beit al-Oumma** (maison de la Nation), tout près vers l'ouest. La plupart des pièces ont été conservées avec le mobilier et les objets d'origine.

Beit al-Oumma
Sharia Darih Zaghloul. Ⓜ *Sadate.* ◯ *t.l.j.*

Garden City ⑫

Plan 5 A5. Ⓜ *Sadate.*

Au tout début du XXe siècle, les Anglais aménagent Garden City, un des quartiers les plus séduisants et les plus paisibles de la capitale, comme une banlieue verte. Officiers et administrateurs peuvent s'imaginer dans la campagne anglaise, loin des rues poussiéreuses et sèches du Caire. Délibérément sinueuses, les rues serpentent comme des routes de campagne, mais au lieu des chênes et des hêtres de la verte Albion, la couverture feuillue est celle des palmiers, hévéas et manguiers locaux.

Les villas de ce quartier chic étaient occupées par les Anglais, mais aussi par les grands médecins, avocats, banquiers et politiciens égyptiens.

Il souffre aujourd'hui de la construction de tours en béton, mais reste un quartier très recherché, celui des ambassades, du Royaume-Uni et des États-Unis par exemple. Garden City offre toujours un havre bienvenu loin du tumulte du Caire. Le traverser à pied permet de découvrir un merveilleux éventail de styles architecturaux comme, sur sharia as-Souraya, l'immeuble **Grey Pillars**, quartier général de l'armée britannique pendant la Seconde Guerre mondiale.

Corniche el-Nil ⑬

Plan 5 A4. Ⓜ *Sadate.*

La Corniche el-Nil est l'un des boulevards les plus animé du Caire et le lieu de détente des Cairotes. La ville souffre d'un manque

La rive opposée du Nil vue de la Corniche au nord de l'île de Roda

◁ **La rue Ramsès et le pont du 6 Octobre serpentent au cœur du centre-ville**

permanent d'espaces verts publics, et c'est particulièrement criant ici. Le soir, ses grands trottoirs sont envahis de familles en promenade, d'étudiants en goguette et d'amoureux profitant de la brise et de l'espace qu'offre le Nil.

Une meilleure façon d'apprécier le fleuve est de louer pour une heure une felouque, barque à voile triangulaire utilisée sur le Nil depuis l'Antiquité. Les capitaines accostent à plusieurs embarcadères, dont l'un en face de l'hôtel Sémiramis et un autre à Dokdok, en face de la pointe nord de l'île de Roda. Circuler paresseusement sur l'eau, tandis que le soleil baisse à l'horizon, permet de conclure paisiblement une rude journée de visite.

Palais Manyal, toile de Regnault représentant un Mamelouk en fuite

Palais Manyal ⓮

Sharia al-Saray, Roda. **Plan** 3 B2. *(02) 531 5587.* *Sayyida Zeinab.* *8 h 30-16 h, t.l.j.*

Sur la pointe nord de l'île de Roda se trouve le palais Manyal, ancienne résidence bâtie pour le prince Mohammed Ali Tewfik, descendant du célèbre pacha Méhémet-Ali et oncle du roi Farouk. Construit entre 1899 et 1929, c'est un curieux ensemble de cinq bâtiments distincts offrant un éventail de styles islamiques. À côté du portail néo-médiéval se dresse une tour mauresque rattachée à la mosquée de Méhémet-Ali couverte de céramiques turques. Près de là, le musée de la Chasse aligne le long d'une étroite galerie une collection plutôt sinistre de plus de 300 têtes de gazelles.

Le côté excentrique du palais se retrouve à l'intérieur. La résidence principale montre une suite de salles décorées dans un mélange de styles. Le Salon syrien montre un plafond sophistiqué en bois peint, le Salon ottoman des céramiques d'Anatolie turquoise et le Cabinet égyptien des fenêtres à *moucharabieh*. Au nombre des objets de valeur, on voit dans le Salon bleu une peinture d'Henri Regnault (1843-1871) figurant un cavalier mamelouk sautant le mur de la Citadelle. Il s'inspirerait d'un épisode réel de la révolte mamelouke de 1826, lors de la répression ordonnée par Méhémet-Ali.

À l'arrière du palais, entourée de banians, palmiers et gommiers d'Inde, la salle du Trône s'agrémente d'un tapis rouge, d'un plafond à soleil rayonnant et de portraits des ancêtres illustres du prince. Mohammed Ali Tewfik n'a jamais accédé au trône, mais il s'est entouré ici de sa propre cour d'amis choisis dans la noblesse.

Détail de la mosquée Méhémet-Ali, palais Manyal

Façade du musée Mahmoud Khalil

Musée Mahmoud Khalil ⓯

1 sharia Kafour, près de sharia Giza. **Plan** 1 A4. *(02) 336 2358, 02) 336 23 59.* *Doqqi.* *10 h-17 h 30, mar.-dim.*

On sera surpris d'apprendre qu'il y a au Caire une belle collection impressionniste. Elle a été réunie par Mohammed Mahmoud Khalil (1876-1953), ardent francophile et mécène, figure du monde politique dans les années 1930 et 1940. Khalil a légué sa collection à l'État avec sa maison donnant sur le Nil, belle demeure dans le style parisien de la fin du XIXe siècle. Les tableaux ont été déplacés quand la maison est devenue résidence officielle sous la présidence d'Anouar el-Sadate (1970-1981). Au début des années 1990, après l'assassinat de Sadate, elle fut réaménagée et ouverte au public. Les tableaux sont exposés sur trois étages dans des pièces climatisées : œuvres de Corot, Degas, Ingres, Millet, Monet, Pissarro, Renoir, Sisley, Toulouse-Lautrec, et deux pièces maîtresses, *La Vie et la Mort* de Gauguin et *Genêts et coquelicots* de Van Gogh.

Sculpture, domaine du complexe de l'Opéra

Complexe de l'Opéra ⓰

Sharia at-Tahrir, Gezira. **Plan** 1 A5.
M *Gezira.* *(02) 739 8144.*

Cadeau du Japon à l'Égypte, le complexe de l'Opéra ouvre en 1988 en remplacement de l'ancienne salle, détruite par le feu en 1971 *(p. 78)*. En son centre, le **Nouvel Opéra du Caire** offre un riche programme de musique et danse classiques *(p. 300-301)*, et reçoit des troupes internationales comme le ballet du Bolchoï.

De l'autre côté des pelouses, le **Musée égyptien d'Art moderne** expose depuis 1908 les œuvres des artistes du pays, notamment plusieurs toiles de Mahmoud Saïd (1897-1964) qui mérite d'être mieux connu *(p. 243)*. Ses couleurs chaudes et vibrantes exaltant la fierté des *fellahs* (paysans) rappellent le peintre mexicain Diego Rivera (1886-1957). Le complexe comprend aussi la galerie du Nil et la galerie Hanager, qui abritent des expositions temporaires d'art contemporain.

Musée égyptien d'Art moderne
Complexe du Nouvel Opéra, Gezira.
M *Gezira.* *(02) 736 6665.* *10 h-13 h, 17 h-21 h, t.l.j.*

La Tour du Caire ⓱

Sharia Hadayek el Zuhreya. **Plan** 1 B5.
M *Gezira.* *(02) 735 7187.*
8 h-minuit, t.l.j.

La moitié sud de Gezira (île, en arabe), pratiquement plate, est un site idéal pour la Tour du Caire et ses 185 m, qui offre de remarquables vues sur la ville. Élevée à la fin des années 1950, la colonne en treillis s'évase légèrement vers le haut, imitant sans doute la fleur de lotus. On aperçoit du sommet la limite est du Caire, des immeubles gris sombre contre les collines de Moqattam. Vers l'ouest, les Pyramides marquent la fin de la ville et le début du désert. À son pied, coupant Le Caire en deux, le Nil coule, paisible, vers le nord et la Méditerranée.

Le meilleur moment pour y monter est le crépuscule, alors que des millions de lumières vacillantes s'allument et que monte, envoûtant, l'appel à la prière.

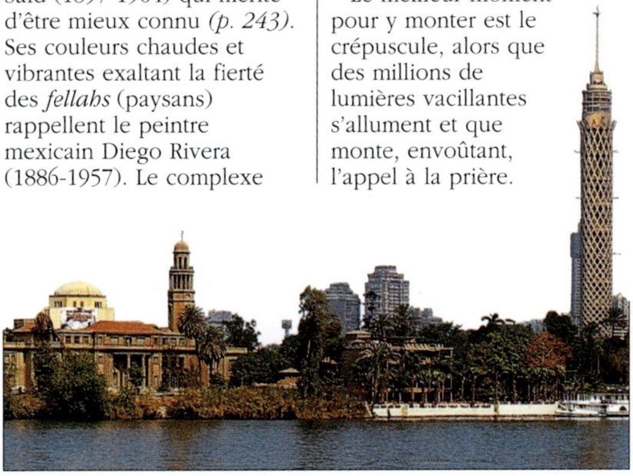

Le Nouvel Opéra du Caire et la Tour du Caire vus de l'île de Roda

Promenade du Nil ⓲

Gezira. **Plan** 1 B5. M *Gezira.*

Récemment créée à la fin des années 1990, la promenade du fleuve de Gezira, vaste avenue en bord de Nil, offre de belles vues du centre-ville sur la rive opposée. Elle débute au pied de l'élégant pont Qasr el-Nil, conçu par le cabinet d'architectes anglais Dorman Long & Co., auteur du pont du port de Sidney. Il est prévu qu'elle s'étire jusqu'à Zamalek, au nord de l'île.

Entre la promenade et la route principale s'étend le petit **Jardin andalou** aux pelouses soignées, orné de bancs et d'un obélisque d'Héliopolis. Son billet d'entrée, pourtant, modeste tient à l'écart les foules. Dans la rue voisine, des *bantours* (calèches) attendent le client. La balade au petit trot dans un de ces cabriolets noirs permet de découvrir agréablement l'île, mais les prix sont un peu excessifs.

Calèche *(bantour)* pour la promenade du fleuve

Le long de la promenade sont amarrés d'anciennes vedettes du Nil, la plupart converties en luxueux restaurants et bars flottants *(p. 282-284)*.

Zamalek ⓳

Gezira. **Plan** 1 A3.

Couvrant la moitié nord de Gezira, Zamalek est un quartier résidentiel aisé. L'avenue principale, sharia 26 July, le traverse en diagonale. On y trouve tous les plaisirs européens, le seul *cappuccino* buvable du Caire chez Simonds, les meilleures pizzas d'Égypte à la Maison Thomas, et magazines et journaux européens dans les kiosques. Monument le plus voyant de Zamalek, les tours

Entrée de l'hôtel Marriott, ancien palais de Gezira

jumelles orange du luxueux hôtel moderne Marriott *(p. 265)* ont été construites autour du palais créé en 1869 pour l'impératrice Eugénie, à l'occasion de l'inauguration du canal de Suez. Son agréable jardin-terrasse ouvert aux non-résidents est un endroit parfait pour déjeuner ou prendre un verre.

Cachée derrière l'hôtel Marriott, une petite villa de style islamique du XIXe siècle abrite le **Centre des arts de Gezira** et ses collections de céramiques décorées, pichets, assiettes, lampes, bols et carreaux. À côté, le **Centre des arts Akhenaton** occupe une villa plus grande, somptueuse, de style européen. L'État organise dans ce complexe de galeries des expositions tournantes de travaux d'artistes locaux contemporains. Au nord de l'île, les rues calmes et ordonnées recèlent un trésor de superbes villas et manoirs dans les styles les plus divers, gothique, baroque ou Art Nouveau. Beaucoup abritent des ambassades, mais la **bibliothèque du Grand Caire** est ouverte au public. Source majeure d'information sur la capitale, elle renferme de nombreux ouvrages, cartes, documents et études sur l'histoire du Caire.

Centre des arts de Gezira
1 Sharia Sheikh al-Marsafi.
(02) 737 3298. 10 h-13 h 30 et 18 h-22 h (17 h-21 h en hiver).

Centre des arts Akhenaton
1 Sharia Mahaad al-Swissri.
(02) 735 8211. 10 h-13 h 30 et 18 h-22 h (17 h 30-21 h en hiver) sam.-jeu.

Bibliothèque du Grand Caire
15 Sharia Mohammed Mazhar.
(02) 736 2280. 9 h-17 h, sam.-jeu.

Maisons flottantes

Sur l'étroit bras du fleuve qui sépare Zamalek de la rive ouest du Nil sont amarrées des maisons flottantes en bois à étage, vestiges un peu fanés du quartier flottant qui bordait autrefois tout le fleuve, du nord au sud de la ville. Cette cité flottante s'était épanouie au début du XXe siècle. Dotés du gaz, de l'électricité, de l'eau potable et du téléphone, les bateaux abritaient des habitations, cafés, casinos et night-clubs. En 1943, on a arrêté l'espion allemand John Eppler à bord de la maison de Hekmat Fahmy, une danseuse du ventre. Ken Follett s'en est inspiré pour le thriller *Le Code Rébecca*. Aujourd'hui, ces maisons sont toutes des résidences privées.

Maison flottante amarrée près du pont du 15 Mai

Vues du pont du 15 Mai sur les tours en bordure du Nil dans Zamalek ouest

LE CAIRE ISLAMIQUE

Après leur conquête de l'Égypte en 641, les musulmans fondent une cité, Fostat, à la limite sud du Caire moderne. Les dynasties successives établissent leurs propres capitales, chacune un peu plus au nord-ouest de la précédente, jusqu'à ce que Saladin élève l'impressionnante Citadelle *(El-Qalaa)* sur un éperon rocheux, fixant le site de la capitale. Pendant la période mamelouke (1250-1517) sont érigés une multitude de mosquées, mausolées et bâtiments de style islamique. Aujourd'hui, ce labyrinthe de ruelles encombrées et animées sollicite les sens par son mélange unique d'images, de sons et de senteurs, et par de vibrants échos du passé. La plupart des mosquées sont ouvertes aux non-musulmans pour un prix d'entrée modeste.

Sacs d'épices au Khan el-Khalili

LE QUARTIER D'UN COUP D'ŒIL

Mosquées et bâtiments historiques
- Bein el-Qasrein 8
- Beit es-Suhaymi 12
- Beit Zeinab Khatoun et beit el-Harawi 5
- *Citadelle p. 104-107* 21
- Complexe el-Ghouri 7
- Mosquée al-Saleh Talaï 19
- *Mosquée d'Ibn Touloun p. 110-111* 26
- Mosquée du sultan Hassan 22
- Mosquée el-Aqmar 11
- Mosquée el-Azhar 4
- Mosquée el-Hakim 14
- Mosquée er-Rifaï 23
- Mosquée Sayyidna el-Hussein 3
- Nécropole nord (cité des Morts) 16
- Qsar Beshtaq 9
- Sébil-kouttab d'Abd el-Katkhouda 10
- Sébil-kouttab de Qaytbey 25
- Sharia el-Mouiz Li-Din Allah 13
- Théâtre des Derviches 24
- Wakala el-Ghouri 6

Souks et marchés
- Khan el-Khalili 1
- Sharia Mouski 2
- Souk des fabricants de tentes 20
- Souk des tapis 17

Portes et murailles
- Bab Zouwayla 18
- Portes et murailles Nord 15

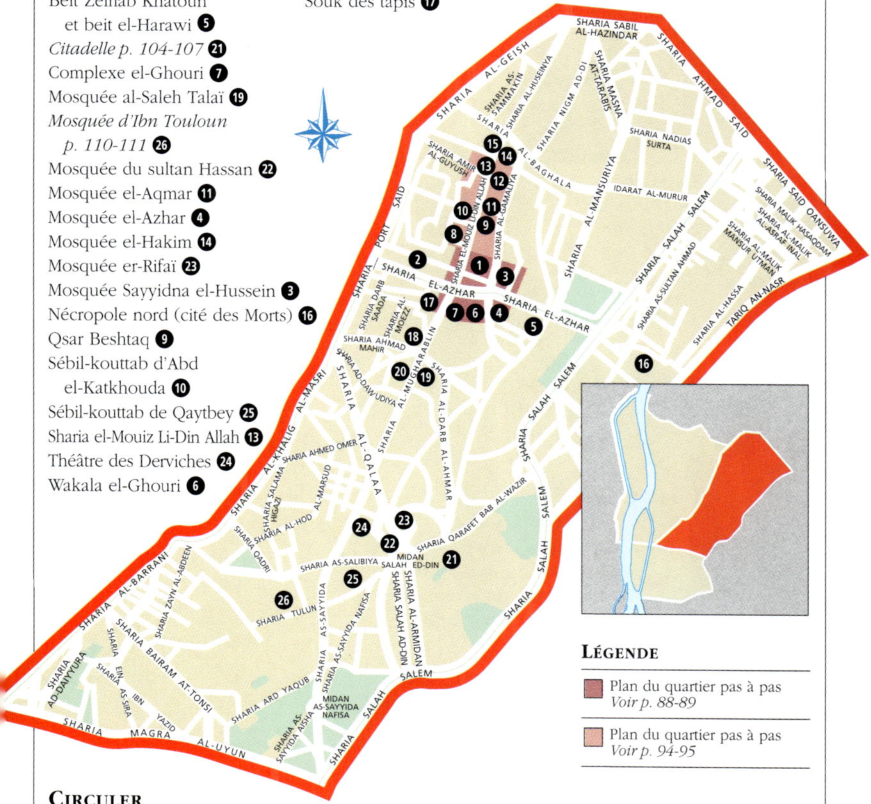

LÉGENDE

- Plan du quartier pas à pas *Voir p. 88-89*
- Plan du quartier pas à pas *Voir p. 94-95*

0 800 m

CIRCULER

La marche est la meilleure façon d'explorer le quartier. Comptez au moins deux jours pour arpenter les vieilles rues bondées et découvrir les monuments. Commencez à un endroit facilement accessible du centre, comme Khan el-Khalili ou la Citadelle, et explorez les sites à votre rythme.

◁ **De la Citadelle, les dômes argentés de la mosquée Méhémet-Ali dominent Le Caire islamique**

Autour de Khan el-Khalili pas à pas

Étal dans el-Mouiz Li-Din Allah

Toute exploration du Caire islamique commence par le bazar médiéval de Khan el-Khalili, son cœur commerçant. Situé à l'origine entre el-Mouiz Li-Din Allah et midan Hussein, le marché couvre aujourd'hui un secteur plus vaste, complexe de différents souks vendant de tout, des souvenirs aux épices. Les étals bordent les rues jusqu'aux portes de la vieille ville, à 1 500 m au nord et au sud, mais c'est dans le Khan d'origine que les venelles, plus denses, sont les plus fascinantes. Les nombreux palais, maisons et mosquées du quartier permettent d'échapper aux appels incessants des marchands.

La mosquée el-Ashraf Barsbay
Cette mosquée de 1423 possède une chaire en bois magnifiquement sculpté et incrusté d'ivoire.

El-Mouiz Li-Din Allah
Cette voie congestionnée fut pendant des siècles la rue principale du Caire médiéval.

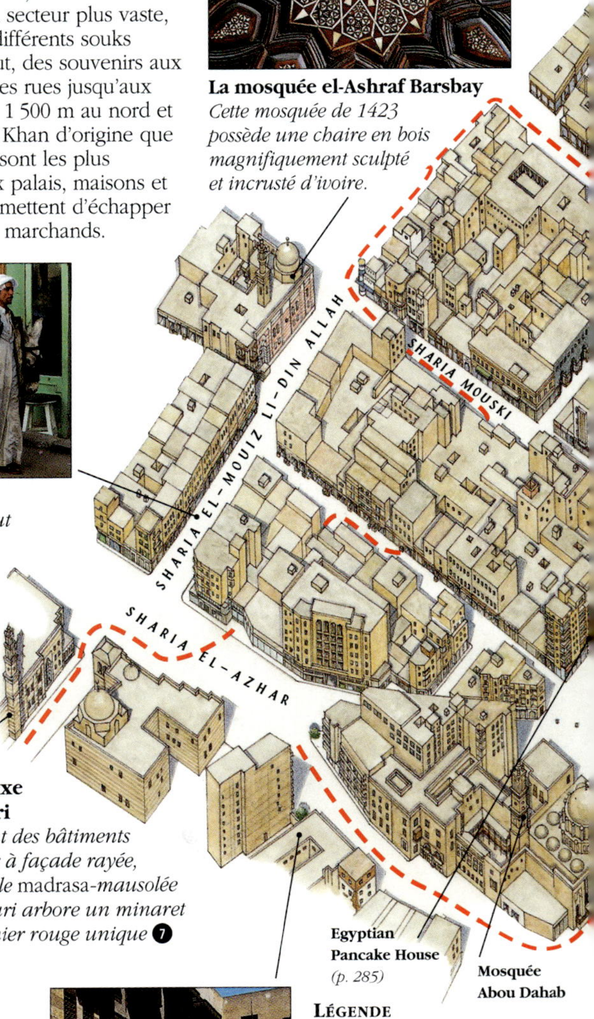

Complexe el-Ghouri
Occupant des bâtiments jumeaux à façade rayée, l'ensemble madrasa-*mausolée el-Ghouri arbore un minaret à damier rouge unique* ❼

Egyptian Pancake House
(p. 285)

Mosquée Abou Dahab

Légende

– – – Itinéraire conseillé

★ Wakala el-Ghouri
Ce wakala *ou* caravansérail *très bien conservé, aujourd'hui centre d'artisanat, est un bel exemple d'hostellerie médiévale pour les marchands. Sa belle cour sert parfois de théâtre* ❻

À ne pas manquer

- ★ Mosquée el-Azhar
- ★ Khan el-Khalili
- ★ Wakala el-Ghouri

★ Khan el-Khalili
Capharnaüm d'articles scintillants, le bazar résume la magie du Caire. Les venelles du Khan d'origine sont bordées de boutiques proposant de tout, pipes à eau, artisanat, soieries et épices ❶

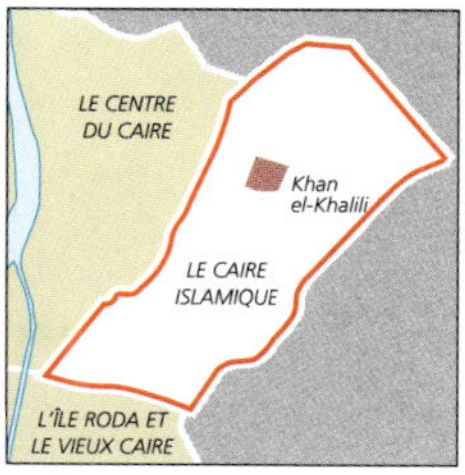

CARTE DE SITUATION
Voir Atlas des rues, plan 2

0 50 m

Porte médiévale

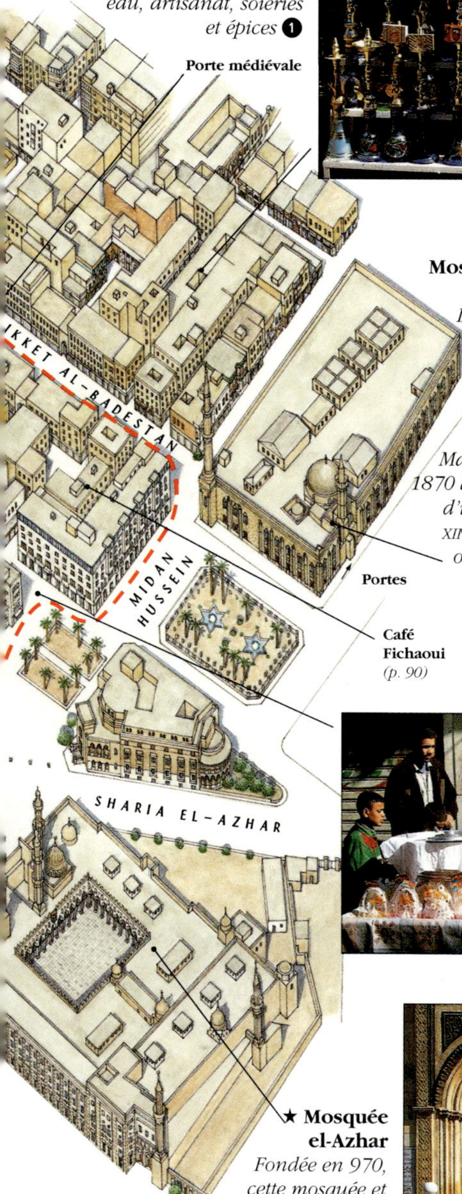

Mosquée Sayyidna el-Hussein
Lieu le plus sacré du Caire, cette mosquée abriterait la tête de Hussein, petit-fils de Mahomet. Bâtie en 1870 à l'emplacement d'une mosquée du XIIe *s., elle n'est pas ouverte aux non-musulmans* ❸

Portes

Café Fichaoui
(p. 90)

Sharia Mouski
Cette rue de marché animée est appréciée des Cairotes pour les bonnes affaires, de la robe de mariée au mobilier plastique et aux jouets ❷

★ Mosquée el-Azhar
Fondée en 970, cette mosquée et université coranique, une des plus anciennes du Caire, mélange les styles ; ici, la porte des Barbiers du XVIIIe *s.* ❹

Une des deux portes médiévales sculptées du Khan el-Khalili

Khan el-Khalili ❶

Plan 2 F5. *ou taxi jusqu'à midan el-Hussein.* *t.l.j. (la plupart des magasins ferment le dimanche).*

Construit en 1382 par Garkas el-Khalili, maître des Écuries du sultan Barquq, le Khan el-Khalili est l'un des plus grands bazars du Moyen-Orient. Or, argent, cuivre et laiton miroitent au fond d'échoppes dignes de la caverne d'Ali Baba. Les sacs débordent d'épices, emplissant l'air de senteurs orientales entêtantes. Son dédale de ruelles ombragées de toile regorge de boutiques offrant une multitude d'articles. Les artisans égyptiens, teinturiers, tailleurs, sculpteurs, pratiquent ici leur art vieux de plusieurs siècles.

Le Khan est bien sûr un haut lieu touristique. Des cars entiers de visiteurs viennent marchander, puis faire le plein de babioles et souvenirs kitsch proposés par presque toutes les boutiques au cœur du bazar.

Le marché s'est développé autour de plusieurs *khans* (ou *wakalas*), caravansérails où les marchands des caravanes se logeaient et entreposaient leurs marchandises. La plupart ont été noyés dans des constructions plus récentes, mais quelques-uns demeurent. Dans une rue latérale donnant sur sharia Mouski, un escalier mène au niveau supérieur de la **wakala de Silahdar** (1837) où, autour de la cour centrale, on voit les anciens logements. Les deux portes en pierre sculptée du quartier de Badestan, ajoutées sous le sultan el-Ghouri (1501-1516), sont la partie la plus ancienne du Khan.

À part la découverte du bazar et le marchandage, occupations majeures ici, on peut visiter le **café Fichaoui**, à un pâté de maisons de la place el-Hussein dans une venelle. Ouvert nuit et jour depuis 200 ans, c'est sans doute le plus ancien café du Caire. D'immenses glaces anciennes recouvrent ses murs. Les clients fument la *chicha* (pipe à eau) et sirotent du thé à la menthe à toute heure autour des nombreuses petites tables à plateau de cuivre.

Pour plus de renseignements sur les achats en Égypte et au Caire, voir *Faire des achats (p. 296-297).*

Marchand de pommes au marché animé de sharia Mouski

Sharia Mouski ❷

Relie les places Ataba et el-Hussein. **Plan** 6 F3.

Dans une ville déjà pleine à craquer, la rue Mouski est sans doute la plus bondée. Avant que l'on ouvre au bulldozer la rue el-Azhar dans les années 1950, c'était l'artère principale entre Khan el-Khalili et le centre-ville. Mouski regorge de grands magasins de vêtements bon marché au sous-sol rempli d'étals où s'empilent les « bonnes affaires » en matières synthétiques bas de gamme, robes de mariée, jouets en plastique et mobilier de jardin à espérance de vie limitée. Le bout de la rue, côté Khan, est le domaine des parfumeurs et « antiquaires », mais juste avant la place el-Hussein, les boutiques de costumes pour la danse du ventre vous éblouiront avec leurs strass et leurs paillettes.

Dans Mouski, l'ouïe est sollicitée autant que la vue. Boniments des camelots, cris des marchands ambulants se frayant un passage dans la foule, appels des vendeurs d'eau de réglisse contribuent aussi à l'ambiance de la rue.

Mosquée Sayyidna el-Hussein ❸

Midan el-Hussein. **Plan** 2 F5. *aux non-musulmans.*

La plus importante mosquée d'Égypte, lieu très sacré, est réservée aux musulmans, qui viennent y prier par centaines chaque jour – ils peuvent être 10 000 le vendredi. Bâtie en 1870 sur le site d'une mosquée du XIIe siècle, elle abriterait une des reliques les plus vénérées de l'islam, la tête de Hussein, petit-fils de Mahomet. Après la mort du Prophète en 632, le califat est repris par la dynastie

Articles en laiton et en cuir en vente au Khan el-Khalili

Les dômes et minarets de la mosquée el-Azhar vus de beit Zeinab Khatoun

omeyyade. S'estimant l'héritier naturel, Ali, gendre du Prophète, prend les armes, mais il est tué. Son fils Hussein mène une rébellion, mais meurt en 680 à la bataille de Kerbala, en Irak, où reposerait le reste de son corps. L'islam est toujours divisé entre partisans de Hussein (chiites) et ceux qui pensent que les Omeyyades sont les successeurs légitimes de Mahomet (sunnites).

Tous les ans, pendant les dix jours du *moulid* d'el-Hussein et pour d'autres fêtes, la foule en liesse envahit par milliers midan el-Hussein.

Mosquée el-Azhar ❹

Sharia el-Azhar. **Plan** 2 F5. ☐ *t.l.j.* ● *pour la prière de midi, ven.*

Juste au sud-ouest de midan el-Hussein, el-Azhar, un des plus vénérables monuments du Caire, a été fondé en 970 comme mosquée principale et centre d'enseignement pour la nouvelle ville des Fatimides, venus d'Afrique du Nord. Ceux-ci seront balayés environ 200 ans plus tard, mais leur mosquée-université a conservé son rôle central dans la vie politique et religieuse du pays.

Aujourd'hui, le scheik d'el-Azhar est la première autorité religieuse d'Égypte et l'université est le centre d'enseignement le plus vénéré du monde sunnite. Occupant des campus modernes répartis dans tout le pays, dont une faculté séparée pour les femmes, elle fournit toujours enseignement gratuit et logements aux étudiants musulmans du monde entier. Outre la loi coranique et islamique, ceux-ci y étudient les matières traditionnelles, grammaire, logique et rhétorique.

Depuis la réorganisation d'el-Azhar en 1961, de nouvelles facultés dispensent des études de médecine, d'agriculture, de techniques d'ingénieur et de commerce.

Il reste peu de chose de l'édifice d'origine. La mosquée présente un mélange de styles de différentes périodes. Les deux arches de la **porte des Barbiers**, où les étudiants se faisaient raser la tête autrefois, datent du milieu du XVIIIe siècle. Elle sert aujourd'hui d'entrée, ouvrant sur une cour flanquée de deux *madrasas*, ou lieux d'étude, du début du XIVe siècle. La *madrasa* de gauche montre un superbe *mirhab*, niche ornementée indiquant la direction de La Mecque.

Au cœur de la mosquée s'ouvre la cour principale, ou *sahn*, d'époque fatimide. On n'y donne plus cours, mais de petits groupes d'étudiants recherchent l'ombre et le calme de ses arcades pour y mémoriser les textes coraniques, comme ils le font depuis des siècles.

Avant d'entrer dans la mosquée, les femmes doivent se couvrir la tête et il est interdit d'y pénétrer jambes nues.

Beit Zeinab Khatoun et beit el-Harawi ❺

Harat el-Azhar. **Plan** 2 F5. ☐ *t.l.j.*

Entre le mur sud de la mosquée el-Azhar et un long *wakala* médiéval de faible hauteur, une venelle mène à un petit square, au côté nord duquel s'avance la beit Zeinab Khatoun. D'époque ottomane, elle a été bâtie en 1486 et restaurée dans les années 1990. Côté sud, on voit beit el-Harawi, élevée en 1731 pour un riche marchand du Caire, aussi restaurée récemment.

Ce sont deux superbes exemples de l'architecture civile qui prédominait autrefois, notamment el-Harawi, qui montre de beaux *moucharabiehs*, panneaux de bois ajourés, et d'élégants plafonds peints. Construites autour de cours centrales, les deux maisons sont conçues pour garder la fraîcheur avec leurs pièces aérées, leurs dallages de pierre ombragés et leurs fontaines intérieures.

Ouvertes au public pendant la journée, elles servent de centres culturels depuis leur rénovation. On y donne régulièrement concerts et pièces de théâtre *(p. 298-301)*.

Des *moucharabiehs* de bois ajouré recouvrent les fenêtres de beit Zeinab Khatoun

Tapisserie aux porteuses d'eau, l'une des œuvres artisanales en vente à la wakala el-Ghouri

Wakala el-Ghouri ❻

Sharia el-Azhar. **Plan** 2 F5. *(02) 511 0472.* *9 h-15 h, t.l.j.*

Appelées aussi *khans* ou caravansérails, les *wakalas* servaient à loger les marchands des caravanes venues d'Afrique du Nord, d'Arabie et d'Orient. On y trouvait des chambres, mais aussi des écuries, des entrepôts, et un endroit où les marchands pouvaient commercer. La *wakala* traditionnelle est de forme rectangulaire, avec une cour centrale et une porte principale qu'on ferme la nuit. Entrepôts et écuries occupent le rez-de-chaussée, alors que les chambres individuelles sont à l'étage. Pendant la période mamelouke, âge d'or du Caire, des *wakalas* à cinq étages furent élevées, mais il n'en subsiste aucune. El-Ghouri, élevée sur trois niveaux au début du XVIIe siècle, est le plus bel exemple existant. Les étages montrent de magnifiques *moucharabiehs* (panneaux de bois sculptés), et la cour une fontaine autrefois élégante. Une partie de l'ensemble est fermée pour restauration, mais la *wakala* est utilisée comme centre d'artisanat. Les chambres ont été converties en ateliers d'artistes, en boutique et en petite exposition d'artisanat bédouin. La cour accueille concerts et représentations théâtrales.

Les étages de la wakala el-Ghouri dominent sa cour centrale

Charpentier à l'œuvre, wakala el-Ghouri

Complexe el-Ghouri ❼

Sharia el-Mouiz Li-Din Allah. **Plan** 2 F5. *(02) 511 0472.* *9 h-minuit t.l.j.* *11 h 30-13 h 30, ven.*

Un des plus beaux bâtiments du Caire, le complexe el-Ghouri est formé de deux édifices jumeaux, audacieusement striés de noir et de blanc, se faisant face de part et d'autre d'une étroite rue marchande. Il a été bâti en 1505 par Qansouh el-Ghouri, dernier des puissants sultans mamelouks, qui régna de 1501 à 1516 et fut tué par les Turcs ottomans. Le corps du sultan est resté sur le champ de bataille, et son mausolée, au côté est du complexe, a servi à son successeur Toumanbey, au règne de courte durée. Après plusieurs essais infructueux de construire un dôme sur le tombeau, on l'a recouvert d'un simple toit plat en bois. Une partie du mausolée sert de centre culturel et de théâtre, des derviches tourneurs s'y produisent tous les mercredis et samedis soir. En face, au côté ouest du complexe, la mosquée et la madrasa el-Ghouri offrent de belles vues de leur toit. On remarquera le minaret carré de la mosquée, seul en son genre avec ses cinq bulbes. Au XVIIIe siècle, on a relié ces constructions jumelles par un toit en bois, créant un espace couvert pour abriter un marché de soieries.

LES DERVICHES TOURNEURS

Les derviches tourneurs du Caire appartiennent à la secte soufie mevlevi, branche semi-mystique de l'islam. À l'origine, les soufis prônaient la pauvreté et l'abnégation, portant à même la peau des vêtements en laine brute (soufi vient de l'arabe *souf*, la laine). Par la méditation, la récitation, la danse et la musique, les soufis aspirent à l'union avec Dieu. La danse tournante rituelle qui leur a donné leur nom est un rare aperçu sur cette secte par ailleurs assez secrète. Ils se produisent deux fois par semaine au complexe el-Ghouri, spectacle merveilleux sinon authentique. Jetant la tête d'un côté puis de l'autre, les danseurs en costume de couleur vive tournent comme des toupies suivant le rythme hypnotique produit par une rangée de musiciens. Le succès du spectacle oblige à venir bien avant 20 h pour avoir une place *(détails p. 298).*

Le rituel hypnotique des derviches tourneurs

Minarets et dômes

Au nombre des remarquables talents des artisans du Caire médiéval, l'art de ciseler la pierre est particulièrement illustré par les innombrables minarets et dômes de la ville. Sous la dynastie mamelouke (1250-1517), le minaret évolue de la tour trapue peu ornementée à la flèche élégante arborant balustrades et stalactites sculptées. Les dômes en pierre des mausolées du Caire, caractéristiques de l'époque mamelouke, se développent au XIVe siècle, atteignant leur apogée à la fin du XVe. Petits et sobres à l'origine, ils évoluent rapidement en grands édifices, ornés au début de simples nervures, puis de zigzags, enfin d'étoiles et arabesques florales exubérantes. L'invasion ottomane met brusquement fin à cette forme d'art.

Symbole du croissant de lune

Minarets

Ces tours élégantes rattachées aux mosquées du Caire sont de trois grandes sortes : les tours à base carrée de la période fatimide, les flèches sophistiquées à trois niveaux de l'époque mamelouke tardive, et les minarets effilés des Turcs ottomans.

Croissant de lune en laiton

Bulbe en forme de poire

Pavillon à huit colonnes portant une couronne de stalactites.

Les stalactites, ou *mouqarnas,* ornent les parties intermédiaires entre les étages.

La flèche à trois niveaux *de la mosquée de Qaytbey* (p. 102) *montre le précieux travail de la pierre typique de la période mamelouke tardive.*

De simples rambardes en bois et un décor modeste de stalactites étaient en faveur chez les Turcs ottomans.

Le sobre minaret *de la mosquée Soliman Pacha (1528) illustre le style ottoman avec son bonnet pointu et sa décoration simple* (p. 107).

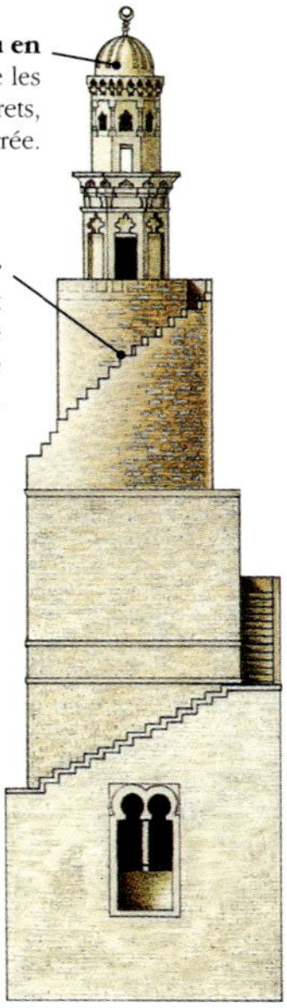

Un chapeau en poivrière orne les premiers minarets, à base carrée.

Cet escalier extérieur est caractéristique de la mosquée d'Ibn Touloun.

Le minaret *de la mosquée d'Ibn Touloun de 879* (p. 110-111) *s'inspire de la Grande Mosquée de Samarra en Mésopotamie.*

Dômes en pierre

Avec les Mamelouks, le dôme ornemental devient une forme d'art de plus en plus sophistiquée.

Le dôme *à nervures de la madrasa Sultaniya (vers 1370), dans la cité des Morts* (p. 103).

Cette coupole *illustre la progression vers un motif en zigzag plus complexe (cité des Morts).*

Le dôme *de la mosquée de Qaytbey (1474) combine motifs géométriques et floraux dans sa décoration.*

Le Caire fatimide pas à pas

Carriole à cheval

Fondé en 969 par la dynastie conquérante des Fatimides, « El-Qahira » (la victorieuse) devient capitale musulmane de l'empire d'Égypte. Les Fatimides créent un vaste quartier royal de palais et mosquées grandioses cachés derrière d'immenses murailles, mais il ne subsiste presque rien de leur œuvre. Les dynasties suivantes intègrent les bâtiments plus anciens pour créer leur propre grandeur, avec les complexes mamelouks d'el-Mouiz Li-Din Allah et de belles résidences ottomanes. Les ruelles de ce petit quartier sont un musée vivant d'architecture médiévale.

Sébil-kouttab d'Abd el-Katkhouda
Au centre de l'ancienne rue principale du Caire, ce sébil-kouttab, *ou fontaine monumentale, orne le Caire islamique* ❿

★ Bein el-Qasrein
Autrefois site de deux palais fatimides, Bein el-Qasrein est dominée par les minarets de trois grandioses complexes mamelouks ❽

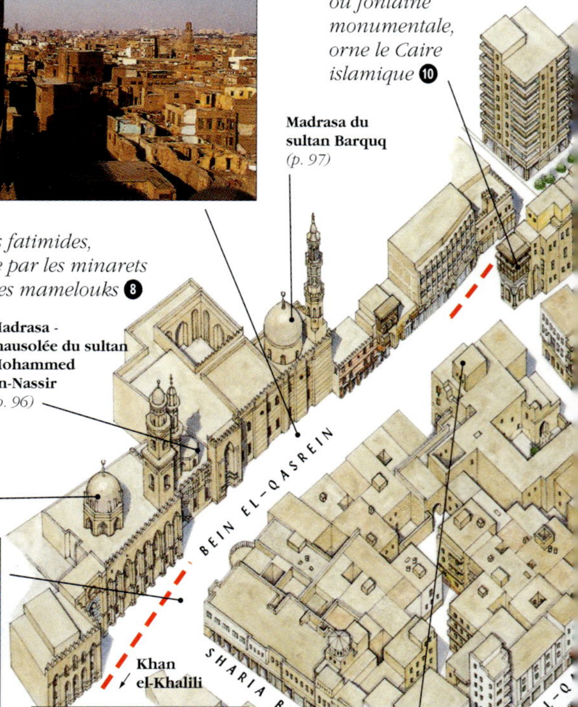

Madrasa du sultan Barquq *(p. 97)*

Madrasa - mausolée du sultan Mohammed an-Nassir *(p. 96)*

La *madrasa* et le mausolée du sultan Qalaoun illustrent l'ambition de l'architecture mamelouke. L'ensemble abrite aussi un vieil hôpital *(p. 96).*

Objets en verre
On trouve les objets en verre « Mouski » dans les venelles donnant sur sharia el-Mouiz Li-Din Allah.

Qsar Beshtaq
De ses étages supérieurs, ce palais du XIVe *siècle offre de belles vues sur le quartier musulman* ❾

★ Beit es-Suhaymi
Cette maison ottomane des XVIe et XVIIe siècles est un exemple des nptueuses résidences des marchands fortunés du Caire médiéval ⓬

CARTE DE SITUATION
Voir Atlas des rues, plan 2

Mosquée Soliman Silahdar

Sharia el-Mouiz Li-Din Allah
Jadis artère principale, cette rue abrite des étals d'ails et d'oignons et un souk de dinandiers ⓭

Murs nord

Plusieurs *wakalas*, anciens caravansérails où logeaient les marchands, servent encore, bien qu'elles soient en mauvais état.

0 30 m

LÉGENDE

Itinéraire conseillé

Mosquée el-Aqmar
Cette mosquée du XIIe s. aux sculptures de coquillages est une des premières façades en pierre ouvragée ⓫

Midan el-Hussein

À NE PAS MANQUER

★ **Beit es-Suhaymi**

★ **Bein el-Qasrein**

Inscription et motifs décoratifs, mausolée du sultan Qalaoun

Bein el-Qasrein ❽

Sharia el-Mouiz Li-Din Allah. **Plan** 2 F4.

Bein el-Qasrein, « entre les deux palais », est le nom local de la section de sharia el-Mouiz Li-Din Allah, juste au nord du Khan el-Khalili. Ce nom illustre la permanence de l'histoire au Caire, car les deux palais n'existent plus depuis plus de 600 ans. Splendide cœur d'el-Qahira, la ville fatimide fondée en 969, ils se faisaient face de part et d'autre d'une place animée.

Les dynasties suivantes les ont remplacés par leurs propres constructions, mais ont toujours réservé à ce quartier les projets les plus grandioses.

Le côté ouest de Bein el-Qasrein est bordé d'une suite de façades spectaculaires, appartenant surtout à trois anciens complexes religieux mamelouks. Le plus au sud est aussi le plus vieux, la **madrasa-mausolée du sultan Qalaoun**, achevée en 1279, après seulement treize mois de construction. La contribution aux travaux de 300 prisonniers chrétiens, des croisés, explique peut-être l'aspect presque gothique de sa façade. À l'intérieur, un long couloir sombre sépare la *madrasa*, à gauche, du mausolée, à droite, un des intérieurs les plus spectaculaires du Caire. S'inspirant du dôme du Rocher à Jérusalem, il présente un octogone à colonnes, dont deux piliers de granit colossaux provenant d'un monument d'époque pharaonique. Les murs sont couverts d'éclatantes mosaïques géométriques, où le nom Mohammed se décline en volutes. Les ors généreux brillent sous les rais du soleil filtrés par d'innombrables vitraux. Malgré la splendeur de l'intérieur, l'ensemble présente un aspect un peu fané, qui ajoute pourtant à son charme. En retrait de la rue, rattaché au complexe, se trouve un *maristan* (hôpital) où l'on soignait gratuitement les personnes malades ; 700 ans plus tard, il fonctionne toujours comme clinique.

Minaret à balcons de la madrasa du sultan Barquq, vu des toits

Attenante au complexe de Qalaoun au nord, la façade de la **madrasa-mausolée du sultan Mohammed an-Nassir** est plus basse et moins étendue. Elle est élevée entre 1299 et 1304 par un sultan qui, deux fois destitué, se bat pour reconquérir le trône et règne en tout 42 ans. Il dote Le Caire de plus de 200 édifices, le plus connu étant sa mosquée à la Citadelle *(p. 104-107)*.

Naguib Mahfouz

Roman de Naguib Mahfouz, 1966

L'Occident découvre l'œuvre de Naguib Mahfouz en 1988, quand l'écrivain reçoit le prix Nobel de littérature. Né en 1911, il a grandi au Caire. Les quartiers et les personnages de sa jeunesse ont grandement influencé son écriture. *La Trilogie du Caire*, son œuvre la plus connue, retrace la vie d'une famille sur plusieurs générations. Les trois titres évoquent des noms de lieux : le premier, *Bein el-Qasrein*, se traduit par *Impasse des deux palais*. Le Nobel a ravivé la polémique autour d'un premier roman de Mahfouz, *Les Fils de la médina*, dont la parution en feuilleton sous le titre *Al-Ahram* en 1959, avait déclenché de vives réactions. En 1994, Mahfouz est agressé près de chez lui et, depuis, ses blessures le gênent pour écrire.

Dôme et minaret
ns Bein el-Qasrein

En mauvais état, le monument du sultan Mohammed an-Nassir dans Bein el-Qasrein peut être fermé. Mais on admirera de l'extérieur les stucs ouvragés de style nord-africain qui couvrent le minaret et la porte gothique noir et blanc, qui provient d'une église de Saint-Jean-d'Acre (l'actuel Akko en Israël). Elle symbolise l'ultime défaite des croisés en Terre sainte contre les mamelouks en 1291.

Tout au nord de Bein el-Qasrein, la **madrasa du sultan Barquq** a été élevée entre 1384 et 1386. Sans différence extérieure apparente par rapport à une mosquée, la *madrasa* est un lieu d'étude de la loi coranique. Dans la cour centrale du complexe de Barquq, quatre portes précieuses ornées de bronze mènent à des salles d'étude et cellules d'étudiants séparées, une pour chacune des quatre écoles de droit islamique. Tout proche de la salle de prière, le mausolée, aux murs de marbre sous une belle coupole dorée, ressemble à un riche coffret à bijoux. La fille de Barquq y repose, alors que son père est inhumé au cimetière nord *(p. 102-103)*. Il est parfois possible de monter au minaret et sur le toit, qui offre un splendide panorama du Caire.

C Madrasa - mausolée du sultan Qalaoun
Plan 2 F4. *t.l.j.*
11 h 30-13 h 30, ven.

C Madrasa - mausolée du sultan Mohammed an-Nassir
Plan 2 F4. *t.l.j.*
11 h 30-13 h 30, ven.

C Madrasa du sultan Barquq
Plan 2 F4. *t.l.j.*
11 h 30-13 h 30, ven.

Qsar Beshtaq 9

Sharia el-Mouiz Li-Din Allah.
Plan 2 F4. *t.l.j.* *11 h 30-13 h 30, ven.*

On peut ne pas remarquer en passant Qsar Beshtaq, le palais Beshtaq, avec sa façade simple à deux niveaux ornée de quelques *moucharabiehs*. Mais sur la gauche, une étroite venelle conduit à une cour, où un escalier mène à une spectaculaire salle de réception au sol en marbre et aux boiseries de marqueterie.

Beshtaq, puissant émir du XIVe siècle et gredin notoire, épouse la fille du sultan et cumule richesse et influence. Bâti en 1334, son palais est le cadre de bals fastueux.

Sous la période mamelouke, richesse et influence deviennent une épée à double tranchant. Inévitablement, un rival jaloux finit par faire arrêter et exécuter Beshtaq, s'emparant par la même occasion de ses biens.

Aujourd'hui, le toit du palais (autrefois le deuxième niveau du palais sur cinq) offre un beau panorama sur la ville islamique, avec sharia el-Mouiz Li-Din Allah en contrebas et, par-dessus les toits, le spectaculaire chapelet de minarets et de dômes qui entoure la Citadelle.

***Moucharabieh* sur la façade du Qsar Beshtaq**

Le salon de l'étage *(qaa)*, avec ses galeries à *moucharabiehs*, vitraux et panneaux de bois peints et dorés, est un bel exemple d'appartement privé de l'époque. Le billet d'entrée du palais comprend aussi l'entrée au sébil-kouttab d'Abd el-Katkhouda *(p. 98)*.

L'ARCHITECTURE RECYCLÉE

Depuis l'époque des pharaons, on exploite la pierre des collines rocheuses de Moqattam, à l'est du Caire. Mais il est parfois plus commode d'utiliser un matériau plus proche, par exemple celui d'autres bâtiments. Au fil de l'histoire, Le Caire a subi des séismes qui ont réduit en ruines des quartiers entiers. Aussi bien, les dynasties régnantes n'ont pas hésité à démanteler les anciens monuments, utilisant la pierre pour leur propre ouvrage. Par exemple, le mausolée de Qalaoun s'appuie sur des piliers de granit rouge d'origine pharaonique. La mosquée de Mohammed an-Nassir, à la Citadelle *(p. 104-107)*, montre une cour à arcades composite, aux colonnes et chapiteaux récupérés chez les Romains et les coptes. L'exemple le plus frappant est celui des blocs enchâssés dans les salles et couloirs intérieurs des murs Nord du Caire ou l'on voit des sculptures anciennes de gazelles, hippopotames et autres figures, qui prouvent qu'ils ont été pillés dans les ruines de Memphis.

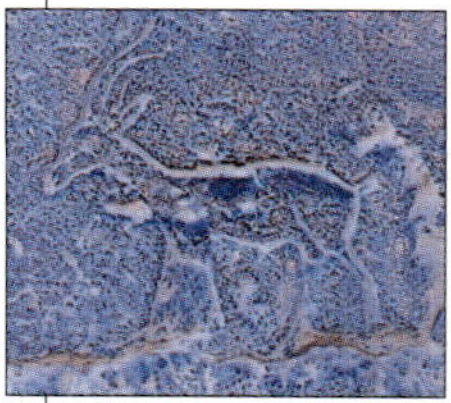
Sculpture d'époque pharaonique, murs Nord

Sébil-kouttab d'Abd el-Katkhouda ⑩

Sharia el-Mouiz Li-Din Allah. **Plan** 2 F4. *t.l.j.* *11 h 30-13 h 30, ven.*

Le Caire islamique est parsemé de constructions de forme curieuse, montrant une grande fenêtre recouverte d'une grille ouvragée, avec une vasque en guise de rebord. Autrefois, ces fontaines, ou *sébils*, étaient emplies d'eau et étaient dotées de tasses en cuivre attachées à la grille à la disposition des passants assoiffés. Chefs de guerre et nobles fortunés les édifiaient pour se concilier les bonnes grâces du peuple et de leur Dieu.

À l'étage se trouvait souvent une petite terrasse ouverte à la brise sur trois côtés, et réservée à l'étude du Coran, le *kouttab*. Le *sébil-kouttab* fournit ainsi, suivant deux commandements du Prophète, l'eau pour celui qui a soif, la lumière spirituelle pour l'ignorant.

Construit en 1744, celui-ci a été soigneusement rénové. Le bas s'orne de carreaux de céramique décrivant La Mecque, l'étage de colonnes et poutres en bois sculpté. L'extérieur montre de beaux « zigzags » de marbre de couleur différente encastrés les uns dans les autres. Le gardien du Qasr Beshtaq en conserve la clé (prix d'entrée compris dans celui du palais).

Stalactites de pierre ciselée et arcs polylobés, mosquée el-Aqmar

Mosquée el-Aqmar ⑪

Sharia el-Mouiz Li-Din Allah. **Plan** 2 F4. *t.l.j.* *pour la prière de midi, ven.*

La mosquée el-Aqmar, « éclairée par la lune », devrait son nom à la luminosité de sa pierre grise. Encrassée par des siècles de pollution cairote, elle n'a rien de lumineux, mais est considérée comme un joyau d'architecture.

Bâtie en 1125 par l'un des derniers califes fatimides, c'est la plus ancienne mosquée en pierre du Caire (les premières étaient en briques recouvertes de plâtre). Astucieusement, son plan joue avec l'épaisseur du mur extérieur pour aligner l'intérieur, réconciliant la géométrie biscornue du quartier avec la direction de La Mecque. Sa façade montre aussi le premier emploi des éléments décoratifs qui deviendront populaires sous les Mamelouks, comme les *mouqarnas*, stalactites de pierre ciselée, et les nervures sculptées de l'arc polylobé.

Zigzags de marbre, façade sud du *sébil-kouttab* d'Abd el-Katkhouda

Beit es-Suhaymi ⑫

19 darb el-Asfar, près de sharia el-Mouiz Li-Din Allah. **Plan** 2 F4. *t.l.j.* *pour la prière de midi, ven.*

La plus élégante résidence restant du Caire islamique, Beit es-Suhaymi se compose de deux maisons différentes, l'une de 1648 et l'autre de 1796, réunies pour créer une demeure spacieuse comme un palais. L'entrée traditionnelle menant dans la cour centrale se fait par un angle droit, gage de parfaite intimité. La cour d'origine devait être envahie de plantes luxuriantes autour d'une fontaine centrale.

Les pièces du rez-de-chaussée composent le *salamlik*, espace réservé aux hommes, et à l'étage le *haramlik*, pour les femmes et la famille. À l'étage, on est fasciné par les effets de lumière des vitraux et les merveilleux plafonds peints, où jouent les taches lumineuses que donnent les fenêtres à *moucharabiehs*. Ces panneaux de bois ajourés filtrent la lumière et la brise, et permettaient aux femmes d'observer les allées et venues de la cour sans être vues.

La décoration, récemment restaurée, est par endroits somptueuse, comme dans la salle de réception, ou *qaa*, du rez-de-chaussée, ornée de peintures raffinées et d'une fontaine en marbre polychrome.

Sharia el-Mouiz Li-Din Allah ⑬

Plan 2 F5.

El-Mouiz Li-Din Allah est le calife fatimide qui a conquis Le Caire en 969. Voie principale au Moyen Âge, cette artère pénétrait par la porte Sud, Bab Zouwayla, et sortait au nord par Bab el-Foutouh. Au fil des siècles, les constructions l'ont grignotée. Elle a perdu de sa grandeur, mais reste une voie vitale et animée. Bordée d'étals, elle abrite au niveau du Khan el-Khalili

Marchands d'oignons et d'ail sur sharia el-Mouiz Li-Din Allah

le souk des dinandiers et toutes sortes d'échoppes. Plus loin, les boutiques vendent du matériel de bar, tables à plateau en fer-blanc et *chichas*, pour terminer à Bab el-Foutouh avec les marchands d'ail et d'oignons.

Fabricant de pipes à eau *(chichas)* sur el-Mouiz Li-Din Allah

Mosquée el-Hakim ⓮

Sharia el-Mouiz Li-Din Allah. **Plan** 2 F4. *t.l.j.* *pour la prière de midi, ven.*

Troisième calife fatimide, el-Hakim (997-1021), commença son règne mémorable à onze ans et fit tuer son tuteur à l'âge de quinze ans. Haï pour ses lois tyranniques et ses actes de violence arbitraire, il fit brûler des quartiers entiers du Caire quand le peuple s'indigna de son ordre de substituer son nom à celui d'Allah pour la prière du vendredi. Farouche misogyne, il interdit la fabrication de chaussures de femmes pour les contraindre à rester chez elles.

La mosquée qui porte son nom, achevée en 1013, fut en fait commencée par son père. Elle a ensuite servi de prison pour les croisés, d'écurie pour Saladin, d'entrepôt pour Bonaparte et d'école de garçons. Après des siècles d'abandon, elle a subi une restauration un peu lourde dans les années 1980, et brille aujourd'hui de tous ses marbres et lustres dorés. Seuls éléments d'origine, les minarets au style unique portent de petits pavillons trapus en poivrière posés sur des bases massives évoquant les pylônes des temples antiques.

Minaret au style unique de la mosquée el-Hakim

Portes et murailles Nord ⓯

Sharia al-Galal. **Plan** 2 F4. *t.l.j.* *11 h 30-13 h 30, ven.*

Le Caire médiéval était entièrement ceint de murs, avec au moins dix énormes portes, dont il ne reste qu'une petite section. Ce sont les remparts Nord comportant deux portes, ainsi que la Bab Zouwayla *(p. 103)* au sud. Bâties en 1087, les deux portes Nord, Bab an-Nasr (la Victoire), à tour carrée, et Bab el-Foutouh (les Conquêtes), ronde, seront renforcées ensuite par Saladin. On peut visiter l'intérieur et se promener sur les remparts par l'escalier de la mosquée el-Hakim voisine, en traversant le toit.

Dans les tours, des marches mènent à un couloir voûté qui court tout le long du mur, où un garde à cheval pouvait passer. La lumière du jour filtre par les meurtrières, agrandies en 1789 par Bonaparte pour placer ses canons quand, un an après le début de sa malheureuse campagne d'Égypte, il installa ici une garnison. Les noms, peints au-dessus des passages que les Français ont donnés aux portes, en témoignent. Juste au nord des murs, le cimetière de Bab es-Nasr abrite la tombe de Jean-Louis Burckhart (1784-1817), premier Européen des Temps modernes qui a visité le site de Pétra et redécouvert les deux fabuleux temples d'Abou Simbel *(p. 210-211)*.

Motifs mamelouks sophistiqués, minaret de la mosquée de Qaytbey, nécropole nord

Nécropole nord ⓰

À l'est de sharia Salah Salem.
102, 103 au départ de midan el-Tahrir.

En bord de ville au-delà de la six-voies Salah Salem, la cité des Morts (el-Qarafah) n'est pas seulement une nécropole, mais abrite aussi les vivants. Parmi plusieurs magnifiques complexes funéraires, une foule de tombes basses plus modestes abritent autant de familles.

À la fin du XIVe siècle, Le Caire compte peut-être 500 000 habitants, ce qui en fait la première ville du monde. L'espace y est cher. Pour élever des constructions dignes de leur gloire, les sultans mamelouks recherchent des terrains au-delà des murs. Leurs grands mausolées couronneront leur œuvre architecturale. Le plus beau est la **mosquée de Qaytbey**, achevée en 1474, aux proportions harmonieuses, à l'intérieur simple et éclaboussé de lumière. Ses minarets délicats et ses dômes en pierre ciselée figurent sur les billets égyptiens d'une livre.

En descendant la voie principale sablonneuse vers le sud, un mur de pierre entoure le **complexe du sultan Ashraf Barsbey**. Disparu en grande partie au fil des siècles, il conserve sa mosquée centrale, que domine un magnifique dôme sculpté d'étoiles entrelacées. Si la porte est ouverte, il faut entrer voir le beau sol en marbre et le *minbar* incrusté d'ivoire.

Un peu plus au nord se dresse la masse imposante du **mausolée d'Ibn Barquq**, fils du sultan bâtisseur du complexe de Bein el-Qasrein *(p. 96)*. Fait unique, il est parfaitement symétrique, avec ses deux dômes et ses deux minarets. Il a servi de *khanqa*, monastère de la secte mystique des soufis *(p. 92)*. La cour est entourée de petites cellules. Entre les deux dômes s'étendent des chambres funéraires aux plafonds peints de tons vifs, une pour les femmes, une pour les hommes. Le toit et les minarets sont accessibles.

Le meilleur chemin pour rejoindre la nécropole est d'emprunter à pied sharia el-Azhar vers l'est au départ du Khan el-Khalili *(10 min)*.

Mosquée de Qaytbey
Sharia Sultan Qaytbey. *t.l.j.* *pour la prière du midi, ven.*

Complexe du sultan Ashraf Barsbey
Sharia Sultan Qaytbey. **Plan** 4 D2.
t.l.j. *pour la prière du midi, ven.*

Mausolée d'Ibn Barquq
Sharia Sultan Qaytbey. **Plan** 4 D2.
t.l.j. *pour la prière du midi, ven.*

Souk des tapis ⓱

Sharia el-Mouiz Li-Din Allah. **Plan** 6 F3.

Les souks du Khan el-Khalili se poursuivent au sud de la sharia el-Azhar, où les articles destinés aux Cairotes remplacent les babioles pour touristes. Le souk des tapis occupe les ruelles à l'est du complexe el-Ghouri *(p. 92)*. On y vend des tapis de laine brute ou de poil de chameau, rayés dans des tons beige et brun ou couverts d'images d'oiseaux, de chameaux et de scènes villageoises stylisées.

À nouveau dans sharia el-Mouiz Li-Din Allah, juste au sud du complexe el-Ghouri, deux échoppes fabriquent des *tarbouches*, chapeaux plus

La nécropole nord, avec le dôme de la mosquée d'Ashraf Barsbey

◁ **Panorama du Caire islamique sous une brume matinale**

connus sous le nom de fez. Leur usage autrefois très répandu relève aujourd'hui davantage la caricature, et n'est suivi que par quelques serveurs dans les restaurants.

Cour de la mosquée du sultan el-Mouayyed, près de Bab Zouwayla

Bab Zouwayla 18

Sharia Ahmed Mahir. **Plan** 6 F4.
t.l.j. *11 h 30-13 h 30, ven.*

Bâtie dans les dernières années du XIe siècle, Bab Zouwayla est la seule porte qui reste des murailles fatimides sud du Caire. Sous les Mamelouks, le sultan suivait du haut de la porte le départ annuel des pèlerins pour La Mecque. C'était aussi le site de sanglantes exécutions publiques ou on exposait les têtes des criminels exécutés en haut des murs, pratique qui durera jusqu'au XIXe siècle. En 1811, après le massacre de la Citadelle *(p. 106)*, on y aligne sur des piques les têtes des Mamelouks.

Les immenses minarets qui dominent la porte ont été ajoutés en 1415, à la construction de la **mosquée du sultan el-Mouayyed**. Une petite porte en bois dans la salle de prière de la mosquée permet d'y monter, pour découvrir une des plus belles vues sur la ville.

Mosquée du sultan el-Mouayyed
Sharia Ahmed Mahir. **Plan** 6 F4.
t.l.j. *pour la prière du midi, ven.*

Mosquée al-Saleh Talaï 19

Sharia Ahmed Mahir. **Plan** 6 F4.
t.l.j. *pour la prière du midi, ven.*

Bâtie en 1160, al-Saleh Talaï, dernière mosquée fatimide du Caire, a ceci de remarquable qu'elle a été la première mosquée construite à l'étage au-dessus d'une rangée de boutiques. L'idée était que le loyer des boutiques paierait l'entretien du sanctuaire. Au fil des siècles, l'accumulation de détritus et de poussière a fait s'élever de 3 m le niveau de la rue, et la mosquée se trouve aujourd'hui au rez-de-chaussée et les boutiques au sous-sol. La façade montre cinq arcs en ogive, l'intérieur des colonnes à chapiteaux floraux récupérés sur des sites pré-islamiques. Les murs de la salle de prière s'ornent de superbes vitraux.

Motif en appliqué du souk des fabricants de tentes

Souk des fabricants de tentes 20

Sharia el-Khaimiyya. **Plan** 6 F4.

En quittant la ville fatimide par Bab Zouwayla, l'ancienne rue principale court vers le sud en traversant le dernier souk couvert du Caire, sharia el-Khaimiyya, la rue des fabricants de tentes. Il a été bâti en 1650 par Radouan Bey, chargé du pèlerinage annuel à La Mecque. C'est là qu'autrefois de petites échoppes produisaient les tissus de couleurs vives qui ornaient les caravanes de La Mecque. On utilise toujours ce genre de toile pour des grandes marquises que les Cairotes montent pour les mariages, les enterrements ou les inaugurations d'entreprises. D'énormes rouleaux de toile à dominante bleue ou orange ornent les devantures des petits kiosques qui bordent la rue mal éclairée. On vend aussi des articles en appliqué de couleurs vives plus appréciés des touristes.

Vivre parmi les morts

La mort a toujours fait partie intégrante de la vie égyptienne. Quand les dieux des pharaons sont abandonnés pour la foi copte, puis pour l'islam, les Égyptiens continuent de visiter leurs défunts. La plupart des caveaux de famille possèdent une pièce où les visiteurs peuvent se reposer, se restaurer, voire passer la nuit. Inévitablement, les sans-abri du Caire ont adopté ces tombeaux, dont certains remontent au XIVe siècle. Aujourd'hui, la cité des Morts regroupe des tombes et des habitations, où les vivants cohabitent avec les défunts.

Des enfants jouent parmi les tombes de la nécropole nord, souvent appelée la cité des Morts

La Citadelle ㉑

Résidence des souverains d'Égypte pendant presque 700 ans, la Citadelle (el-Qalaa) est un des hauts lieux touristiques du Caire. À l'origine bâtie en 1176 par le célèbre chef d'armée et conquérant de Jérusalem Salah ed-Din, ou Saladin, ses mosquées, musées et bastions reflètent un héritage multiple. Divisée en trois sections, la partie la plus visitée se trouve dans l'enceinte sud, où la mosquée Mohammed an-Nassir, seul vestige mamelouk de la Citadelle, est dominée par celle de Méhémet-Ali, du XIXe siècle. Les terrasses supérieures offrent des vues spectaculaires sur Le Caire.

Musée de la Police
Une porte néo-gothique ouvre sur l'histoire sanglante du crime et du châtiment en Égypte.

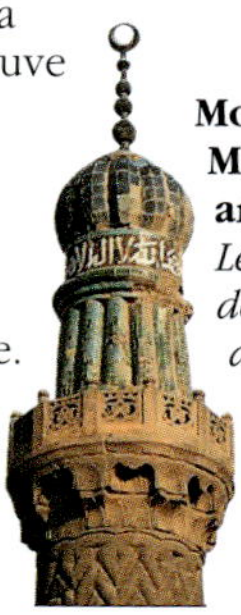

Mosquée Mohammed an-Nassir
Les céramiques de style persan des minarets sont uniques en Égypte.

★ Mosquée Méhémet-Ali
Bâtie entièrement dans le style turc entre 1830 et 1848, cette mosquée est pourtant devenue un emblème du Caire.

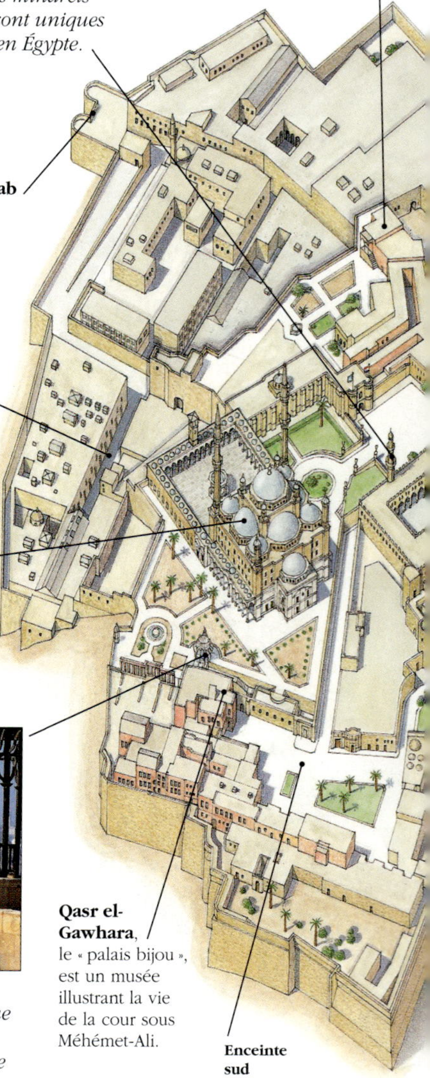

Bab el-Azab (1754), nouvelle porte principale élevée sous les Ottomans.

Enceinte inférieure

Qasr el-Gawhara, le « palais bijou », est un musée illustrant la vie de la cour sous Méhémet-Ali.

Enceinte sud

★ Vue sur Le Caire
Des murailles de la Citadelle, on a une vue superbe des minarets et dômes de la ville. Au premier plan, se dessine la mosquée du sultan Hassan.

L'Hippodrome

Aujourd'hui appelé place Saladin, l'immense rond-point à l'ouest des murs de la Citadelle était autrefois un champ de manœuvres, site important du Caire médiéval. Sur ce terrain d'entraînement créé par Mohammed an-Nassir pour sa cavalerie, les Mamelouks, cavaliers réputés, effectuaient leurs manœuvres compliquées. Plus tard, il a servi aux jeux équestres, courses et polo.

Gravure du XIXe siècle montrant Bab el-Azab et l'Hippodrome

Mode d'emploi

Sharia Salah Salem. **Plan** 4 F2. *été : 8 h-18 h, t.l.j. ; hiver : 8 h-17 h, t.l.j. (fermeture des musées 16 h 30).* *fêtes religieuses.* *(supplément pour l'enceinte nord).*

★ Mosquée Soliman Pacha
Cette belle mosquée de 1528, couronnée de dômes, montre à l'intérieur des boiseries peintes de couleurs éclatantes, récemment restaurées.

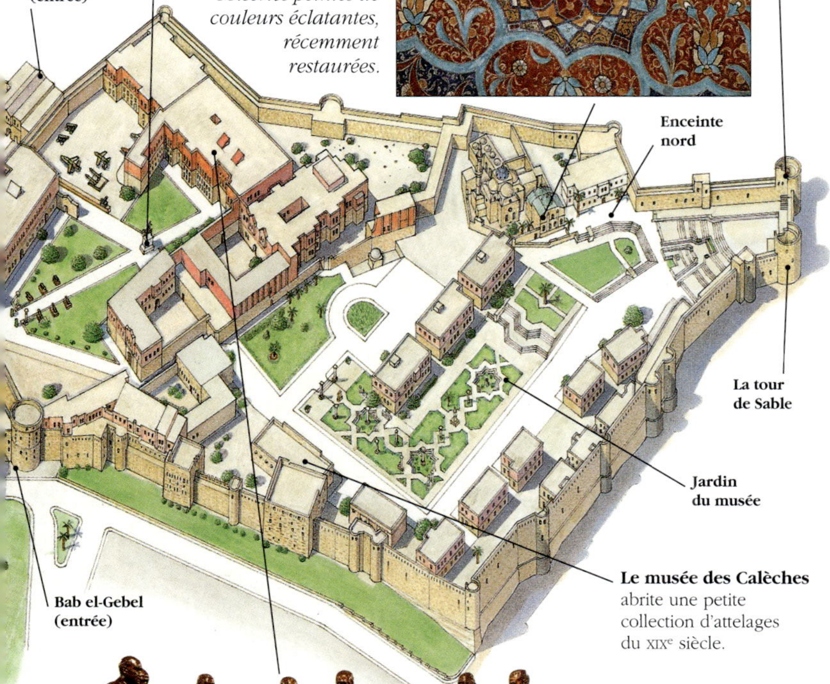

Musée militaire
Dans l'ancien harem de Méhémet-Ali, ce musée rassemble armes, uniformes et médailles, ainsi qu'une maquette de la Citadelle.

À ne pas manquer

- ★ **Mosquée Méhémet-Ali**
- ★ **Mosquée Soliman Pacha**
- ★ **Vue sur Le Caire**

À la découverte de la Citadelle

La mosquée Méhémet-Ali est l'attrait principal de la Citadelle, qui présente de nombreux autres centres d'intérêt. Avec ses murailles du temps de Saladin (1171-1191) et ses mosquées mameloukes et ottomanes, le complexe fortifié est un musée d'architecture islamique. Comme il renferme aussi quatre musées, il faut compter presque une journée pour sa visite. Il faut savoir que malheureusement une partie du complexe est fermée au public, notamment l'enceinte inférieure qui descend à la porte Bab el-Azab.

Détail d'une fontaine de la mosquée Méhémet-Ali

La mosquée Méhémet-Ali

Dominant la ville à l'est, cette mosquée est assez récente, puisqu'elle n'a été bâtie qu'au milieu du XIXe siècle, sur l'ordre du souverain réformateur Méhémet-Ali, considéré comme le père de l'Égypte moderne. Quand il accède au pouvoir en 1805, l'Égypte n'est qu'une province reculée de l'Empire ottoman ; à sa mort en 1849, elle est redevenue une superpuissance régionale.

L'imposante mosquée est une réalisation grandiose, conçue pour rappeler les grandes mosquées impériales d'Istanbul. Elle prend modèle sur l'architecture classique turque : un vaste dôme central et deux grands minarets effilés. Dans la cour près de l'entrée, l'horloge ornementale est un cadeau de Louis-Philippe, en échange de l'obélisque de la place de la Concorde. Abîmée à la livraison, elle attend toujours d'être réparée. Méhémet-Ali repose dans un tombeau de marbre, à droite à l'entrée de la vaste salle de prière.

La mosquée Mohammed an-Nassir

Quand Méhémet-Ali accède au pouvoir, la plus grande menace pour son autorité vient des Mamelouks, anciens seigneurs d'Égypte et toujours puissants. Il ordonne sans vergogne le massacre de 500 d'entre eux dans la Citadelle en 1811 *(p. 59)*, puis la destruction de tous les édifices mamelouks de l'enceinte. Seule cette mosquée est épargnée, car elle sert d'écurie.

Ce monument simple, situé juste derrière la mosquée Méhémet-Ali, est tout ce qui reste de l'ambitieux projet de construction du sultan Mohammed an-Nassir (1294-1340), dont la *madrasa*-mausolée se dresse sur Bein el-Qasrein *(p. 96)*.

Cour à arcades de la mosquée Mohammed an-Nassir

Bâti entre 1318 et 1335 comme lieu de prière pour la communauté, il montre deux curieux minarets en tire-bouchon qui se terminent en bulbe, revêtus de céramique dans un style plus persan qu'égyptien.

La mosquée a deux entrées : une en forme d'arc trilobé, qu'utilisaient les soldats, une autre réservée au sultan.

Beaucoup des colonnes de la cour à arcades proviennent de monuments pharaoniques, romains et byzantins, mais l'ensemble est singulièrement harmonieux.

Le dallage de marbre qui ornait la cour a été enlevé en 1517 par Selim Ier et envoyé à Constantinople.

Vue de la mosquée Méhémet-Ali à l'intérieur de la Citadelle

Le musée de la Police

Au sommet de la tour mamelouke des Lions, ainsi nommée pour les statues des fauves à son pied, ce petit musée montre la police locale à travers les âges : uniformes, armes, une petite présentation sur les assassinats politiques et un tableau de criminels d'Égypte célèbres, dont Raya et Sakina. On voit aussi une petite rangée de cellules qui ont servi jusqu'en 1983. Parmi les derniers occupants, les assassins du président Sadate y ont attendu leur procès en 1981. La terrasse du musée offre une très belle vue sur la ville.

Lion gardant l'entrée du musée de la Police

Le Musée militaire

Bâti par Méhémet-Ali en 1827, il est résidence royale jusqu'en 1874, quand le khédive Ismaïl le quitte pour le nouveau palais Abdine *(p. 79)*.

Hôpital militaire britannique pendant la Seconde Guerre mondiale, le palais devient musée militaire en 1946, quand l'Égypte recouvre le contrôle de la Citadelle.

La collection rassemble des armes, des uniformes et des dioramas de batailles. Certaines des salles sont grandioses – on notera le superbe trompe-l'œil dans le grand salon.

La mosquée Soliman Pacha

Soliman Pacha, qui règne au Caire après la défaite des Mamelouks par les Turcs en 1517, fait bâtir cette mosquée en 1528. Première des nombreuses mosquées ottomanes édifiées en Égypte et de taille modeste, c'est pourtant l'une des plus charmantes. Ses coupoles s'ornent de peintures raffinées à l'imitation des céramiques turques. On voit aussi de beaux exemples d'incrustations de marbre traditionnelles. La mosquée abrite un petit mausolée dont les tombes portent des stèles à turban. Ce sont celles des janissaires, corps d'officiers ottomans.

***Mirhab* (niche de prière) et *minbar* (chaire), mosquée Soliman Pacha**

Tours, portes et murailles

Ponctués de tours et de portes, les murs de la Citadelle s'étirent sur plus de 3 km. L'ancienne grande Bab el-Azab est fermée depuis des décennies. On entre par Bab el-Gebel (porte de la Montagne), bâtie en 1786, ou Bab el-Gadid (Nouvelle Porte), immense passage voûté ouvert par Méhémet-Ali en 1826.

Les plus vieux murs forment l'enceinte nord, où les fortifications remontent aux Ayyoubides. Saladin élève les murailles d'origine et toutes les tours semi-circulaires (1171-1193). Ses successeurs les renforcent au début du XIIIe siècle et ajoutent la plupart des grandes tours. On peut visiter l'intérieur des deux tours de Saladin, Bourg el-Haddad et Bourg el-Ramla.

Autres musées

En 1814, Méhémet-Ali construit le **palais el-Gawhara** pour y loger son administration et recevoir ses invités. L'ancienne salle d'audience est un musée empli de mobilier, portraits et mannequins grandeur nature de Méhémet-Ali, de différents souverains et de leur cour.

Le **musée des Calèches** abrite de nombreux attelages royaux, notamment du règne d'Ismaïl (1863-1879), dont celui qui a servi pour l'inauguration du canal de Suez en 1869.

RAYA ET SAKINA – SŒURS DANS L'INFAMIE

Les plus odieuses criminelles d'Égypte, les sœurs Raya et Sakina, ont été jugées et pendues en 1921 pour avoir tué 17 jeunes femmes. Elles vivaient dans le quartier le plus pauvre d'Alexandrie où, avec la complicité de leurs époux, elles tenaient plusieurs bordels. La victime était repérée au marché, attirée dans une des maisons, et étranglée dans le but de la voler. Seules les jeunes filles arborant des bijoux de prix étaient choisies. Un jour, un policier s'étonna de la forte odeur d'encens qui émanait de la maison de Raya. Il la fit fouiller et découvrit alors les cadavres. Depuis, ces meurtres odieux nourrissent l'imagination des écrivains, dramaturges et cinéastes, et Raya et Sakina ont rejoint la légende populaire.

Raya

Sakina

Les mosquées du sultan Hassan (à gauche) et er-Rifaï (à droite) vues de la Citadelle

Mosquée du sultan Hassan ㉒

Midan Salah ed-Din. **Plan** 4 E2.
t.l.j. *pour la prière de midi, ven.*

C'est l'une des mosquées les plus intéressantes de la capitale, et aussi l'un des plus beaux exemples des débuts de l'architecture mamelouke. Sa masse domine l'ancien hippodrome, aujourd'hui midan Salah ed-Din, face aux murs vertigineux de la Citadelle. Ses dimensions sont impressionnantes : 150 m de long, avec des murs de 36 m et 68 m pour le plus grand minaret. Sa construction a été financée par le revenu des domaines des victimes de la peste qui avait frappé Le Caire en 1348. L'impopularité du sultan Hassan el-Nassir, déjà renommé pour sa cupidité, en a été accrue. Les travaux débutent en 1356 ; cinq ans plus tard, un minaret s'effondre, tuant des centaines de gens – un mauvais présage annonçant la chute prochaine du sultan. Fin 1361, deux ans avant l'achèvement de la mosquée, Hassan est assassiné. En dépit d'une construction malheureuse, on ne peut s'empêcher d'être impressionné par l'intérieur du monument. On passe le magnifique portail, puis un corridor peu éclairé, jusqu'à la cour centrale entourée de hauts murs. Sur les quatre côtés s'ouvrent des arcs immenses ou *iwans*, qui abritaient autrefois les classes coraniques, un pour chacune des quatre grandes écoles du sunnisme.

Au fond de l'*iwan* est, à droite d'un remarquable *mirhab* (niche de prière), une porte en bronze mène au mausolée, le plus vaste du Caire. Il n'abrite pas le corps du sultan, jamais retrouvé, mais ceux de deux de ses fils. On prend les billets pour la mosquée au kiosque à droite de l'entrée principale, dans un petit jardin peu soigné qui abrite un café en plein air.

Portion de mur et marches dans la mosquée du sultan Hassan

Mosquée er-Rifaï ㉓

Midan Salah ed-Din. **Plan** 4 E2.
t.l.j. *pour la prière de midi, ven.*

Une voie piétonnière qui fait l'effet d'un canyon sépare la mosquée du sultan Hassan de la mosquée er-Rifaï, dont on croirait, par sa symétrie et ses proportions similaires, qu'elle a été bâtie à la même époque alors que 450 ans les séparent.

Fondée en 1819 comme mausolée familial par la princesse Koushyar, mère du khédive « europhile » Ismaïl, er-Rifaï n'est achevée qu'en 1912. Elle est bâtie dans un style délibérément néo-mamelouk, reprenant les éléments décoratifs des mosquées existantes. Comparée à sa voisine, le résultat est assez maladroit. L'intérieur surchargé est empli des tombeaux clinquants de la famille royale, dont le khédive Ismaïl et le dernier roi d'Égypte, Farouk. Le dernier shah d'Iran, réfugié en Égypte après la révolution de Khomeyni en 1979, y repose aussi.

Juste devant cette mosquée, en face de la Citadelle, la **mosquée Amir Akhour** remonte à la fin de la période mamelouke.

On remarque ses bandes alternées de pierre rouge et blanche, ou *ablaq*, son dôme imposant et le double fleuron du minaret. Au bas de son site en pente se trouve un *kouttab* ou école coranique.

Mosquée Amir Akhour
Midan Salah ed-Din. **Plan** 4 F2.
t.l.j. *pour la prière de midi, ven.*

Théâtre des Derviches 24

Sharia as-Suyufiya. **Plan** 4 E2.
t.l.j.

Dans les jardins derrière la mosquée de Hassan Sadaqa (ou Sunqur Sadi), on a restauré un théâtre du XIXe siècle. On y accède par une porte dans la rue à droite de la façade de la mosquée, qui ouvre sur une petite cour-jardin. Deux niveaux de galeries dominent une scène circulaire en bois poli. L'ordre des derviches mevlevis a construit le théâtre, ainsi qu'un *khanqa* (hostellerie) autour de son complexe religieux. Les derviches *(p. 92)* sont des soufis qui suivent une branche mystique de l'islam. Ils pensent que leur rituel de danse tournoyante les met en contact direct avec Allah.

Intérieur de la mosquée du sultan Hassan

Du théâtre, on aperçoit le tombeau de Hassan Sadaqa, pour qui la mosquée a été élevée.

Partie d'un ensemble bâti en 1321, la mosquée de Hassan Sadaqa est en mauvais état, ses fondations étant menacées par des infiltrations d'eau. Mais depuis la rue, on peut admirer les beaux stucs ornant le minaret et le dôme. À l'origine, le complexe comprenait un monastère *(ribat)*, que le théâtre a remplacé, et une école coranique ou *madrasa*, qui n'existe plus.

Mosquée de Hassan Sadaqa
Sharia as-Suyufiya. **Plan** 4 E2.
t.l.j. *pour la prière de midi, ven.*

Motifs décoratifs mamelouks

Les édifices construits entre 1250 et 1517 sous les sultans mamelouks représentent le sommet de l'art islamique en Égypte. Amalgame des traditions architecturales du Proche-Orient, ils mêlent travail de la pierre arménien, stucs nord-africains, ors des mosaïques byzantines et, ornement le plus éclatant, des incrustations de marbre polychrome syriennes. Cet art consiste à couper et ajuster minutieusement de petits morceaux de pierre de couleurs différentes pour composer une décoration abstraite, remarquablement sophistiquée, de motifs géométriques. Son effet répétitif, complexe et hypnotique, est censé favoriser la prière en transcendant la perception sensorielle du fidèle.

Incrustations de marbre sur le *sébil-kouttab* de Qaytbey

Sébil-kouttab de Qaytbey 25

Sharia as-Saliba. **Plan** 4 E2.

À 200 m à l'ouest de la place Saladin, à l'extrémité ouest de la rue as-Saliba, se dresse un monument massif, le sébil-kouttab de Qaytbey, du XVe siècle. La façade ouest de cette école coranique un peu délabrée présente une belle décoration d'incrustations de marbre. Le bâtiment est fermé au public.

Qaytbey, sultan féroce, a débuté comme jeune esclave du sultan précédent. On lui doit certains des plus beaux monuments du Caire, dont sa mosquée spectaculaire dans la nécropole nord *(p. 102)*.

Plus à l'ouest, la sharia as-Saliba passe entre la **mosquée de Sheikhou** (à droite) et le **khanqa de Sheikhou** (à gauche), construits vers le milieu du XIVe siècle et toujours en fonction. Un *khanqa* est une résidence soufie où vit le cheikh qui enseigne aux disciples.

Après une autre petite mosquée, une rue poussiéreuse monte sur la gauche à la mosquée d'Ibn Touloun *(p. 110-111)*. De retour sur as-Saliba, on va tout droit à la place Sayyida Zeinab toute proche, où l'on trouve facilement des taxis.

Mosquée et khanqa de Sheihkou
Sharia as-Saliba. **Plan** 4 E2. *t.l.j.* *pour la prière de midi, ven.*

Mosquée d'Ibn Touloun ㉖

Motif ornant un arc

Ibn Touloun, l'une des plus grandes et des plus anciennes mosquées du pays, a été construite entre 876 et 879 par le gouverneur abbasside d'Égypte, représentant de Bagdad. C'est une « mosquée du vendredi », sa cour intérieure est assez vaste pour accueillir tous les hommes du quartier pour la prière du jour le plus sacré de la semaine. Entièrement construite en briques de terre, la mosquée est entourée d'une cour extérieure qui, dans l'esprit des douves d'un château, la sépare de la ville profane. Cet élément, comme son curieux minaret en spirale, en fait un monument unique en Égypte. Contrastant avec la sobriété géométrique de la mosquée, le labyrinthe de salles du musée Gayer-Anderson voisin déborde d'une collection divertissante d'objets.

★ *Mirhab*

Ce mirhab*, niche indiquant la direction de La Mecque, date du XIIIe siècle. À côté, le* minbar *(chaire) est l'un des plus beaux d'Égypte.*

Dekka

Alignée avec le mirhab*, cette estrade en bois, ou* dekka*, sert pour la récitation du Coran et l'appel à la prière à l'intérieur de la mosquée.*

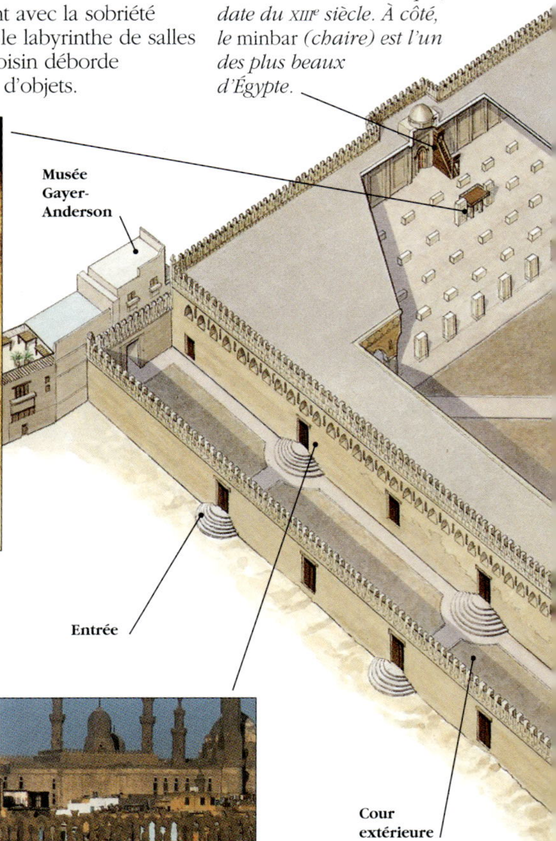

Arcades

Tout autour de la cour, les arcades (riwaq) *apportent l'ombre aux fidèles. La plus grande, côté sud-ouest, avec cinq profondeurs de colonnes, est la salle de prière de la mosquée. Des versets du Coran sont inscrits tout le long du plafond des arcades.*

À NE PAS MANQUER

- ★ ***Mirhab***
- ★ **Minaret hélicoïdal**
- ★ **Fontaine**

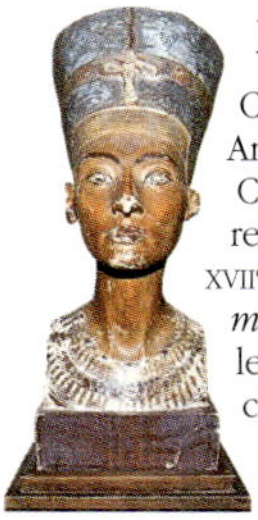

Reproduction du buste de Néfertiti

Musée Gayer-Anderson

Ce musée charmant est le legs de John Gayer-Anderson, un officier britannique en poste au Caire. Dans les années 1930, il a amoureusement restauré deux maisons voisines du XVIe ou XVIIe siècle, somptueusement ornées de *moucharabiehs* et d'incrustations de marbre. Il les a enrichies d'une multitude d'objets orientaux charmants, et souvent fascinants. Il a importé de Damas toute une pièce décorée de laque et d'ors provenant d'une maison du XVIIe siècle. En mariant tous ces éléments, il a fait de ce musée un des lieux les plus magiques du Caire.

Mode d'emploi

Sharia Salibah. **Plan** 4 D2.
8 h-18 h, t.l.j.
Musée Gayer-Anderson
(02) 364 7822. 8 h-16 h, t.l.j. 12 h-13 h 30, ven. (mosquée & musée).

★ Fontaine
Le superbe dôme doré d'origine s'est écroulé en 968 ; il a été remplacé par celui-ci au XIIIe siècle.

Cour intérieure ou *sahn*

Les arcs en ogive sont ciselés de motifs géométriques.

Les fenêtres sont couvertes de grilles en stuc, toutes différentes.

Escalier extérieur

★ Minaret hélicoïdal
On monte facilement au minaret d'Ibn Touloun, inspiré de celui de la Grande Mosquée de Samarra en Irak, avec pour récompense une superbe vue.

Crénelage
L'auteur de ces créneaux en briques se serait inspiré d'une rangée de soldats.

L'Île de Roda et le Vieux Caire

Pendant les siècles qui suivent le déclin des religions pharaoniques et avant l'avènement de l'islam, l'Égypte vit une période chrétienne. Alexandrie est la capitale alors que Le Caire n'est pas encore fondé. Autour du VIe siècle, son site près du Nil, à un carrefour sur la route reliant les villes anciennes Héliopolis et Memphis, est simplement gardé par une forteresse romaine. Quand le général arabe Amr Ibn el-As dresse ses tentes à son pied et fonde sa capitale à proximité, il pose la première pierre du futur Caire. Aujourd'hui, ce quartier appelé le Vieux Caire (Misr al-Qadima) abrite la ville copte, bastion de la chrétienté égyptienne, et beaucoup d'églises anciennes. Il comprend aussi la pointe sud de l'île de Roda, où l'on visite le Nilomètre qui, depuis l'époque pharaonique mesure la hauteur du fleuve.

Icône de la Vierge à "La Suspendue"

Le quartier d'un coup d'œil

Édifices religieux

Couvent Saint-Georges 6
Église Saint-Georges 1
Église Saint-Serge 5
Église Sainte-Barbara 4
« La Suspendue » (El-Moallaqa), p.120-121 7
Monastère Saint-Mercure 10
Mosquée Amr Ibn el-As 9
Synagogue Ben Ezra 3
Tombeau de Suleiman el-Faransawi 11

Site archéologique

Fostat 8

Musée et bâtiment historique

Musée copte 2
Nilomètre 12

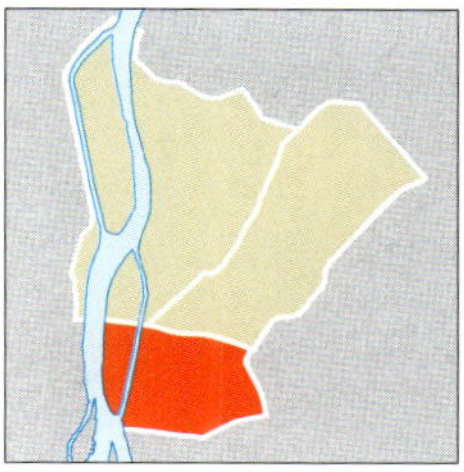

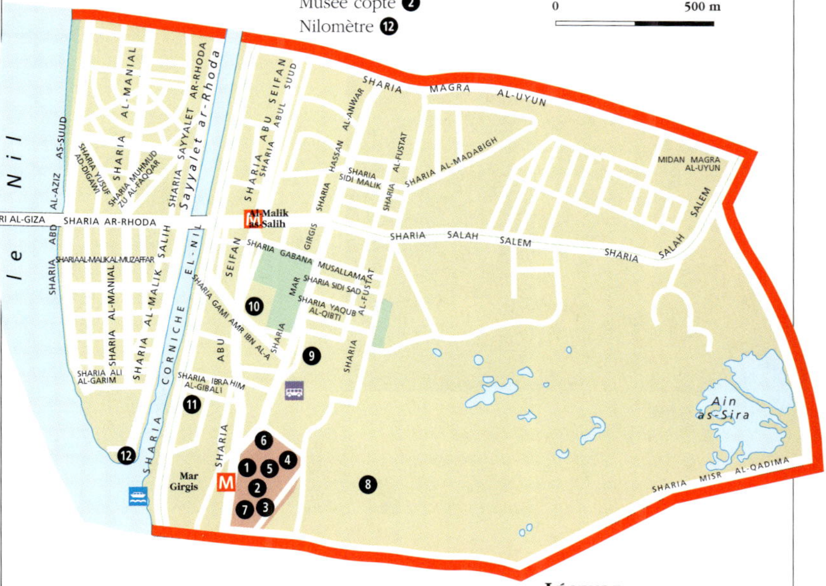

Légende

Plan du quartier pas à pas *(p. 114-115)*
Station de métro
Station d'autobus
Embarcadère fluvial

Circuler

Le Vieux Caire est facilement accessible en métro. La station Mar Girgis n'est qu'à quatre arrêts au sud de midan el-Tahrir (métro Sadate). On peut aussi prendre la navette fluviale à l'embarcadère de la Corniche, devant la maison de la Radio. À l'arrivée, le Vieux Caire, ou quartier copte, n'est qu'à une courte distance à pied.

◁ **Un havre de paix sous les hauts murs d'une venelle pavée du Vieux Caire**

Le quartier copte pas à pas

Panneau de fenêtre du Musée copte

Appelée aujourd'hui Le Caire copte, la partie la plus ancienne de la ville s'étend à l'intérieur des murs de Babylone, la forteresse romaine du IIIe siècle. C'est un havre de venelles paisibles et de sanctuaires anciens. L'entrée principale, qui mène à l'intéressant Musée copte et à la belle église « suspendue », s'ouvre entre deux tours romaines rondes. Le Nil baignait leur base il y a quelques siècles, avant de se déplacer vers l'ouest. On y pénètre aussi au nord par des marches d'où une ruelle profonde mène à d'autres églises, à la synagogue et aux cimetières.

Couvent Saint-Georges
On ne peut tout visiter, mais les nonnes y revivent le martyre du Palestinien Georges, célèbre pour sa victoire sur le dragon, en se couvrant le corps de chaînes 6

Église Saint-Georges
Le Caire copte est un haut lieu touristique, mais ses églises restent fréquentées par la communauté chrétienne du quartier, qui vient y brûler des cierges et prier 1

★ Musée copte
Les objets présentés illustrent les débuts de l'art chrétien au Proche-Orient. Le lieu lui-même est beau, surtout l'aile sud. Un paisible jardin intérieur et un café (en travaux) accueillent les visiteurs 2

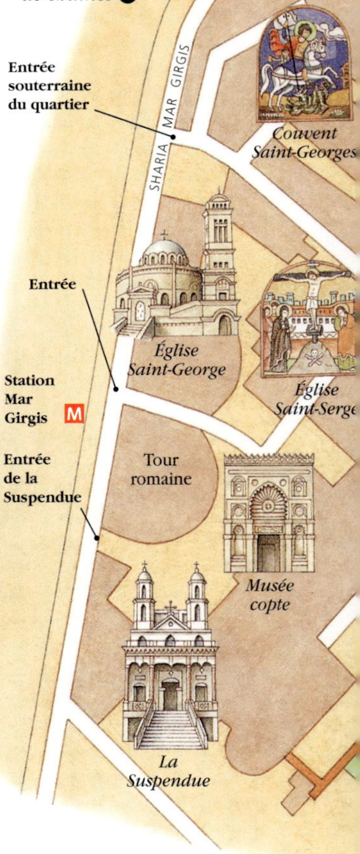

★ La Suspendue
L'intérieur ornementé de la plus belle église du Caire montre trois voûtes en berceau, des allées aux plafonds en bois, des panneaux incrustés d'ivoire et une chaire en marbre finement ciselé 7

Légende

- Zone d'habitations
- Murs romains
- Voie ferrée
- M Station de métro

Église Sainte-Barbara
Consacrée à la sainte tuée par son père parce qu'elle avait tenté de le convertir au christianisme, c'est une des plus grandes et des plus belles églises d'Égypte. Des marches alternant marbre noir, blanc et rouge montent à l'autel, derrière lequel s'ouvre le dôme de l'abside ❹

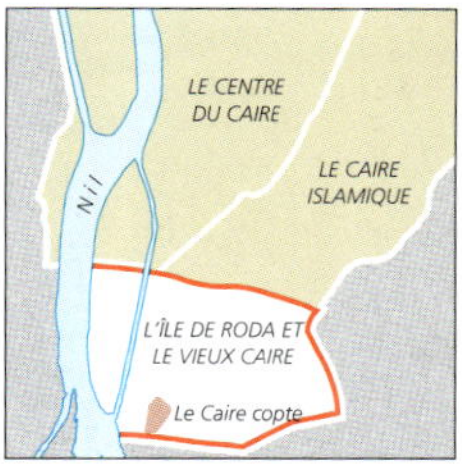

CARTE DE SITUATION
Voir Atlas des rues, plan 4

0 50 m

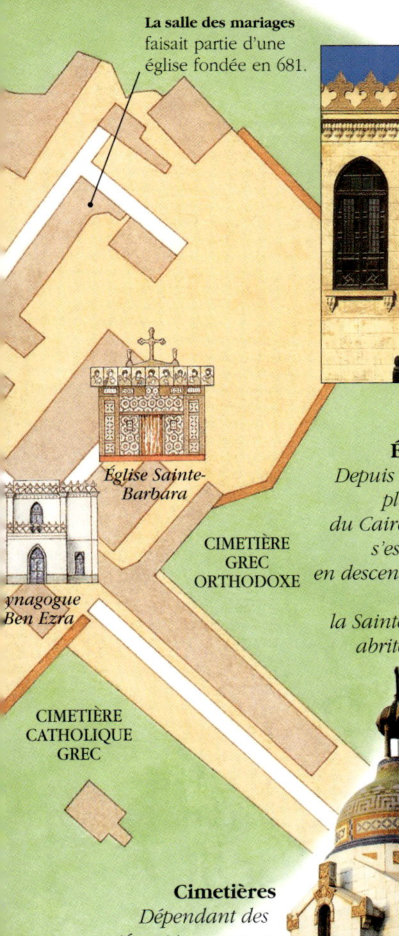

La salle des mariages faisait partie d'une église fondée en 681.

Synagogue Ben Ezra
Témoignage de la présence très ancienne et marquante des juifs dans la région, la plus ancienne synagogue d'Égypte a été fortement restaurée depuis peu ❸

Église Saint-Serge
Depuis la fondation de la plus ancienne église du Caire, le niveau du sol s'est élevé ; on y entre en descendant des marches. La légende dit que la Sainte Famille s'y serait abritée dans une grotte sous l'autel ❺

Cimetières
Dépendant des communautés copte, grecque orthodoxe et catholique grecque, les cimetières du quartier sont riches de statues imposantes et de mausolées ornementés comme celui-ci.

À NE PAS MANQUER

★ **Musée copte**

★ **La Suspendue**

La Vierge à l'Enfant entourés de saints, peinture du VIIe siècle, Musée copte

Église Saint-Georges ❶

Quartier copte. **Plan** 3 B5.
M *Mar Girgis.* ◯ *8 h-12 h 45 et 14 h 30-15 h 15, t.l.j.*

Bien avant que les croisés rapportent en Occident le récit de ses exploits légendaires, on vénérait saint Georges (Mar Girgis) dans tout le Moyen-Orient. Ce légionnaire romain, aurait enfreint le décret de l'empereur Dioclétien interdisant le culte chrétien, et aurait été martyrisé au IIIe siècle.

Depuis le Xe siècle au moins, une église consacrée au saint occupe le site ou son voisinage, mais cet étonnant bâtiment rond ne date que du début du XXe. Sa forme évoque la porte romaine du Ier siècle. au-dessus de laquelle il est bâti. Les vestiges de cette tour sont visibles du côté nord sous l'église, l'eau qui les recouvrait a été drainée.

Fidèles devant l'église Saint-Georges, quartier du Vieux Caire

Musée copte ❷

Quartier copte. **Plan** 3 B5.
M *Mar Girgis.* ☎ *(02) 363 97 42.*
◯ *9 h-17 h, t.l.j. (9 h-15 h) pdt le ramadan.*

Bâti pour l'essentiel en 1947, ce musée charmant abrite la plus belle collection d'art copte du monde. Le bâtiment lui-même, profondément rénové après les dégâts causés par le tremblement de terre de 1992, montre des plafonds en bois peint raffinés, d'élégantes fenêtres à *moucharabiehs* et une cour-jardin. Les collections portent sur la période chrétienne d'Égypte, mais les influences de l'époque pharaonique et de l'islam sont visibles. Les plus anciens objets s'ornent de motifs et de symboles comme l'*ankh* ou le faucon d'Horus, rappels de l'ancienne Égypte.
On voit aussi des chapiteaux sculptés d'une ancienne cathédrale copte d'Alexandrie, chefs-d'œuvre du travail de la pierre qui allait fleurir plus tard sous les Mamelouks. Une chaire copte du VIe siècle. fait penser aux marches et au sanctuaire du complexe funéraire de Saqqara *(p. 158-159)*, mais préfigure aussi les *minbars* qui ornent les mosquées du Caire. On sera fasciné par les peintures naïves de la Vierge allaitant l'Enfant, écho immédiat des images d'Isis avec son fils Horus, répandues en Égypte. Nombre d'objets sont d'inspiration classique, héritage des Ptolémées, successeurs d'Alexandre, et de Rome.

L'étage rassemble les étoffes finement tissées qui ont fait la réputation des coptes, tradition maintenue à Akhmim en Moyenne- Égypte. De somptueux vêtements en soie brodée, des icônes, et ce qui serait le plus ancien livre du monde, une édition copte des Psaumes de David vieille de 1 600 ans sont aussi exposés.

Chapiteau en pierre sculptée, Musée copte

Synagogue Ben Ezra ❸

Quartier copte. **Plan** 3 B5.
M *Mar Girgis.* ◯ *8 h-16 h, t.l.j.*

La présence juive en Égypte remonte à l'Ancien Testament, l'époque de Moïse et de la persécution des Hébreux par les pharaons.

Au Ier siècle, quand les Romains exilent les juifs de

Jérusalem, Alexandrie devient le premier centre du judaïsme du monde. La communauté juive d'Égypte reste importante et puissante jusqu'au début du XXe siècle.

En 1948, la création de l'État d'Israël bouleverse les choses. Les juifs qui n'avaient pas choisi de partir y sont forcés quand l'Égypte déclare la guerre au nouvel État. Peu de monuments témoignent de la longue histoire des juifs en Égypte ; Ben Ezra est le plus ancien. La légende le relie à Moïse, mais, en vérité, c'est une ancienne église du VIIIe siècle, détruite trois siècles plus tard. Au XIIe, les ruines sont cédées à Abraham ben Ezra, un rabbin de Jérusalem.

Au XIXe siècle, des travaux mettent au jour des centaines de manuscrits de la *geniza*, le trésor, intact, de la synagogue. En Égypte, tout papier portant le nom de Dieu devait être conservé. D'où un patrimoine de milliers de documents, pour l'essentiel des XIe et XIIe siècle, qui composent ensemble une chronique minutieuse de la vie du Caire médiéval.

Dans les années 1980 la synagogue a été largement rénovée. Elle ne sert plus au culte, mais reste en très bon état.

Église Sainte-Barbara 4

Quartier copte. **Plan** 3 B5.
M *Mar Girgis.* *8 h-16 h, t.l.j.*

L'église est dédiée à une martyre chrétienne du IIIe siècle, fille d'un marchand, tuée par son père parce qu'elle cherchait à le convertir au christianisme. Bâtie au XIe sur le site d'un premier sanctuaire dédié à saint Cyr et saint Jean, c'est l'une des plus grandes et des plus belles églises d'Égypte. Elle abrite une splendide iconostase du XIIIe siècle, en bois incrusté d'ivoire ciselé, et un remarquable ensemble d'icônes remontant à environ

Magnifique iconostase du 13e s., église Sainte-Barbara

1750, avec Jésus, la Vierge, deux archanges et différents apôtres et saints.

Église Saint-Serge 5

Quartier copte. **Plan** 3 B5.
M *Mar Girgis.* *8 h-16 h, t.l.j.*

C'est sans doute l'église la plus connue d'Égypte. Elle doit sa renommée à une croyance répandue : la Sainte Famille aurait trouvé refuge ici, dans une grotte, lors de la fuite en Égypte *(p. 123)*. On a conservé la grotte sous la forme d'une crypte qui sera bientôt protégée des eaux souterraines.

Que l'épisode soit vrai ou non, cette église, dont les fondations remontent au Ve siècle pourrait bien être le plus ancien bâtiment dans l'enceinte de la forteresse. Rebâtie et remaniée de nombreuses fois, elle montre surtout des éléments des Xe - XIIe siècles.

Couvent Saint-Georges 6

Quartier copte. **Plan** 3 B5.
M *Mar Girgis.* *8 h-16 h, t.l.j.*

Ce couvent remonterait au moins au XVe siècle : le chroniqueur arabe el-Maqrizi en fait mention. Des religieuses y vivent toujours, mais on peut visiter la grande salle à haut plafond, où un reliquaire abrite une icône célèbre de saint Georges.

Le couvent est connu aussi pour le rituel peu commun encore pratiqué par les sœurs, qui se couvrent de chaînes en mémoire du martyre de saint Georges.

Le sanctuaire dédié à saint Georges au couvent éponyme

« La Suspendue » ❼

Icône de saint Georges

Cette église consacrée à la Vierge a été surnommée « la Suspendue » (el-Moallaqa en arabe) parce qu'elle fut bâtie au-dessus de la porte de l'Eau, dans l'ancienne forteresse romaine de Babylone. L'église d'origine remonterait au IVe siècle, mais elle a été détruite et reconstruite au XIe siècle Comme elle a été constamment agrandie et remaniée depuis, il est difficile d'en dater les éléments. La chaire en marbre et les iconostases incrustées d'ivoire qui cachent les trois autels seraient des Xe - XIIIe siècles. Malgré son ancienneté vénérable, l'église sert au culte, ouvrant au public pour les offices qui ont lieu tous les vendredis et dimanches matins.

Porche extérieur
Orné de motifs géométriques en céramique, le porche date du XIe siècle.

Frise sculptée
L'église montre de belles décorations anciennes, comme ce Christ entouré d'anges, mais les pièces les plus vénérables se trouvent au musée copte (p. 116).

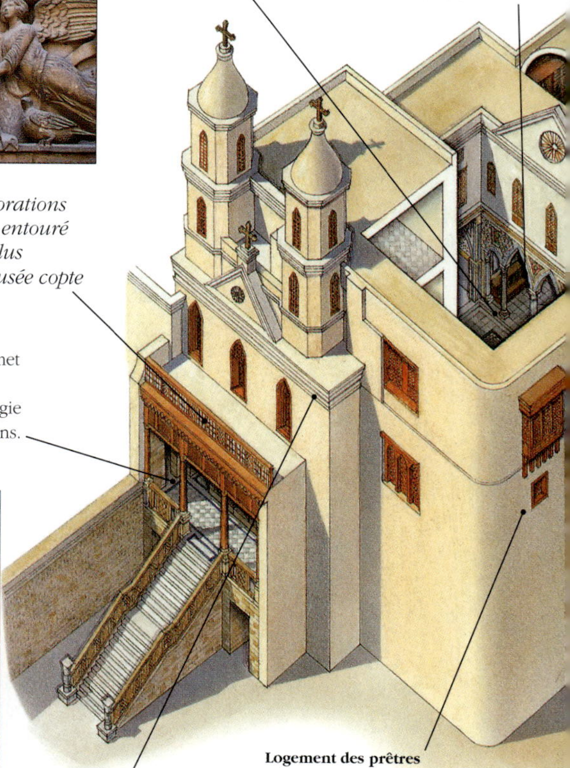

Sous le porche au sommet des marches, des étals vendent cassettes de liturgie copte et vidéos de sermons.

★ Façade
Couronnée de deux clochers jumeaux caractéristiques, la façade est un ajout assez récent, du XIXe siècle.

À NE PAS MANQUER

- ★ **Façade**
- ★ **Iconostase**

◁ **Détail de la coupole, intérieur du musée copte**

★ Iconostase
En bois de cèdre sculpté, délicatement incrusté d'ivoire, la cloison qui cache le maître-autel est la plus belle d'Égypte.

MODE D'EMPLOI

Quartier copte, Sharia Mar Girgis. **Plan** 3 B5. Ⓜ *Mar Girgis.* 🚌 *de midan el-Tahrir.* ⛴ *de l'embarcadère Maspero* 🚗 ☎ *(02) 363 97 42.* ◯ *9 h-16 h t.l.j.* ✝ *8 h-11 h, ven.; 7 h-10 h, dim. L'église est en rénovation.*

Des icônes de saint Georges, de la Vierge et de saint Jean-Baptiste ornent aussi les murs.

Voûte en berceau reposant sur des colonnes

Sommet de l'iconostase portant les icônes

Chaire
La chaire en marbre, du XIe siècle, repose sur treize colonnes représentant le Christ et ses apôtres.

La chapelle de Takla Haymanot, vestige de l'église du IVe siècle, a été construite dans un des bastions de la porte d'Eau en l'honneur du saint patron de l'Éthiopie.

Tours romaines
Ces tours des environs du Ier siècle faisaient partie du bastion sud de la forteresse de Babylone.

Les fondations de l'église sont visibles depuis la cour du Musée copte.

Intérieur de l'église
Les trois voûtes en berceau reposent sur des colonnes à chapiteaux corinthiens, éléments récupérés de monuments plus anciens.

Le christianisme copte

Le mot copte dérive de l'arabe *Qibti*, venant du grec *Aegyptios,* qui signifie « égyptien ». La tradition veut que saint Marc, l'un des douze apôtres, ait introduit le christianisme en Égypte au Ier siècle. Alexandrie est l'un des cinq premiers patriarcats, branches de l'Église chrétienne guidées par des patriarches qui se disent successeurs des apôtres. Au IVe siècle, le christianisme était devenu religion officielle d'Égypte. En 451, le concile de Chalcédoine proclame la dualité de la nature divine et humaine du Christ. Croyant uniquement en la nature divine du Christ, Dioscore, patriarche d'Alexandrie, refuse cette doctrine, et les chrétiens d'Égypte se séparent de l'Église orthodoxe.

***L'ankh**, symbole de vie éternelle en ancienne Égypte, devient une croix chrétienne.*

***Datant des environs de 1400 av. J.-C.**, cette statue d'Isis avec son fils Horus ressemble aux futures images de la Vierge à l'Enfant. Avec l'*ankh *et la croyance en la vie après la mort, c'est un des parallèles existant entre le christianisme et l'ancienne religion égyptienne, expliquant peut-être la facilité avec laquelle l'Égypte s'est convertie.*

SHENOUDA III

Le 117e patriarche de l'Église copte, Shenouda III, assiste avec d'autres prélats à la messe de minuit à la cathédrale Saint-Marc du Caire. Comme le veut la tradition des patriarches coptes, il a été choisi parmi les moines de Wadi Natroun *(p. 165).*

***La langue copte**, ici sur une inscription ancienne, trouve son origine dans le grec ancien et les hiéroglyphes. Les coptes se disent héritiers directs des anciens Égyptiens. Le copte est toujours utilisé pour les cérémonies religieuses.*

Boutros Boutros-Ghali (p. 63)*, ancien secrétaire de l'ONU, est un copte internationalement connu. Les coptes ont toujours été une minorité puissante au plan économique, contribuant à l'élite intellectuelle égyptienne et remplissant des fonctions importantes.*

La Sainte Famille en Égypte

La Bible rapporte que la Sainte Famille, pour échapper au « Massacre des Innocents » ordonné par Hérode, a fui en Égypte. La tradition copte rattache ce séjour à plusieurs sites. À Matariyya, près du Caire, pousse l'arbre de la Vierge, un sycomore au tronc noueux sous lequel Marie se serait reposée. L'église Saint-Serge, dans le quartier copte du Caire *(p. 116-117)*, est bâtie sur une grotte où aurait séjourné la Sainte Famille. La ville d'Assiout *(p. 172)* serait la pointe sud de son itinéraire.

La Fuite en Égypte **par Jean-Léon Gérôme (1824-1904)**

Les moines*, comme celui-ci, du monastère Saint-Antoine, dans le désert oriental, portent toujours la robe noire et le capuchon à broderies dorées typique. Le monachisme connaît aujourd'hui un renouveau, attirant de nombreux jeunes adeptes.*

Le monastère Saint-Antoine (p. 228) *représente le début de la tradition monastique chrétienne. Il a été suivi par les monastères coptes comme Wadi Natroun* (p. 165) *et Sainte-Catherine, dans le Sinaï* (p. 218-221).

Ville égyptienne typique *de Moyenne-Égypte, entourée de champs fertiles, avec son église copte. Les coptes sont environ six millions (10 % de la population égyptienne). La plupart résident en Moyenne-Égypte. Malgré les anciennes querelles, ils vivent en harmonie avec les musulmans.*

Fostat 8

Sharia Ain as-Sirah. **Plan** 3 C5.
M *Mar Girgis.*

Étendue de terre dure, cuite par le soleil, Fostat n'offre pas grand-chose aux yeux du visiteur, bien qu'il représente près de 1 400 ans d'histoire égyptienne.

Lorsqu'en 640 le général Amr Ibn el-As conquiert l'Égypte avec ses guerriers de l'islam, il n'occupe pas une des villes existantes, Alexandrie, Memphis ou Karnak, mais choisit de s'établir juste au nord de la forteresse romaine de Babylone, près du Nil.

Son camp de tentes se transforme en un village de brique et de pierre, se développe et devient la première capitale musulmane d'Égypte, mais conserve son nom (*fostat* signifie «tente»). Mais les nouveaux souverains fatimides (969-1171) fondent une nouvelle ville plus au nord *(p. 94-95)* et préfèrent incendier Fostat en 1168 plutôt que de laisser les croisés s'en emparer. Entre le XIIIe et le XVIe siècle, les Mamelouks en font leur décharge publique. C'est aujourd'hui un immense terrain vague. Autrefois des milliers d'habitants, potiers et chiffonniers, y vivaient. Aujourd'hui seulement quelques-uns restent en bordure de cette mine archéologique qui attend d'être explorée - une ville ancienne a été préservée par des tonnes de détritus accumulés pendant des siècles. Seules les fondations et les vestiges des murailles ont été mis au jour.

Atelier de poterie en bordure de Fostat, la première ville musulmane d'Égypte

Mosquée Amr Ibn el-As 9

Midan Amr Ibn el-As. **Plan** 3 B4.
M *Mar Girgis.* ◯ *t.l.j.* ● *aux non-musulmans à l'heure de la prière.*

Portant le nom du général qui a conquis l'Égypte pour l'islam en 640, la mosquée Amr Ibn el-As d'origine, premier lieu de culte musulman en Égypte, fut aussi le premier en Afrique.

Les récits de l'époque la décrivent comme un simple bâtiment en briques de terre, au sol en terre battue et au toit de palmes supporté par des troncs de palmiers, sans *mirhab*, sans cour ni minaret, mais assez grand pour accueillir l'armée d'Amr pour la prière. Hormis le site, il ne reste rien de ce premier édifice. La mosquée actuelle est le résultat d'innombrables reconstructions et remaniements. On dit qu'aucune de ses 200 colonnes n'est semblable à une autre. Les parties les plus anciennes datent du IXe siècle, quand on a reconstruit la première mosquée en doublant sa taille. Mais l'entrée, par exemple, date des années 1980.

Le bâtiment conserve un aspect sobre, respectueux de ses humbles origines. Une assemblée de fidèles vient tous les jours y prier. Les visiteurs y sont bienvenus en dehors des heures de prière.

Monastère Saint-Mercure 10

Sharia Abu Seifan. **Plan** 3 B4.
M *Mar Girgis.* ◯ *9 h-17 h, t.l.j.*

Bas-relief peint, église Saint-Mercure

Au nord-ouest de la mosquée Amr Ibn el-As, de hauts murs entourent trois églises et un couvent. On entre dans le complexe par une petite porte donnant sur la rue principale. Une ruelle encaissée relie les différents bâtiments. L'ensemble porte le nom d'un légionnaire romain martyr. Datant du début du VIe siècle, il a été détruit et rebâti à au moins quatre reprises.

Le bâtiment principal est l'**église Saint-Mercure**, dont la forme actuelle date de 1176. La précédente a été incendiée par le vizir fatimide Shawar quand il a rasé Fostat. Elle abrite de

Façade et entrée de la mosquée Amr Ibn el-As

Ferronnerie ouvragée sur le mausolée de Suleiman el-Faransawi

beaux exemples d'art primitif copte, avec des peintures murales uniques, une exceptionnelle collection d'icônes et un superbe dais d'autel en bois. Dans la nef nord, des marches descendent à la petite crypte où, au IVe siècle, l'ascète Basoum aurait passé seul ses dernières vingt années, nu, avec un serpent pour unique compagnie.

Dans le complexe, l'**église de la Vierge** et l'**église Saint-Shenouda** sont ouvertes au public, mais on ne visite pas le **couvent Saint-Mercure**, où vivent toujours des religieuses.

Tombeau de Suleiman el-Faransawi ⓫

Sharia Mohammed al-Saghir. **Plan** 3 B5. M *Mar Girgis.*

Un des monuments les plus curieux du Caire, ce petit tombeau en ferronnerie du XIXe siècle a été élevé en hommage à un homme peu ordinaire, Suleiman « le Français », mort en 1860. Vétéran des guerres napoléoniennes, Joseph Sèves vient en Égypte entraîner les troupes du vice-roi Méhémet-Ali *(p. 59)*. On raconte que les soldats le détestaient au point de tirer vers lui à l'entraînement. Converti plus tard à l'islam, Sèves prend le nom de Suleiman, et reçoit le titre honorifique de pacha après les campagnes victorieuses de l'Égypte en Grèce et en Syrie. Une statue de Suleiman à cheval ornait autrefois l'ancienne rue Suleiman Pacha, au centre-ville. Pendant la révolution de 1952, elle a été reléguée à la Citadelle, et la rue fut rebaptisée en hommage au banquier nationaliste Talaat Harb.

Nilomètre ⓬

Sharia al-Malik Salih. **Plan** 3 B5. M *Mar Girgis.* *t.l.j.*

Jusqu'à la construction des barrages d'Assouan, la vie en Égypte était réglée sur la crue annuelle du Nil. Presque chaque année, les eaux montaient, inondant la vallée, puis se retiraient, laissant de riches dépôts de limon fertile. Parfois, la crue ne recouvrait pas toutes les terres agricoles, occasionnant de maigres récoltes et quelquefois la famine. Afin de prévoir la récolte de l'année, les anciens Égyptiens ont bâti une série de nilomètres ; celui-ci a été taillé dans la roche sur l'île de Roda. Il s'agit d'un profond puits carré contenant une colonne octogonale graduée. L'eau y pénétrait par trois canaux, aujourd'hui obstrués mais toujours visibles. Tous les ans avait lieu la cérémonie officielle de lecture du niveau des eaux, suivie de grandes fêtes quand il était suffisant, de prières angoissées s'il était trop bas.

On sait que le nilomètre existait au temps des pharaons, mais celui-ci date du IXe siècle, ce qui explique les inscriptions coraniques sophistiquées ornant ses murs. Il est protégé par un petit kiosque ottoman à toit conique du XIXe siècle, dont le plafond de bois s'orne de belles arabesques peintes. Voisin du Nilomètre, le **palais Munasteril** rococo des années 1850, complètement restauré, a ouvert ses portes au printemps 2002 comme centre des arts, avec un musée consacré à la diva vénérée des Égyptiens, Oum Khalsoum.

Le Nilomètre, sur l'île de Roda, méthode simple pour surveiller les crues

OUM KHALSOUM, LA VOIX DE L'ÉGYPTE

Sur le plan culturel, Oum Khalsoum a été pendant la majeure partie du XXe siècle une déesse vivante pour l'Égypte et tout le monde arabe. Vers 1910, elle commence à chanter pour les mariages avec son père dans les villages du delta oriental. Impressionnés par la puissance de sa voix, ses amis et sa famille l'encouragent à venir au Caire commencer une carrière. À partir des années 1930, et pendant presque 40 ans, des millions de gens, un jeudi soir par mois, écoutent la retransmission en direct de son concert à la radio nationale. Elle a enregistré 300 chansons, et apparaît dans d'innombrables films. À sa mort en 1975, ses funérailles sont les plus grandioses qui aient eu lieu au Caire. Elle reste omniprésente aujourd'hui ; dans les cafés ou dans les taxis, sa voix puissante accompagne toute visite en Égypte.

Oum Khalsoum, diva immortelle des Égyptiens

GIZA ET HÉLIOPOLIS

Les banlieues du Caire, Giza et Héliopolis, sont opposées au plan géographique, et illustrent deux périodes de l'histoire de l'Égypte. Au sud-ouest, Giza (Guizèh) est célèbre pour ses monuments antiques. Le Sphinx, daté aux environs de 2500 av. J.-C., la plus ancienne sculpture monumentale connue, monte la garde devant les pyramides des pharaons et leurs annexes, les pyramides des reines, temples et tombes. Les pyramides de Giza sont la seule des sept merveilles du monde antique qui subsiste. Même le cirque invraisemblable que font les loueurs de chameaux et de chevaux, les marchands de boissons et de souvenirs, les mendiants entêtés et le spectacle son et lumière du soir ne parvient pas à porter atteinte à leur majesté. Sur la diagonale opposée, la banlieue d'Héliopolis nous ramène à la fin du XIXe siècle et au baron Édouard Empain, l'entrepreneur qui a rêvé de cette cité-jardin dans le désert. Mélange de styles européen et mauresque, Héliopolis a attiré les Égyptiens aisés sous ses luxueux ombrages. Aujourd'hui intégrée au Caire, la cité séduit toujours par son architecture raffinée, ses restaurants et sa vie nocturne.

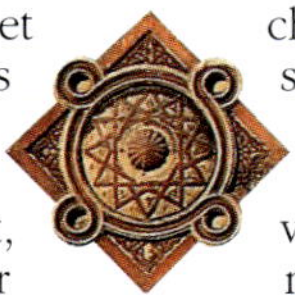

Détail mauresque d'une façade à Héliopolis

Pyramide de reine avec une petite chapelle attenante, Giza

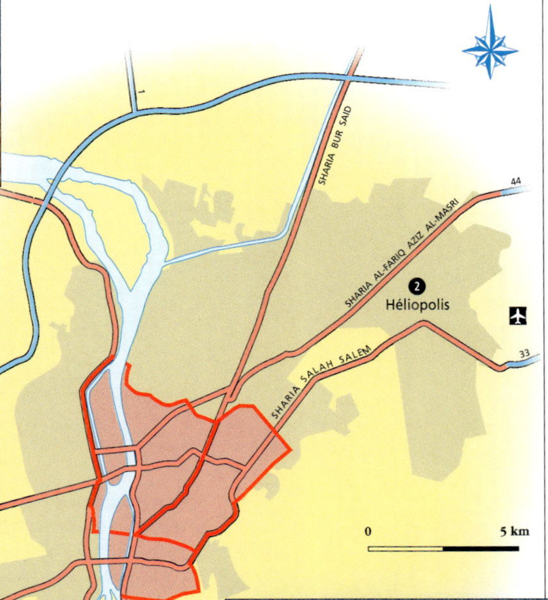

COMMENT S'Y RENDRE

Le bus 355, qui s'arrête au Musée égyptien, mène aux pyramides, comme les minibus 82 et 83. Le 356 part toutes les 20 min pour l'aéroport *via* Héliopolis de la nouvelle gare routière, derrière le Musée égyptien. Le taxi reste une solution commode pour rejoindre ces banlieues.

LÉGENDE

- Le centre du Caire
- Le Grand Caire
- Routes principales
- Routes secondaires

Contraste des styles européen et mauresque à Héliopolis

◁ **Taillé dans un affleurement de calcaire tendre, le Sphinx se dresse devant la pyramide de Khéphren, à Giza**

Le plateau de Giza ❶

Il y a près de 5 000 ans, Giza devient la nécropole royale de Memphis, capitale d'Égypte. En moins d'un siècle, les anciens Égyptiens y élèvent les trois complexes des pyramides pour servir de tombeaux à leurs rois. Après la mort, le corps du roi est amené en bateau au temple de la vallée, où il est momifié. Puis il est transporté sur la chaussée d'accès et enterré sous la pyramide, parfois à l'intérieur. Les temples funéraires sont entretenus pendant des années, les prêtres y font des offrandes quotidiennes pour le dieu-roi défunt. La famille proche et la cour sont inhumés dans des pyramides annexes et dans des tombes en pierre voisines, les *mastabas*, cherchant à profiter du pouvoir du roi après sa mort comme de son vivant.

Les pyramides de Giza
Sous la IVe dynastie dans l'Ancien Empire (2686-2181), trois générations successives ont bâti ces monuments colossaux.

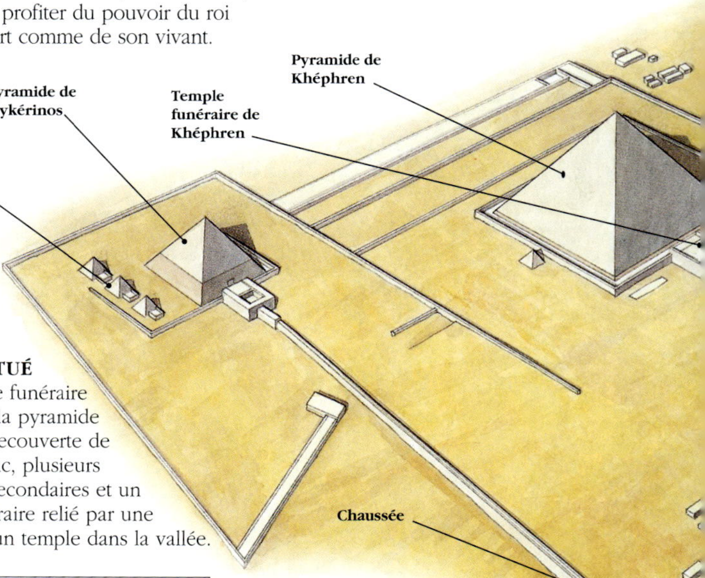

PLATEAU DE GIZA RECONSTITUÉ
Le complexe funéraire comprenait la pyramide principale, recouverte de calcaire blanc, plusieurs pyramides secondaires et un temple funéraire relié par une chaussée à un temple dans la vallée.

Les pyramides de Khéphren et de Mykérinos
La pyramide de Khéphren est presque aussi grandiose que celle de son père Khéops, alors que celle de son successeur Mykérinos est plus petite, suggérant un déclin du pouvoir et de la dévotion, ou simplement un déplacement des priorités.

Tombeau de Khentkaouès
La dernière tombe de taille construite à Giza. La reine Khentkaouès, fille de Mykérinos, aurait initié une nouvelle dynastie avec sa nécropole à Abousir.

À NE PAS MANQUER

★ La Grande Pyramide

★ Le Sphinx

La signification des pyramides de Giza

Les archéologues s'entendent pour dire que les pyramides servaient de tombeaux monumentaux aux pharaons. Elles s'achevaient par un pyramidion, capuchon recouvert d'or, qui captait les premiers rayons du soleil. Leur forme suggère peut-être le tertre mythique originel, celui de la Création *(p. 26)*. On ne connaît pas l'emploi exact de certains puits et chambres des pyramides de Giza. Le fait que certains puits d'aération s'orientent vers de grandes constellations, que les angles sud-est suivent une diagonale quasi parfaite et que leurs côtés s'alignent exactement sur le nord suscite bien des conjectures plus ou moins fantaisistes. Mais ces alignements sont cohérents avec les croyances des anciens Égyptiens, qui pensaient que l'âme du roi allait s'élever pour rejoindre les « étoiles éternelles ».

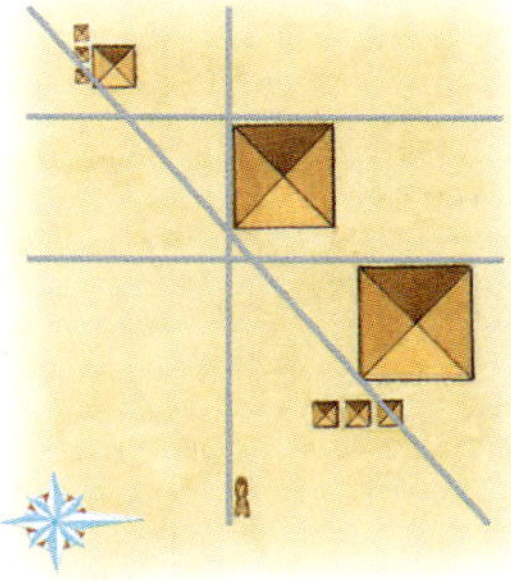

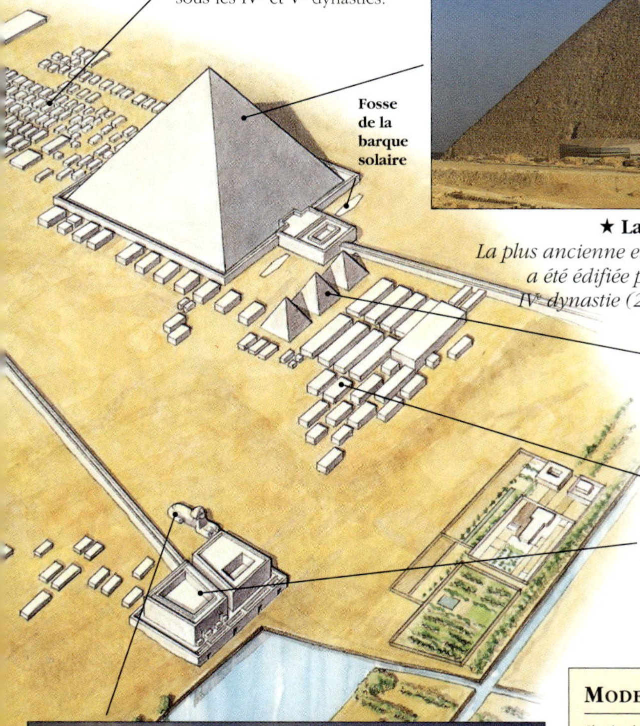

★ La Grande Pyramide
La plus ancienne et la plus grande, elle a été édifiée par Khéops, roi de la IVe dynastie (2589-2566 av. J.-C.).

★ Le Sphinx
Le gardien du plateau de Giza, le Sphinx léonin, se nomme en arabe Abou el-Hol, « père de la terreur ».

Mode d'emploi

Sharia al-Ahram (route des Pyramides), Giza, 12 km au sud-ouest du Caire. *(02) 383 8823.* *82, 83 de midan el-Tahrir.* **Plateau de Giza** *7 h-19 h 30, t.l.j.* **Pyramides de Giza** *8 h-16 h t.l.j., 8 h-17 h en été.* *pour chacune des pyramides (1 à 2 peuvent être fermées pour restauration).* **Musée de la Barque solaire** *9 h-16 h, t.l.j. (17 h en été).* **Spectacle son et lumière** *18 h 30, 19 h 30, 20 h 30 l'hiver (1 h plus tard en été).*

Le plateau de Giza : la Grande Pyramide

On reste médusé face au volume de la pyramide de Khéops (Khoufou), ou Grande Pyramide. On estime qu'elle contient plus de 2 millions de blocs de pierre d'environ 2,5 tonnes dont certains, à la base, pèsent jusqu'à 15 tonnes. Jusqu'au XIXe siècle, c'était le plus haut monument du monde. Mais en dépit de sa masse, la précision de l'ensemble reste extraordinaire. La différence de longueur pour les quatre côtés de 230 m n'excède pas 4 cm. Les méthodes de construction et le rôle exact de certains des puits et chambres demeurent mystérieux, mais l'exploit architectural est bien réel.

Statue de Khéops
Cette figure en ivoire de 7,5 cm trouvée à Abydos, unique statue connue de Khéops, se trouve au Musée égyptien du Caire.

La chambre de la Reine renfermait sans doute une statue représentant le *ka*, la force vitale du roi.

Les « puits d'aération » pourraient être des passages symboliques permettant à l'âme du roi de rejoindre les étoiles.

Les pyramides des Reines
Ces trois petites structures ont été édifiées pour des membres de la famille royale, mais l'identité de leurs occupants reste inconnue.

Soubassement rocheux

★ Chambre du Roi
Sans doute pillée 600 ans après sa construction, souvent visitée par des chercheurs de trésor, la chambre du Roi ne contient qu'un sarcophage sans couvercle.

Chambre souterraine inachevée

À NE PAS MANQUER

- **★ La chambre du Roi**
- **★ La grande galerie**

★ Grande galerie
Haute de près de 9 m, elle aurait servi de rampe pour les énormes blocs qui scellaient le passage.

◁ **Les pyramides de Giza, situées dans un décor désertique immuable**

Reconstitution de la chambre royale

Construites pour protéger la chambre, les chambres de décharge portent l'unique référence à Khéops dans la pyramide, des graffiti de l'époque de la construction indiquant les noms des équipes qui y travaillaient. L'un d'eux débute par « combien puissante est la grande couronne blanche de Khéops ».

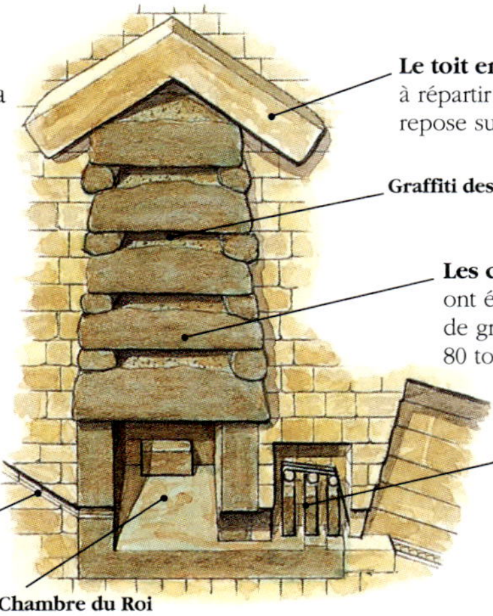

Entrée
L'entrée d'origine est bloquée. Les visiteurs prennent un passage en contrebas ouvert en 820 par le calife Mamoun.

L'évolution de la pyramide

Les anciens Égyptiens ont mis près de 400 ans à évoluer du *mastaba* en briques de terre à la pyramide à parois lisses. La dernière étape, de la pyramide à degrés à la « véritable » pyramide lisse, n'a pris que 65 ans. Dans l'histoire de l'humanité, il est rare que les techniques aient évolué à un rythme aussi rapide. À l'époque, chaque construction était un saut téméraire dans l'inconnu.

La pyramide nord ou pyramide Rouge de Dahchour (vers 2600 av. J.-C.)

Le *mastaba*
Vers 3000 av. J.-C., les tumulus sablonneux surmontant les tombes des classes supérieures évoluent en mastabas *(banc en arabe) assez bas, en forme de boîte.*

La pyramide à degrés (vers 2665 av. J.-C.)
On bâtit un mausolée plus imposant en superposant six mastabas *de pierre* (voir la pyramide de Djoser, p. 158-159).

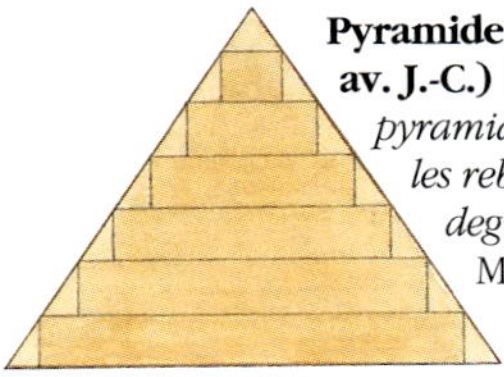

Pyramide à parois lisses (vers 2605 av. J.-C.) *On crée la première pyramide à parois lisses en comblant les rebords d'une pyramide à degrés* (voir la pyramide de Meidoum, p. 164). *Puis on les construit directement ainsi.*

À la découverte du plateau de Giza

Afin d'être préservées, les pyramides sont fermées chacune à tour de rôle, et le nombre de visiteurs à l'intérieur est limité. La meilleure heure pour la visite est tôt le matin, avant que le soleil et la foule deviennent gênants. Le soir est un autre bon moment pour voir le spectacle son et lumière, kitsch mais sensationnel. À l'intérieur des monuments il peut faire chaud et étouffant, cette visite est donc déconseillée aux personnes claustrophobes ou fatiguées. Des loueurs de chameaux et de chevaux proposent leurs services à prix élevé entre les monuments, mais le site est assez compact pour la découverte à pied.

La silhouette futuriste du musée de la Barque solaire

Musée de la Barque solaire

Sur le côté sud de la Grande Pyramide, le musée de la Barque solaire, en forme de nacelle, abrite une barque ancienne entièrement remontée. En 1954, on découvre ses 1 200 pièces dans une fosse à côté de la pyramide. Les spécialistes mettent quatorze ans à reconstituer le puzzle, n'utilisant que les moyens des anciens Égyptiens, chevilles de bois et corde végétale. Ils l'appellent barque solaire car elle ressemble aux bateaux des peintures funéraires dans lesquels le dieu-soleil effectue son parcours quotidien à travers le ciel. On ne sait si la barque a été enterrée pour le voyage dans le ciel du pharaon ou du dieu-soleil. Des marques dans le bois laissent penser qu'elle a vogué avant d'être enterrée. Il s'agit peut-être de la barque funéraire qui aurait transporté le corps de Khéops de Memphis à son tombeau. On en a trouvé une autre, semblable, dans une fosse voisine, mais elle n'a pas été dégagée.

La pyramide de Khéphren

La pyramide de Khéphren (ou Khafré) fait 15 m de moins en largeur et seulement 3 m de moins en hauteur que celle de Khéops, mais elle peut sembler plus grande parce qu'elle est bâtie sur une hauteur et que son sommet est intact. C'est le seul endroit où l'on voit encore le parement calcaire qui couvrait autrefois les trois pyramides. Le reste a été pillé au Moyen Âge par les souverains du Caire pour leurs propres monuments.

L'intérieur est plus simple que celui de la Grande Pyramide, avec deux passages qui descendent et convergent, menant à une seule chambre funéraire. Alors que la chambre de Khéops se trouve en hauteur dans le monument, celle de Khéphren est creusée profond dans la roche sous la pyramide. Il y a peu de choses à voir hormis le sarcophage en granit du roi. Le temple funéraire de Khéphren montre encore des vestiges d'un petit sanctuaire et une cour. La chaussée bordée de granit reste visible sur certains tronçons de ses 500 m.

Idou, gardien des complexes funéraires

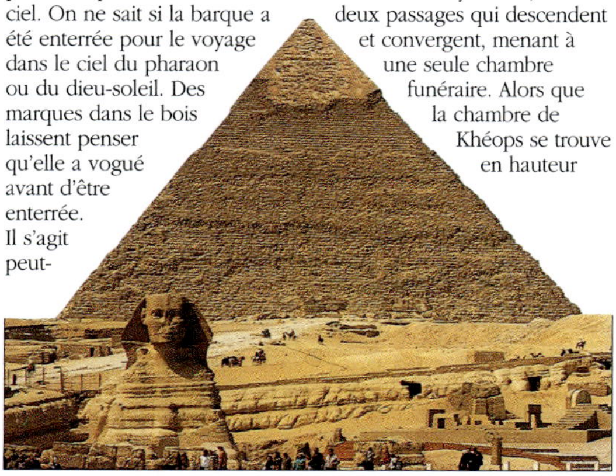

Le Sphinx et la pyramide de Khéphren vus du bord du plateau

Les promenades à dos de chameau sont prisées des touristes

La pyramide de Mykérinos

Dernière pyramide édifiée sur le plateau de Giza, la pyramide de Mykérinos (Menkaourê) ne couvre qu'un quart de la superficie des deux autres. Certains y voient le résultat d'un déclin du pouvoir royal, d'autres un déplacement des priorités. La pyramide est plus petite, mais les temples funéraire et de vallée sont plus grands et plus raffinés. C'est peut-être le début du processus d'abandon de la pyramide au profit des tombeaux secrets creusés dans le roc, avec les grands temples funéraires séparés.

Au XIIe siècle, un sultan du Caire entreprend de démanteler la pyramide, mais abandonne le projet après huit mois, ne laissant qu'une cicatrice verticale visible sur la face nord.

À l'intérieur, un passage descend de l'entrée vers une antichambre ornée d'un motif de fausse porte stylisée. Au-delà s'ouvre une autre antichambre, d'où un passage descend à la chambre funéraire creusée dans le roc. Sa voûte en berceau est taillée dans une seule énorme dalle de granit. Au XIXe siècle, on a découvert là un beau sarcophage décoré, qui a disparu en mer lors de son transport vers le British Museum à Londres.

Le Sphinx

Gardant les abords de la pyramide de Khéphren, le Sphinx est la plus ancienne statue monumentale d'Égypte. Elle daterait de 2500 av. J.-C. environ et Khéphren en serait le concepteur. Son corps allongé aux pattes étirées porte à 20 m de haut une face charnue à coiffure royale, Khéphren peut-être. On l'a taillé dans un affleurement de roche, et renforcé à la base à partir de la XVIIIe dynastie au moyen de blocs sculptés.

On raconte souvent qu'un canon mamelouk, ottoman ou bonapartiste a brisé son nez, mais il avait en fait déjà disparu avant le XVe siècle. À l'origine, il portait aussi une barbe postiche, symbole de royauté, mais elle est tombée également. Le British Museum en détient un morceau, récupéré sur le sable.

Juste devant la statue, les vestiges du temple du Sphinx sont fermés au public. On accède à la zone qui entoure le Sphinx par le temple de vallée de Khéphren, l'un des plus anciens d'Égypte. À l'époque de la construction des pyramides, pendant la crue annuelle du Nil, les eaux montaient jusqu'au bord du plateau de Giza. Le temple de vallée de Khéphren était sur un quai. Il servait d'accès à la pyramide, relié à elle par une longue chaussée presque entièrement couverte, mise au jour par Mariette en 1852. Il en reste des tronçons aujourd'hui. Les deux autres pyramides faisaient partie de complexes similaires, mais leurs temples ont mal survécu.

Le célèbre hôtel Mena House, en bordure du plateau de Giza

Autour du plateau de Giza

On recommande la visite de plusieurs tombes, notamment, près des pyramides des Reines de Khéops, les **mastabas de Qar et Idou**, de la VIe dynastie. Qar était un officier supérieur responsable de l'entretien des pyramides et des cérémonies associées. Son fils Idou était un scribe royal. On y voit des bas-reliefs et des statues des défunts. La tombe voisine de **Khoufoukaf**, fils de Khéops, montre des reliefs intacts, et celle de l'épouse de Khéphren **Meresankh III** est étonnante. Les peintures figurent Meresankh, prêtresse portant la peau de léopard réservée en principe aux hommes, et sa mère, la blonde Hetep-Heres III, dans une robe à épaulettes pointues. Après la chaleur poussiéreuse du plateau, il est plaisant de terminer la journée un verre à la main au luxueux **hôtel Mena House**, en regardant les pyramides prendre la teinte du couchant.

LA MONTÉE À LA GRANDE PYRAMIDE

À une époque, la visite de la Grande Pyramide comprenait non seulement l'exploration des passages intérieurs, mais aussi l'escalade du sommet. Un guide d'Égypte de 1902 en fait le descriptif : « Assisté par deux Bédouins, chacun lui tenant une main et, s'il le souhaite, par un troisième qui pousse par-derrière (pas de supplément), le voyageur attaque l'ascension des marches. » Une fois en haut, beaucoup immortalisent leur exploit en gravant leur nom dans la pierre. Des archéologues ont relevé les graffiti parmi lesquels on trouve le testament d'une personne montée au sommet pour se suicider, ainsi que les noms de deux amants liés pour l'éternité. Des textes de 1840 se plaignent déjà de l'excès de graffiti. Ce n'est plus à l'ordre du jour ; depuis les années 1980, l'ascension est interdite. Certains s'y essaient toujours. L'interdiction a pour but de protéger les monuments, mais aussi d'éviter les accidents ou même la mort de grimpeurs.

Les touristes à l'assaut de la Grande Pyramide sur un cliché du XIXe siècle

Promenade dans Héliopolis ❷

Motif hindou ornant le palais du Baron

Produit des ambitions visionnaires d'un riche entrepreneur belge, le baron Édouard Empain (1852-1929), Héliopolis a été créée dans la première décennie du XXe siècle. Une équipe d'architectes européens et égyptiens l'a conçue comme une cité-jardin, îlot dans le désert au nord-est du Caire, relié au centre-ville par un réseau de tramways. Appelée Masr el-Gedida (Nouveau Caire), Héliopolis a depuis été englobée par la capitale, mais conserve une partie de sa remarquable architecture. Attirant les fortunes, cette élégante banlieue ombragée offre un éventail agréable de belles boutiques, restaurants et vie nocturne.

Terrasse de l'Amphitryon, Héliopolis

Autour du palais Uruba

La promenade débute là où le bus du Caire tourne à gauche près des hauts murs du palais Uruba ①. L'ancien Héliopolis Palace, l'un des hôtels les plus grandioses d'Afrique, est aujourd'hui la résidence officielle du chef de l'État. Son aile caractéristique en forme de tambour abritait autrefois une splendide salle de bal.

Diamétralement opposé, au carrefour des rues el-Ahram et Ibrahim Laqqany, le vénérable Amphitryon ②, un bar-restaurant aussi vieux que le quartier. La cuisine est ordinaire, mais c'est l'un des rares lieux en Égypte où l'on puisse boire une bière en terrasse à la vue des passants. Dans el-Ahram, prendre à gauche la rue Ibrahim Laqqany ③, exemple le plus complet qui reste du plan d'origine de la cité. Plus inspirés par un orientalisme des *Mille et Une Nuits* que de la vraie tradition islamique, les architectes du baron Empain y ont créé des façades sophistiquées, avec une merveilleuse rangée d'arcades aux arcs et balcons mauresques ponctuée de tours et de tourelles charmantes. Fervent adepte du train, le baron a fait installer un tramway électrique, avant-gardiste à l'époque, pour relier la cité-satellite au centre-ville. Les trams brinquebalent toujours au milieu d'el-Ahram, mais de solides modèles d'Europe

Héliopolis d'un coup d'œil

Amphitryon ②
Basilique ⑥
Cinéma Normandie ④
Le Chantilly ⑨
Palais du Baron ⑦
Palais Uruba ①
Palmyra ⑤
Sharia Bagdad ⑧
Sharia Ibrahim Laqqany ③

Façades à colonnades et bulbes, rue Ibrahim Laqqany

Carnet de route

Point de départ *: sharia el-Ahram*
Longueur *: 4 km.* ***Durée*** *: 1 h 30*
Comment s'y rendre *: Taxi ou bus 356 pour l'aéroport au départ de la nouvelle gare derrière le Musée égyptien.*

de l'Est ont remplacé les charmants tramways à impériale de jadis.

Dans Ibrahim Laqqany, prendre à droite la rue Sayyid Abdel Wahid, puis retrouver à droite al-Ahram où, un peu plus loin à gauche, se trouve le cinéma Normandie ④, qui, l'été, projette régulièrement des films en anglais dans une salle en plein air.

Presque en face, au croisement d'el-Ahram et d'Ibrahim Sawra, le Palmyra ⑤ est une autre « cafétéria » d'origine (en Égypte, ce terme indique un café plutôt qu'un restaurant).

La basilique byzantine du baron Empain imite Sainte-Sophie d'Istanbul

De la basilique à sharia Bagdad

En remontant toujours el-Ahram, on aperçoit droit devant l'arche centrale caractéristique de la basilique du baron Empain ⑥. Cette église de style néo-byzantin rappelle qu'Héliopolis a été créée par et pour des Occidentaux chrétiens. Elle est malheureusement souvent fermée. Le baron et sa famille reposent dans la crypte.

En empruntant à droite shahid Tayyar Nazih Khalila, on arrive en 10 min à la plus extraordinaire des folies, le Qasr el-Baron, ou palais du Baron ⑦. Pour une raison inconnue, le baron a fait bâtir en 1910 sa résidence cairote à l'imitation d'un temple hindou. L'architecte français Alexandre Marcel s'est inspiré du temple d'Angkor Wat, au Cambodge. La façade en grès est couverte d'animaux sculptés, de symboles et de dieux hindous. À l'origine, il y avait une tour pivotante, qui permettait au baron de suivre la course du soleil. Le palais est hélas déserté depuis des décennies. Le décor sophistiqué abrite aujourd'hui toute une faune d'oiseaux et une colonie de chauves-souris.

On retourne au centre d'Héliopolis le long d'Abd al-Salaam Zaky, en prenant à gauche la rue Bagdad ⑧ qui, comme Ibrahim Laqqany, montre une belle palette de fantaisies orientalistes. À peu près à mi-chemin, sur la gauche, le Chantilly ⑨ *(p. 285)* est une étape idéale pour déjeuner ou prendre un verre dans le jardin.

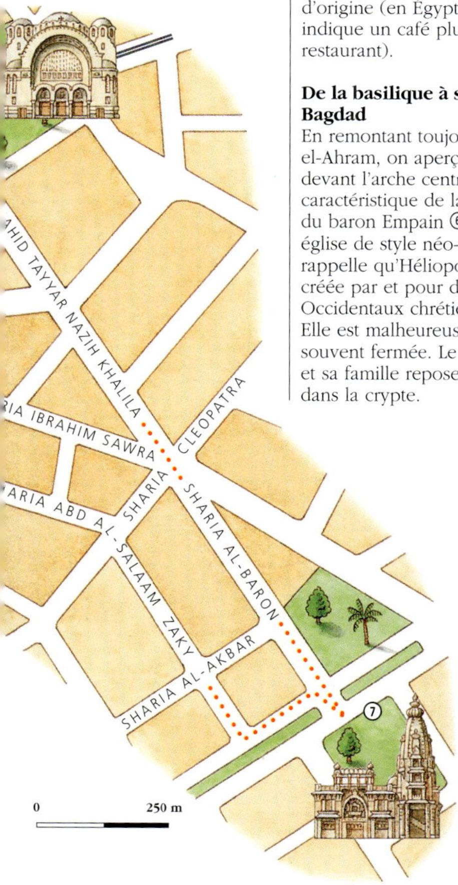

LÉGENDE

• • • Itinéraire de promenade

Arrêt de tramway

═ Ligne de tramway

Façade ouvragée en grès du palais du Baron

Atlas des rues du Caire

La carte ci-dessous montre les quartiers couverts par l'atlas des rues. Les cartes indiquent les sites touristiques ainsi que les stations de bus et de métro et d'autres points utiles. Les références données pour les restaurants *(p. 282-291)*, hôtels *(p. 264-275)* et lieux de spectacle *(p. 298-305)* se rapportent à ces cartes. Certaines petites rues et venelles n'apparaissent pas. Quelques monuments ont deux noms, un en arabe, l'autre dans la forme anglaise la plus usitée. Ainsi les chauffeurs de taxi appellent-ils plutôt la Citadelle *El-Qalaa*. Se reporter au chapitre Renseignements Pratiques *(p. 326)* pour plus d'information concernant les taxis. Dans le guide et l'atlas, nous conservons des repères français, mais les cartes restent essentiellement en anglais, plus utilisé au Caire pour les touristes.

Découvrir Le Caire

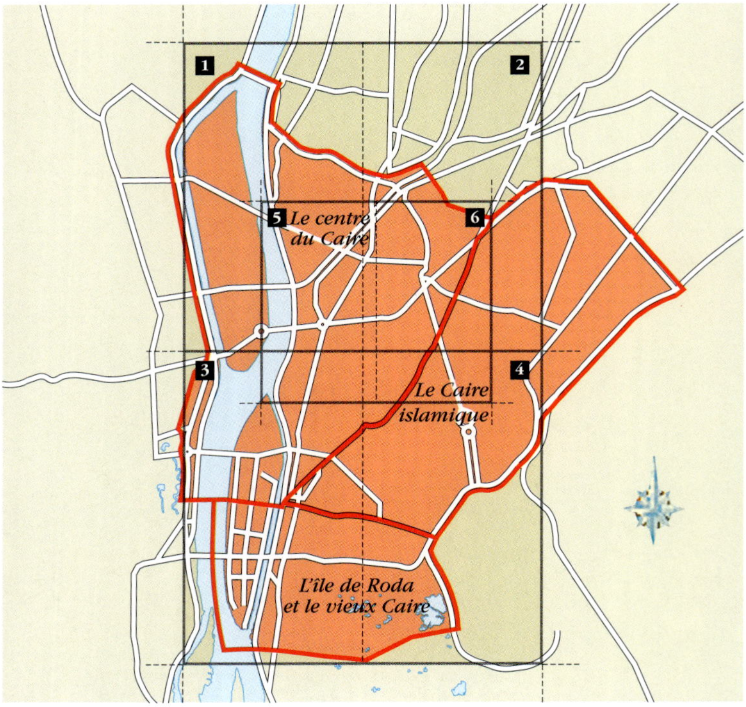

Légende de l'atlas des rues

Site principal	Information touristique
Site intéressant	Hôpital
Autre édifice	Commissariat de police
Gare ferroviaire	Bureau de poste
Station d'autobus	Mosquée
Station de métro	Église
Station de taxi	Synagogue
Navette fluviale	Rue à sens unique
Embarcadère de felouque	

Échelle du plan ci-dessus

0 1000 m

Échelle des plans 1 à 4

0 200 m

Échelle des plans 5 à 6

0 200 m

◁ **Le Caire la nuit ; de la Tour du Caire, le regard embrasse le complexe de l'Opéra et remonte le Nil vers le sud**

Répertoire des rues du Caire

Les panneaux de rue indiquent les noms en arabe, et le plus souvent leur transcription en anglais, assez peu différente en général des noms que nous donnons dans le guide (le *al* anglais équivaut au français *el*, *u* à *ou*). L'arabe *sharia* signifie rue ; *midan*, place ; *bab*, porte ; *beit*, maison ; *koubri*, pont ; et *qasr*, palais.

1
A
B
C
1
2
3
4
5
3
SHARIA TALAAT HARB
SHARIA AT-TARIQ AZ-ZIRAI
SHARIA AL-MATAR
SHARIA AL-MAHATTA
le Nil
SHARIA AL-MADARIS
SHARIA AL-NIL
SHARIA CORNICHE EL-NIL
SHARIA TIRET GEZIRET BADRAN
SHARIA AL-GHITANIYA
SHARIA HASAN AL-QADI
SHARIA ABID
SARI
SHARIA ABU AL-FARAG
SHARIA AL-BUK
SHARIA ABU FA
SHUBR
SHARIA IBN AL-RASID
SHARIA IBN
SHARIA GEZIRET
SHARIA ABU AL-FIDA
AL-FIDA
SHARIA MOHAMMED MAZHAR
SHARIA TAHA HUSSEIN
SHARIA AHMED HESHMAT
SHARIA MOHAMMED MARASLI
SHARIA AS-SABTIYA
SHARIA EL-AMIRIYA
World Trade Centre
SHARIA AL-MATBAAL
SHARIA SULEIMAN AL-KHADI
SHARIA AL-HUSARA
SHARIA AS-SA
SHARIA ISMAIL MOHAMMED
SHARIA BRAZIL
ZAMALEK
SHARIA 26 JULY
SHARIA IBN ZINKI
SHARIA SALAH AD-DIN
SABRY
SHARIA UMM KULSUM (GABALIYA)
Centre des Arts
SHARIA AL-GADID
BULAQ
SHARIA SHANAN
SHARIA AL-WIKALA
SHARIA BULAQ
SHARIA AL-HAGGAG
SHARIA ILWI
SHARIA AL-ADAWIYA
Église Saint-Constantin et Sainte-Hélène
Église du mont Carmel
KUBRI 26 JULY
Hôtel Mariott du Caire
Musée Mahmoud Khalil
SHARIA HASSAN
SHARIA AL-GEZIRA
Al-Bahr al-Ama
SHARIA AL-EILAT
SHARIA AS-SAHAFA
Maison de la Radio
SHARIA ABU TALIB
SHARIA SAHIL AL-GHILAL
SHARIA AL-GALA
KUBRI
Cour suprême
GEZIRA SPORTING CLUB
SHARIA GAMAL ABD AN-NASSER
SHARIA AL-FARDUS
Ambassade du Brésil
SHARIA CHAMPOLLION
KUBRI 6 OCTOBER
KUBRI 6 OCTOBER
ABDEL MONEIM RIAD SQUARE
Musée égyptien
SHARIA SARAY AL-GEZIRA
SHARIA AL-HADA
AZ-ZUHRIYA
Tour du Caire
SHARIA NAWWAL
LUTFI
HASSUNA
Hôpital anglo-américain
Hôtel de ville
SHARIA QASR
SHARIA HUSEIN
MIDAN TALAAT HARB
SHARIA TALAAT
Hôtel Nile Hilton
SHARIA AL-BUSTAN
Bureaux de téléphone
MIDAN TAHRIR
SHARIA AT-TAHRIR
Sadat
Immeuble Mogamma
SHARIA CORNICHE EL-NIL
KUBRI ASR EL-NIL
MIDAN SAAD ZAGHLOUL
Opéra
Musée d'Art moderne
Complexe de l'Opéra
SHARIA AT-TAHRIR
SHARIA RUSTUM
SHARIA BULES HANNA
MIDAN SIMON BOLIVAR
Université américaine du Caire
SHARIA ASH-SHEIKH RIHAN
SHARIA AL-FALAKI
SHARIA MOH

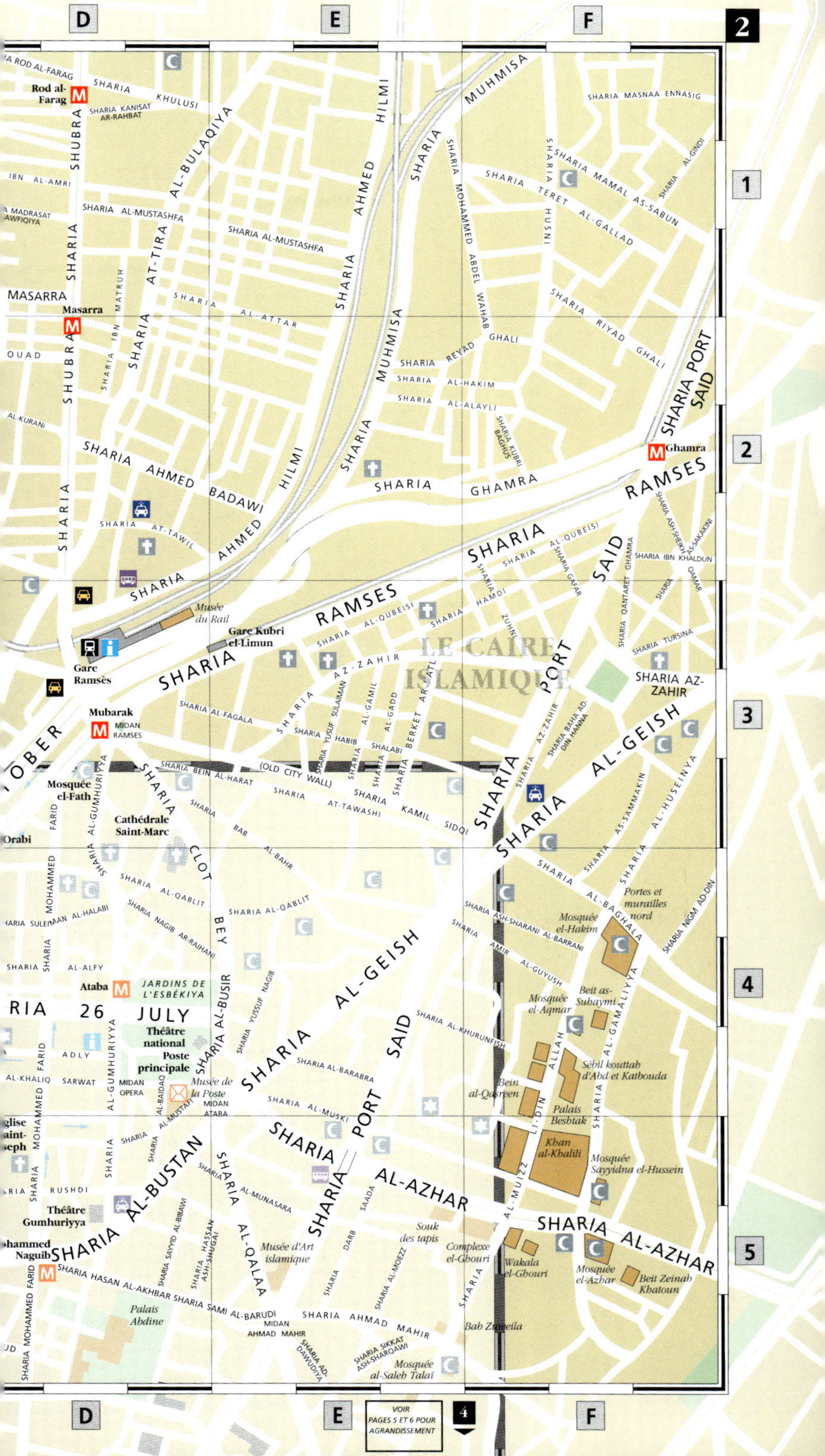

2
D
E
F
1
2
3
4
5
LE CAIRE ISLAMIQUE
Rod al-Farag
Masarra
Ghamra
Gare Ramsès
Mubarak
MIDAN RAMSES
Ataba
Mohammed Naguib
Musée du Rail
Gare Kubri el-Limun
Mosquée el-Fath
Cathédrale Saint-Marc
JARDINS DE L'ESBÉKIYA
Théâtre national
Poste principale
Musée de la Poste
MIDAN ATABA
MIDAN OPERA
Théâtre Gumhuriyya
Palais Abdine
Musée d'Art islamique
Souk des tapis
Complexe el-Ghouri
Wakala el-Ghouri
Mosquée el-Azhar
Beit Zeinab Khatoun
Mosquée Sayyidna el-Hussein
Khan al-Khalili
Palais Beshtak
Bein al-Qasreen
Sébil kouttab d'Abd et Katbouda
Mosquée el-Aqmar
Beit as-Suhaymi
Mosquée el-Hakim
Portes et murailles nord
Bab Zuweila
Mosquée al-Saleh Talaï
MIDAN AHMAD MAHIR
(OLD CITY WALL)
SHARIA RAMSES
SHARIA PORT SAID
SHARIA AL-GEISH
SHARIA AL-AZHAR
SHARIA 26 JULY
SHARIA AL-BUSTAN
SHARIA CLOT BEY
SHARIA SHUBRA
SHARIA AHMED HILMI
SHARIA MUHMISA
SHARIA GHAMRA
SHARIA AHMED BADAWI
SHARIA AL-BULAQIYA
SHARIA AT-TIRA
SHARIA AL-MUSTASHFA
SHARIA KHULUSI
SHARIA KANISAT AR-RAHBAT
SHARIA AL-ATTAR
SHARIA IBN MATRUH
SHARIA AT-TAWIL
SHARIA MOHAMMED ABDEL WAHAB
SHARIA RIYAD GHALI
SHARIA REYAD GHALI
SHARIA AL-HAKIM
SHARIA AL-ALAYLI
SHARIA KUBRI BAGHUS
SHARIA TERET AL-GALLAD
SHARIA HUSNI
SHARIA MAMAL AS-SABUN
SHARIA MASNAA ENNASIG
SHARIA AL-GINDI
SHARIA AL-QUBEISI
SHARIA HAMDI
SHARIA ZUHNI
SHARIA GAFAR
SHARIA ASH-SHEIKH AS-SAKAKINI
SHARIA IBN KHALDUN
SHARIA QANTARET GHAMRA
SHARIA TURSINA
SHARIA AZ-ZAHIR
SHARIA AL-FAGALA
SHARIA YUSUF SULAIMAN
SHARIA HABIB
SHARIA AL-GAMIL
SHARIA AL-GADD
SHARIA SHALABI
SHARIA BERKET AR-RATL
SHARIA BAHA AD-DIN HANNA
SHARIA BEIN AL-HARAT
SHARIA AT-TAWASHI
SHARIA KAMIL SIDQI
SHARIA BAB AL-BAHR
SHARIA AL-GUMHURIYYA
SHARIA AL-QABLIT
SHARIA NAGIB AR-RAIHANI
SHARIA AL-HALABI
SHARIA AL-ALFY
SHARIA YUSSUF NAGIB
SHARIA AL-BUSIR
SHARIA ASH-SHARANI
SHARIA AMIR AL-GUYUSH
SHARIA AL-KHURUNFISH
SHARIA AL-BARABRA
SHARIA AL-MUSKI
SHARIA AS-SAMMAKIN
SHARIA AL-HUSEINIYA
SHARIA AL-BAGHALA
SHARIA NIGM AD-DIN
SHARIA AL-BARRANI
SHARIA AL-GAMALIYYA
SHARIA AL-MUIZZ LI-DIN ALLAH
SHARIA ADLY
SHARIA SARWAT
SHARIA AL-KHALIQ
SHARIA MOHAMMED FARID
SHARIA AL-BAIDAQ
SHARIA AL-MUSTAFI
SHARIA RUSHDI
SHARIA AL-MUNASARA
SHARIA AL-QALAA
SHARIA SAYYID AL-BIBAWI
SHARIA HASSAN ASH-SHUGAI
SHARIA HASAN AL-AKHBAR
SHARIA SAMI AL-BARUDI
SHARIA AHMAD MAHIR
SHARIA DARB SAADA
SHARIA AL-MOEZZ
SHARIA AD-DAWUDIYA
SHARIA SIKKAT ASH-SHARQAWI
SHARIA IBN AL-AMRI
MADRASAT AWFIQIYA
SHARIA AL-KURANI
VOIR PAGES 5 ET 6 POUR AGRANDISSEMENT
4

3
A
B
C
1
2
3
4
5
SHARIA NABIL AL-WAQAD
SHARIA AT-TAHRIR
MIDAN AL-GALA
Ambassade des États-Unis
Parlement
Ambassade du Royaume-Uni
Bureaux du canal de Suez
SHARIA CORNICHE EL-NIL
SHARIA AL-QASR AL-AINY
MAGLIS AS-SHAAB
SHARIA HUSEIN HIGAZI
SHARIA SAAD ZAGHLOUL
SHARIA DARIH SAAD
SHARIA ISMAIL ABAZA
Saad Zaghloul
GARDEN CITY
KUBRI FUNTANA
SHARIA DAR AS-SIFA
SHARIA MOHAMMED IZZ
SHARIA AL-GIZA
le Nil
SHARIA ABD AL-AZIZ AS-SUUD
Hôpital universitaire
SHARIA AS-SARSY
SHARIA ISMAIL SIRRI
SHARIA AL-MAWARDI
SHARIA AR-RASHIDI
Sayyida Zeinab
SHARIA AL-BARR
KUBRI AL-GAMIA
Palais Manyal
EL-MANIAL
SHARIA GAMAL ABD AN-NASSER
SHARIA AL-MANIAL
SHARIA SAYYALET AR-RHODA
Sayyalet ar-Rhoda
SHARIA ABU SEIFAN
SHARIA AD-DAIYYURA
SHARIA HASSAN AL-ANWAR
SHARIA SIDI MALIK
KUBRI AL-GIZA
SHARIA AR-RHODA
Al-Malik as-Salih
SHARIA AL-MALIK AL-MUZAFFAR
SHARIA AL-MALIK SALIH
SHARIA CORNICHE EL-NIL
SHARIA GABANA MUSALLAMA
SHARIA MAR GIRGIS
SHARIA SIDI SAD
SHARIA YAQUB AL-QIBTI
SHARIA AL-FUSTAT
LE VIEUX CAIRE
Monastère Saint-Mercure
SHARIA GAMI AMR IBN AL-AAS
Mosquée Amr Ibn el-As
GIZA
SHARIA ALI AL-GARIM
SHARIA IBRAHIM AL-GIBALI
Tombe de Suleiman el-Faransawi
SHARIA AL-BAHR AL-AZAM
Nilomètre
Couvent Saint-Georges
Église Saint-Georges
Église Saint-Serge
Église Sainte-Barbara
Mar Girgis
Musée copte
Synagogue Ben Ezra
Église suspendue (el-Moallaqa)
Ruines de Fostat
ÎLE EL-QORSAIAH
SHARIA MOHAMMED AS-SUGHAYYAR

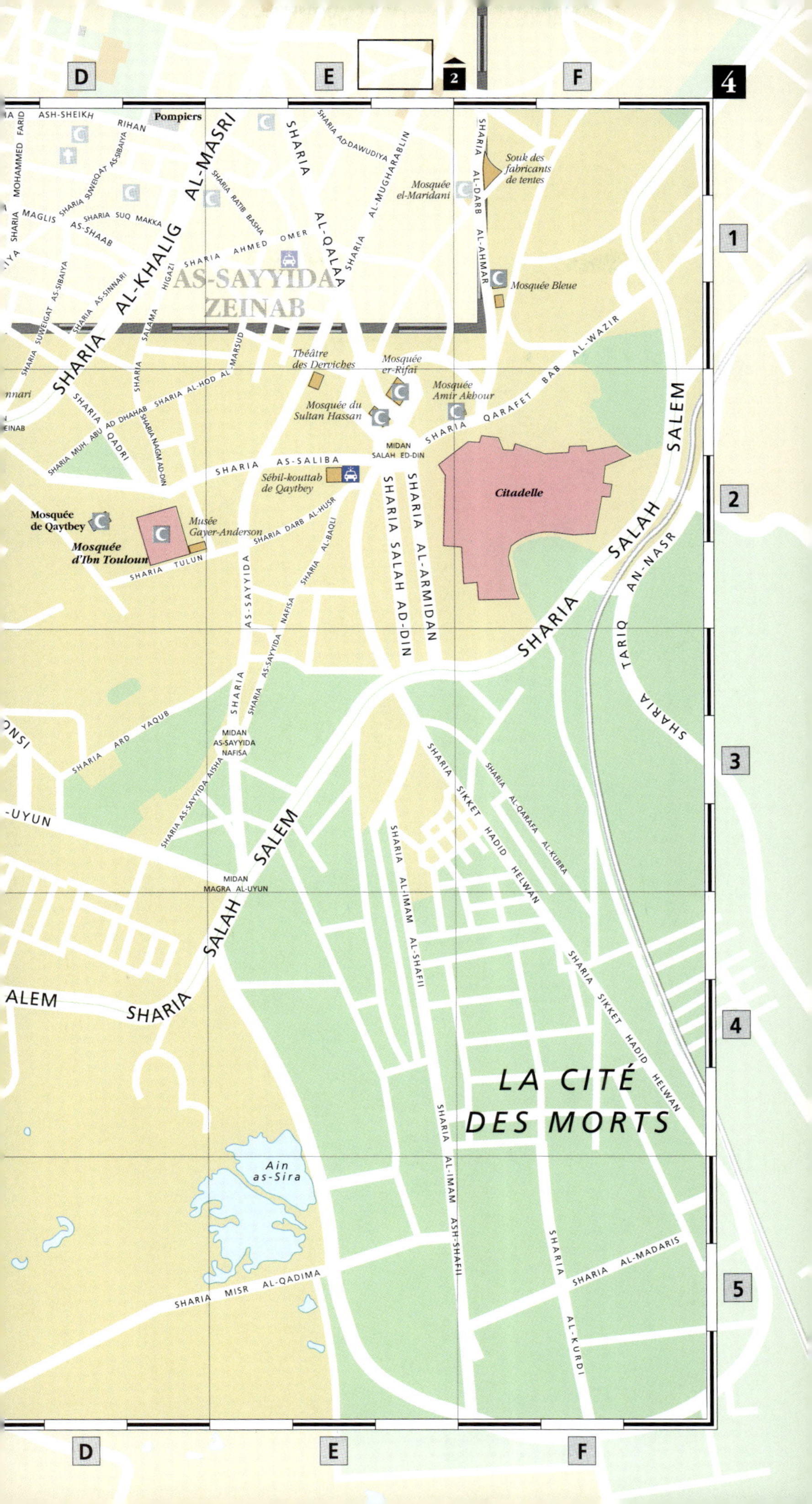

D
E
F
2
4
1
2
3
4
5
Pompiers
Souk des fabricants de tentes
Mosquée el-Maridani
Mosquée Bleue
AS-SAYYIDA ZEINAB
Théâtre des Derviches
Mosquée er-Rifaï
Mosquée Amir Akhour
Mosquée du Sultan Hassan
MIDAN SALAH ED-DIN
Sébil-kouttab de Qaytbey
Citadelle
Mosquée de Qaytbey
Mosquée d'Ibn Touloun
Musée Gayer-Anderson
SHARIA AL-KHALIG AL-MASRI
SHARIA AL-QALAA
SHARIA AL-DARB AL-AHMAR
SHARIA AL-MUGHARABLIN
SHARIA AHMED OMER
SHARIA QARAFET BAB AL-WAZIR
SHARIA AS-SALIBA
SHARIA SALAH AD-DIN
SHARIA AL-ARMIDAN
SHARIA SALAH SALEM
TARIQ AN-NASR
SHARIA TULUN
SHARIA DARB AL-HUSR
SHARIA AL-BAQLI
MIDAN AS-SAYYIDA NAFISA
SHARIA ARD YAQUB
MIDAN MAGRA AL-UYUN
SHARIA SIKKET HADID HELWAN
SHARIA AL-QARAFA AL-KUBRA
SHARIA AL-IMAM AL-SHAFII
SHARIA AL-IMAM ASH-SHAFII
LA CITÉ DES MORTS
Ain as-Sira
SHARIA MISR AL-QADIMA
SHARIA AL-MADARIS
SHARIA AL-KURDI

5
A
B
C
1
2
3
4
5
Kubri 26 July
Sharia Al-Husara
Sharia Al-Wikala
Sharia Bulaq Al-Gadid
Sharia Ilwi Al-Haggag
Église du mont Carmel
Sharia Al-Adawiya
Sharia As-Sahafa
Sharia Al-Imam Ash-Shatbi
Sharia Al-Eilat
Sharia Ash-Sharif
Sharia Shanan
Sharia At-Tira Al-Bul
Église Saint-Constantin et Sainte-Hélène
Sharia Al-Gala
6 October
Corniche El-Nil
Sharia Istablat
Sharia Abu Al-Ela
Al-Turuq
Sharia Abu Talib
Sharia Sahil Al-Ghilal
Maison de la Radio
Le Nil
Ambassade du Brésil
Hôtel Ramses Hilton
Kubri 6 October
Sharia Ramses
Nasser
Cour Suprême
Sharia Abd Al-Khaliq Sarwat
Champollion
Sharia Suq At-Taufiqiya
Sharia Nal
Bursa
Sharia Harb
Sharia Maruf
Sharia Husein Basha
Talaat
Midan Abdel Moneim Riad
Musée égyptien
Hôtel de Ville
Sharia Mahmoud Bassiouni
Midan Talaat Harb
Sharia Qasr
Sharia Sabry Abu
Sharia Al-Falaki
Sharia Mohammed Mazlum
Sharia Al-Bustan
Hôtel Nile Hilton
Sharia Saray Al-Gezira
Ligue arabe
Bureaux de téléphone et fax
Midan El-Tahrir
Sharia At-Tahrir
Kubri At-Tahrir
Midan Saad Zaghloul
Ministère des Affaires étrangères
Sadate
Immeuble Mogamma
Université américaine du Caire
Sharia Mohammed Mahmoud
Sharia Yusuf Al-Gindi
Sharia Mansur
Sharia Abd Al-Magid Ar-Rimali
Sharia Nubar
Hôtel Semiramis Intercontinental
Midan Simon Bolivar
Sharia Ash-Sheikh Rihan
Hôtel Shepheard's
Ambassade des États-Unis
Sharia Amerika Al-Latineya
Ambassade du Royaume-Uni
Sharia Al-Ainy
Parlement
Sharia Maglis
Bureaux du canal de Suez
Sharia Ash-Shaab
Ambassade de Belgique
Sharia Husein Higazi
Sharia Saad Zaghloul
Sharia Darih Saad
Sharia Al-Qasr
Sharia As-Suraya
Sharia Al-Sinawi
Sharia Al-Kamal
Ambassade d'Espagne
Ambassade du Japon
Mausolée de Saad Zaghloul
Sharia Ismail
Saad Zaghloul
Abaza
Sharia Kheirat
Sharia Gami
Sharia Gamal Ad-Din Abu Mahasin
Garden City
Sharia Sifa
Sharia As-Surayya
Sharia Safiya Zaghloul
Sharia Mohammed Izz Al-Arab
Ambassade de Grèce
Kubri Funtana
3

D
E
2
F
6
1
2
3
4
5
Mosquée el-Fath
Cathédrale Saint-Marc
Ataba
JARDINS DE L'ESBÉKIYA
SHARIA 26 JULY
Théâtre national
Poste principale
Musée de la Poste
MIDAN OPERA
MIDAN ATABA
SHARIA CLOT BEY
SHARIA AL-GEISH
SHARIA PORT SAID
SHARIA AL-AZHAR
SHARIA AL-MUSKI
SHARIA BAB AL-BAHR
SHARIA AL-QABLIT
SHARIA KAMIL SIDQI
SHARIA AT-TAMBATI
SHARIA AT-TAWASHI
SHARIA BEIN AL-HARAT
(OLD CITY WALL)
SHARIA AL-KHURUNFISH
SHARIA AL-BARABRA
SHARIA ADLY
SHARIA SARWAT
SHARIA AL-GUMHURIYYA
SHARIA AL-GININA
SHARIA AL-ALFY
SHARIA NAGIB AR-RAIHANI
SHARIA AL-MAHDI
SHARIA AL-QALAA
SHARIA AL-MUNASARA
Musée d'Art islamique
Souk des tapis
Complexe el-Ghouri
Bab Zuweila
Souk des fabricants de tentes
Mosquée al-Saleh Talaï
SHARIA AL-MUIZZ LI-DIN ALLAH
SHARIA AL-MOEZZ
SHARIA AHMAD MAHIR
MIDAN AHMAD MAHIR
SHARIA SAMI AL-BARUDI
SHARIA HASAN AL-AKHBAR
Théâtre Gumhuriyya
AL-BUSTAN
Mohammed Naguib
MIDAN GUMHURIYYA
Palais Abdine
Pompiers
SHARIA MUSTAFA ABD AR-RAZIQ
ASH-SHEIKH RIHAN
SHARIA AD-DAWUDIYA
SHARIA AL-MUGHARABLIN
SHARIA SIKKAT AL-GABIYA
SHARIA RATIB BASHA
SHARIA AHMED OMER
SHARIA SUQ MAKKA
ASH-SHAAB
SHARIA SUQ AS-SILAH
Mosquée el-Maridani
AS-SAYYIDA ZEINAB

L'Égypte région par région

L'Égypte d'un coup d'œil

Les grands monuments antiques d'Égypte suivent surtout la vallée du Nil, mais il ne faut pas négliger la diversité des sites et activités qui s'offrent ailleurs. Des vastes étendues de désert aux paysages bibliques rocailleux de l'intérieur du Sinaï, l'Égypte sollicite tous les sens. Les amoureux de la mer trouvent sur la côte nord des plages et villes d'influence méditerranéenne, alors que les stations et centres de plongée de la mer Rouge permettent la découverte d'extraordinaires récifs coralliens.

Sur les plateaux des pyramides autour du Caire, la pyramide penchée de Dahchour *(p. 161)*

Statue ornant les jardins du Musée gréco-romain d'Alexandrie *(p. 236-243)*

Le temps s'est arrêté à Siwa *(p. 256)*, la plus isolée des oasis égyptiennes, en plein désert occidental

Paysan dans ses champs bien irrigués de l'oasis de Dakhla *(p. 252)*

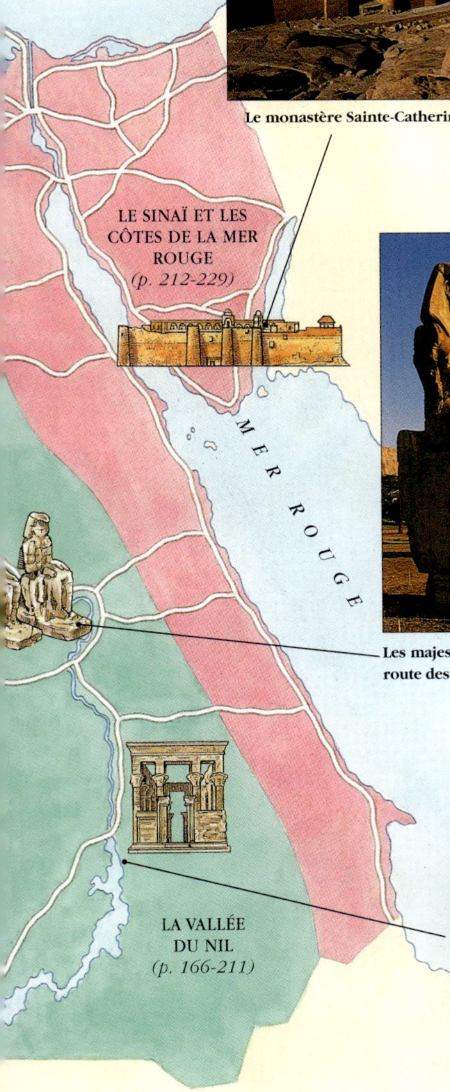

Le monastère Sainte-Catherine *(p. 218-221)* se blottit dans un site grandiose au pied du mont Sinaï

Les majestueux colosses de Memnon *(p. 198)* sur la route des monuments de la nécropole thébaine à Louxor

Spectacle habituel d'une felouque glissant autour des îles d'Assouan *(p. 204-207)*

LES ENVIRONS DU CAIRE

L'étendue de désert qui entoure la capitale permet différentes sortes d'évasion. Les Cairotes sont nombreux à rechercher la verdure du Fayoum et de Qanatir, alors que les touristes découvrent des savoir-faire et des ouvrages millénaires avec les glorieux sites funéraires de l'Ancien Empire et les monastères isolés des premiers chrétiens.

Les ruines de Memphis, très grand centre commerçant et religieux près de 4 000 ans avant la fondation de la capitale actuelle, occupent la rive gauche du Nil à environ 30 km au sud du Caire. Saqqara, une des principales nécropoles de Memphis, est riche en sites fascinants. Le site comprend les premières pyramides, des tombes ornées des plus anciens hiéroglyphes connus, le mystérieux Sérapeum, catacombes dédiées aux taureaux sacrés Apis et certaines des chambres funéraires les plus profondes d'Égypte. Parmi les nécropoles antiques voisines, Abousir regroupe en bord de désert les pyramides des grands pharaons de la Ve dynastie. Plus loin, Dahchour en montre plusieurs, en pierre ou en briques de glaise crue, dont une étrange pyramide à deux pentes. À l'ouest du delta, entre Alexandrie et Le Caire, on visite les monastères de Wadi Natroun, région précieuse aux yeux des anciens Égyptiens pour la récolte du *natron*, employé pour la momification. Sous les Romains, Wadi Natroun est devenu le refuge des chrétiens persécutés, puis un centre de monastères dont les plus beaux sont Saint-Macaire, le couvent des Syriens et Saint-Bishoï.

L'oasis du Fayoum est réputée pour l'abondance de ses fruits et légumes, ses orangeraies et ses fleurs odorantes. Le site est aussi connu pour ses vestiges préhistoriques et ses nombreux sites des Ptolémées et d'époque romaine. Son vaste lac légèrement salé attire de nombreux oiseaux aquatiques. Descendre le Nil en bateau depuis Le Caire jusqu'aux jardins de Qanatir, est une autre sortie prisée des Cairotes.

Canotage sur le lac de Wadi Rayyan, activité de loisir prisée des Cairotes

◁ **À Saqqara dans le désert, la pyramide à degrés et le vaste complexe funéraire de Djoser, roi de la IIIe dynastie**

À la découverte des environs du Caire

Quand la cohue du Caire devient oppressante, on peut aisément ralentir le rythme en visitant un des nombreux sites intéressants hors de la capitale. Saqqara, qui attire beaucoup moins de touristes et couvre une étendue plus vaste que les pyramides de Giza, est rarement surpeuplé ,et les champs de pyramides d'Abousir et de Dahchour sont souvent presque déserts. Des vestiges antiques émaillent toute l'oasis du Fayoum, quoique la plupart des visiteurs s'y rendent pour la nature luxuriante. Pour trouver arbres et sites verdoyants, on peut aussi descendre le Nil en bateau jusqu'à Qanatir, mais le week-end l'endroit peut être aussi encombré que la capitale que l'on cherche à fuir. Le meilleur choix pour les amateurs de calme est de suivre les pas des premiers chrétiens dans le désert. Wadi Natroun est l'un des premiers sites monastiques. Les moines reçoivent les visiteurs avec affabilité dans leur retraite sainte.

Vue du temple funéraire et de la pyramide de Sahourê à Abousir

Bergers et leurs moutons près de Memphis, première capitale de l'ancienne Égypte

CIRCULER

Abousir, Saqqara, Memphis et Dahchour sont sur la même route, malheureusement non desservie par les transports publics. La location d'un véhicule s'impose, mais la plupart des hôtels du Caire peuvent commander un taxi ou, mieux, une voiture avec chauffeur à la journée. Même chose pour le marché aux chameaux de Birqash. On prend le bus pour Wadi Natroun à la gare routière de Turgoman, au Caire alors que celui pour le Fayoum part du côté du canal Maryutia, à l'est de midan Giza.

Les sites d'un coup d'œil

Le palmier-dattier du Fayoum, inspiration des colonnes des pharaons

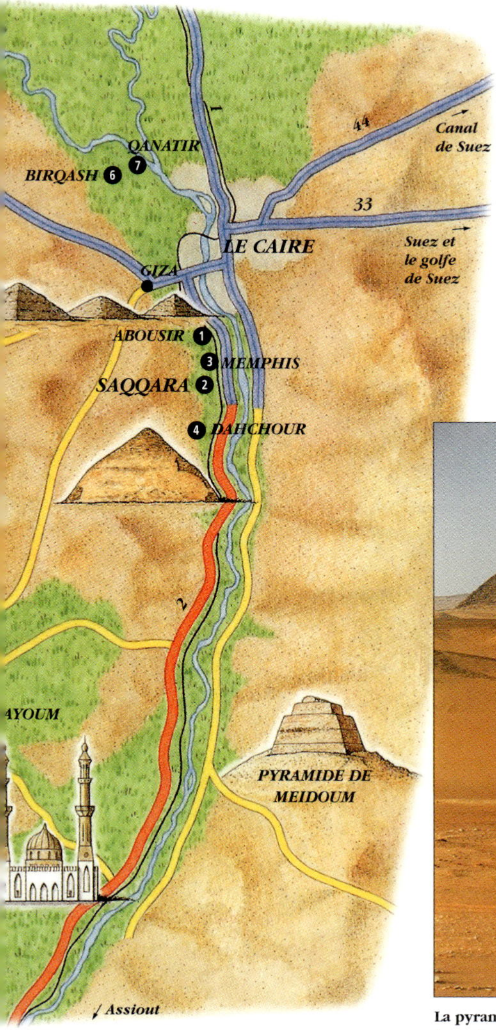

Légende

- Autoroute
- Route principale
- Route secondaire
- Voie ferrée
- Rivière

Voir aussi

- ***Hébergement*** p. 266
- ***Restaurants*** p. 286

La pyramide Rouge de Dahchour doit son nom à la couleur des inscriptions trouvées à l'intérieur

Abousir ❶

Par l'autoroute 27, 27 km au sud du Caire. *333 au départ de Giza.* *8 h-coucher du soleil, t.l.j.*

Le groupe de pyramides de la Ve dynastie d'Abousir a moins bien vieilli que le complexe de Giza *(p. 127-135)*. Son attrait vient plutôt de son site en bordure du désert et de sa faible fréquentation.

On ne visite que la **pyramide de Sahourê**, la plus au nord et la mieux conservée ; claustrophobes, s'abstenir ! Elle est devancée par un temple funéraire aux murs partiellement reconstruits portant des reliefs de scènes maritimes et du roi à la chasse. Sur la gauche, la **pyramide de Niouserrê**, en mauvais état, possède la chaussée la plus complète reliant son temple de vallée et son temple funéraire. Plus au sud se dresse la **pyramide de Neferirkarê**, frère et successeur de Sahourê, décédé alors qu'elle était encore en construction. On a achevé le travail à la hâte avec un fragile parement de briques en terre, disparu depuis, révélant une structure interne en pierre à six degrés semblable à la pyramide de Djoser à Saqqara. Au sud-ouest enfin, on voit la **pyramide de Neferefrê**, inachevée, toujours explorée par des archéologues.

Abousir est le site de deux grandes découvertes archéologiques. Au XIXe siècle, on y trouve un célèbre ensemble de papyrus de l'Ancien Empire, décrivant le protocole des cérémonies et fêtes. Puis en 1998 une équipe tchèque met au jour la tombe intacte d'un prêtre du VIe siècle av. J.-C., Iufaa, avec sa momie et des centaines d'objets, amulettes et *oushebtis (p. 29)*.

Les pyramides d'Abousir en bordure du désert

Saqqara ❷

Police montée égyptienne

Saqqara est l'un des plus riches sites archéologiques d'Égypte. Ses monuments couvrent 3 000 ans, des premiers édifices funéraires aux monastères coptes. Saqqara se développe comme nécropole royale pour Memphis, capitale de l'Ancien Empire, juste à l'ouest. Cette cité des morts croît avec la capitale jusqu'à recouvrir une aire de 7 km du nord au sud. Elle reste un temps lieu d'inhumation des castes supérieures, puis est abandonnée et le sable l'engloutit au fil des siècles, excepté la pyramide de Djoser. En 1851, Auguste Mariette découvre le Sérapeum. Depuis, les découvertes se succèdent sur le site.

La pyramide à degrés de Djoser à Saqqara, œuvre de l'architecte Imhotep

La pyramide à degrés de Djoser

Le pivot de la nécropole est la pyramide à degrés de Djoser, modèle des pyramides de Giza et de toutes celles qui ont suivi. Ce remarquable édifice a été élevé pour le roi Djoser de la IIIe dynastie par son architecte et grand prêtre, Imhotep, au XXVIIe siècle av. J.-C. Elle marque un saut en avant sans précédent dans l'histoire mondiale de l'architecture. Jusque-là, les tombes royales égyptiennes étaient des chambres souterraines recouvertes de *mastabas* en briques de terre, plats et peu élevés *(p. 133)*. Grand novateur, Imhotep choisit la pierre au lieu de la brique, et superpose six *mastabas* de taille décroissante. La grande enceinte entourant la pyramide à degrés est une autre nouveauté d'importance, car elle va désormais figurer dans l'art et l'architecture d'Égypte. Limité par un mur calcaire taillé avec soin, haut de 10,50 m à l'origine, le complexe comprenait de vastes cours, des pavillons, des sanctuaires et des chapelles.

On a reconstruit dans l'angle sud-est une partie de l'ancien mur, avec bastions et renfoncements, qui sert d'entrée à l'enceinte. Une colonnade de 40 piliers sculptés à l'imitation des troncs de palmiers mène à la grande cour sud, où une partie restaurée du mur montre une frise de cobras. Dans les bâtiments à l'est de la pyramide, on voit sous Plexiglas de très anciens exemples de graffiti laissés par les touristes du XIIe siècle av. J.-C. Sur le côté nord de la pyramide, un *serdab*, mini-pièce en pierre conçue pour que l'esprit (le *ka*) du défunt communique

Frise de cobras à Saqqara

avec le monde vivant, renferme une statue peinte de Djoser, grandeur nature, dont l'original est au Musée égyptien du Caire *(p. 76)*.

La pyramide d'Ounas

Juste au sud de l'enceinte se trouve la pyramide en ruines d'Ounas, tombe du dernier roi de la Ve dynastie. Les murs des chambres sont recouverts de colonnes d'hiéroglyphes relatant hymnes, prières et formules magiques pour protéger le roi dans l'au-delà. Ces « textes des Pyramides », premiers exemples connus d'écriture ornementale dans une tombe de Pharaon, formeront la base du Livre des Morts au Nouvel Empire *(p. 29)*. Malheureusement, les dégradations entraînées par la fréquentation du public ont conduit à fermer la pyramide.

Les « textes des Pyramides » dans les chambres de la pyramide d'Ounas, à Saqqara

Plus de 200 tombes et *mastabas* bordent la chaussée au côté est, et plusieurs, superbement décorées, sont ouvertes au public.

Mode d'emploi

Par l'autoroute 27, 44 km au sud du Caire. *ou en circuit au départ du Caire.* *t.l.j.*

Tombeaux perses

Juste au sud de la pyramide d'Ounas se trouvent les tombes perses, parmi les chambres funéraires les plus profondes d'Égypte. Dans une cabane en bois, un escalier en colimaçon descend jusqu'au tombeau de trois nobles perses, Psammétique, Tjannehebou et Pedéèse, dignitaires de la XXVIIe dynastie fondée par les Perses en 525 av. J.-C. Des inscriptions colorées sur les murs précisent que Psammétique était « médecin chef » à la cour et Tjannehebou un amiral célèbre.

Plan de Saqqara

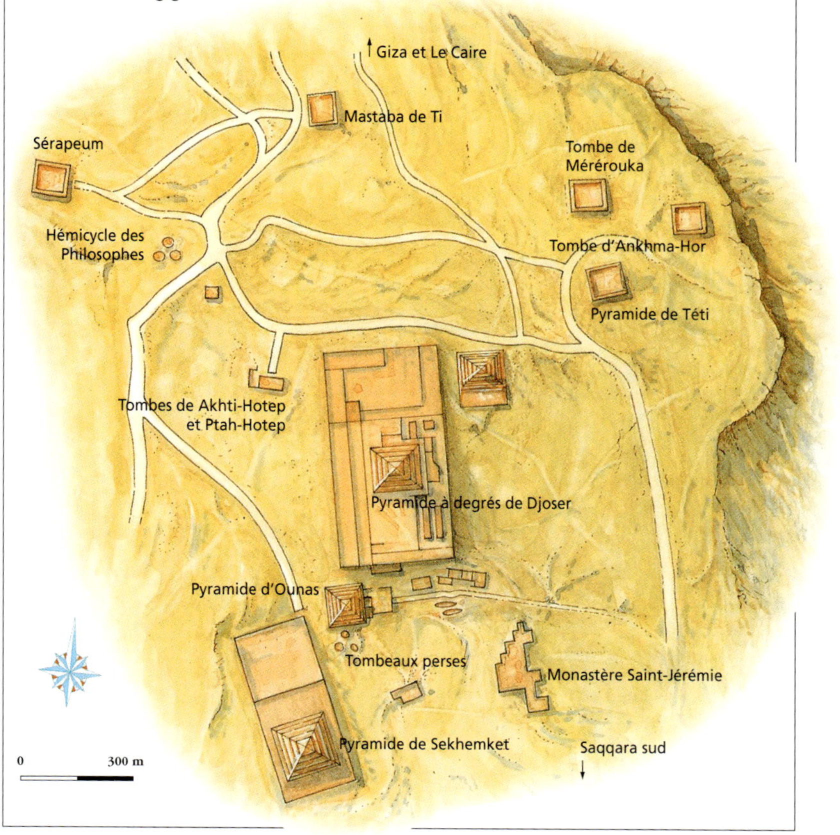

La pyramide de Téti

De l'extérieur, la pyramide de Téti, premier roi de la VIe dynastie, semble une colline de débris. Mais elle mérite une visite pour la chambre funéraire, où l'immense sarcophage en basalte du roi est bien conservé. Le plafond du tombeau est décoré d'étoiles, les murs de fragments des « textes des Pyramides ». Ces textes figurent dans plusieurs pyramides de Saqqara, mais en principe c'est seulement ici que le public peut les voir.

Mérérouka sort de sa tombe par une fausse porte, à Saqqara

Tombe de Mérérouka

Le tombeau de Mérérouka, gendre de Téti, est une des merveilles de Saqqara. Il s'orne de superbes peintures murales, dont une scène où Mérérouka chasse dans des marais peuplés d'oiseaux, de poissons et d'hippopotames. Une autre montre le châtiment des fraudeurs à l'impôt. La plus grande des 33 salles abrite un cercle de pierre central, où l'on attachait les animaux du sacrifice, et surtout une statue grandeur nature de Mérérouka qui s'avance par une fausse porte.

Tombe d'Ankhma-Hor

À quelques pas du mastaba de Mérérouka, la tombe d'Ankhma-Hor doit son nom de « tombe du médecin » à de fascinants bas-reliefs qui illustrent des opérations chirurgicales. Un homme se fait opérer d'un orteil et on voit une circoncision, pratique courante sous la VIe dynastie.

Sérapeum

À Saqqara, une atmosphère étrange et irréelle règne dans le tombeau des taureaux sacrés Apis, le Sérapeum, une suite de longs passages obscurs bordés de chambres. Elles abritent 25 sarcophages géants en granit pesant jusqu'à 70 tonnes, qui contenaient les momies des taureaux Apis, considérés comme l'incarnation de Ptah, dieu de Memphis. Les prêtres les servaient, et à leur mort les inhumaient en grande cérémonie dans les galeries creusées dans le roc du Sérapeum. Ces catacombes créées par Aménophis III (1390-1352 av. J.-C.) sont restées en usage jusqu'en 30 av. J.-C.

Quand Auguste Mariette découvre le site en 1851, il trouve toutes les tombes violées et pillées, sauf une, miraculeusement intacte, contenant le sarcophage d'une momie de taureau, aujourd'hui au Musée agricole du Caire.

Mastaba de Ti

À l'est du Sérapeum, le mastaba de Ti est la tombe d'un dignitaire de la cour qui a servi sous trois rois de la Ve dynastie. Ses peintures murales sur la vie quotidienne dans l'Ancien Empire sont une extraordinaire mine d'informations. Les plus beaux bas-reliefs sont dans la salle du fond. On aperçoit la statue de Ti dans son *serdab*, la pièce où l'on plaçait l'effigie du défunt et où résidait son esprit, ou *ka*.

Hémicycle des Philosophes

Ce groupe de statues, installé près du Sérapeum par les Ptolémées grecs, comprend des figures grecques illustres comme Platon et Homère. À l'origine, il complétait un temple bâti au IVe siècle av. J.-C. par le dernier pharaon authentiquement égyptien, Nectanebo. Le temple a disparu depuis longtemps, laissant seuls les philosophes.

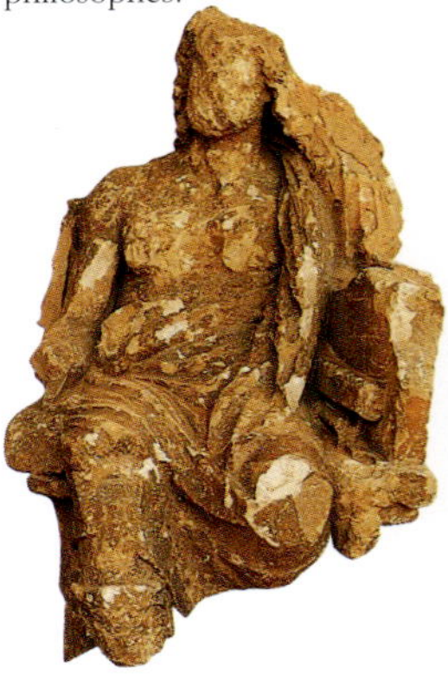

Statue de l'hémicycle des Philosophes, créé par les Ptolémées à Saqqara

AUX ENVIRONS : vers 2 km au sud du complexe principal commence **Saqqara sud**, champ de petites pyramides délabrées bâties par les pharaons Pépi Ier, Pépi II, Djedkarê et Merenrê. Celle de Pépi II abrite de beaux exemples d'hiéroglyphes. On voit à côté le Mastabat al-Faraun ou « banc du pharaon », grand complexe funéraire monolithique d'un roi de la IVe dynastie. La meilleure façon de rejoindre ces sites isolés est de louer un cheval, un âne ou un chameau près du Sérapeum.

Scène champêtre dans le mastaba de Ti, Saqqara

Des palmeraies recouvrent le site de l'ancienne ville de Memphis

Memphis ❸

Par l'autoroute 27, 47 km au sud du Caire. 🚗 *au départ du Caire.*

La très ancienne cité de Memphis fut capitale d'Égypte durant l'Ancien Empire et l'essentiel de la période pharaonique. On pense qu'elle a été fondée vers 3100 av. J.-C. par le roi Ménès, auteur de l'unification des Haute- et Basse-Égypte. Juste en amont du delta, cette ville majestueuse contrôlait les grandes routes terriennes et fluviales. Au Nouvel Empire, Thèbes (l'actuel Louxor) devient le centre religieux de l'Égypte, mais Memphis demeure un grand centre administratif et commerçant jusque sous les Ptolémées. Les textes classiques des auteurs et historiens grecs comme Plutarque et Strabon décrivent amplement la ville. Au Ve siècle, l'historien Hérodote l'évoque comme « une ville prospère et un centre cosmopolite ». L'étendue et la grandeur de sa nécropole autour de Saqqara donne une idée de sa taille et de sa prospérité. Il ne reste hélas pas grand-chose de cette gloire passée. La ville a presque entièrement disparu. Ses temples et palais splendides ont été pillés et rasés par les envahisseurs, à commencer par les Romains, puis ses ruines ont été recouvertes par le limon déposé par la crue annuelle du Nil. Palmeraies, cultures et villages occupent aujourd'hui le site de cette cité autrefois imposante.

Sphinx géant en calcite à Memphis

Le peu de choses qu'on y a découvert a été regroupé dans le petit **musée** en plein air du village de Mit Rahina. La pièce centrale en est une statue colossale en calcaire de Ramsès II, amputée aux genoux, abritée sous un pavillon. Elle ressemble au colosse du même pharaon trouvé à Memphis, et reproduit sur midan Ramses *(p. 78)*. On voit dans le jardin d'autres statues du roi et un sphinx de la XVIIIe dynastie pesant 80 tonnes, la plus grosse statue de calcite jamais découverte. Plusieurs dalles de calcite servaient à la momification des taureaux sacrés Apis avant leur inhumation à Saqqara.

Musée
◯ *t.l.j.* ♿

Dahchour ❹

Par l'autoroute 27, 64 km au sud du Caire. 🚗 *au départ du Caire.*
◯ *t.l.j.* ♿

Champ de pyramides isolé dans le désert, Dahchour tient une grande place dans l'histoire de la construction de ces monuments. Les deux pyramides du site, datant de l'Ancien Empire, ont été édifiées par Snéfrou, roi de la IVe dynastie (2613-2589 av. J.-C.), père de Khéops, bâtisseur de la Grande Pyramide *(p. 132-133)*. Chronologiquement elles se placent après Saqqara et Meidoum et avant Giza et Abousir. La **pyramide à deux pentes** est considérée comme la première vraie pyramide égyptienne. Jusque-là, on les construisait à degrés, comme celle de Djoser à Saqqara. La pyramide aurait cette forme parce qu'elle était devenue instable en s'élevant, et que les bâtisseurs ont dû adoucir la pente pour l'achever. Contrairement aux autres pyramides de l'époque, elle conserve intacte une bonne partie de son parement, donnant une bonne idée de sa splendeur d'antan.

Peu satisfait, Snéfrou entreprend dans sa trentième année de règne la construction, au nord, de la **pyramide Rouge**, qui doit son nom à la couleur de ses inscriptions anciennes. Dépassée en taille uniquement par la Grande Pyramide, elle se visite en empruntant un passage sur la face nord. Plus délabrées et moins intéressantes, les deux plus petites pyramides de Dahchour résultent d'un renouveau de la construction de ces monuments au Moyen Empire.

Le parement en calcaire est encore bien visible sur la pyramide à deux pentes, à Dahchour

Pêcheurs réparant leurs filets sur les rives du lac Qaroun, le Fayoum

Le Fayoum ❺

Par l'autoroute 27, 100 km au sud-ouest du Caire. 2 *millions.* *au départ du Caire.* *Governorate Building, Medinat el-Fayoum (084) 342 313.*

À seulement une demi-heure de route du Caire, le Fayoum, la plus grande oasis d'Égypte, est une destination appréciée des habitants fuyant la pollution de la mégapole. Ils évitent le centre administratif moderne assez laid de Medinat el-Fayoum (Fayoum City) et rejoignent le cœur de l'oasis au **lac Qaroun**.

Le lac existe depuis l'Antiquité. Le pharaon de la XIIe dynastie, Amenemhat III, le relie au Nil par un réseau de canaux. La région devient ensuite une villégiature appréciée des pharaons.

Les Grecs appelaient l'oasis Crocodilopolis, du nom des reptiles sacrés du lac. On voit des vestiges de temples dédiés aux crocodiles à **Kom Aushim** (Karanis, au IIIe siècle av. J.-C.) sur la route du Caire au nord de Medinat el-Fayoum. Le musée voisin expose les objets retrouvés sur le site. Les crocodiles ont disparu depuis longtemps, mais le lac abrite une extraordinaire diversité d'oiseaux, endémiques mais aussi migrateurs ou prenant leurs quartiers d'hiver. Les anciens Égyptiens s'intéressaient à la vie des oiseaux, et l'ont illustrée ici par des frises sur les murs des tombeaux ; les plus célèbres sont les oies de Meidoum, aujourd'hui au Musée égyptien du Caire *(p. 76)*.

On observe les oiseaux à **Wadi Rayyan**, remarquable zone d'aménagement, où a été canalisé l'excès d'eau de l'oasis grâce à la création de nouveaux lacs parmi les dunes. Ces lacs poissonneux, propices à la nidification, séduisent de nombreux pique-niqueurs. Deux des sites autour du Fayoum valent une visite pour les amoureux des pyramides. Celle d'**Haouara**, de la XIIe dynastie, autrefois partie d'un grand ensemble, n'est qu'un amas de ruines. Aux confins de l'oasis, celle de **Meidoum** se détache sur le désert. Elle marque une étape dans l'évolution de la pyramide. À l'origine, c'était une pyramide à degrés de la IVe dynastie. Par la suite, les degrés furent comblés et elle fut revêtue d'un parement. Peu après, des erreurs de conception, entraînèrent l'écroulement des côtés.

Le noyau de la pyramide de Meidoum, le Fayoum

Kom Aushim
30 km au nord de Medinat el-Fayoum. *t.l.j.*

Wadi Rayyan
45 km au sud-ouest de Medinat el-Fayoum. *t.l.j.*

Pyramide d'Haouara
12 km au sud-est de Medinat el-Fayoum. *t.l.j.*

Pyramide de Meidoum
32 km au nord-est de Medinat el-Fayoum. *jusqu'à Al-Wasta, puis taxi.* *t.l.j.*

Marché aux chameaux de Birqash ❻

Par la route du canal Mansouriyya, 30 km au nord-ouest du Caire. *au départ du Caire.* *le matin.*

Contrairement à une idée reçue, le chameau n'est pas un animal indigène d'Égypte, mais aurait été introduit par les Perses ou les Ptolémées au VIe siècle av. J.-C. Devenu indispensable, on en importe aujourd'hui par milliers du Soudan occidental. La plupart arrivent à Birqash, le plus grand marché aux chameaux d'Égypte, déplacé en 1995 de son site d'origine au Caire à Birqash. Tous les matins on y vend des centaines de chameaux ; le vendredi est le jour le plus animé. Les cris des bêtes font concurrence à la cacophonie des marchandages, et l'odeur est impressionnante.

Chameaux et négociants au marché quotidien de Birqash

◁ **Vente de chameaux, bœufs et autre bétail au marché de Birqash**

Barrages du Nil (Qanatir) ❼

16 km au nord du Caire. 56 000. *Corniche el-Nil, devant la maison de la Radio.* *au départ du Caire.*

Le Nil se divise en deux branches, à l'est celle de Damiette, à l'ouest celle de Rosette, au niveau de Qanatir et des barrages construits pour contrôler le cours du fleuve dans le delta. Les travaux, commencés en 1834 sous Méhémet-Ali, s'arrêtent en 1863 quand on constate leur inefficacité. Abandonnés jusqu'en 1883, ils sont repris et achevés par des ingénieurs britanniques guidés par Colin Scott-Moncrieff. Entourés de jardins, les barrages sont un endroit idéal pour pique-niquer. Qanatir, très recherché le week-end, reste une excursion agréable à la journée au départ du Caire ; la navette fluviale y mène en deux heures environ.

Les barrages de Qanatir, où le Nil se scinde en deux bras

Vue de Wadi Natroun par-delà le monastère Saint-Bishoï

Wadi Natroun ❽

Par l'autoroute du Désert, 100 km au nord-ouest du Caire. *au départ du Caire.*

Juste à l'ouest du delta, Wadi Natroun était précieux aux yeux des anciens Égyptiens pour ses dépôts de natron, ingrédient essentiel pour la momification *(p. 28)*. Sous les Romains, l'isolement du lieu en fait un refuge idéal pour les premiers chrétiens fuyant les persécutions. Ces moines et ermites habitent d'abord des grottes, puis au fil des années bâtissent de nombreux monastères ; quatre seulement subsistent aujourd'hui.

On les rejoint facilement du Caire en bus, terminus au village de Bir Hooker. Entourés de hauts murs de briques, les quatre complexes ressemblent à des forteresses du désert. Le donjon fortifié de **Deir Anba Bishoï** (monastère Saint-Bishoï) abrite un puits, des cuisines, une église et des greniers assez vastes pour les provisions d'une année. L'église renfermerait le corps de saint Bishoï, parfaitement conservé dans un cylindre scellé. On vénère aussi le saint au couvent des Syriens, **Deir es-Suriani**, dont l'église principale, Sainte-Marie, est bâtie au-dessus de la grotte où le Christ serait apparu à Bishoï. Les icônes et peintures murales dont certaines datent du VIIIe siècle sont la principale attraction.

Un peu au nord, **Deir el-Baramous** conserverait les corps de deux fils de l'empereur romain Valentinien, inhumés dans la crypte sous l'une des cinq églises. À 20 km au sud-est, **Deir Abou Makar**, Saint-Macaire, est le plus isolé. On doit obtenir le permis de visiter à l'avance. Dans chaque monastère, les moines accompagnent la visite et peuvent proposer des repas simples en échange d'un modeste don.

Les portraits du Fayoum

Le Fayoum est assez peu visité par les touristes, mais ce nom est connu à cause des célèbres portraits, dont certains, découverts sur le site, ont fait l'objet d'expositions internationales ces dernières années. Parmi les premiers exemples de l'art du portrait, ces visages étonnamment vivants aux grands yeux expressifs datent de la période gréco-romaine. Ce qui les rend particulièrement troublants est qu'il s'agit de portraits funéraires, peints sur bois du vivant des personnes, et placés à leur mort sur la face de leur momie. Plusieurs de ces peintures sont aujourd'hui exposées au Musée égyptien *(p. 77)*.

Portrait d'un Égyptien du IIIe siècle découvert au Fayoum

LA VALLÉE DU NIL

L'Égypte a été surnommée « don du Nil », car sans le fleuve le pays ne serait qu'un désert stérile. Ici, une étroite bande verte de champs cultivés coupe le pays à travers les étendues arides. Dans l'Antiquité, une grande civilisation a fleuri le long de ses rives. L'incroyable richesse des temples et des tombeaux qu'elle a laissés fait de la vallée du Nil le plus vaste musée en plein air du monde.

Pour les *fellahs* (paysans d'Égypte), le Nil reste au cœur de la vie, comme jadis pour les agriculteurs et pêcheurs que décrivent les tombes pharaoniques parsemant sa vallée. Pendant des millénaires, sa crue annuelle a déposé un limon fertile sur les terres voisines. À la baisse des eaux, les paysans creusaient des canaux d'irrigation, plantaient leurs champs et attendaient la récolte. Dans les années 1960, la construction du haut barrage d'Assouan met fin à la crue annuelle, mais de nombreux *fellahs* habitent toujours de simples villages en briques de terre et cultivent le précieux couloir fertile avec des méthodes ancestrales.

Depuis le XIXe siècle, les visiteurs viennent découvrir la vallée, subjugués par les innombrables trésors mis au jour sur les rives du fleuve. La plupart de ces monuments anciens ont été redécouverts après être restés enfouis des siècles sous le sable et les débris. Aussi, certains sont-ils remarquablement conservés.

En plus des temples anciens, le Nil est en soi une grande attraction. Les traditionnelles felouques à voile blanche qui se faufilent entre les bateaux de croisière parcourant le fleuve entre Louxor et Assouan font partie du décor de la vallée.

Le tourisme demeure l'industrie principale de la région. Malgré le déclin causé par la série d'attentats sur les touristes étrangers dans les années 1990, les visiteurs continuent à venir en foule, attirés par l'histoire vivante des rives de ce fleuve majestueux, source de la vie égyptienne.

Un villageois de Louxor *(p. 180-183)* prépare son étal de produits des champs fertiles du Nil

◁ **Vue du mausolée de l'Aga Khan *(p. 206)* sur la rive opposée du Nil à Assouan**

À la découverte de la vallée du Nil

La plupart des visiteurs de la vallée du Nil sont d'abord attirés par Louxor et ses grands sites, les superbes temples de Louxor et de Karnak ainsi que la nécropole thébaine. Plus au sud, la belle Assouan, ancienne ville de garnison devenue plaisante villégiature, est une bonne base pour l'exploration des temples des rives du lac Nasser, dont le sensationnel Abou Simbel. Le nombre des monuments antiques de la vallée étant impressionnant, il peut être bon d'alterner visites, promenades en felouque sur le Nil et balades dans les souks bariolés de Louxor et d'Assouan.

Les sites d'un coup d'œil

Abou Simbel p. 210-211 20
Abydos 7
Assiout 5
Assouan p. 204-207 14
Beni Hasan 2
Daraw 13
Dendera p. 174-175 8
Edfou 11
Esna 10
Hermopolis 3
Louxor et Thèbes p. 178-199 9
Minieh 1
Qasr Ibrim 19
Sohag 6
Tell el-Amarna 4
Temple d'Amada 18
Temple de Kalabsha 16
Temple de Kom Ombo 12
Temple de Philae 15
Temple de Wadi es-Seboua 17

L'âne et la charrette, mode de transport traditionnel des paysans du Nil

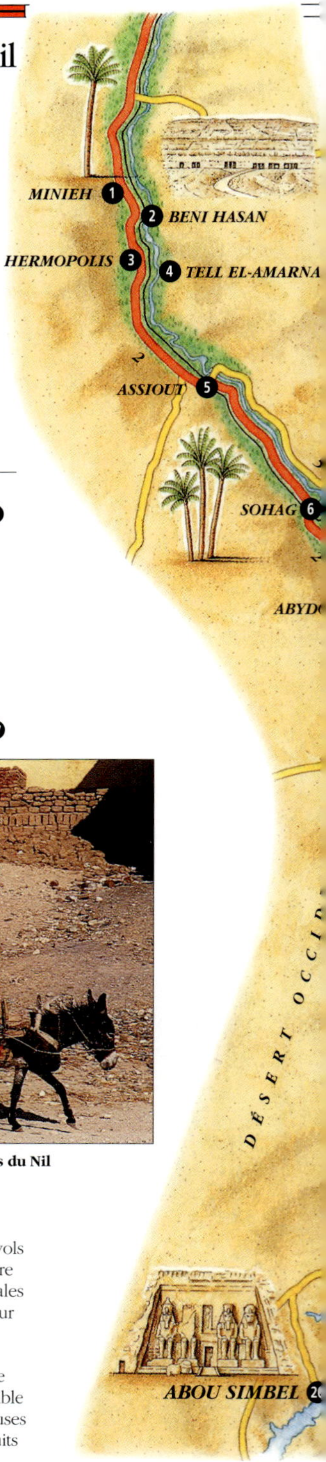

Circuler

Les aéroports de Louxor et d'Assouan sont desservis par des vols réguliers au départ du Caire. Beaucoup de trains circulent entre Le Caire, Louxor et Assouan, marquant des arrêts aux principales villes. La situation politique actuelle demande la prudence pour visiter les sites entre Le Caire et Louxor *(p. 172)*. La route du Caire à Assouan est bonne, et des services de bus et de taxis fonctionnent entre les villes principales. Dendera et Abydos se visitent en un jour à partir de Louxor. Abou Simbel est accessible par route ou en avion au départ d'Assouan. Il y a de nombreuses croisières entre Louxor et Assouan, le trajet de deux à trois nuits en felouque peut attirer les plus aventureux *(p. 330-331)*.

Le gracieux kiosque de Trajan sur l'île magique de Philae, près d'Assouan

Choix d'épices exotiques dans le célèbre souk d'Assouan, un des marchés les plus colorés d'Égypte

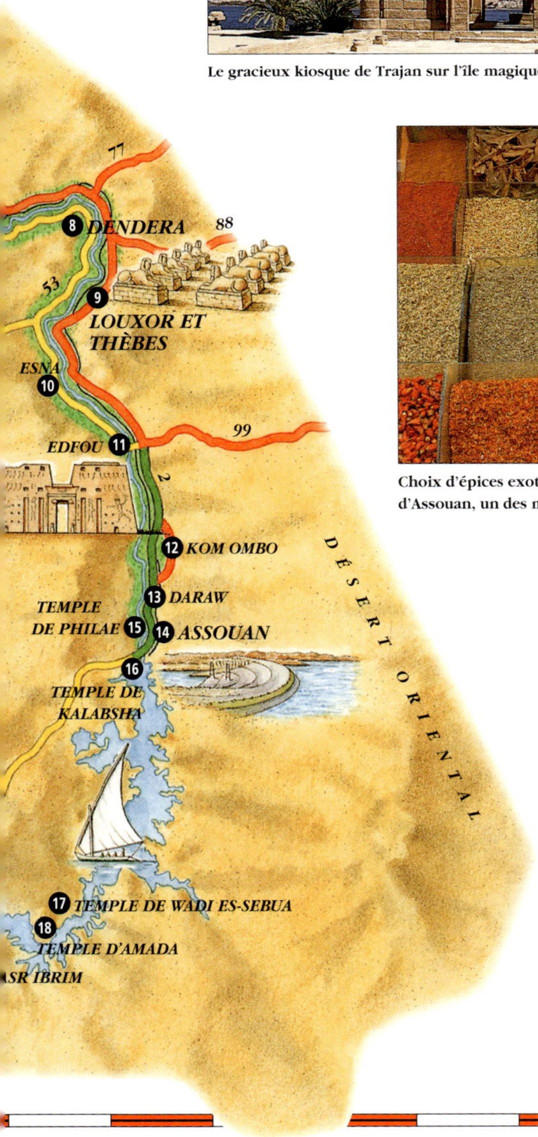

Légende

- Route principale
- Route secondaire
- Route touristique
- Voie ferrée
- Cours d'eau

Voir aussi

- ***Hébergement*** p. 266-269
- ***Restaurants*** p. 287-289

0 100 km

Minieh ❶

Gouvernorat de Minieh, 245 km au sud du Caire. 200 000.
Governorate Building, Corniche el-Nil (086) 2360 150.

Située sur la rive gauche du Nil, Minieh, capitale régionale, était au début du XXe siècle un centre florissant d'industrie du coton. Aujourd'hui c'est une cité semi-industrielle qui, malgré tout, a conservé une ambiance rurale. Elle invite à la promenade avec ses places vertes, sa charmante corniche bordée d'arbres et les villas italianisantes défraîchies des magnats du coton. Malheureusement l'activisme islamiste de la région et la présence de nombreux policiers rebutent les touristes. Si la sécurité s'améliore, Minieh redeviendra la base idéale pour explorer les sites antiques locaux comme Beni Hasan. L'office de tourisme encourage la venue des visiteurs et s'efforce d'aider l'organisation de la découverte des sites, mais l'escorte policière est parfois de rigueur.

Beni Hasan ❷

Gouvernorat de Minieh, 20 km au sud de Minieh. *jusqu'à Abu Qirkis, puis ferry.* *t.l.j.*

Creusées dans les collines calcaires de la rive est, les tombes de rocher de Beni Hasan datent du Moyen Empire (2055 à 1650 av. J.-C.). Les chefs militaires et gouverneurs locaux ont créé cette nécropole, affirmant leur indépendance croissante en choisissant d'être inhumés dans leur *nome* (province) plutôt qu'auprès du roi à Saqqara *(p. 158)*. Puits plus profonds, plan et décoration plus sophistiqués, ces tombes marquent une transition entre l'Ancien et le Nouvel Empire.

Seules quelques-unes des 39 tombes se visitent. Les saisissantes peintures murales illustrent bien la vie au Moyen Empire. L'une des plus belles, la **tombe de Khnoumhotep** (N° 3), abrite des scènes colorées de la vie quotidienne. On voit ce gouverneur de la XIIe dynastie chasser avec un bâton de jet et pêcher au harpon. Le **tombeau d'Aménemhat** (N° 2) s'orne des scènes de chasse dans le désert, alors que les peintures murales de la **tombe de Kheti** (N° 17) décrivent de nombreuses scènes de la vie rurale, dont la fabrication du vin. Les scènes de lutte de la **tombe de Baqet** (N° 15) annoncent les reliefs de bataille des tombeaux du Nouvel Empire.

Dans les ruines d'Hermopolis, les hautes colonnes de granit qui soutenaient la basilique copte

Hermopolis ❸

Gouvernorat de Minieh, 8 km au nord de Mallawi. *jusqu'à Al-Ashmunein.* *t.l.j.*

Pour les anciens Égyptiens, la cité de Khmoun était un des lieux de la Création. C'était le centre du culte de Thot, dieu de l'écriture et de la sagesse. Associant à Thot leur propre dieu Hermès, les Ptolémées la rebaptisent Hermopolis Magna. Centre florissant sous leur règne, c'est aujourd'hui un champ de ruines d'où surgissent les 24 hautes **colonnes** d'une basilique paléochrétienne et quatre **babouins de grès** originaires du temple d'Aménophis III dédié à Thot.

Babouin en grès, temple de Thot d'Aménophis III

AUX ENVIRONS : la vaste nécropole de la cité antique, **Touna el-Gebel**, s'étend au sud-ouest. Autrefois, ses catacombes étaient peuplées

Le tombeau de Kheti (N° 17) à Beni Hasan montre des scènes de la vie quotidienne au Moyen Empire

de milliers de momies de babouins et d'ibis, les animaux dédiés à Thot. À quelques mètres au sud, la « cité des Morts » montre des rues bordées de chapelles et de tombes à demi englouties par les dunes. On remarque la tombe de Pétosiris, grand prêtre de Thot au IVe siècle av. J.-C., semblable à un petit temple et ornée de fins bas-reliefs. La nécropole se trouvait en limite d'Akhetaton *(voir infra)*, une borne au nord des tombes montre Akhenaton et sa famille.

Touna el-Gebel

7 km au sud-ouest d'Hermopolis
t.l.j.

Les vendangeurs foulent le raisin, tombe de Pétosiris, Touna el-Gebel

Tell el-Amarna 4

Gouvernorat de Minieh, 12 km au sud-ouest de Mallawi. jusqu'à Deir al-Mawas, puis ferry. t.l.j.

À Tell el-Amarna s'étendent les vestiges d'Akhetaton, cité fondée par le pharaon « hérétique » Akhenaton et son épouse Néfertiti. Riche de temples et de palais magnifiques, la ville s'étirait sur 15 km du nord au sud. Le site, aujourd'hui presque désolé, baigne dans une atmosphère historique et romantique.

Les ruines sont dispersées dans une plaine désertique entourée de falaises et bordée à l'ouest par le Nil. À At-Till, au sud du débarcadère, un cimetière recouvre en partie le **grand temple d'Aton**. Contrairement aux sanctuaires traditionnels, qui privilégiaient l'obscurité *(p. 24-25)*, ici le temple est dépourvu de toit pour laisser entrer à flots les rayons du dieu-soleil Aton. Au sud, le **petit temple d'Aton** est en cours de restauration, on devine la silhouette de deux palais. Mieux conservé, le **palais nord**, résidence d'été de Néfertiti au nord d'At-Till, montre au sol des vestiges de mosaïques.

Les attractions principales du site sont les deux ensembles de tombes de falaise, aux limites nord et sud de la cité. Un des plus beaux **tombeaux nord**, à 3 km au nord d'At-Till, est la **tombe d'Houya** (N° 1), surintendant du harem royal et chambellan de la reine Tiyi, mère d'Akhenaton. Cette remarquable tombe est sculptée de scènes de banquets royaux, dans l'une, la reine dîne aux côtés de son fils et de sa famille. Dans la **tombe de Méryrê Ier** (N° 4), Akhenaton présente à Méryrê le collier en or de grand prêtre. Les reliefs du mur est de la tombe, qui montrent Akhetaton et le Grand Temple, donnent une idée de la ville dans sa brève splendeur. À 8 km au sud d'At-Till, les petits groupes des **tombeaux sud**, moins accessibles, sont aussi intéressants. La **tombe d'Aï** (N° 25), vizir d'Akhenaton, est considérée comme la plus belle du site. Sur ses peintures murales, Aï et son épouse reçoivent d'Akhenaton et de Néfertiti des colliers cérémoniels en or devant une assistance fervente. La **tombe de Mahou** (N° 9), bien conservée, montre son propriétaire dans ses fonctions de chef de la police.

Néfertiti et sa fille honorent le dieu-soleil Aton, bas-relief du Musée égyptien

Akhenaton l'« hérétique »

Au XIVe siècle av. J.-C., Aménophis IV tourne le dos à Thèbes et au polythéisme pour fonder une religion dévouée au culte d'un dieu unique, Aton, divinité du disque solaire. Il change son nom d'Aménophis, qui veut dire « Amon est satisfait », en Akhenaton, « serviteur d'Aton », et bâtit une ville grandiose dédiée à son dieu : c'est Akhetaton, l'actuelle Tell el-Amarna. Elle restera 14 ans la capitale d'Égypte, mais à la mort d'Akhenaton, son gendre et successeur Toutankhamon rétablit Thèbes comme capitale. Akhetaton est détruite sur l'ordre des prêtres de Karnak, résolus à effacer toute trace de la nouvelle religion du pharaon hérétique.

Le pharaon « dissident » Akhenaton

Assiout 5

Gouvernorat d'Assiout, 110 km au sud de Minieh. *280 000.* *Sharia ath-Thawra (088) 310 010.*

Aux temps des pharaons, Assiout était capitale du 13e *nome* (province) et centre du culte d'Oupouaout, dieu à tête de loup vengeur d'Osiris. Au carrefour des routes caravanières pour les oasis du désert occidental et le Sahara, c'est depuis longtemps un centre commerçant. Jusqu'au milieu du XIXe siècle, y sont vendus, à côté des chameaux, les esclaves ayant survécu à l'effroyable « route des 40 jours » à partir de Darfour, au Soudan ; c'est le plus grand marché aux esclaves d'Égypte.

Assiout est aujourd'hui la première ville de Haute-Égypte, avec la troisième université du pays. Connue pour ses tapis, c'est le centre régional du commerce des produits agricoles. La région est aussi connue pour des apparitions de la Vierge qui, en août 2000, serait apparue plusieurs fois au-dessus de l'église Saint-Marc. Pendant plusieurs mois, on a observé la présence de lumières autour des tours de l'église, que des milliers de personnes sont venues voir. Les apparitions ont cessé aujourd'hui.

Le couvent de la Vierge dans les collines de Dirounka, près d'Assiout

Aux environs : les chrétiens coptes croient que Marie, Joseph et l'Enfant Jésus se sont abrités dans les grottes de Dirounka, à 12 km au sud-ouest d'Assiout, fuyant la Palestine et le roi Hérode, qui avait ordonné le massacre de tous les bébés mâles de moins de deux ans. Ils ont construit à côté le **couvent de la Vierge**. Entre le 7 et le 22 août, à l'occasion du moulid de la Vierge, environ 50 000 pèlerins assistent à la procession des icônes dans l'église-grotte.

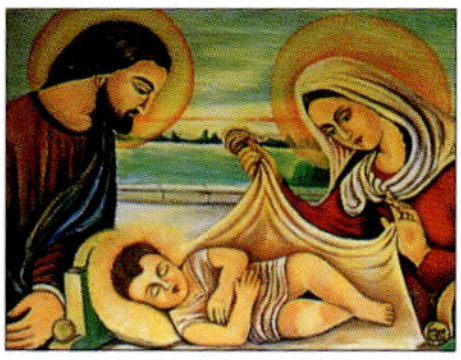

Icône de la Sainte Famille, au couvent de la Vierge

Les coptes vénèrent aussi le **monastère brûlé** (Deir el-Mouharraq), en bordure du désert à 5 km au-dehors d'el-Qousiya, petite ville à 42 km au nord d'Assiout. La Sainte Famille aurait vécu ici un mois dans une grotte. L'église bâtie au-dessus serait la première d'Égypte, et l'autel serait la pierre qui fermait autrefois l'entrée de la grotte. Le *moulid* qui s'y tient entre le 21 et le 28 juin attire des milliers de fidèles.

À 7 km à l'ouest du monastère, les **tombeaux de Mir** sont des sépultures de l'Ancien et du Moyen Empire.

Couvent de la Vierge
12 km au sud-ouest d'Assiout.
au départ d'Assiout.

Monastère brûlé
47 km au nord d'Assiout. *jusqu'à el-Qousiya, puis taxi local.*

Sécurité dans la région

Cette région est depuis longtemps le fief d'extrémistes religieux qui veulent faire de l'Égypte un État islamique. L'université d'Assiout était à la fin des années 1970 une pépinière d'intégristes religieux. Au début des années 1990, plusieurs attentats ont été perpétrés contre des touristes autour de Qena, Assiout et Dairout. Le gouvernement égyptien a renforcé la sécurité dans la région, surtout depuis le massacre de Louxor de 1997, mais la tension persiste et la police est très présente. Les circuits organisés évitent plutôt la région, mais officiellement il est possible de voyager librement, et il est rare que les visiteurs aient des ennuis. La façon la plus courante de visiter des sites comme le temple d'Hathor à Dendera *(p. 174-175)* est un circuit d'une journée au départ de Louxor, en général sous escorte policière. La situation est mouvante, et on recommandera de contacter les représentants du tourisme local ou l'ambassade pour prendre conseil.

Sohag 6

Gouvernorat de Sohag, 115 km au sud d'Assiout. *133 000.* *Governorate building (093) 604 453.*

Ville agricole et centre commerçant, Sohag a une importante communauté copte. Comme nombre de villes de Moyenne-Égypte, elle souffre de troubles intermittents. L'ambiance y est moins tendue qu'à Assiout, mais il est déconseillé d'y séjourner. Soucieux d'encourager le tourisme, le gouvernement fait construire un village touristique de 6 ha

sur l'île Araman, face à la ville sur le Nil. Un musée des découvertes archéologiques de la région est prévu. Tous les lundis, la ville accueille un grand marché aux bestiaux.
AUX ENVIRONS : à une courte distance de route à l'ouest, le **monastère Blanc** (Deir el-Abyad), du début du Ve siècle, doit son nom à la couleur de ses murs. Le saint copte Shenouda l'a bâti avec des blocs de calcaire blanc pris sur les temples pharaoniques locaux. Il abritait autrefois 2 000 moines, mais il ne reste plus grand-chose à l'intérieur de ses hauts murs, excepté l'église consacrée au saint. Le 14 juillet, des milliers de pèlerins y participent à un *moulid*.

À 4 km au nord, le **monastère Rouge** (Deir el-Ahmar) a été fondé au VIe siècle par Bishoï, disciple de Shenouda, un voleur repenti devenu un saint. Son domaine abrite deux églises. La principale renferme d'intéressantes peintures murales du Xe siècle, un peu fanées. Le monastère se cache au sein d'un village éparpillé, il faut parfois demander sa route.

Sur la rive est du Nil en face de Sohag, on peut rejoindre en minibus **Akhmim**, réputé pour ses tentures et tapis tissés à la main. Son centre d'attraction est une statue de 11 m de la reine Méret Amoun, fille de Ramsès II, découverte ici en 1982.

Monastère Blanc
10 km à l'ouest de Sohag. *t.l.j.*
14 juillet.
Monastère Rouge
14 km au nord-ouest de Sohag.
t.l.j.

Le monastère rouge près de Sohag a été fondé par le saint copte Bishoï

La chapelle d'Osiris, cénotaphe de Séti Ier à Abydos

Abydos 7

Gouvernorat de Sohag, 46 km au sud-ouest de Sohag ; 10 km à l'ouest d'el-Balyana. *ou excursion à la journée au départ de Louxor, sous escorte.*

Abydos, centre du culte d'Osiris, dieu des morts, était la ville la plus sacrée du temps des pharaons. Tous les anciens Égyptiens espéraient faire de leur vivant le pèlerinage à Abydos, ou souhaitaient y être enterrés. Dans de nombreux tombeaux, les peintures montrent le défunt faisant le voyage posthume à Abydos. La tradition veut qu'Osiris, ou du moins sa tête, y ait été inhumée après son assassinat par son frère Seth et la dispersion de ses membres dans toute l'Égypte.

Icône du Christ au monastère Blanc

Abydos était une grande ville ceinte de murs, avec plusieurs cimetières anciens, des lacs et des temples, dont le grand temple d'Osiris. Aujourd'hui, ce qu'il reste à voir est l'extraordinaire **cénotaphe de Séti Ier** de la XIXe dynastie. Édifié sous le règne de Séti entre 1294 et 1279 av. J.-C., c'est l'un des temples les mieux conservés du pays. Ce temple funéraire annexe en calcaire blanc montre certains des plus beaux bas-reliefs du Nouvel Empire, dont beaucoup conservent leurs couleurs d'origine. Après la mort de son père, Ramsès II (1279-1213 av. J.-C.) a construit son propre temple au nord de celui de Séti. Il n'est que partiellement intact, mais abrite d'intéressants hiéroglyphes.

On pénètre dans le temple par une première salle hypostyle. Parmi les joyaux du monument, les scènes en bas relief de la seconde salle hypostyle montrent Séti Ier avec les dieux Osiris et Horus. Juste après s'ouvrent les sept chapelles dédiées à Séti divinisé et aux dieux Ptah, Rê-Harakhtès, Amon, Osiris, Isis et Horus, remarquables pour leurs reliefs colorés et leur ornementation raffinée. Chacune abritait la statue et la barque de son dieu, servi quotidiennement par les grands prêtres. Derrière le temple, Séti a bâti en gros blocs de pierre l'Osiréion (tombeau d'Osiris), aujourd'hui en partie immergé.

Cénotaphe de Séti Ier
t.l.j.

Dendera 8

Bès, protecteur des naissances

Le lieu où Hathor aurait donné naissance au dieu Ihy, fils d'Horus, était déjà à l'époque pré-dynastique un centre du culte de la déesse. Enfoui dans le sable jusqu'au XIXe siècle, le vaste temple d'Hathor, remarquablement conservé, est d'époque gréco-romaine, mais conçu à l'imitation d'un temple pharaonique antique – une suite de vastes salles hypostyles mène à un naos obscur, entouré d'un dédale de réserves, chapelles et cryptes. Les murs en briques de terre du complexe abritent, entre autres, deux *mammisi* (temples de la naissance) et une basilique copte.

★ Plafond astronomique
Ce détail du plafond montre le dieu-soleil Rê menant sa barque sacrée à travers le ciel.

Façade du temple
La façade en forme de pylône montre les empereurs romains Tibère et Claude présentant des offrandes à Hathor et Horus.

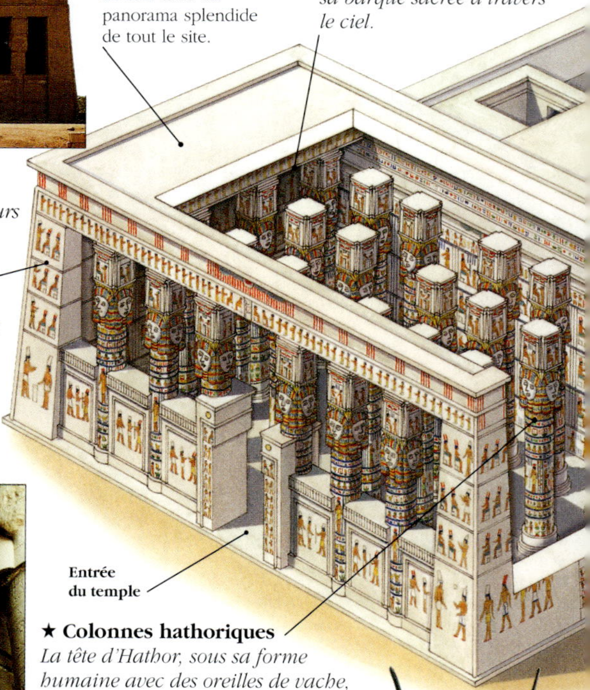

Le toit offre un panorama splendide de tout le site.

Reconstitution du temple d'Hathor

Les bas-reliefs ouvragés du temple étaient à l'origine peints de couleurs vives.

Entrée du temple

★ Colonnes hathoriques
La tête d'Hathor, sous sa forme humaine avec des oreilles de vache, sert de chapiteau aux 18 colonnes de la salle hypostyle.

À NE PAS MANQUER.

- **★ Plafond astronomique**
- **★ Colonnes hathoriques**

Le culte d'Hathor

Hathor, déesse du plaisir et de l'amour, était nourrice et amante d'Horus. Tous les ans, on menait sa statue en barque à Edfou *(p. 200-201)* pour l'unir avec Horus. L'union divine était suivie d'une fête de l'Ivresse. Le jour de l'an, on montait la statue d'Hathor par l'escalier ouest tout décoré jusqu'au kiosque à ciel ouvert du toit, où le soleil la revitalisait.

Hathor portant disque solaire et cornes de vache

Cléopâtre et Césarion
Sur le mur extérieur sud, un immense bas-relief montre Cléopâtre faisant une offrande à Hathor. Devant elle, Césarion, le fils qu'elle eut de Jules César, brûle de l'encens.

MODE D'EMPLOI

5 km au sud-ouest de Qena, capitale provinciale ; 60 km au nord de Louxor. *ou excursion au départ de Louxor.* **Les déplacements dans la région peuvent être limités *(p. 314).*** *t.l.j.*

L'escalier est permettait de redescendre au temple.

Le kiosque en plein air était au centre des fêtes du nouvel an. Il possédait peut-être un toit de bois léger, qu'on ôtait pour exposer les statues au soleil.

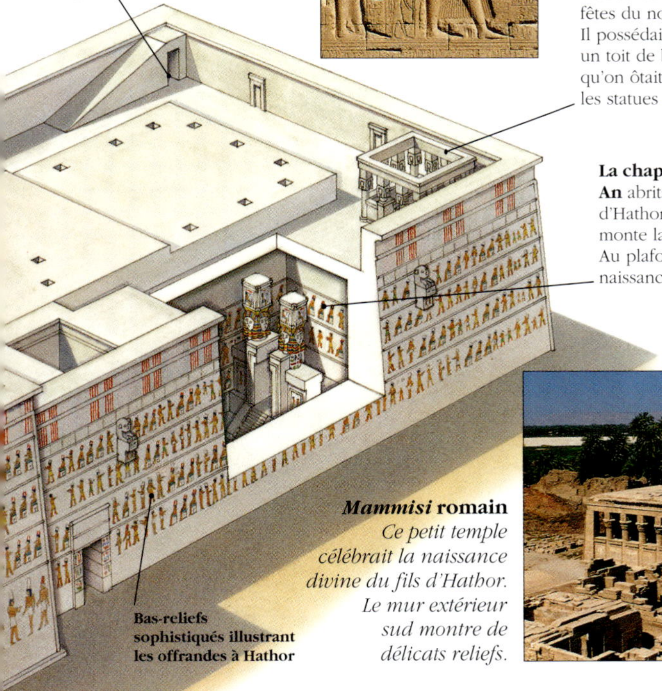

La chapelle du Nouvel An abritait le culte d'Hathor avant qu'on monte la statue sur le toit. Au plafond, Nout donne naissance au soleil.

Bas-reliefs sophistiqués illustrant les offrandes à Hathor

***Mammisi* romain**
Ce petit temple célébrait la naissance divine du fils d'Hathor. Le mur extérieur sud montre de délicats reliefs.

PLAN DU SITE DE DENDERA

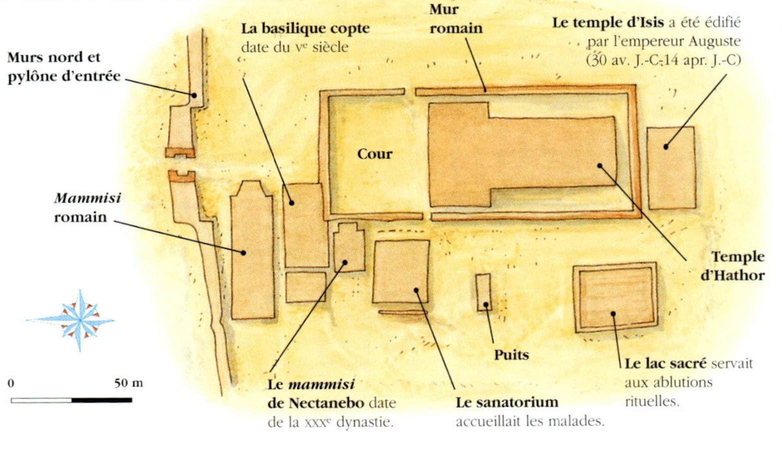

Louxor et Thèbes ❾

Détail des colosses de Memnon

La Louxor moderne est née des ruines de Thèbes, autrefois capitale du Nouvel Empire (1550-1069 av. J.-C.). Les temples monumentaux de Louxor et de Karnak étaient célèbres dans l'Antiquité et attirent les visiteurs depuis les époques grecque et romaine. Sur la rive ouest, de l'autre côté du Nil, s'étend le site archéologique sans doute le plus riche au monde, la nécropole thébaine. Par crainte des pillards, les rois thébains ont profondément enfoui leurs tombes dans les collines voisines, loin des temples funéraires de la vallée. Il est facile de voir les monuments de Louxor, mais sur la rive ouest, le nombre de sites et les distances imposent de s'organiser pour profiter au mieux des visites.

Médinet-Habou ⑩
Deuxième pour la taille après Karnak, le temple funéraire de Ramsès III prend modèle sur le Ramesseum.

Louxor et Thèbes

① Temple de Louxor *(p. 182-183)*
② Musée de Louxor *(p. 183)*
③ Temple de Karnak *(p. 184-186)*
④ Vallée des Rois *(p. 188-190)*
⑤ Tombeaux des Nobles *(p. 191)*
⑥ Temple d'Hatchepsout *(p. 192-193)*
⑦ Vallée des Reines *(p. 194-195)*
⑧ Ramesseum *(p. 196-197)*
⑨ Colosses de Memnon *(p. 198)*
⑩ Médinet-Habou *(p. 198)*
⑪ Deir el-Médineh *(p. 198-199)*
⑫ Temple de Séti Ier *(p. 199)*
⑬ Maison de Howard Carter *(p. 199)*
⑭ Gourna el-Gedid *(p. 199)*

Légende

Gare ferroviaire

Zone urbaine

0 1 km

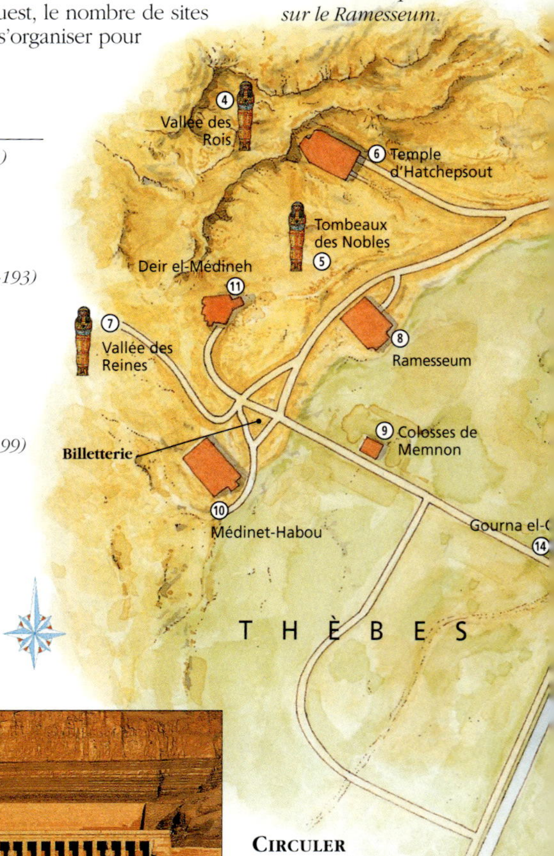

Temple d'Hatchepsout ⑥
Découvert seulement au milieu du XIXe siècle et toujours en restauration, le temple funéraire d'Hatchepsout surgit du désert en une série de terrasses qui se fondent dans la falaise calcaire à laquelle il s'adosse.

Circuler

Au centre-ville, le temple de Louxor est facile à voir à pied. On rejoint celui de Karnak en minibus, taxi ou calèche, ou à vélo.
La plupart des hôtels de Louxor proposent des excursions guidées sur la rive ouest, mais s'organiser soi-même peut revenir moins cher. Pour découvrir Thèbes, on peut louer un taxi, un âne ou un vélo à la journée (les vélos loués à Louxor peuvent passer le bac).

◁ **À Louxor, sur le Nil, une flottille de felouques glisse vers le sud**

Le Ramesseum ⑧
Bâti pour perpétuer la gloire du pharaon, le temple funéraire de Ramsès II faisait partie d'un vaste complexe, avec un palais royal et de nombreux greniers et magasins. Des scènes de la bataille de Qadesh ornent les deux pylônes.

CONSEILS AUX VISITEURS

• N'essayez pas de tout voir tout de suite, limitez-vous à deux ou trois grands sites par jour.
• Pour fuir la chaleur du milieu de journée, beaucoup choisissent de visiter tôt le matin ; il y a souvent moins de monde en fin d'après-midi.
• Ouverts de 6 h à 16 h (17 h l'été), les kiosques vendent des billets valables pour le jour même seulement.
• Pour acheter le billet du tombeau de Néfertari (Vallée des Reines), se présenter dès l'ouverture.
• Les possesseurs d'une carte d'étudiant ISIC bénéficient de 50 % de réduction sur les billets.
• Le droit de photographier, payant pour chaque tombe, est réglable au kiosque principal (flashes interdits).
• Emportez toujours beaucoup d'eau, voire aussi un en-cas ; l'offre sur place est limitée et chère.

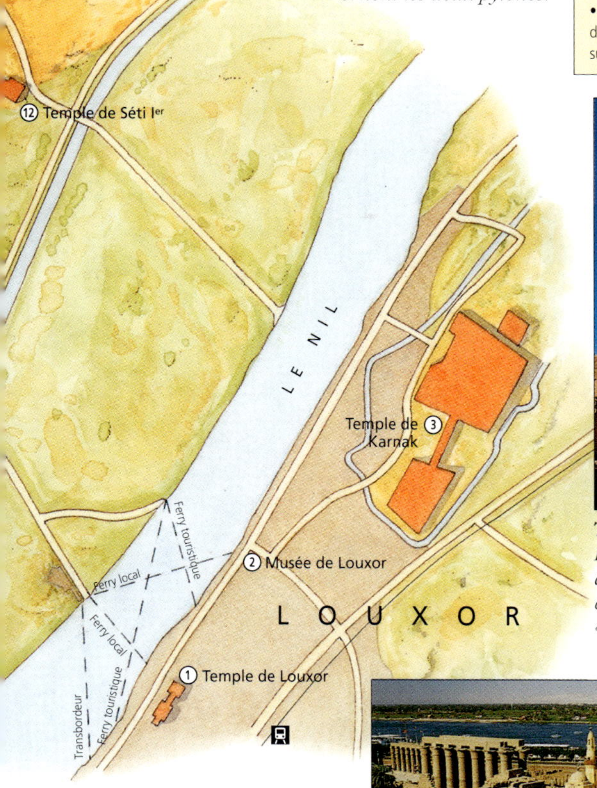

Temple de Karnak ③
Les anciens Égyptiens appelaient le complexe de Karnak Ipet-Isout, « lieu parfait entre tous ».

Temple de Louxor ①
Fondé par Aménophis III, le temple de Louxor était dédié à la triade thébaine Amon, Mout et Khonsou, célébrée à la fête annuelle d'Opet (p. 186).

Louxor pas à pas

Ramsès II au temple de Louxor

À l'emplacement de Thèbes, capitale du Nouvel Empire, Louxor est devenue La Mecque du tourisme de la vallée du Nil. Les fascinantes découvertes des archéologues européens au XIXe siècle et au début du XXe siècle, surtout celle du tombeau de Toutankhamon, ont attiré l'attention du monde entier sur Louxor. Depuis, les visiteurs viennent y admirer une extraordinaire concentration de vestiges. La majorité des habitants vivent du tourisme, et le visiteur doit s'attendre à être sollicité à tout instant par vendeurs et rabatteurs. L'animation de la ville est centrée sur le splendide temple de Louxor, symbole éternel de son passé glorieux.

Felouque sur le Nil à Louxor

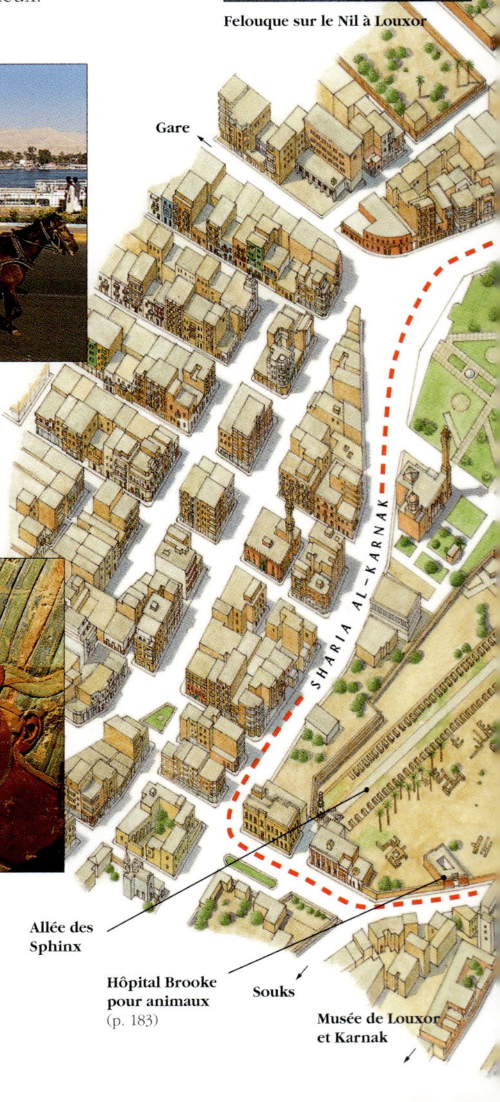

La Corniche
Une des rues les plus animées, la Corniche, en bord de fleuve, relie Louxor et Karnak. Les visiteurs circulent surtout entre l'hôtel Winter Palace et le musée de Louxor.

★ Musée de Louxor
À mi-chemin sur la Corniche, entre les temples de Louxor et de Karnak, le musée abrite une collection de statues et d'objets funéraires, dont ce beau bas-relief de Thoutmosis III (p. 183).

LÉGENDE

- - - - Itinéraire conseillé

0 100 m

Hôtel Winter Palace
Fondé en 1887, le plus célèbre hôtel de Louxor a été fréquenté par Agatha Christie.

MODE D'EMPLOI

Gouvernorat de Qena, 674 km au sud du Caire. *150 000.*
Tourist bazaar, Corniche el-Nil (095) 2372 215.
t.l.j. *Moulid d'Abou el-Haggag, 2 semaines avant le ramadan.*

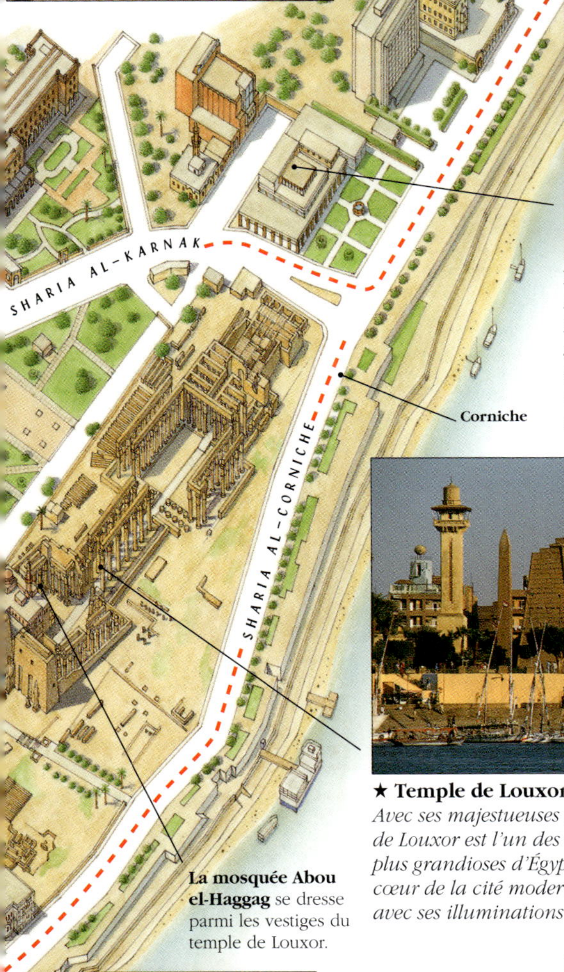

Le bazar touristique
Les bazars touristiques de Louxor proposent surtout des souvenirs. Les souks plus traditionnels qui vendent de tout, de la quincaillerie aux épices, sont au nord du temple.

★ Temple de Louxor
Avec ses majestueuses colonnades, le temple de Louxor est l'un des monuments antiques les plus grandioses d'Égypte. En bord de fleuve au cœur de la cité moderne, il est magnifique la nuit avec ses illuminations (p. 182-183).

La mosquée Abou el-Haggag se dresse parmi les vestiges du temple de Louxor.

★ Le musée de la Momification
Ce passionnant musée proche du fleuve présente en détail la pratique égyptienne antique de la momification (p. 183).

À NE PAS MANQUER

★ Temple de Louxor

★ Musée de la Momification

★ Musée de Louxor

À la découverte de Louxor

Étirée sur la rive est du Nil, Louxor est une ville active d'environ 150 000 habitants. Les grands sites touristiques se concentrent au cœur de la cité entre sharia el-Karnak et la Corniche. Le musée de Louxor n'est pas loin, sur la Corniche, en direction de Karnak. Se promener dans la ville est une bonne façon d'en apprécier l'ambiance ; on peut aussi s'amuser à parcourir les rues en calèche.

Le premier pylône construit par Ramsès II forme la façade du temple de Louxor

Le temple de Louxor

Corniche el-Nil. *hiver : 6 h-21 h, t.l.j. ; été : 6 h-22 h, t.l.j.*

Dominant la rive du Nil au centre de Louxor, le temple dédié à la triade thébaine Amon, Mout et Khonsou est un élégant exemple d'architecture pharaonique. Achevé pour une grande part par Aménophis III (XVIIIe dynastie), agrandi sous Ramsès II (XIXe dynastie), modifié par d'autres souverains, dont Alexandre le Grand, il reste un ensemble cohérent, contrairement au complexe tentaculaire qu'est devenu Karnak. Au IIIe siècle, les Romains y installent un camp mais par la suite le site est abandonné. Au fil des siècles, sable et limon l'engloutissent et un village grandit dans ses murs. En 1881, l'archéologue Gaston Maspero redécouvre le temple remarquablement conservé. Avant de déblayer, on déplace le village, ne laissant que la **mosquée Abou el-Haggag**, bâtie par les Arabes au XIIIe siècle, fièrement dressée sur les couches de limon accumulées par le temps.

On rejoint le temple par une allée de Sphinx, qui s'étirait autrefois sur presque 2 km de Louxor à Karnak. Gardant l'entrée du temple, le gigantesque premier pylône est décoré de scènes de la victoire de Ramsès II sur les Hittites à la bataille de Qadesh. Deux énormes colosses de Ramsès assis et un immense obélisque de 25 m en granit rose flanquent l'entrée du temple. L'obélisque avait un jumeau, qui fut déplacé au XIXe siècle et érigé place de la Concorde, don du vice-roi Méhémet-Ali au peuple de France.

Derrière le premier pylône s'ouvre la cour de Ramsès II, que domine étrangement à l'est la mosquée Abou el-Haggag. La hauteur de la mosquée par rapport au sol de pierre donne une idée de l'épaisseur des débris qui recouvraient autrefois tout le temple. L'angle ouest de la cour intègre un sanctuaire plus ancien dédié à la triade thébaine, conçu pour abriter les barques sacrées des dieux. Une double rangée de colonnes papyriformes entoure la cour, ponctuée de colosses de Ramsès II debout. D'autres Ramsès géants en granit noir gardent l'entrée de la partie d'origine du temple, qui commence par une majestueuse avenue de 14 colonnes, la colonnade d'Aménophis III. Embellis sous Toutankhamon, ses murs décrivent la fête de l'Opet, quand les statues d'Amon, de Mout et de Khonsou étaient portées en procession de Karnak à Louxor *(p. 186)*.

Le mur ouest montre le parcours vers Louxor, le mur est le retour à Karnak. La colonnade mène à la superbe cour d'Aménophis III, remarquable pour sa double rangée de hautes colonnes papyriformes, les mieux conservées et les plus élégantes du temple.

En 1989, des travaux dans la cour ont mis au jour 22 statues du Nouvel

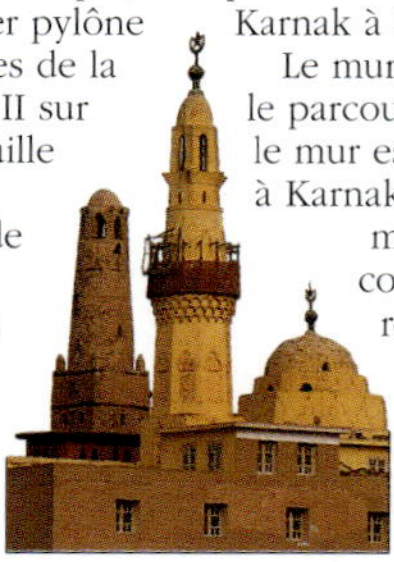

La mosquée Abou el-Haggag, dans l'enceinte du temple

L'avenue des Sphinx mène à l'entrée du temple de Louxor

Haute colonnade d'Aménophis III à chapiteaux papyriformes

Empire, aujourd'hui au musée de Louxor.

Du côté sud de la cour, la salle hypostyle servait de vestibule au temple principal. Elle montre quatre rangs de huit colonnes papyriformes, portant les cartouches plus récents de Ramsès II, Ramsès IV, Ramsès VI et Séti Ier. L'antichambre qui suit a été convertie en église par les Romains au IVe siècle. Ses peintures antiques ont été plâtrées et recouvertes d'images chrétiennes. Une seconde antichambre, la chapelle des offrandes, mène à une salle hypostyle, avec au centre le sanctuaire de la barque sacrée. Reconstruit par Alexandre le Grand, ce sanctuaire de granit était le point d'arrivée de la barque d'Amon en provenance de Karnak pendant la fête d'Opet *(p. 186)*. Sur son décor, Alexandre fait des offrandes à la triade thébaine. À l'est, la salle des naissances s'orne de reliefs illustrant la naissance divine d'Aménophis III, pour soutenir la thèse du pharaon, qui se disait fils d'Amon. Enfin, après le sanctuaire de la barque sacrée, une autre salle mène à un petit naos délabré qui renfermait la statue dorée d'Amon.

Obélisque de granit rose

Musée de la Momification

Corniche el-Nil, en face de l'hôtel Mena Palace. *(095) 2381 502.* *9 h-13 h et 16 h-21 h, t.l.j. (17 h-22 h en été) ; 9h-15h pendant le ramadan.*

Ce petit musée en bord de Nil abrite une fascinante présentation des procédés de momification des anciens Égyptiens *(p. 28-29)*, avec les instruments pour retirer les viscères, les substances pour le traitement des corps et les objets nécessaires au défunt pour son voyage dans l'au-delà. En bonne place figure la momie de Maseharti, grand prêtre et général de la XXIe dynastie, trouvée dans son cercueil peint à Deir el-Bahari. On voit aussi une momie de chat, le symbole de la déesse Bastet, et une de bélier, l'emblème du dieu Khnoum. Une autre pièce intéressante est une coupe d'un crâne momifié, bourré de tissu à l'emplacement du cerveau, et un orteil momifié.

Hôpital Brooke pour animaux

Sharia Montazah, près du temple de Louxor.. *(095) 2381 305.* *8 h 30-13 h 30 et 17 h-19 h, t.l.j.*

En 1934, Dorothy Brooke, épouse d'un major-général de l'armée britannique, fonde au Caire un hôpital pour animaux afin de soigner les nombreux chevaux et mulets faméliques et maltraités venus en Égypte avec les troupes de la Première Guerre mondiale. D'autres cliniques ouvrent en Égypte et partout dans le monde. L'annexe de Louxor commence, dans les années 1960, à traiter des dizaines de chevaux malades. Les visiteurs sont les bienvenus.

Musée de Louxor

Corniche el-Nil, Louxor *(095) 2370 569.* *9 h-13 h et 16 h-21 h, t.l.j. (17 h-22 h en été) ; 9 h-15 h pendant le ramadan.*

À mi-chemin entre le temple de Louxor et celui de Karnak sur la Corniche, ce musée possède une remarquable collection de statues et d'objets d'art trouvés dans les temples et les tombes de la région. Près de l'entrée, la stupéfiante tête dorée d'Hathor, déesse vache, vient du tombeau de Toutankhamon, dans la Vallée des Rois. On remarquera au rez-de-chaussée la grande tête d'Aménophis III en granit rose, et la belle figure de Thoutmosis III jeune. À l'étage sont présentés d'autres objets du tombeau de Toutankhamon, dont un lit funéraire et deux maquettes de barques. On voit aussi deux bustes d'Aménophis IV (Akhenaton), et la reconstitution d'un mur en 283 blocs de grès, venant du temple de ce pharaon à Karnak. Les bas-reliefs décrivent la vie quotidienne sous son règne, et montrent le pharaon « hérétique » et son épouse Néfertiti vénérant le dieu-soleil Aton. Joyau du musée, la spectaculaire nouvelle salle près de la sortie au rez-de-chaussée abrite une collection de statues du Nouvel Empire superbement conservées, découvertes en 1989 au temple de Louxor. On pense que les prêtres les avaient enterrées pour faire de la place à de nouvelles effigies. Il y en a 24, dont une grande figure presque parfaite d'Aménophis III et une statue des dieux Mout et Amon.

Statue de Thoutmosis III au musée de Louxor

Relief du temple d'Akhenaton à Karnak, musée de Louxor

Karnak : le temple d'Amon

Statue de scarabée

Au cœur du gigantesque ensemble de Karnak, le temple tentaculaire d'Amon, roi des dieux, impressionne par ses dimensions et sa complexité, ses innombrables cours, salles et colosses, son immense lac sacré. À partir d'un modeste premier temple de la XIe dynastie, les pharaons successifs ont multiplié et modifié les bâtiments, désireux de laisser leur empreinte sur le temple le plus important du pays. Ils dépensent sans compter ; sous la XIXe dynastie, autour de 80 000 hommes y travaillent comme ouvriers, gardes, prêtres et serviteurs. Pendant plus de 1 000 ans, l'ensemble reste enfoui sous le sable avant les travaux de déblaiement qui débutent au milieu du XIXe siècle L'immense œuvre de restauration se poursuit encore.

★ Grande salle hypostyle
Chef-d'œuvre de Karnak, cette immense salle était supportée par 134 colonnes géantes.

★ Colosse de Ramsès II
Une imposante statue de granit de Ramsès II, avec une de ses filles à ses pieds, garde l'entrée de la grande salle hypostyle.

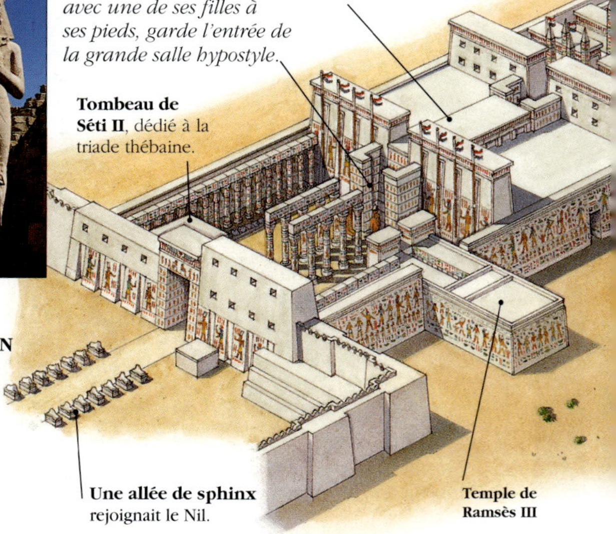

Tombeau de Séti II, dédié à la triade thébaine.

Une allée de sphinx rejoignait le Nil.

Temple de Ramsès III

RECONSTITUTION DU TEMPLE D'AMON
Cette reconstitution donne l'aspect du temple autour de 1 000 av. J.-C., avec son extérieur peint de couleurs vives.

PLAN DU COMPLEXE DE KARNAK

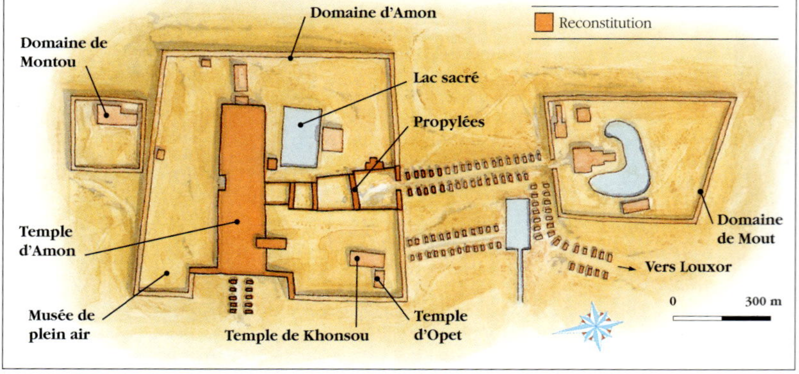

Jardin botanique
Partie du temple de Thoutmosis III, cet enclos dépourvu de toit s'étend derrière le grand temple jubilaire (Akh Menou). Il s'orne de reliefs de flore et de faune exotiques, rapportées de sa campagne de Syrie par le pharaon.

MODE D'EMPLOI

Sharia el-Karnak, 3 km au nord-est de Louxor. *ou minibus, calèche ou vélo.*
été : 6 h-18 h 30, t.l.j. ; hiver : 6 h-17 h 30, t.l.j.
Spectacle son et lumière *été : 19 h 30, 20 h 30 et 22 h ; hiver : 18 h 30, 19 h 30 et 21 h (voir office du tourisme pour les détails).*

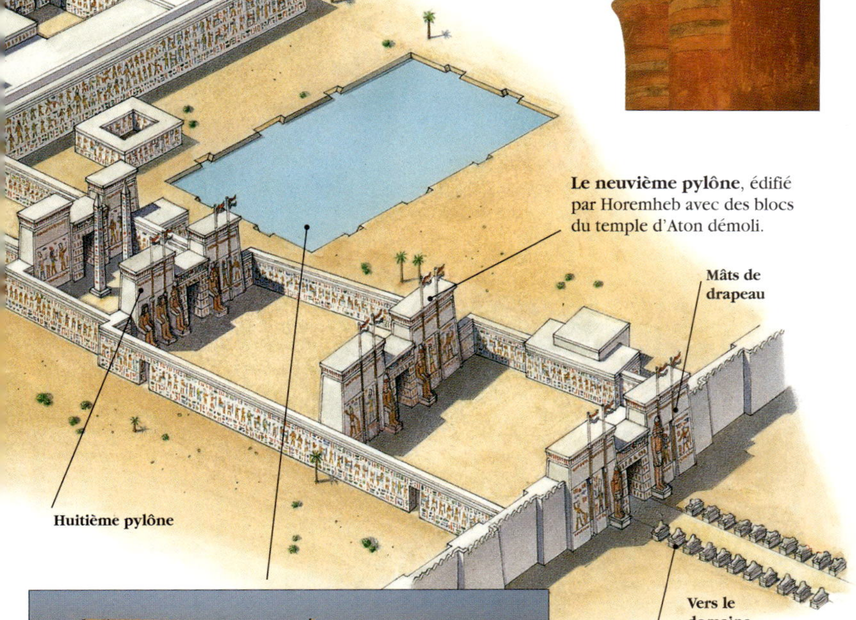

★ Grand temple jubilaire
La salle centrale de ce temple aurait été bâtie par Thoutmosis III en s'inspirant de la tente de ses campagnes.

Le neuvième pylône, édifié par Horemheb avec des blocs du temple d'Aton démoli.

Lac sacré
Avant d'effectuer le rituel dans le temple, les prêtres se purifiaient dans l'eau sainte du lac sacré. Au nord du lac, l'énorme scarabée en pierre, Khepri, est dû à Aménophis III.

À NE PAS MANQUER

★ **Grande salle hypostyle**

★ **Colosse de Ramsès II**

★ **Grand temple jubilaire**

À la découverte de Karnak

Le site antique de Karnak est le plus important d'Égypte après les pyramides de Giza. Au fil des ans, les fouilles ont mis au jour le complexe du temple, édifié sur une période de 1 300 ans sur 40 ha, juste au nord de Louxor. Ce vaste site comprend le temple colossal d'Amon, mais aussi une extraordinaire palette de temples, chapelles, pylônes et obélisques, témoignant tous de la grandeur passée de Thèbes.

Alignement de statues de Sekhmet, la déesse lionne, au domaine de Mout

Les temples de Khonsou et d'Opet

Le temple bien conservé de Khonsou, fils d'Amon et de Mout, a été pour l'essentiel bâti sous Ramsès III et Ramsès IV. Le magnifique portail d'entrée érigé par Ptolémée III est pratiquement intact.

Tout près, le temple d'Opet (qui serait la mère d'Osiris), plus petit, abrite de fins reliefs des époques romaine et ptolémaïque.

Musée de plein air

Au nord-ouest du domaine d'Amon, se trouve un musée de plein air qui regroupe une belle sélection de monuments découverts pendant les fouilles du troisième pylône. Un de ses joyaux est la charmante reconstitution de la chapelle Blanche aux délicates sculptures montrant le roi Sésostris Ier (XIIe dynastie) vénérant Amon. La chapelle Rouge d'Hatchepsout (XVIIIe dynastie), récemment restaurée, servait de sanctuaire pour la barque d'Amon. D'autres attractions sont la chapelle d'Albâtre d'Aménophis Ier et le sanctuaire de Thoutmosis III.

Il faut acheter le billet séparé pour le musée à l'entrée du complexe.

Son et lumière

Les dimensions du temple de Karnak sont telles qu'une visite ne suffit guère à tout découvrir. Une bonne façon de le revoir est d'assister au spectaculaire son et lumière (trois séances le soir) qui aide à suivre les 1 500 ans d'histoire complexe de sa construction. Le spectacle se déroule en plusieurs langues. Voir l'office de tourisme de Louxor pour les horaires et les tarifs.

Domaine de Mout

L'enceinte bâtie par Aménophis III abrite les vestiges d'un temple dédié à l'épouse d'Amon, Mout. D'immenses statues en granit noir de Sekhmet, la déesse lionne, bordent les cours. À l'ouest du lac sacré qui entoure le temple, on voit le temple en ruines de Ramsès III (XXe dynastie). Au nord-est s'étendent les vestiges du temple dédié à Amon par Aménophis III.

Domaine de Montou

Juste au nord du grand temple d'Amon s'étend le domaine de Montou, dieu guerrier et première divinité de Thèbes, toujours vénéré après qu'Amon eut pris la prééminence. Dans l'enceinte se dressent le temple de Montou dû à Aménophis III et celui d'Amon, ajouté sous la XXe dynastie, encore fermés au public.

La fête d'Opet à Karnak

Amon, principal dieu de Thèbes, était vénéré avec son épouse Mout et leur fils Khonsou au sein de la « triade thébaine ». Une fois l'an, à la saison des crues, la fête d'Opet célébrait la renaissance du roi sous la forme du fils d'Amon. Accompagnées de prêtres et d'une foule en liesse, les statues d'Amon, de Mout et de Khonsou étaient apportées au Nil dans des barques décorées, puis jusqu'au temple de Louxor. On retrouve des éléments de cette cérémonie dans le *moulid* musulman d'Abou el-Haggag, fête de cinq jours précédant le ramadan. Le 4 novembre, jour de la découverte du tombeau de Toutankhamon, Louxor fait revivre la fête d'Opet à l'attention des touristes.

Des prêtres portent la statue d'Amon dans sa barque pour la fête d'Opet

La croisière sur le Nil

Au XIXe siècle, il était de bon ton de découvrir l'Europe au cours d'un « grand tour », mais un autre périple fascinant était proposé – le voyage en Égypte. Les riches Européens et Américains débarquaient à Alexandrie, puis gagnaient Le Caire, à l'origine en bateau, puis par le train. Après plusieurs jours de visite du Caire, résidant souvent à l'hôtel Shepheard, les touristes embarquaient sur un *dahabiyya* (grand bateau à voiles) ou un vapeur pour remonter le Nil à un rythme alangui. Le vapeur mettait trois semaines pour rejoindre Assouan, le voilier six à douze semaines. Les journées de détente sur le pont alternaient avec les excursions dans le désert à la découverte des merveilles de l'Égypte antique récemment mises au jour. Il n'était pas rare qu'un touriste découvrît un tombeau jusque-là inconnu, voire qu'il tombât dedans. Des guides locaux encadraient l'expédition, les domestiques suivaient avec le pique-nique et les rafraîchissements pour la pause au milieu des ruines.

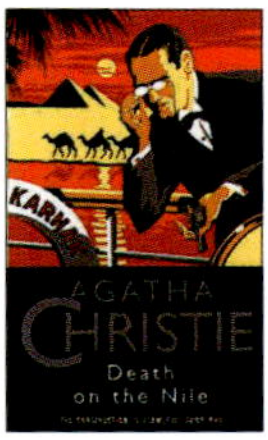

***Mort sur le Nil*, d'Agatha Christie**

***Thomas Cook**, fondateur du tourisme moderne, a joué un grand rôle dans le développement du voyage en Égypte. Il possédait tous les vapeurs qui croisaient sur le Nil.*

***Florence Nightingale** décrit sa croisière sur le Nil en 1848 dans sa correspondance publiée. Agatha Christie fait partie des écrivains inspirés par le voyage qui a publié* Mort sur le Nil.

***Le clou du voyage en Égypte** pour les touristes du XIXe siècle est, comme aujourd'hui, la visite des pyramides et du Sphinx. Cette illustration montre que le site n'était pas entièrement déblayé.*

***L'hôtel Shepheard** a été le cœur de la vie européenne en Égypte, de sa fondation en 1841 jusqu'à ce qu'il brûle en 1952.*

***La toute récente** et fascinante mise au jour de monuments antiques pimentait la visite des premiers touristes. Chaque année, on découvrait de nouvelles merveilles.*

Thèbes : la Vallée des Rois

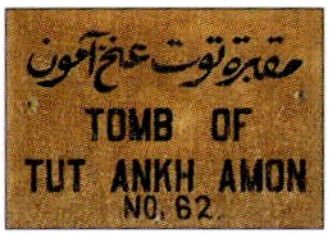

Le tombeau le plus célèbre de la vallée

Aride, isolée, la Vallée des Rois sert de nécropole aux pharaons du Nouvel Empire à partir de Thoutmosis Ier (vers 1500 av. J.-C.). En creusant profondément leurs tombes dans les collines thébaines, ils espèrent empêcher les voleurs de dérober les trésors inestimables qu'ils enfouissent avec eux. Cette précaution n'empêche pas les pilleurs de tombes de vider toutes les chambres funéraires si bien dissimulées, hormis celles de Youya et Thouyou *(p. 77)* et de Toutankhamon, découverte en 1922 avec son trésor intact par Howard Carter *(p. 74-77)*. Mais il reste les tombes, avec leurs couloirs impressionnants et leurs chambres funéraires au décor stupéfiant, qui illustre soit le voyage symbolique des âmes dans le monde souterrain soit des scènes quotidiennes destinées à assister le pharaon dans l'au-delà.

La tombe d'Horemheb (N° 57)

Horemheb est le dernier pharaon de la XVIIIe dynastie. Avec un seul couloir droit bordé de chambres latérales, sa tombe diffère de celles qui l'ont précédée. Elle s'orne de bas-reliefs du livre de l'Amdouat.

La Vallée des Rois a été choisie comme nécropole pour son site isolé au milieu des collines calcaires

Les tombes de la vallée

On a trouvé 62 tombes dans la Vallée des Rois. Toutes sont numérotées sur la carte, dans l'ordre de leur découverte. Les plus importantes, dont celles décrites p. 190, sont indiquées par un point rouge. Seules quelques-unes des tombes se visitent à tour de rôle.

Tombe de Thoutmosis III (N° 34)

On atteint par un escalier en fer la tombe creusée à 30 m du sol dans le vain espoir de décourager les voleurs. Les murs sont peints de rangées de figures illustrant le livre d'Amdouat. Le seul objet qui reste est un sarcophage de granit rouge.

Tombe de Séti Ier (N° 17)
Des bas-reliefs finement sculptés et des peintures dorées ornent ce tombeau sensationnel. On remarquera la chambre funéraire à plafond astronomique, dont le mur ouest illustre le livre d'Amdouat.

MODE D'EMPLOI

2 km au nord de la billetterie de la rive ouest. *t.l.j.* *Billetterie de la rive ouest : billet valable pour trois tombes seulement. Billet séparé pour le tombeau de Toutankhamon, en vente au kiosque de la Vallée des Rois. Pour photographier, un ticket est nécessaire pour chaque tombe.*

Tombe de Ramsès VI (N° 9)
Construit à l'origine pour son prédécesseur Ramsès V, ce vaste tombeau a été agrandi par Ramsès VI. On admirera surtout son plafond astronomique voûté, avec une double image de la déesse Nout avalant le soleil, puis lui redonnant vie.

Tombe de Toutankhamon (N° 62)
Le tombeau de Toutankhamon, dont les murs décrivent l'« Ouverture de la bouche » (p. 29)*, abrite une chambre funéraire unique, car elle renferme toujours la momie du pharaon dans le sarcophage doré.*

Tombe de Ramsès IV (N° 2)
Des graffiti grecs et coptes dégradent les murs de ce tombeau de la XXe dynastie, mais il abrite de belles scènes du Livre des Morts *(p. 29)*, aux vives couleurs. Dans la chambre funéraire, la déesse Nout s'étire sur le plafond bleu. L'immense sarcophage en granit rose est couvert de textes magiques et de figures d'Isis et Nephtys destinées à protéger la momie de Ramsès.

Tombe de Ramsès IX (N° 6)
Profond et en longueur, ce tombeau typique de l'époque ramesside tardive montre dans les couloirs en pente des scènes intéressantes des Litanies de Rê, écrit religieux célébrant le trajet nocturne du dieu solaire. Une chambre à quatre colonnes précède le caveau à l'impressionnant plafond étoilé, avec la déesse Nout entourée de barques sacrées emplies d'étoiles. Les murs sombres sont peints de dieux et de démons. Sur le sol ne reste que la trace du sarcophage.

Tombe de Méneptah (N° 8)
En 1903, Howard Carter met au jour la tombe de Méneptah, fils de Ramsès II et pharaon de la XIXe dynastie. L'entrée montre Isis et Nephtys adorant le disque solaire, puis le couloir descend rapidement à la chambre funéraire, qui contient toujours le sarcophage. Les voleurs n'ont pas été bernés par l'existence d'un faux caveau et ont emporté le trésor, abandonnant le lourd couvercle du sarcophage dans un des couloirs.

Tombe de Ramsès III (N° 11)
Découverte en 1768 par l'Écossais James Bruce, la tombe de Ramsès III doit son nom de « tombe des Harpistes » aux deux musiciens aveugles du bas-relief d'une des chambres latérales. Superbement conservée, elle possède, assez curieusement pour une tombe royale, des reliefs colorés de scènes de la vie quotidienne en Égypte.

Tombe de la reine Taousert/Sethnakht (N° 14)
Le tombeau a été bâti à l'origine pour Taousert, épouse de Séti II, mais le pharaon Sethnakht (XXe dynastie), rencontrant des difficultés pour sa propre tombe, se l'est approprié. Bien conservées, les peintures murales montrent la cérémonie de l'Ouverture de la bouche, et dans la chambre funéraire les dieux accueillant Sethnakht.

Tombe de Ramsès Ier (N° 16)
La tombe du fondateur de la XIXe dynastie, découverte en 1817 par l'explorateur Giovanni Battista Belzoni, est petite mais décorée avec un grand raffinement. Les murs sont peints de scènes du Livre des Portes. Dans la chambre funéraire reste un grand sarcophage en granit.

Tombe d'Aménophis II (N° 35)
C'est un des tombeaux les plus profonds de la vallée, avec 90 marches descendant sur plusieurs niveaux. Les voleurs ont emporté le trésor, mais la momie d'Aménophis était dans son sarcophage décoré quand Victor Loret l'a découverte en 1898, avec neuf autres momies royales que les prêtres avaient cachées. La chambre funéraire à piliers est ornée d'illustrations et de textes du livre de l'Amdouat.

Chambre funéraire d'Aménophis II avec le sarcophage du pharaon

Peinture murale aux tons vifs dans la tombe bien conservée de Siptah

Tombe de Siptah (N° 47)
S'enfonçant de 106 m dans le roc, la tombe de Siptah, qui régna brièvement à la fin de la XIXe dynastie, est l'une des plus longues. Ses murs s'ornent de bas-reliefs aux tons légers, son plafond d'une procession de vautours dont les ailes se déploient sur la largeur du couloir.

KV5

En 1994, l'archéologue américain Kent Weeks commence à fouiller une tombe dédaignée jusque-là par les égyptologues. Il découvre alors le tombeau le plus vaste et le plus complexe de la Vallée des Rois, qu'il nomme KV5. On pense qu'il s'agit de la sépulture des 52 fils de Ramsès II. À ce jour, on a retrouvé une salle à 16 colonnes, plusieurs couloirs et plus de 100 chambres, et s'il n'y a pas de trésor, des milliers d'objets intéressants attendaient sous les débris. Les fouilles dureront sans doute plusieurs années avant que le site soit ouvert au public.

Thèbes : les tombeaux des Nobles

Plus de 400 tombes de nobles et de dignitaires thébains, en majorité du Nouvel Empire, occupent une vaste étendue au sud de la Vallée des Rois. Si les tombeaux royaux sont cachés dans une vallée perdue, ceux-ci sont plus près de la surface, sur les collines qui dominent le Nil. Le calcaire ici étant médiocre, elles ne sont que peintes, avec peu de sculptures. Leurs murs s'animent de couleurs vives, offrant un aperçu inestimable de la vie quotidienne au Nouvel Empire. Les tombes de cheikh Abd el-Gourna se regroupent autour du vieux village de Gourna. Plus à l'est, on visite aujourd'hui les tombes des nécropoles de Khokha, Assasif et Abou el-Naga.

Peintures détaillées de la vie dans l'ancienne Égypte, tombeau de Sennéfer

Tombes de cheikh Abd el-Gourna

Tous les tombeaux sont ici de la XVIIIe dynastie. Celui de **Sennéfer (N° 96)**, maire de Thèbes et superviseur des jardins d'Amon sous Aménophis II, est l'un des mieux conservés. Le plafond est peint de pampres colorés et on voit Sennéfer et sa famille faisant des offrandes aux dieux. La tombe de **Rekhmirê (N° 100)**, vizir de Touthmosis III et d'Aménophis II, montre des serviteurs au travail, et Rekhmirê prélevant l'impôt et recevant des dons de pays étrangers.

La tombe de **Nakht (N° 52)**, scribe et astronome de Touthmosis IV, est décorée de scènes rurales, pêche, moisson et chasse dans le delta du Nil. Celle de **Menna (N° 69)**, bien conservée, montre cet inspecteur des domaines et sa femme faisant des offrandes aux dieux. On y voit aussi des moissonneurs à l'œuvre et des scènes de chasse et de pêche.

Les bas-reliefs dans la tombe de **Ramose (N° 55)**, gouverneur de Thèbes avant et pendant le règne d'Akhenaton, illustrent à la fois l'ancien culte et celui du dieu unique Aton imposé par le pharaon dissident. La tombe d'**Ouserhat (N° 56)**, un scribe d'Aménophis II, s'orne de scènes détaillées de la vie quotidienne, comme une séance chez le barbier.

Le foulage du raisin, tombe de Nakht

Celle du conseiller de Touthmosis III, **Khonsou (N° 31)**, est peinte de scènes colorées de la fête du dieu Montou, et celle de **Benia (N° 343)** alterne vignettes de la vie courante et statues du défunt et de ses deux parents.

La comptabilité des récoltes, tombe de Menna

MODE D'EMPLOI

Thèbes/Louxor, rive ouest (de Gourna suivre les panneaux vers les tombes de cheikh Abd el-Gourna). *t.l.j.* *à la billetterie de la rive ouest ; 2-3 tombes par billet aux tombes de Cheikh Abd el-Gourna).*

Tombes de Khokha

Ces trois tombes découvertes en 1915 n'ont été ouvertes au public qu'en 1995. Dans celle de **Djéhouty-Mès (N° 295)**, ce prêtre de la XVIIIe dynastie pose avec sa famille. Dans le tombeau de **Néferronpet (N° 178)**, scribe sous le règne de Ramsès II, une peinture montre le scribe et son épouse comparaissant devant Osiris. On trouve une scène similaire dans la tombe de **Nefersékhérou (N° 296)**, un autre scribe de la XIXe dynastie.

Tombes d'Assasif

Le chambellan de la reine Tiyi, **Khérouef (N° 192)**, a orné sa tombe de scènes où la reine et le pharaon Aménophis III (XVIIIe dynastie) regardent une danse effectuée en leur honneur. Le tombeau voisin d'**Anch-hor (N° 414)**, chef des prêtres d'Amon, est un édifice sophistiqué dont la décoration a souffert. Récemment ouverte, la tombe de **Pabasa (N° 279)**, dignitaire de la XXVIe dynastie, est remarquable pour sa première salle à colonnes, qui illustre la récolte du miel et des fruits.

Tombes d'Abou el-Naga

Les premières visites ont débuté ici en 1999. La tombe de **Roy**, chambellan de la XVIIIe dynastie, et celle de **Shouroy**, dignitaire de la même époque, montrent des tableaux colorés de la vie quotidienne.

Thèbes : le temple d'Hatchepsout

Hatchepsout

Adossé à la montagne austère à Deir el-Bahari, le temple funéraire d'Hatchepsout, partiellement taillé dans le roc, est un site fabuleux. Conçu sous la XVIIIe dynastie par Senmout, architecte de la reine, cet extraordinaire monument s'élève de la plaine désertique en une suite de terrasses imposantes. Ramsès II et ses successeurs l'ont abîmé et, plus tard, les chrétiens en ont fait un monastère (Deir el-Bahari signifie couvent du nord). Les fouilles qui se poursuivent révèlent encore beaucoup d'ornementations raffinées. À côté se trouvent les vestiges beaucoup plus anciens du sanctuaire de Montouhotep II, souverain de la XIe dynastie qui a réussi l'unification du pays, et le temple de Touthmosis III (XVIIIe dynastie).

Temple de Montouhotep II
Modèle pour celui d'Hatchepsout, l'ancien temple de Montouhotep II est en ruine.

L'imposant temple d'Hatchepsout dans son site stupéfiant au pied d'une falaise vertigineuse

Reconstitution des temples de Deir el-Bahari

Ce croquis montre les temples de Montouhotep II, Touthmosis III et Hatchepsout tels qu'ils devaient apparaître sous le règne de Touthmosis III (XVIIIe dynastie). Ils sont partiellement taillés dans le rocher et forment un amphithéâtre naturel. Les impressionnantes falaises accentuent leur majesté.

À NE PAS MANQUER

- ★ **Bas-relief de l'expédition de Pount**
- ★ **Chapelle d'Hathor**
- ★ **Statues d'Hatchepsout**

★ Chapelle d'Hathor
Les murs de la chapelle aux belles colonnes hathoriques conservent beaucoup de la couleur d'origine, comme ce relief alternant ankh *et piliers* djed, *symboles de vie et de stabilité.*

★ Statues d'Hatchepsout
Les colonnes du portique de la terrasse supérieure s'ornaient de figures d'Hatchepsout en Osiris, sous la forme traditionnelle masculine, avec barbe postiche. Beaucoup ont été détruites par les pharaons suivants, mais on en a récemment reconstitué plusieurs à partir de fragments.

MODE D'EMPLOI

2 km au nord-est de la billetterie de la rive ouest. *où à pied à partir des autres sites.*
6 h-17 h, t.l.j.

Le sanctuaire d'Amon, creusé dans la falaise à l'arrière du temple.

Sanctuaire du soleil

Chapelle d'Anubis
Cette chapelle abrite des peintures murales aux vives couleurs, dont un relief de Touthmosis III faisant des offrandes à Rê-Harakhtès.

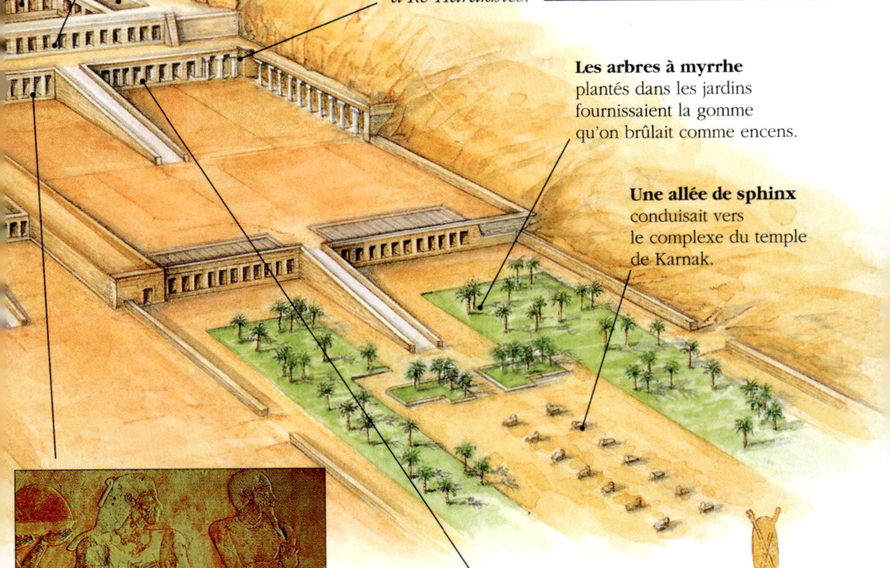

Les arbres à myrrhe plantés dans les jardins fournissaient la gomme qu'on brûlait comme encens.

Une allée de sphinx conduisait vers le complexe du temple de Karnak.

★ Bas-reliefs de l'expédition de Pount
D'extraordinaires reliefs relatent le voyage d'Hatchepsout au pays de Pount, la Somalie. On voit ici le roi du Pount avec sa femme Ati (à gauche), *qui semble souffrir d'obésité.*

Colonnade de la naissance
Pour appuyer la revendication du trône par Hatchepsout, les scènes le long de cette colonnade décrivent sa naissance divine. On voit la jeune reine dans les bras de la déesse Neith.

Thèbes : la Vallée des Reines

Vache céleste, tombe de Néfertari

Au sud-ouest de la Vallée des Rois, la Vallée des Reines doit son nom à Champollion. Utilisée comme nécropole dès la XVIIIe dynastie, ce n'est qu'à partir de Ramsès Ier (XIXe dynastie) qu'on y rassemble de nombreuses tombes d'épouses et d'enfants royaux. Sur près de 80 tombes, la plus connue est celle de la reine Néfertari. Seules quelques tombes sont ouvertes, à tour de rôle.

Tombe d'Amoun her-Khepshef (N° 55)
L'élégant tombeau bien conservé du prince Amoun her-Khepshef, fils de Ramsès III, était le centre d'attraction de la Vallée des Reines avant la réouverture de celui de Néfertari. Amoun devait succéder à son père, mais il est mort trop jeune et a été inhumé dans cette tombe royale.

À partir de l'entrée, des marches descendent vers une salle aux superbes peintures colorées, montrant Ramsès allant avec son jeune fils rendre hommage aux dieux du monde souterrain. On reconnaît facilement Amoun à la coiffure nattée caractéristique des jeunes princes. De là, un couloir décoré de figures des gardiens des Portes mène à la chambre funéraire, où une vitrine expose un squelette de fœtus de cinq mois. On a retrouvé des fœtus dans d'autres tombes ; peut-être faisaient-ils partie de rites de renaissance.

Tombeau de la reine Titi (N° 52)
Titi était l'épouse d'un pharaon ramesside de la XXe dynastie – on ignore lequel. Sa tombe, petite et en partie endommagée, montre par endroits des peintures richement colorées, dont certaines dans la chambre funéraire. Hathor apparaît sous sa forme bovine dans un paysage montagneux, puis sous forme humaine, versant de l'eau du Nil pour ranimer la reine. La tombe était fermée lors de la rédaction du guide.

Tombe du prince Khaemouaset (N° 44)
Un autre fils de Ramsès III, mort très jeune, a été inhumé ici. Les bas-reliefs délicats ont conservé l'essentiel de leurs couleurs. On voit Ramsès présentant son fils aux différents dieux et faisant des offrandes. Les déesses Isis, Nephtys, Neith et Selkit intercèdent auprès d'Osiris en faveur du jeune prince.

Vallée des Reines : le tombeau de la reine Néfertari

Considérée comme la plus belle d'Égypte, la tombe de Néfertari (N° 66), épouse favorite de Ramsès II, a été découverte en 1904 par l'archéologue Ernesto Schiaparelli. Récemment restaurée dans sa splendeur d'antan, elle est merveilleusement décorée de scènes décrivant le périple de l'âme dans l'au-delà.

Dans le vestibule, portrait de Néfertari en robe blanche ornée de bijoux

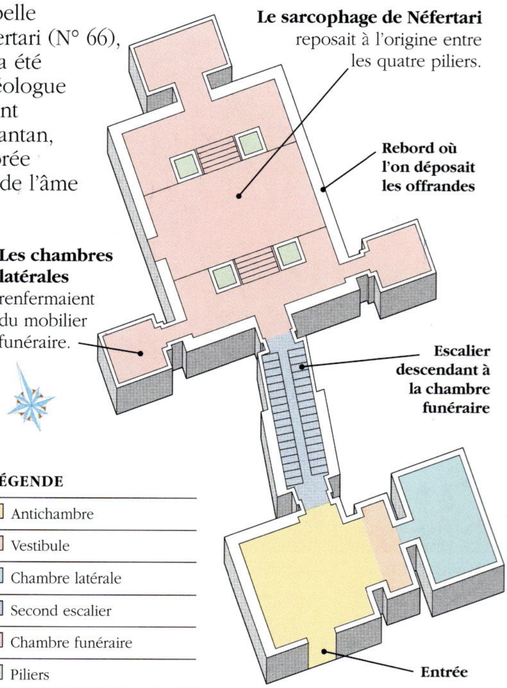

LÉGENDE

- Antichambre
- Vestibule
- Chambre latérale
- Second escalier
- Chambre funéraire
- Piliers

Rê en dieu à tête de bélier entre Isis et Nephtys, chambre latérale

Mode d'emploi

1 km au nord-ouest de la billetterie de la rive ouest. *ou à pied à partir d'autres sites.* *7 h-17 h, t.l.j.* *Entrée limitée à 10 pers. pour la tombe de Néfertari. Durée maximale de la visite 15 min.*

Antichambre

On pénètre dans la tombe par un escalier abrupt taillé dans le roc, qui mène à l'antichambre. Les murs sont couverts de très belles peintures de la reine Néfertari en compagnie de différents dieux égyptiens. Le plafond bleu éclaboussé d'étoiles, splendide, figure le ciel. On voit à gauche de l'entrée des peintures décrivant des scènes du Livre des Morts, et Néfertari jouant au *senet*, version primitive des dames. Sur le mur est de l'antichambre, l'entrée du vestibule est encadrée d'images d'Osiris à gauche et d'Anubis à droite.

Vestibule

À gauche de cette petite pièce rectangulaire, on voit Isis présentant Néfertari à Khepri, le dieu scarabée. À droite, le dieu à tête de faucon Harsiesis (une forme d'Horus) portant la double couronne de Haute- et de Basse-Égypte, présente Néfertari à Rê-Harakhtès et Hathor-Imentit, tous deux assis. La déesse vautour Nekhbet étend ses ailes au-dessus de l'étroit passage de la chambre latérale.

Chambre latérale

À l'entrée dans la chambre, on est ébloui par ses vibrantes peintures murales. À gauche, Néfertari offre un tissu au dieu Ptah, enveloppé dans un linceul blanc dans son reposoir. Sur le mur nord, Néfertari se tient devant Thot. Le grand mur est, en face en entant, montre Néfertari faisant des offrandes à Osiris (à gauche) et Atoum (à droite).

Osiris dans la chambre latérale

Second escalier

Un escalier aux murs richement décorés descend à la chambre funéraire. À gauche, le dieu Anubis aux attributs de chacal noir accueille Néfertari au royaume des morts. À droite, Néfertari présente des vases rituels contenant des offrandes liquides à Hathor et Selkit. Plus bas, la déesse Maât étend ses ailes.

Chambre funéraire

Dans ce lieu où l'âme de Néfertari devait se régénérer, les peintures s'inspirent du Livre des Morts. Néfertari est montrée devant les gardiens des Portes du royaume d'Osiris, qu'elle doit passer pour atteindre l'au-delà. En prononçant les noms des gardiens et des formules magiques, on voit la reine surmonter les obstacles qui se dressent sur le chemin conduisant à la renaissance.

Piliers

Les quatre piliers de la chambre sont remarquablement conservés. En face en entrant, les deux premiers montrent Horus portant la peau de léopard des prêtres. Osiris orne les quatre faces intérieures sur l'axe nord-sud. Tournés vers l'endroit où se tenait le cercueil, les piliers *djed* rayés figurent la colonne vertébrale d'Osiris, symbole de réincarnation.

La restauration du tombeau de Néfertari

La tombe de Néfertari est creusée dans un calcaire médiocre, et, au fil des ans, les bas-reliefs ont été si endommagés par l'eau, l'humidité et les concrétions qu'on a été obligé de la fermer dans les années 1950. En 1986, le Conseil suprême des Antiquités et le Getty Conservation Institute se lancent dans l'ambitieux projet de la restaurer. On dépose le plâtre abîmé, on le nettoie, on le renforce, puis on le replace en injectant dans les fissures une solution de résine acrylique. La peinture nettoyée avec soin, les couleurs retrouvent leur éclat d'origine. Le travail s'achève en 1992, la tombe rouvre en 1995. Mais on limite le nombre de visiteurs pour contrôler le taux d'humidité.

Intérieur de la tombe de Néfertari pendant les travaux

Thèbes : le Ramesseum

Bas-relief d'Amon dans la salle hypostyle

Ramsès II, pharaon d'Égypte pendant 67 ans au cours de la XIXe dynastie, a bâti le Ramesseum, son temple funéraire, en témoignage de sa gloire éternelle et pour impressionner ses sujets. L'immense complexe, dont la construction a demandé plus de vingt ans, est en grande partie en ruines. Dédié à Amon, il montrait autrefois un colosse de Ramsès de 18 m et pesant 1 000 tonnes, dont des fragments émaillent le site. Il y avait aussi un temple plus petit dédié à Thouyou, la mère de Ramsès, et à Néfertari son épouse, ainsi qu'un palais royal et des entrepôts.

★ Colonnes osiriennes
Des statues de Ramsès en Osiris, dieu des morts, font face à la seconde cour. Les bras croisés tenant le sceptre et le fouet indiquent la nature funéraire du temple.

★ Tête du colosse de Ramsès
La tête et les épaules brisées de l'immense colosse de Ramsès gisent dans la seconde cour.

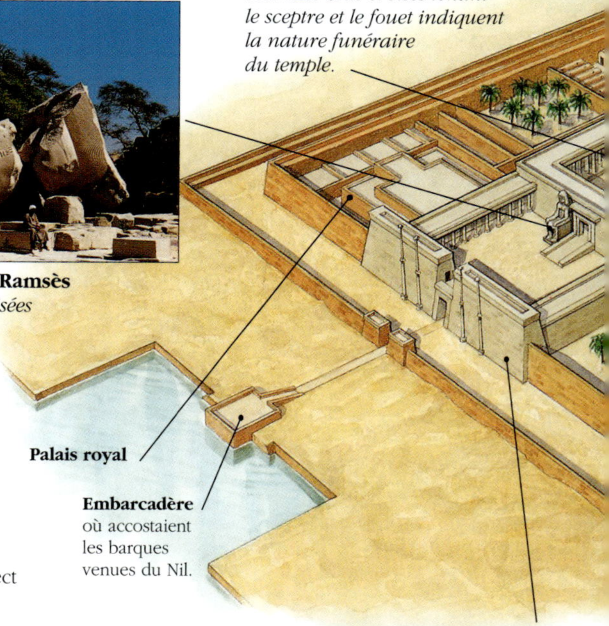

Palais royal

Embarcadère où accostaient les barques venues du Nil.

RECONSTITUTION DU RAMESSEUM
Voici une idée de l'aspect du Ramesseum à son achèvement vers 1250 av. J.-C. Abîmé par les crues du Nil et les séismes, il montre aujourd'hui des vestiges évocateurs.

Premier pylône
L'imposant premier pylône s'ornait de scènes de Ramsès au combat. Malheureusement, il a été endommagé par un séisme, et l'entrée de la première cour s'appuie aujourd'hui sur du béton.

À NE PAS MANQUER

- ★ Colonnes osiriennes
- ★ Tête du colosse de Ramsès

Mode d'emploi

1 km au nord-est de la billetterie de la rive ouest 🚗 *ou à pied à partir d'autres sites.*
◯ *7 h-17 h, t.l.j.* 📷

Chapiteau à forme végétale
De hautes colonnes soutenaient le plafond de la salle hypostyle. Les motifs de lotus et de papyrus, aux couleurs encore visibles, symbolisent l'union de la Haute- et de la Basse-Égypte.

Entrepôts en briques
Jadis d'innombrables magasins voûtés en briques de glaise crue entouraient le temple, servant de stockage, d'ateliers et d'habitations.

Des vestibules conduisaient au naos.

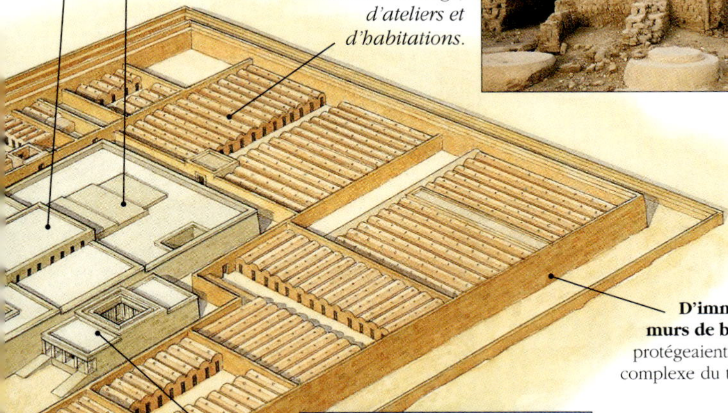

D'immenses murs de briques protégeaient tout le complexe du temple.

Fondations du temple de Thouyou
Au nord de la salle hypostyle se dressait un petit temple dédié à Thouyou, mère de Ramsès, et à Néfertari, sa femme.

La bataille de Qadesh

Ramsès II se présente lui-même comme un pharaon guerrier, plein de bravoure et couvert de gloire. Vers 1275 av. J.-C., il mène l'armée égyptienne au combat contre les Hittites à Qadesh, grand centre commerçant de la vallée de l'Oronte, en Syrie. Il n'y a pas de réel vainqueur, mais Ramsès clame sa victoire sur les murs de plusieurs de ses grands temples, dont le Ramesseum. On le voit tirer des flèches sur les Hittites en fuite et, dans une posture classique, empoigner la tête de l'ennemi avant de lui porter le coup fatal.

Bas-relief sur la face interne du second pylône décrivant la mort des Hittites à la bataille de Qadesh

À la découverte d'autres sites thébains

Plusieurs sites éparpillés dans les vallons et collines de la rive ouest méritent une visite. Souvent dédaignés au profit des plus célèbres sites thébains, on peut les visiter en paix, loin des hordes de touristes. Médinet-Habou, notamment, est l'un des monuments les moins mis en avant de la rive ouest, et Deir el-Médineh, en plus de ses merveilleuses tombes, donne un rare aperçu de la vie quotidienne ordinaire en ancienne Égypte.

Les colosses de Memnon dominent la plaine désertique de la rive ouest

Les Colosses de Memnon

1 km à l'est de la billetterie de la rive ouest.

Ce que voient d'abord la plupart des visiteurs de la rive ouest, ce sont les deux statues de 18 m d'Aménophis III. Elles gardaient autrefois le temple funéraire du pharaon. Le temple peut-être le plus vaste d'Égypte, a été pillé par ses successeurs, en quête de matériaux de construction, et détruit peu à peu par les crues. Seuls demeurent les deux colosses sans visage, impressionnants malgré les ravages du temps.

À l'époque romaine, la statue nord devient une attraction, on dit qu'elle « chante » au lever du soleil. Au nombre des illustres visiteurs curieux du phénomène, figure l'empereur Hadrien et des auteurs classiques comme Strabon et Pline, qui mentionnent les statues. Très tôt les Grecs attribuent ce « chant » à la figure légendaire de Memnon, qui chaque matin accueille par un soupir sa mère Éos, déesse de l'aube. En réalité, en 27 av. J.-C., le colosse a été très endommagé par un séisme, et ses talents musicaux avaient certainement une cause physique liée au dommage. Quand l'empereur Septime Sévère fait restaurer la statue en 199, elle cesse de chanter.

Médinet-Habou

À l'ouest de la billetterie de la rive ouest. *t.l.j.*

Le très beau temple de Médinet-Habou vient après Karnak pour la dimension et la finesse des détails. Pourtant c'est l'un des moins visités de Thèbes. L'immense temple funéraire de Ramsès III, modelé sur celui de Ramsès II au Ramesseum *(p. 196-197)*, domine le complexe. Quand, sous la XXe dynastie, l'Égypte subit des invasions, toute la population thébaine peut trouver refuge à l'intérieur de son imposante enceinte. Les nombreuses campagnes militaires de Ramsès III sont rapportées en détail sur les pylônes et les murs du temple. Dans la seconde cour, les bas-reliefs colorés décrivant des fêtes religieuses se sont bien conservés, en partie grâce aux premiers chrétiens qui, transformant l'endroit en église, ont recouvert de plâtre ces images païennes.

À l'ouest de la première cour, on voit les vestiges du palais de Ramsès. Les murs d'enceinte abritent aussi un temple d'Amon plus petit, bâti à l'origine par Hatchepsout, mais modifié par Touthmosis III puis agrandi et remanié jusqu'à l'époque romaine.

Deir el-Médineh

1 km au nord-ouest de la billetterie de la rive ouest. *t.l.j.* *(billet séparé pour la tombe de Pashedu)*.

Les artisans, fonctionnaires et ouvriers qui travaillaient aux tombes royales vivaient au village de Deir el-Médineh

Relief peint du temple ptolémaïque de Deir el-Médineh

Avec son épouse, Sennedjem honore les dieux de l'au-delà dans sa tombe de Deir el-Médineh

(*p. 30*), aussi appelé village des Artisans, au sud de la Vallée des Reines. Ils étaient enterrés dans la nécropole voisine, dans des tombeaux au décor raffiné, surmontés d'une petite pyramide. Un des plus beaux est celui de **Sennedjem (N° 1)**, fonctionnaire de la XIXe dynastie. Découvert en 1886, il montre, sur des murs jaune ocre remarquablement conservés, Sennedjem et son épouse Iyneferti vénérant différents dieux et travaillant dans les champs de l'au-delà. À côté, le tombeau d'**Inherkhaou (N° 359)**, « contremaître du maire des deux domaines », s'orne aussi de scènes saisissantes comme celle du chat d'Héliopolis tuant le serpent Apophis sous l'arbre sacré. Du fait de la petitesse des tombes, on n'y admet que dix personnes à la fois. Ouverte récemment, celle de **Pashedu (N° 3)**, fonctionnaire de l'époque ramesside, est réputée pour ses peintures délicates, dont une scène connue de Pashedu accroupi près d'un ruisseau sous un palmier.

Au nord du village, un petit temple d'époque ptolémaïque dédié aux déesses Hathor et Maât est devenu ensuite un monastère copte, d'où le nom de Deir el-Médineh (monastère de la ville) donné au site.

Le temple de Séti Ier

3 km à l'est de la billetterie de la rive ouest. t.l.j.

Loin des sentiers battus, le temple mortuaire de Séti Ier (XIXe dynastie), le plus au nord de la nécropole thébaine, est dédié à Amon et au culte du père de Séti, Ramsès Ier. Après la mort de Séti, son fils Ramsès II achève le temple. Les pylônes et les bâtiments alentour sont en ruines, mais le naos, la salle et les antichambres du temple principal en grès sont bien conservés. On voit d'intéressants bas-reliefs de grande qualité, dont ceux montrant Séti et Ramsès II faisant des offrandes à Amon. Une partie du plafond encore intacte s'orne de vautours et du disque solaire ailé. L'institut archéologique allemand conduit les travaux de restauration.

La maison de Howard Carter

3 km à l'est de la billetterie de la rive ouest.

Célèbre pour sa découverte en 1922 du tombeau de Toutankhamon (*p. 20-21*), l'archéologue britannique Howard Carter a longtemps habité cette maison couverte d'un dôme, sur le flanc aride d'une colline au nord du temple de Séti Ier. Le projet d'en faire un musée autour des photographies et des objets personnels de Carter, avec ses lettres à son mécène lord Carnarvon, est en attente.

La maison de Howard Carter avec son toit en dôme

Les villages de Gourna

Bâti autour et au-dessus des tombeaux des Nobles (*p. 191*), le vieux village de Gourna, bien qu'il soit dépourvu d'infrastructures de base, est très vivant avec ses maisons en briques de couleur vive ornées de scènes du pèlerinage à La Mecque. Le village mettant en péril les tombeaux, on décide dans les années 1940 de bâtir un Nouveau Gourna pour y reloger les habitants. Achevé en 1948 sur les plans de Hassan Fathy, **Gourna el-Gedid** s'inspire des maisons nubiennes en briques coiffées d'un dôme. Malgré l'emploi innovant de matériaux traditionnels, il ne séduit pas les résidents du vieux village, qui se disent les protecteurs des monuments et des touristes. Aujourd'hui, seule la mosquée de Gourna el-Gedid est intacte.

Gourna el-Gedid

2 km au sud-est de la billetterie de la rive ouest.

Gourna

1 km au nord-est de la billetterie de la rive ouest.

Vue du vieux village de Gourna, au creux du piémont des collines thébaines

Détail du plafond astronomique du temple de Khnoum à Esna

Esna ⓾

Gouvernorat de Qena, 54 km au sud de Louxor. 55 000. *depuis Louxor ou Assouan.*

Sur la rive ouest du Nil, le centre agricole assoupi d'Esna s'étend juste au sud d'un barrage en grès jeté sur le fleuve en 1906. Appelé Latopolis par les Grecs en hommage à la perche du Nil *(lates)* qui y était vénérée, Esna est surtout connu pour son **temple de Khnoum**, édifice gréco-romain conçu à l'imitation du temple plus ancien bâti sur le site par Touthmosis III, de la XVIIIe dynastie *(p. 49)*. Les deux monuments sont dédiés au dieu bélier Khnoum qui, selon l'un des mythes égyptiens de la Création, a pétri l'homme à partir d'argile du Nil sur un tour de potier.

Peu à peu, les crues régulières du Nil recouvrent l'édifice gréco-romain de couches de limon et de boue. La ville moderne d'Esna se construit au-dessus. Les fouilles débutent dans les années 1860, mais ne dégagent qu'une partie du temple, la salle hypostyle romaine, édifiée sous le règne de l'empereur Claude (41-54). Cette salle bien conservée se dresse dans une immense fosse de 10 m de profondeur au centre d'Esna, son toit, exceptionnellement intact, au niveau des fondations des maisons voisines. Les cartouches des empereurs Claude, Vespasien (69-79) et Titus (79-81) ornent la façade du monument. À l'intérieur, le dernier empereur mentionné est Dèce, mort en 249. Le plafond est supporté par 24 colonnes gravées d'hiéroglyphes, d'hymnes à Khnoum et de textes fascinants sur les fêtes sacrées d'Esna. Les couleurs du plafond astronomique se sont fanées, mais on distingue un zodiaque à la facture subtile et détaillée.

Temple de Khnoum
t.l.j.

Edfou ⓫

Gouvernorat d'Assouan, 115 km au sud de Louxor, 104 km au nord d'Assouan. 56 000. *depuis Louxor ou Assouan.*

Au bord du Nil, à mi-chemin entre Louxor et Assouan, Edfou était un grand site sacré pour les Égyptiens. Leurs mythes racontent en effet qu'ici le dieu faucon Horus a mené une bataille féroce contre son oncle Seth, cruel assassin d'Osiris, père d'Horus *(p. 26)*.

Enfoui sous le sable et le limon pendant près de 2 000 ans, le **temple d'Horus** à Edfou est le plus vaste et le mieux conservé des temples ptolémaïques d'Égypte. La construction débute en 237 av. J.-C. sous Ptolémée III Évergète. Le complexe principal s'édifie en 25 ans, mais les travaux continuent jusqu'à Ptolémée XII Néos Dionysos (80-51 av. J.-C.). Sa construction est donc assez récente, mais le temple intéresse beaucoup les égyptologues car il imite avec précision des styles pharaoniques plus anciens. Le premier pylône, imposant avec ses 36 m de haut, met classiquement en scène le pharaon Ptolémée XII terrassant ses ennemis devant Horus et Hathor. Deux élégantes statues d'Horus en granit noir flanquent l'entrée du pylône, qui mène à une vaste cour à colonnades et à la première salle hypostyle. Ensuite s'ouvre une deuxième salle hypostyle plus petite, avec des chambres latérales où l'on stockait les présents aux dieux avant de les emporter plus loin dans la salle des offrandes. Des marches montent de la salle des offrandes au toit, qui offre une vue magnifique sur le Nil et la campagne. Les murs de l'escalier sont superbement décorés de

Statue en granit du dieu faucon Horus

Pylône du temple d'Horus à Edfou, avec des bas-reliefs de Ptolémée XII

scènes du nouvel an, célébré dans tous les temples d'Égypte. Le jour de l'an, les prêtres de chaque temple montaient en procession la statue du dieu vénéré sur le toit, pour que le soleil la régénère. Après la salle des offrandes s'ouvre le sanctuaire d'Horus avec son naos de granit noir. Des chapelles aux reliefs remarquables entourent le sanctuaire, l'une d'elles abrite la barque sacrée d'Horus.

Au sud-ouest du temple, la maison de naissance d'Horus, en ruines, était le cœur de la fête du Couronnement, rite annuel célébrant la naissance d'Horus et son incarnation dans le pharaon régnant.

Temple d'Horus
t.l.j.

Sur une carte postale, chameaux et bédouins, habitués du désert

LES VAISSEAUX DU DÉSERT

Le *Camelus dromedarius*, chameau arabe à une bosse, ou dromadaire, est depuis des millénaires un pivot de la vie égyptienne. D'abord utilisé comme animal de bât, il fournit aussi du lait, de la laine et de la viande. Contrairement au mythe, sa bosse n'est pas remplie d'eau, mais de graisse, permettant à l'animal de survivre une semaine sans nourriture. Le dromadaire est parfaitement adapté à la vie dans le désert – une troisième paupière transparente lui permet de voir pendant les tempêtes de sable, ses narines se ferment entre chaque respiration et sa température s'autorégule pour éviter toute perte d'eau superflue par la transpiration. Il marche à l'amble, avançant deux pattes du même côté, puis de l'autre, d'où le fameux roulis qui lui a valu le surnom de « vaisseau du désert ».

Sobek, le dieu crocodile, sculpté dans le temple de Kom Ombo

Temple de Kom Ombo ⓬

40 km au nord d'Assouan.
depuis Assouan ou Louxor.
t.l.j.

Au milieu des champs de canne à sucre et de maïs, le charmant centre agricole de Kom Ombo a accueilli de nombreux Nubiens déplacés par la création du lac Nasser *(p. 206)*. En ruines mais toujours imposant, son temple gréco-romain se dresse dans un cadre superbe dominant le Nil. Parfaitement symétrique, il montre deux entrées, deux salles et deux sanctuaires, structure inhabituelle s'expliquant par le fait qu'il est consacré à deux dieux – le côté gauche au dieu faucon Haroéris (Horus le grand), le droit à Sobek, dieu crocodile local. Débutée au IIe siècle sous Ptolémée VI Philométor, la construction est pratiquement achevée sous Ptolémée XII Néos Dionysos au Ier siècle av. J.-C. L'empereur Auguste ajoute le pylône d'entrée vers 30 av. J.-C. Dans l'avant-cour très délabrée, deux portes mènent à la salle hypostyle. Son mur gauche met en scène Haroéris, son mur droit honore Sobek. Les nombreuses colonnes sont sculptées de motifs de lotus, ou nénuphars, emblèmes de Haute-Égypte, et de papyrus symboles du delta. Une suite de salles et de vestibules traverse les sanctuaires d'Haroéris et de Sobek. Au sud du temple, la chapelle d'Hathor abrite quelques momies de crocodiles provenant d'une nécropole de crocodiles voisine.

Daraw ⓭

8 km au sud de Kom Ombo. *31 000.*
depuis Kom Ombo. *mar.*

Les voyageurs combinent souvent la visite de Kom Ombo et celle du village voisin de Daraw, pour son célèbre marché aux chameaux du mardi. Sur les centaines de chameaux en vente, beaucoup viennent du Soudan par la « route des 40 jours », vieil itinéraire de troupeaux et de marchands d'esclaves. Dans un tohu-bohu tonitruant et haut en couleur, les marchands débattent du prix des bêtes qu'ils vont vendre ensuite au célèbre marché de Birqash, au Caire, et les habitants guettent la bonne affaire.

Vente de chameaux au célèbre marché du mardi à Daraw

Assouan ⑭

Bas-relief du temple de Khnoum

En aval de la première cataracte du Nil, Assouan est la ville la plus méridionale d'Égypte. Dès l'Ancien Empire, cette ville de garnison essentielle au plan stratégique garde la frontière sud et sert de base aux incursions militaires en Nubie et au Soudan. Au carrefour de très anciennes routes commerciales entre l'Égypte, l'Afrique et l'Inde, c'est aussi une place de marché prospère où se négocient les denrées exotiques. Assouan se trouve sur le plus beau tronçon du Nil où le désert vient jusqu'aux bords de l'eau et des îles émaillent le fleuve. Elle abrite une importante communauté nubienne. Son ambiance surannée en fait une destination particulièrement relaxante.

Le majestueux hôtel Sofitel Cataract domine le Nil à Assouan

L'hôtel Sofitel Cataract

Corniche el-Nil. *(097) 2316 000.*

C'est dans cet imposant hôtel de style mauresque, ouvert en 1899, qu'Agatha Christie a rédigé son roman *Mort sur le Nil*. Entouré de magnifiques jardins, avec des vues splendides sur le Nil et l'île Éléphantine, c'est un des grands palaces d'Égypte. Il a accueilli Rommel, Winston Churchill et le roi Farouk. Sa véranda permet de goûter l'atmosphère romantique d'Assouan. On y prend une tasse de thé l'après-midi ou un verre au crépuscule.

Le musée de Nubie

Par la route du barrage d'Assouan, 1 km au sud d'Assouan. *(097) 2319 111.* *9 h-13 h, 17 h-21 h, t.l.j. (18 h-22 h été) ; 9 h-15 h pendant le ramadan.*

Ce musée illustre la vie en Nubie, région située entre Assouan et Khartoum au Soudan, des premières implantations humaines à nos jours. On voit des exemples d'artisanat nubien, vannerie et poterie, ainsi qu'une remarquable exposition sur le programme soutenu par l'UNESCO pour sauver les monuments nubiens lors de la mise en eau du lac Nasser *(p. 206)*. Le jardin entoure une grotte reconstituée qui abrite des rochers sculptés préhistoriques, une habitation nubienne et une maquette en eau montrant le cours du Nil et les cataractes.

L'obélisque inachevé

1,5 km au sud d'Assouan, près du cimetière fatimide. *t.l.j.*

Juste au sud d'Assouan, dans une ancienne carrière de granit du Nouvel Empire, gît un immense obélisque qui, s'il avait été achevé, aurait pesé près de 1 200 tonnes et mesuré 41 m. Trois des faces avaient été taillées avant que l'on remarque un défaut dans la pierre, obligeant à l'abandonner ; il est toujours rattaché à la roche. À l'ouest de la carrière, le cimetière fatimide contient des centaines de tombes musulmanes des VIIIe - XIIe siècle en briques de terre.

Le souk

Sharia es-Souk. *t.l.j.*

Le quartier très animé des souks d'Assouan offre une myriade d'articles alléchants : *galabiyas* brodées et calottes de couleur vive, épices et plantes aromatiques, poulets vivants et légumes frais. La simple promenade dans l'agitation de ce réseau dense de venelles encombrées offre un spectacle riche en couleurs et en exotisme. Parallèle au Nil, le quartier devient moins touristique quand on s'éloigne du fleuve par la rue principale, très animée, sharia es-Souk.

Sharia es-Souk, rue principale du célèbre souk d'Assouan

◁ **Voyage au pays de Pount, détail de relief du temple d'Hatchepsout à Deir el-Bahari**

Un village nubien coloré sur la rive de l'île Éléphantine

L'île Éléphantine

Assouan.

Appelée Yebou (éléphant) sous l'Ancien Empire, l'île Éléphantine est la partie la plus anciennement habitée d'Assouan. On ne sait pas si son nom vient des énormes blocs de pierre de sa pointe sud ressemblant à des éléphants dans l'eau, ou de son passé de comptoir commercial de l'ivoire.

Jadis, elle fut le centre du culte du dieu bélier Khnoum, créateur de l'humanité et dieu des crues du Nil. Parmi les ruines d'une forteresse qui défendait la pointe sud de l'île, on voit les vestiges du **temple de Khnoum**, bâti au IVe siècle av. J.-C. par Nectanebo. Sur le côté ouest se dresse une imposante porte ajoutée au Ier siècle av. J.-C., qui montre Ptolémée XI vénérant Khnoum. Juste au nord s'étend la **nécropole gréco-romaine des béliers sacrés**, et à l'est le **temple de Satet**, bâti par Hatchepsout. Une équipe d'archéologues allemands poursuit les fouilles, et certaines zones peuvent être fermées.

Au milieu de l'île, on reconnaît trois villages nubiens traditionnels grâce aux couleurs gaies de leurs maisons.

Le nilomètre

Île Éléphantine.

t.l.j.

Au sud du musée d'Assouan, les marches abruptes du nilomètre descendent dans le fleuve. Ses murs ont été gradués pour repérer le niveau de la crue annuelle et évaluer ainsi l'importance de la récolte suivante. Datant des pharaons, le nilomètre a brièvement été réutilisé lorsqu'il fut découvert en 1822.

Repères sur les murs du nilomètre

Mode d'emploi

Gouvernorat d'Assouan, 215 km au sud de Louxor ; 900 km au sud du Caire.

220 000. *25 km au sud-ouest de la ville.*

gare (097) 2312 811; souk touristique (097) 2303 297.

t.l.j.

Le musée d'Assouan

Île Éléphantine. *t.l.j.*

Près de la pointe sud de l'île Éléphantine, le musée d'Assouan, entouré d'agréables jardins tropicaux, abrite une collection bien documentée d'objets trouvés dans les fouilles de la région immédiate. De l'arme préhistorique à la momie gréco-romaine, tous sont étiquetés dans l'ordre chronologique. Une nouvelle annexe abrite les derniers objets trouvés dans l'île, comme les bijoux du temple de Satet et un contrat de mariage de 350 av. J.-C.

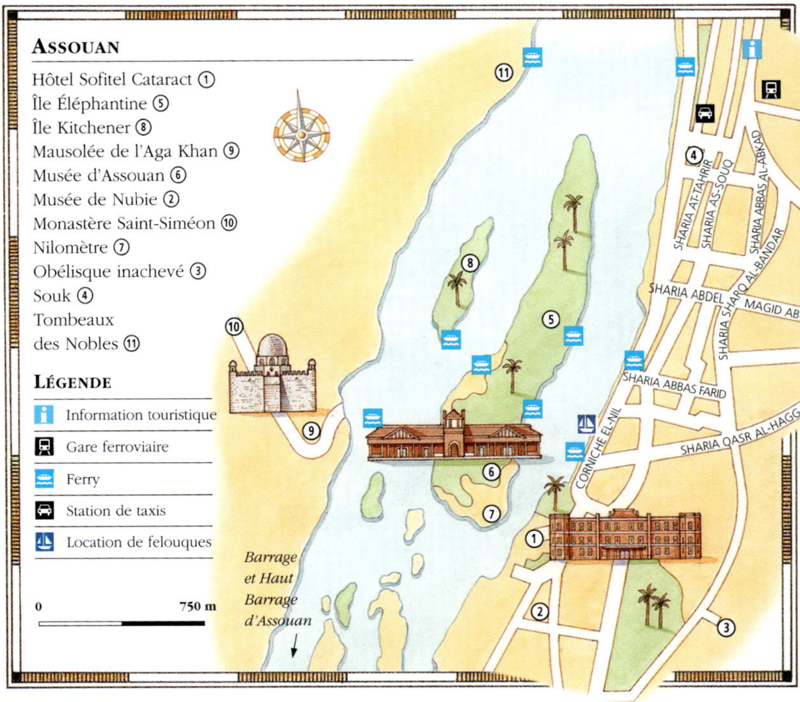

Les luxuriants jardins botaniques de l'île Kitchener, à Assouan, regorgent d'espèces du monde entier

L'île Kitchener

Assouan. t.l.j.

Sur le Nil à l'ouest de l'île Éléphantine, l'île Kitchener, plus petite, appelée aussi île des Plantes, est l'un des plus merveilleux endroits d'Assouan. Elle est couverte de jardins botaniques verdoyants, propices à une paisible promenade ou à la simple détente sous le couvert des arbres. Dans les années 1890, l'île est donnée au général britannique Horatio Kitchener pour avoir mené l'armée d'Égypte à la victoire au Soudan. Il en fait sa résidence, et laisse libre cours à sa passion des fleurs en couvrant l'île de plantes exotiques importées du monde entier.

Les hauts sycomores, palmiers et cocotiers qui s'étirent vers le ciel sont peuplés d'oiseaux colorés et d'aigrettes. Lorsque le soleil commence à descendre, l'île tout entière résonne de leurs appels.

Mausolée de l'Aga Khan

Rive ouest, sur la route du monastère Saint-Siméon. *au public.*

En face d'Assouan, sur un flanc de colline aride de la rive ouest, se dresse le mausolée de l'Aga Khan. Aga Khan III, 48e *imam* (chef religieux) de la secte chiite des ismaéliens, était tombé sous le charme d'Assouan, où il passait tous les hivers. À sa mort en 1957, sa veuve, la Bégum, édifia en son honneur un mausolée sur la colline juste derrière leur villa.

Le monument en grès orné d'un dôme et de tourelles imite à l'extérieur les tombeaux fatimides du Caire *(p. 102)*. L'intérieur abrite un sanctuaire en marbre et le sarcophage de l'Aga Khan, orné d'inscriptions du Coran. Jusqu'à sa mort en 2000, la Bégum a passé une partie de l'année dans sa villa. Tous les jours, elle se rendait au mausolée pour déposer une rose rouge sur le sarcophage de son époux.

Le mausolée de l'Aga Khan sur un flanc de colline désolé en face d'Assouan

Le lac Nasser, immense étendue bleue dans le désert

Le lac Nasser

Plus grand lac artificiel du monde, le lac Nasser s'étire sur plus de 500 km au sud du haut barrage d'Assouan et sa profondeur dépasse parfois 180 m. La construction du barrage a mis sous l'eau toute une région d'Assouan à Abou Simbel, terre des Nubiens déjà avant les temps pharaoniques. Près de 800 000 Nubiens ont dû partir, dont beaucoup pour Assouan, et des dizaines de temples anciens ont été soigneusement déplacés *(p. 21)*.

Imposantes fortifications du monastère Saint-Siméon, à Assouan

Le monastère Saint-Siméon

Rive ouest. *puis par chameau ou à pied.* *t.l.j.*

Monastère du désert sur la rive ouest du Nil, Saint-Siméon a été fondé au VIIe siècle, et abritait autrefois une communauté d'environ 300 moines. Il a été abandonné à la fin du XIIe siècle après une attaque du célèbre Saladin.

Construit comme une forteresse, il a gardé ses murs imposants mais ses bâtiments principaux sont très délabrés. Les étages inférieurs du complexe, qui comportent une église, les logements des moines, les écuries et les ateliers, sont construits en pierre, alors que le haut est fait en brique. Dans la basilique dépourvue de toit, on voit encore les fresques des apôtres, dont les visages ont été grattés par les musulmans. Le soir, la vue du désert au soleil couchant est magnifique.

Brider la puissance du fleuve

Le premier barrage d'Assouan a été construit pour réguler le cours du Nil, augmenter le domaine cultivable et produire de l'hydroélectricité. Très vite, il s'avère trop petit et le président Nasser propose alors la construction du haut barrage et la création du lac Nasser. L'accroissement de la production agricole et énergétique a sauvé l'Égypte de la famine, mais les conséquences sur l'environnement ont été lourdes. La nappe phréatique s'élève, détruisant des monuments antiques. Le limon, qui autrefois atteignait le delta, se dépose dans le lac, contraignant en aval les paysans à employer des engrais potentiellement polluants.

Le barrage construit par les Britanniques pour réguler le cours du Nil

Les tombeaux des Nobles

Qoubbet el-Hawwa, rive ouest.

t.l.j.

Au nord de l'île Kitchener, les collines de la rive ouest du Nil sont piquetées de tombeaux creusés dans le roc depuis l'Ancien et le Moyen Empire. Beaucoup s'ornent de scènes de la vie quotidienne. Le plus grand et le mieux préservé est celui du prince Sarenpout II (N° 31), gouverneur de l'Égypte méridionale sous la XIIe dynastie. La chambre funéraire s'orne de statues de Sarenpout et de peintures du prince à la pêche et à la chasse avec son fils. Les tombes de Mekhou (N° 25), noble de la VIe dynastie tué au cours d'une expédition militaire en Nubie, et de son fils Sabni (N° 26) montrent des scènes familiales et funéraires assez grossièrement peintes. Celle de Sarenpout Ier (N° 36), gardien du Sud sous la XIIe dynastie, le montre en famille avec ses chiens. Illuminée la nuit, l'ancienne nécropole devient irréelle vue d'Assouan, par-delà le fleuve.

Les tombeaux des Nobles, dans les falaises de la rive ouest du Nil, près d'Assouan

Barrage d'Assouan

11 km au sud d'Assouan.

Entre 1898 et 1902, les Britanniques élèvent le barrage d'Assouan, le plus long de l'époque, en amont de la première cataracte. Il sera par deux fois rehaussé, dans l'espoir de contrôler le fleuve. Les routes d'Abou Simbel et de l'aéroport traversent le barrage, offrant des vues sensationnelles sur le Nil et les îles. La photographie est strictement interdite autour des deux barrages.

Haut barrage

6 km au sud du barrage d'Assouan.

Construit entre 1960 et 1971, le gigantesque haut barrage fait 3,83 km de long, 111 m de haut et 980 m de large à la base. À l'extrémité est, le pavillon des visiteurs reprend l'histoire de la construction ; côté ouest, une tour en forme de lotus rappelle le soutien de l'Union soviétique dans la réalisation du barrage.

Le temple de Kalabsha domine la rive du lac Nasser près du haut barrage

Le temple de Philae ⓯

Île Agilka, au sud du barrage d'Assouan. *d'Assouan à Shellal.* *depuis Assouan.* *t.l.j.* **Son et lumière** *18 h, 19 h 30, 21 h en hiver ; 20 h 30, 22 h, 23 h en été.*

Centre du culte d'Isis, l'île de Philae accueillait un grand pèlerinage qui s'est poursuivi longtemps dans la période chrétienne. On disait qu'Isis surveillait de Philae l'île sacrée de Biga, une des sépultures mythiques de son époux Osiris.

Après la construction du barrage d'Assouan (1898-1902), les temples de l'île furent partiellement inondés et les visiteurs venaient les voir en barque. Avec l'édification du haut barrage (1960-1971) et grâce à l'UNESCO, les monuments furent déplacés sur l'île voisine d'Agilka. L'opération a duré de 1972 à 1980 et on a transformé Agilka pour qu'elle ressemble à Philae.

Les visiteurs débarquent à la pointe sud d'Agilka, près du plus ancien monument de l'île, le **kiosque de Nectanebo II**, du IVe siècle av. J.-C. À partir de là, une longue cour flanquée de colonnades mène au magnifique **temple d'Isis**, édifice principal du complexe de Philae. Bâti à la fin des Ptolémées et au début de l'époque romaine, l'immense temple marie les styles égyptien et gréco-romain. Ptolémée XII Néos Dionysos a construit le premier pylône, sur lequel on le voit massacrer ses ennemis sous les yeux d'Isis, Horus et Hathor. Le *mammisi* élevé par Ptolémée VI et modifié par ses successeurs, est dédié à Horus, fils d'Isis. À l'ouest du temple, la **porte d'Hadrien** montre les derniers hiéroglyphes égyptiens, inscrits le 24 août 394. Sur le côté est de l'île, le petit temple d'Hathor abrite des bas-reliefs avec des musiciens, au nombre desquels Bès, le dieu du chant. Plus au sud, au bord de l'eau, s'élève le gracieux kiosque de Trajan aux 14 colonnes où l'on voit l'empereur romain brûler de l'encens devant Osiris et Isis. À la pointe nord de l'île se trouvent les vestiges du **temple d'Auguste** et de la **porte de Dioclétien**.

Lion du temple d'Isis à Philae

Temple de Kalabsha ⓰

À l'ouest du haut barrage. *depuis Assouan.* *t.l.j.*

Dédié au dieu de la fertilité Marol (Mandoulis pour les Grecs), l'imposant temple de Kalabsha a été édifié au Ier siècle par l'empereur Auguste à l'emplacement de monuments plus anciens dus à Aménophis II et Ptolémée IX. En 1970, une opération de sauvetage financée par les Allemands a permis de le déplacer à 50 km de son site d'origine pour échapper à l'inondation de la Nubie. Il domine une rive du lac Nasser juste à l'ouest du haut barrage, où la montée des eaux forme souvent une île.

Une chaussée imposante mène du rivage au premier pylône du temple, derrière lequel s'ouvre une cour à colonnades. Dénuée de toit, la salle hypostyle est remarquable pour ses chapiteaux ouvragés

La colonnade ouest bien conservée qui mène au temple d'Isis, Philae

et ses bas-reliefs où l'on voit Aménophis offrir du vin à Marol.

Aux environs : au nord-ouest, on voit les vestiges abîmés et sans ornement du petit **kiosque de Kertasi** romain, déplacés à la même époque que le temple de Kalabsha. Deux colonnes hathoriques en marquent l'entrée, qui offre une belle vue sur le lac Nasser. Déplacé aussi de Nubie, le temple voisin de **Beit el-Wali** date de Ramsès II. Ses murs montrent les grandes batailles de Ramsès, notamment contre les Nubiens.

Allée de sphinx conduisant au temple de Wadi es-Seboua

Temple de Wadi es-Seboua 17

140 km au sud du haut barrage.

depuis Assouan. *t.l.j.*

Les vestiges d'une allée de sphinx mènent au temple de Wadi es-Seboua, édifié par Ramsès II, dédié au pharaon déifié, à Amon-Rê et à Rê-Harakhtès. Au début des années 1960, il a été déplacé vers l'ouest sur une courte distance. Deux colosses et des statues de Ramsès ornent le monument partiellement taillé dans le roc. Le naos a été transformé en église chrétienne, on distingue des images pâlies de saints au-dessus des reliefs antiques.

Aux environs : juste au nord, le **temple de Dakka** dédié à Thot, commencé au IIIe siècle av. J.-C. par le roi éthiopien Arkamoun, a été agrandi sous les Ptolémées et les Romains. Il a été déplacé de 40 km vers le sud. L'immense pylône est bien conservé. On a aussi remonté ici le **temple de Maharraka** d'époque romaine, dont la salle hypostyle est l'élément essentiel.

Bas-relief remarquablement conservé du tombeau du vice-roi Pennout, près d'Amada

Temple d'Amada 18

185 km au sud du haut barrage.

depuis Assouan. *t.l.j.*

Dédié à Amon-Rê et à Rê-Harakhtès, le temple d'Amada a été bâti par Touthmosis III et Aménophis II, puis agrandi par Touthmosis IV. Déplacé de 3 km seulement, c'est le plus ancien temple nubien connu. On y trouve certains des bas-reliefs nubiens les mieux conservés. Sur le mur du fond du sanctuaire, Aménophis abat ses prisonniers de guerre syriens.

Aux environs : à une courte distance dans le désert, le **temple de Derr** a aussi été déplacé. Construit sous Ramsès II, il est converti plus tard en église. Bien qu'ils soient très endommagés, certains bas-reliefs colorés subsistent, surtout dans le seconde salle à piliers, où l'on voit le pharaon offrir des fleurs et du vin aux dieux. Taillé dans le roc à proximité, le **tombeau de Pennout**, vice-roi du nord de la Nubie sous Ramsès VI, se trouvait à Aniba, à 40 km au sud d'Amada, dans une nécropole de l'Ancien et du Moyen Empire. Le décor de la tombe met en scène Pennout et sa famille, et la cérémonie du pesage du cœur *(p. 29)*.

Qasr Ibrim 19

60 km au nord d'Abou Simbel.

t.l.j.

La forteresse en ruines de Qasr Ibrim est sur son site d'origine, mais la montée des eaux l'a placée sur la rive alors qu'elle dominait la vallée du haut de son plateau. On pense qu'un fort existait ici dès 1 000 av. J.-C. Sous les Romains, son enceinte fortifiée abritait 7 temples, dont un dédié à Isis et un du VIIe siècle av. J.-C. bâti par le roi nubien Taharka. L'un des derniers bastions du paganisme, il devient chrétien au Xe siècle et on y fonde une cathédrale. Il résiste à l'islam jusqu'au XVIe siècle, quand des Bosniaques s'en emparent sur l'ordre du sultan ottoman. La cathédrale devient mosquée. Les fouilles se poursuivent au fort qu'on ne peut voir qu'en bateau.

Ruines de la forteresse de Qsar Ibrim, sur la rive du lac Nasser

Abou Simbel ⑳

Babouin sculpté d'Abou Simbel

Taillé à même la falaise au XIIIe siècle av. J.-C., le grand temple d'Abou Simbel et celui d'Hathor, plus petit, forment un ensemble fabuleux. Le grand temple, dédié aux gardiens des grandes villes d'Égypte – Amon de Thèbes, Ptah de Memphis et Rê-Harakhtès d'Héliopolis – glorifie surtout Ramsès II. Sa façade haute de 33 m, avec les quatre colosses assis de Ramsès II portant le *pschent* (couronne de Haute- et de Basse-Égypte), avait pour but d'impressionner et d'effrayer l'ennemi. L'intérieur glorifie l'union entre royauté et divinité.

★ Façade du temple
Enfouie dans le sable durant des siècles, la façade a été découverte en 1813 par l'explorateur suisse Jean-Louis Burckhardt.

Les temples déplacés d'Abou Simbel
Dans les années 1960, le lac Nasser menace d'engloutir les temples. L'UNESCO les fait démonter et rebâtir 65 m plus haut, à 210 m en retrait du site d'origine, contre une falaise artificielle.

Colosses de Ramsès II
Flanqués d'images de captifs du nord et du sud, les quatre colosses de la façade glorifient l'Égypte unifiée. Les noms de Ramsès, sous forme de cartouches, décorent les trônes.

À NE PAS MANQUER

- ★ Façade du temple
- ★ Salle hypostyle
- ★ Naos

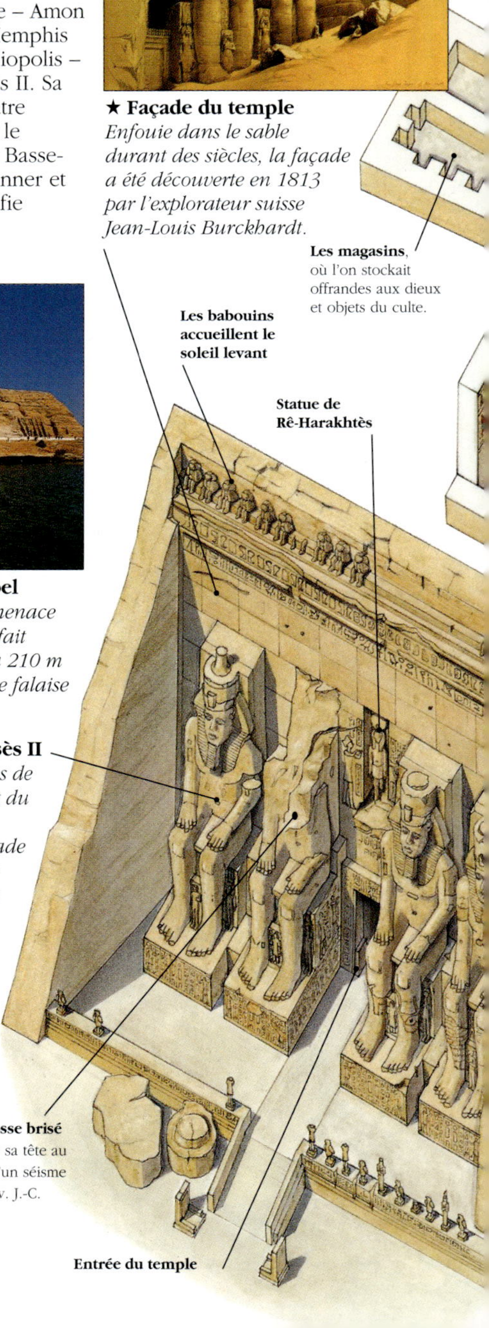

Le vestibule est décoré de scènes de Ramsès et Néfertari faisant des offrandes à Amon et Rê-Harakhtès.

★ Naos
Ramsès II est assis à côté d'Amon Rê, Ptah et Rê-Harakhtès. Deux jours par an, les rayons du soleil illuminent les statues, jadis couvertes d'or.

MODE D'EMPLOI

Gouvernorat d'Assouan, 280 km au sud d'Assouan.
6 h-17 h *(plus tard en cas de vols du soir).*
Son et lumière *19 h, 20 h, 21 h en hiver ; 20 h, 21 h, 22 h en été.* *www.sound-light-eg.-com*

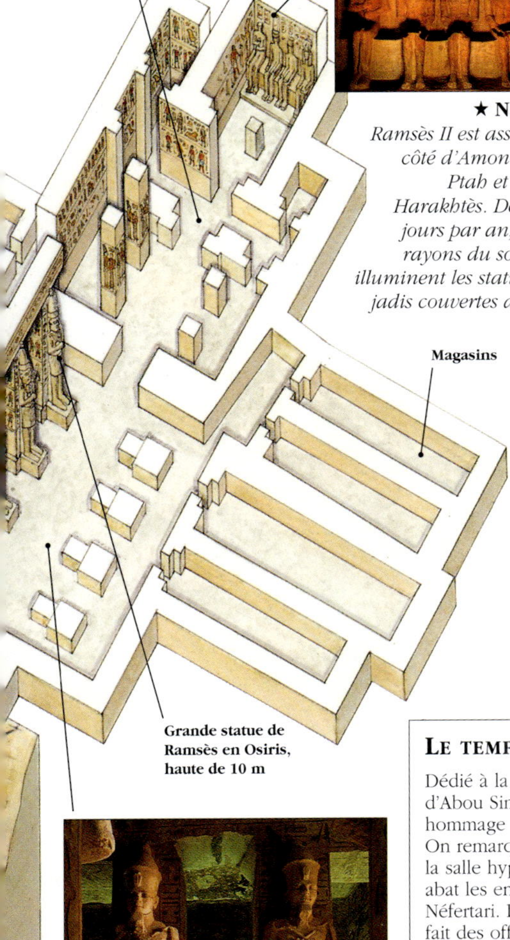

Magasins

Grande statue de Ramsès en Osiris, haute de 10 m

La bataille de Qadesh
Dans la salle hypostyle, les bas-reliefs montrent Ramsès II terrassant les ennemis de l'Égypte. Le mur de droite décrit la défaite des Hittites vers 1275 av. J.-C. à la bataille de Qadesh.

★ Salle hypostyle
Les colosses des piliers sud, en posture osirienne avec le sceptre et le fouet, portent la couronne de Haute-Égypte, alors que ceux du côté nord sont couronnés du pschent. *Sur les murs, Ramsès II présente des offrandes à sa propre personne déifiée.*

LE TEMPLE D'HATHOR

Dédié à la déesse Hathor, le petit temple d'Abou Simbel a été édifié par Ramsès II en hommage à son épouse favorite, Néfertari. On remarquera les chapiteaux hathoriques de la salle hypostyle où, sur les murs, Ramsès abat les ennemis de l'Égypte sous les yeux de Néfertari. Dans le vestibule, le couple royal fait des offrandes aux dieux. Le naos abrite une statue d'Hathor sous sa forme de vache.

Sur la façade du temple de Néfertari, des statues de la reine en déesse Hathor alternent avec celles de Ramsès II

Le Sinaï et les côtes de la mer Rouge

Précieuse au temps des pharaons pour ses mines de turquoise, de cuivre et d'or, la région du Sinaï est devenue, avec ses plages de sable blanc et son extraordinaire vie sous-marine, une destination touristique attractive. Cadre de nombreux épisodes bibliques, la région a une grande importance religieuse et demeure un lieu saint pour les juifs, les musulmans et les chrétiens.

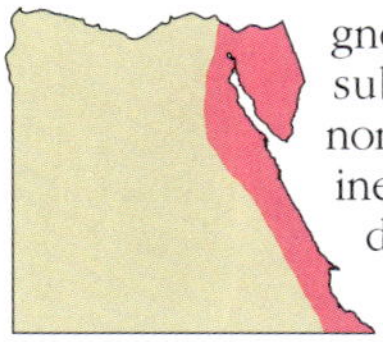

Comme un coin entre l'Afrique et l'Asie, la péninsule du Sinaï est bordée par la Méditerranée, les golfes d'Aqaba et de Suez, et le canal. La région a vécu de nombreux conflits, le plus récent entre 1967 et 1982 quand Israël l'occupa jusqu'à la signature du traité de Camp David. Mais depuis la fin des années 1980, le tourisme est en plein essor le long de sa côte : des stations comme Charm el-Cheikh qui devenues des destinations fréquentées. Mis à part son climat sec et ensoleillé, l'attraction principale de la côte est sa richesse sous-marine – les récifs coralliens et l'abondante faune de la mer Rouge ont fait de la région l'un des premiers centres de plongée du monde. Malgré le boom du tourisme, l'essentiel de l'intérieur montagneux du Sinaï, aux paysages sublimes, domaine de tribus nomades de bédouins, demeure inexploré. La côte égyptienne de la mer Rouge s'étire sur plus de 1 250 km, du canal de Suez à la frontière du Soudan. Séparée de la vallée du Nil par les collines du désert oriental, elle est réputée pour ses eaux turquoise étincelantes. La région entourant le centre de plongée d'Hourghada est en plein développement, comme la côte est du Sinaï de nombreuses stations et hôtels sont en projet.

Exploit technique stupéfiant à son ouverture en 1869, le canal de Suez sépare le Sinaï du reste de l'Égypte. Source de conflits dans le passé, c'est aujourd'hui l'une des grandes ressources économiques du pays.

Achat de fruits et légumes à Hourghada, station de plongée de la mer Rouge

◁ **Les récifs de coraux aux couleurs chatoyantes baignent dans les eaux tièdes de la mer Rouge**

À la découverte du Sinaï et des côtes de la mer Rouge

Alliant mer et montagne, la péninsule du Sinaï est d'une beauté impressionnante. La plupart des visiteurs optent pour la mer, où les stations touristiques se développent de Nuweiba à Charm el-Cheikh. Une journée suffit pour visiter le monastère Sainte-Catherine, à l'intérieur. Sur la mer Rouge, Hourghada est la principale station, d'où partent d'intéressantes excursions aux monastères Saint-Antoine et Saint-Paul. Le canal de Suez, au nord, n'est pas vraiment pittoresque, mais Ismaïlia est une jolie ville et on peut faire à Port-Saïd des achats détaxés.

Le monastère Saint-Antoine, à l'intérieur des terres du littoral de la mer Rouge

Légende

- Autoroute
- Route principale
- Route secondaire
- Route touristique

0 100 km

Au nord de Charm el-Cheikh, stations de luxe et centres de plongée alternent autour de la baie de Naama

Les sites d'un coup d'œil

Ain Musa 4
Charm el-Cheikh 8
Dahab 10
El-Arish 14
Hourghada 17
Île du Pharaon 12
Ismaïlia 2
Marsa Alam 20
Monastère Saint-Antoine 15
Monastère Saint-Paul 16
Monastère Sainte-Catherine, p. 218-221 7
Nuweiba 11
Parc national de Ras Mohammed 9
Port Safaga 18
Port-Saïd 3
Qosseir (Al-Quesir) 19
Serabit el-Khadim 5
Suez 1
Taba 13
Wadi Feiran 6

Chameaux et chameliers bédouins à Assalah, au nord de Dahab, point de départ des randonnées chamelières

Comment s'y rendre

Les routes côtières de la péninsule sont en bon état et l'on peut rejoindre les grandes stations en bus, en voiture ou en taxi. Pour explorer l'intérieur, mieux vaut se joindre à un voyage organisé avec Jeep ou chameaux et guide bédouin, bien que des bus desservent le monastère Sainte-Catherine. Une bonne route côtière descend à Hourghada et Port Safaga. La route de Port-Saïd à Suez est bonne aussi. Pour visiter l'intérieur, préférez une excursion à la journée ou un taxi. Un ferry relie Charm el-Cheikh et Hourghada.

Voir aussi

• ***Hébergement*** p. 269-273

• ***Restaurants*** p. 288-290

Les sources d'Ain Musa auraient été rendues potables quand Moïse y jeta une branche

Frêle barque de pêcheur et navire de croisière dans le canal de Suez

Suez ❶

134 km à l'est du Caire.
418 000. Sharia Suez Canal *(062) 3331 141.*

À l'extrémité sud du canal, Suez est au Moyen Âge un port prospère. Au XVIIIe siècle il sert de point de ravitaillement aux Britanniques sur la route des Indes. Après l'ouverture du canal en 1869, il se développe. Il souffre durement pendant les guerres avec Israël de 1967 et 1973. Mais, reconstruit avec l'aide des États du Golfe, il continue d'être un des grands ports d'Égypte et un gros centre industriel. Suez présente peu d'intérêt pour le touriste, qui se contente de traverser le tunnel Ahmed Hamdi à 12 km au nord de la ville sur la route du Sinaï.

Ismaïlia ❷

120 km au nord-est du Caire.
255 000.

Portant le nom de son fondateur Ismaïl Pacha, souverain d'Égypte de 1863 à 1879, Ismaïlia, la plus jolie et la plus peuplée des villes du canal, a été fondée dans les années 1860 pour les ingénieurs étrangers et les ouvriers du chantier du canal de Suez. Au sud de sa voie de chemin de fer, d'immenses villas de style européen aux jardins luxuriants et vastes terrasses bordent de larges boulevards. Sur le quai Méhémet-Ali, la maison de Ferdinand de Lesseps, directeur de la compagnie du canal et vice-consul de France en Égypte à l'époque de sa construction, est un bel exemple de ces résidences grandioses. Elle accueille aujourd'hui les hôtes de la direction du canal de Suez.

Le **musée d'Ismaïlia** voisin abrite une vaste collection d'objets gréco-romains et des détails sur l'histoire du canal. Pour visiter le jardin des stèles voisin, avec ses vestiges antiques, s'adresser au musée.

Conçu pour apporter l'eau du Nil aux ouvriers du canal, le Sweetwater Canal mène au lac Timsah (lac des Crocodiles), qui offre des plages agréables. Un ferry relie Ismaïlia à la rive est du canal, où l'Égypte a lancé en 1973 sa célèbre attaque sur les troupes israéliennes.

Sphinx gardant le musée d'Ismaïlia

Musée d'Ismaïlia
Sharia Salah Salem. *t.l.j.*

Port-Saïd ❸

225 km au nord-est du Caire.
473 000. *8 Sharia Palestine (066) 3235 289.*

Au débouché du canal de Suez sur la Méditerranée, Port-Saïd a été fondée en 1859 par le khédive Saïd Pacha pour loger les ouvriers du canal. Pendant des années, son nom fut lié à la drogue et à la contrebande, mais ce passé douteux a été mis de côté et le port, station balnéaire mineure, est surtout connu pour ses achats hors taxe.

Bâtie pour l'essentiel sur des terrains gagnés sur le lac Manzila, Port Saïd est entourée d'eau. Fortement bombardée pendant la crise de Suez en 1956 et durant les conflits de 1967 et 1973 avec Israël, la ville a été reconstruite. Les dômes verts caractéristiques de l'immeuble du Canal, édifié en 1869 sur sharia Palestine, sont l'un des repères de la ville.

Tout près, le **Musée national de Port-Saïd** retrace l'histoire de l'Égypte à partir de l'Antiquité, avec des momies pharaoniques et des objets coptes anciens.

À quelques pas, le **Musée militaire**, sur sharia 23rd July, présente de manière saisissante les différents conflits qui ont ponctué l'histoire du canal.

Villa de style colonial du XIXe siècle à Ismaïlia

À Port-Saïd, vue de Port Fouad sur l'autre rive du canal

Musée national de Port-Saïd
Sharia Palestine. t.l.j.

Musée militaire
Sharia 23rd July. t.l.j.

Ain Musa ❹

25 km au sud-est du tunnel Ahmed Hamdi. *du Caire à Port-Saïd.*

Ain Musa, « sources de Moïse », s'étend au sud-est du tunnel Ahmed Hamdi, qui passe sous le canal de Suez près de son débouché sur le golfe de Suez. Selon l'Ancien Testament, c'est ici que, après avoir fait traverser la mer Rouge aux Hébreux, Moïse, sur injonction de Dieu, a changé une source saumâtre en eau potable en y jetant une branche.

Ain Musa a alimenté en eau la ville locale jusqu'aux années 1860, mais aujourd'hui il ne reste qu'une des 12 sources mentionnées par le Livre de l'Exode. Pendant l'occupation du Sinaï à partir de 1967, l'armée israélienne fait d'Ain Musa un bastion stratégique, mais l'armée égyptienne s'en empare en octobre 1973. Les palmeraies environnantes ont été endommagées par le conflit du Sinaï.

À quelque 3 km au nord des sources, le mémorial militaire touristique d'Ain Musa rappelle les hauts faits de l'armée égyptienne.

Serabit el-Khadim ❺

32 km à l'est d'Abou Zenima, Sinaï.

Édifié sous la XIIe dynastie, le temple de Serabit el-Khadim « hauteurs de l'esclave » est perché sur une butte à 755 m à l'est des industries pétrolières d'Abou Zenima. Au temps des pharaons, la région employait des milliers d'hommes dans ses mines de cuivre et de turquoise. Le temple était dédié à Hathor, déesse de l'amour et « maîtresse de la turquoise ». Des excursions en Jeep au départ de Naama Bay, près de la pointe sud du Sinaï, incluent Serabit el-Khadim dans leurs circuits de cette région sauvage. On peut aussi louer un véhicule 4 x 4, mais il est recommandé d'emmener un guide.

Wadi Feiran ❻

60 km à l'ouest du monastère Ste Catherine, Sinaï. *650.*

À mi-chemin entre le monastère Sainte-Catherine et la côte de la mer Rouge, au pied du mont Serbal (2 000 m), Wadi Feiran est la plus grande oasis du sud du Sinaï. Vallée sinueuse ombragée de palmiers, tamaris et fruitiers, elle serait le *Rephidim* que mentionne l'Exode, ultime étape des Hébreux épuisés avant qu'ils atteignent le mont Sinaï.

Une communauté de premiers chrétiens s'y épanouit, et en 451 l'oasis devient un siège épiscopal, administrant le monastère Sainte-Catherine *(p. 218-221)*. Le palais de l'évêque et le couvent sont détruits au VIIe siècle, mais un petit monastère est édifié sur le site avec la pierre des bâtiments byzantins. L'oasis appartient aux tribus Tawara.

Les palmiers prospèrent dans l'oasis de Wadi Feiran, dans le sud du Sinaï

Le monastère Sainte-Catherine ❼

Blotti au pied du mont Sinaï, le monastère grec orthodoxe Sainte-Catherine serait le plus vieux couvent chrétien du monde occupé sans interruption. Fondé en 527 par l'empereur Justinien, il remplace une chapelle édifiée en 337 par l'impératrice Hélène sur le site où Moïse aurait vu le buisson ardent. Il est baptisé Sainte-Catherine au IXe ou Xe siècle, quand les moines affirment avoir découvert le corps intact de la sainte sur une montagne voisine.

Bibliothèque
La collection de manuscrits paléochrétiens est une des premières au monde.

★ Collection d'icônes
Le monastère possède 2 000 icônes, celle-ci représente saint Pierre. Une partie est exposée dans la basilique.

Les murs de Justinien, du VIe siècle, appartiennent à l'édifice d'origine.

Le buisson ardent
Cet arbuste à feuillage persistant serait de la même origine que le buisson où Dieu a ordonné à Moïse de conduire son peuple hors d'Égypte vers la Terre promise.

La chapelle du Buisson ardent, où, croit-on, poussait le buisson miraculeux, est la partie la plus sacrée du monastère.

★ Basilique de la Transfiguration
Cette église richement ornée doit son nom à la mosaïque de la Transfiguration du VIe siècle qui orne l'abside, derrière l'iconostase dorée du XVIIe siècle.

À NE PAS MANQUER

- **★ Basilique de la Transfiguration**
- **★ Collection d'icônes**

Clocher
La tour élevée en 1871 abrite neuf cloches, don du tsar Alexandre II de Russie, qui ne sonnent qu'aux fêtes religieuses.

Mode d'emploi

Sinaï, 90 km à l'ouest de Dahab et Nuweiba. *(069) 3470 032.* *10 km au nord-est du monastère.* *depuis Le Caire, Taba, Dahab, Charm el-Cheikh jusqu'au village de Sainte-Catherine (Al-Milga), puis taxi 3 km. Pompe à essence au monastère.* *9 h-12 h, sauf ven. et dim.* *Fêtes grecques orthodoxes. Entrée gratuite, donations bienvenues.*

La mosquée a été créée en 1106 pour amadouer les chefs musulmans locaux en reconvertissant l'ancienne chapelle Saint-Basile.

Jardin du monastère
Dans le verger se trouve le cimetière, d'où l'on exhume périodiquement les ossements des moines pour les déposer dans l'ossuaire.

L'entrée surélevée, que l'on atteignait grâce à une poulie, était jadis l'unique accès.

La citerne souterraine a été creusée pour stocker l'eau douce des sources du monastère.

Puits de Moïse
À l'intérieur du mur d'enceinte se trouve le premier puits du monastère, où Moïse aurait rencontré sa future épouse Sippora, fille de Jéthro.

Sainte Catherine d'Alexandrie

Une des saintes préférées des premiers chrétiens, Catherine serait née au début du IVe siècle dans une famille aisée d'Alexandrie. L'empereur païen la fit martyriser pour sa foi, attachée à une roue munie de pointes (d'où la roue de Sainte-Catherine), puis décapiter. Dans l'église Sainte-Catherine du monastère, un sarcophage en marbre entoure deux coffrets d'argent qui abriteraient une partie de ses reliques, découvertes par les moines 600 ans après sa mort.

Sainte Catherine, détail d'une chasuble

À la découverte du monastère Sainte-Catherine

Complètement isolé pendant des années au cœur de ses montagnes de granit rouge, le monastère est aujourd'hui une destination touristique majeure, et voit arriver chaque jour des cars de touristes. Une vingtaine de moines, la plupart grecs, y habitent ; les heures d'ouverture sont donc réglementées. Les montagnes environnantes sont d'une beauté stupéfiante, et la plupart des visiteurs empruntent le chemin qui monte au mont Sinaï, où Moïse aurait reçu les Dix Commandements, pour profiter du panorama spectaculaire de ce site biblique majeur.

Porte intérieure en bois richement sculptée, basilique du VIe siècle

Intérieur du monastère

On entre par une petite poterne dans le mur nord-est. Au-dessus, l'ouverture surélevée munie d'une poulie servait au Moyen Âge d'entrée unique quand le portail était baissé, pour se défendre des pillards. Certaines parties des hauts murs de granit sont du VIe siècle, mais ils ont été très remaniés au fil des ans, – au XIVe siècle après un séisme, puis en 1800 quand Bonaparte a envoyé des maçons du Caire pour les restaurer.

L'église principale du monastère est la basilique de la Transfiguration, due, en 527, à l'architecte de Justinien, Stephanos Ailisios. C'est l'une des rares églises de cette époque restant dans la région. Ses portes en bois massif du XIe siècle ouvrent sur un narthex (porche). Puis une autre porte sculptée d'oiseaux, d'animaux et de fleurs, qui serait celle d'origine de l'église de Justinien, mène à une nef centrale flanquée de six piliers portant les icônes byzantines des saints fêtés chaque mois de l'année. Le sol en marbre et le plafond à caissons sont du XVIIIe siècle. Une iconostase dorée peinte au XVIIe siècle sépare la nef de l'autel. Derrière, le plafond de l'abside s'orne d'une superbe mosaïque de la Transfiguration du VIe siècle. Derrière l'autel s'ouvre la chapelle du Buisson ardent, lieu le plus sacré du monastère, en général fermé au public. L'arbuste épineux à feuilles persistantes, espèce qui ne se trouve nulle part ailleurs au Sinaï, serait un descendant du Buisson biblique d'où la voix de Dieu a interpellé Moïse.

La bibliothèque du monastère la plus importante après celle du Vatican, abrite plus de 3 000 manuscrits anciens en grec et d'autres langues. Un de ses joyaux est le *Codex Syriacus*, une version syriaque (Ve siècle) du Nouveau Testament. Les icônes inestimables du début de l'époque byzantine, tels le *Saint-Pierre* (V-VIe siècle) ou le *Christ en majesté* et *L'Échelle du Paradis* (VIIe siècle), sont au nombre des rares survivantes de la période iconoclaste (726-843), quand leur culte passait pour idolâtrie. On en voit certaines dans le narthex de l'église, et une galerie extérieure plus grande est en projet.

Dans le jardin touffu d'oliviers et d'abricotiers, le cimetière du monastère jouxte la chapelle Saint-Tryphon, dont la crypte abrite un ossuaire où l'on dépose les ossements des moines depuis des siècles. Le squelette en robe de bure est Stephanos, gardien du chemin du mont Sinaï au VIe siècle.

Les crânes des moines placés dans l'ossuaire

AUX ENVIRONS : haut de 2 286 m, le **mont Sinaï** serait le mont Horeb de la Bible (Exode, 24), où Moïse a passé 40 jours et 40 nuits avant de recevoir les Dix Commandements. Deux chemins derrière le monastère montent au sommet, le moins raide et le plus habituel étant le « sentier des chameaux » créé par Abbas Hilmi Ier, pacha de 1849 à 1854. Il est possible de louer des chameaux au pied de la montagne, mais les 700 dernières marches se font à pied. Plus abrupte, la « route du repentir » aux

La chapelle du Buisson ardent se visite sur autorisation particulière

Le monastère Sainte-Catherine vu du chemin montant au mont Sinaï

3 700 marches est jalonnée d'étapes votives, dont la source de Moïse, qui jaillit d'une petite grotte, et la porte de saint Étienne. La plupart des visiteurs montent la nuit pour être au sommet au lever du soleil.

À environ 700 marches du sommet, le **bassin d'Élysée** est une plaine sablonneuse parsemée de cyprès, l'un deux aurait mille ans. C'est là que les compagnons de Moïse auraient attendu celui-ci pendant qu'il gravissait seul la montagne. Il vaut mieux camper ici plutôt qu'au sommet si l'on souhaite passer la nuit sur le mont.

En haut, là où Dieu aurait parlé à Moïse dans une nuée ardente, se dresse une mosquée du XIIe siècle et la petite **chapelle de la Sainte-Trinité**, élevée en 1934 sur le site d'une première église du VIe siècle. Toutes deux sont souvent fermées au public.

Au sud-ouest du mont Sinaï, le **mont Catherine**, point culminant d'Égypte avec 2 642 m, offre une montée abrupte mais pittoresque. Au sommet se dresse une petite chapelle pleine d'icônes qui attire parfois beaucoup de visiteurs. La vue est spectaculaire sur les golfes d'Aqaba et de Suez et les montagnes d'Afrique et d'Arabie Saoudite.

Le protectorat de Sainte-Catherine

Établi en 1996, le protectorat couvre 4 350 km² autour du mont Sinaï, avec pour objectif la protection de la faune et de la flore et la préservation des sites historiques et religieux. Un code du randonneur invite à ne pas jeter de détritus, à n'emporter ni plantes ni roches, et à ne pas laisser de graffiti.

Le protectorat édite des guides de randonnée dans les vallées du **Wadi Arbaein** et du **Wadi Shrayj**, en indiquant sites culturels et panoramas. Un autre décrit l'ascension du **mont Abbas Pacha**, jusqu'au palais inachevé du sommet (2 383 m), conçu au XIXe siècle comme sanatorium pour le pacha malade. Le centre d'accueil près du monastère et le bureau du protectorat au village de Sainte-Catherine vendent ces guides et organisent les excursions accompagnées d'un guide bédouin.

Les Bédouins de la péninsule du Sinaï

Descendant de tribus de la péninsule Arabique, les Bédouins du Sinaï vivent depuis des siècles leur rude vie nomade dans les régions arides, dépendant de leurs chèvres, moutons et chameaux pour vivre, dormant sous des tentes en peau de chèvre. Leur nom vient de l'arabe *bedu*, « habitant du désert ». On les reconnaît à leurs vêtements traditionnels – les femmes portent des robes noires et des voiles à sequins et les hommes de longues tenues blanches. Souvent, on voit leur silhouette enveloppée de voiles se détacher sur les paysages austères, battus par les vents. Mais leur vie est en train de changer. Les programmes de sédentarisation du gouvernement et le tourisme qui grignote tout le Sinaï menacent leur mode de vie ancien. Les maisons en béton se hérissent d'antennes télé et les enfants portent de plus en plus d'habits occidentaux. Certains bédouins sont restés des éleveurs nomades, mais beaucoup ont remplacé le chameau par la Jeep.

Bédouine en costume traditionnel

À Naama Bay, Charm el-Cheikh, les récifs de coraux tout près du rivage

Charm el-Cheikh ❽

300 km au sud-est de Suez.
Parc national de Ras Mohammed (069) 3660 559, (069) 3660 668.

S'étirant sur plus de 20 km de côte au nord de Ras Mohammed, la station très fréquentée de Charm el-Cheikh est une destination réputée pour la plongée. « Charm », comme on l'appelle, se divise en deux – le port et la ville au sud, et **Naama Bay**, une enclave touristique chic, à 7 km au nord.

Pendant la guerre des Six Jours en 1967, les Israéliens ont occupé le port et ont commencé à bâtir des hôtels sur la côte. Le développement de Naama Bay, initié dans les années 1980, est toujours en plein essor. Les Européens, surtout les Italiens, l'apprécient pour les voyages organisés.

À Naama, centres de plongée et hôtels bordent la Corniche, à mille lieues du mode de vie traditionnel des Bédouins. L'eau est cristalline et il y a de nombreux sites accessibles pour plongeurs débutants comme pour explorateurs d'épaves confirmés. Les bons hôtels de Charm el-Cheikh organisent des excursions dans le désert et au monastère Sainte-Catherine.

Aux environs : à environ 10 km au nord de Naama, **Shark Bay** (baie des requins) est une station meilleur marché et plus petite. La construction récente d'un hôtel cinq étoiles a modifié son ambiance décontractée et d'autres aménagements sont en cours. Ici, coraux et poissons tropicaux sont féeriques et, en dépit du nom, il n'y a pas de requins. Au nord, la mer Rouge devient le golfe d'Aqaba au détroit de Tiran. Des excursions de plongée à **Tiran** et l'**île Sanafir** partent de Charm, Naama et Shark Bay. Plus au nord sur la côte s'étend le **parc national de Nabq**, apprécié des amateurs d'oiseaux. La forêt de mangrove la plus septentrionale du monde abrite toute une faune avicole, hérons gris et blancs, balbuzards et cigognes. Plus à l'intérieur vit une faune habituée aux conditions arides tels que gazelles, damans et renards des sables.

Tortue de la mer Rouge

Parc national de Nabq

29 km au nord de Charm el-Cheikh. *t.l.j.*

Parc national de Ras Mohammed ❾

20 km au sud de Charm el-Cheikh.
jusqu'à Charm el-Cheikh, puis taxi. (069) 3660 559, (069) 3660 668. t.l.j.

Couvrant la pointe sud de la péninsule du Sinaï, Ras Mohammed devient en 1989 le premier parc marin d'Égypte. La richesse de sa faune sous-marine et ses vastes récifs constellés d'éponges et de coraux chatoyants en font une merveilleuse destination de plongée et d'exploration avec masque et tuba. Plus de 1 000 espèces de poissons colorés peuplent ses eaux claires, et barracudas, requins de récif, tortues marines et raies mantas en sont les hôtes les plus curieux. Sur terre, le parc est l'habitat de bouquetins, de gazelles et de toutes sortes d'oiseaux. Occupant un passage peu profond au sud de la péninsule, la mangrove est un grand refuge pour les oiseaux. Le centre d'accueil présente des vidéos du parc et offre une carte des sentiers fléchés menant aux plages. Chaque année, des milliers de touristes visitent le parc, mais des efforts louables sont faits pour le protéger. La construction d'hôtels est interdite, et le nombre des bateaux de plongée

Un des nombreux centres de plongée de Charm el-Cheikh

Les coraux de la mer Rouge

Le « raton-laveur », poisson-papillon bigarré

Un des écosystèmes les plus riches au monde, le récif corallien est constitué de colonies de minuscules animaux, les polypes, qui ont besoin d'un milieu particulier pour croître. On en trouve deux types, le corail mou, et le corail dur qui développe un squelette externe rigide. La plupart des récifs se sont formés sur des millénaires par l'accumulation des squelettes de coraux durs. Les récifs de la mer Rouge forment par endroits de véritables falaises, couvertes de coraux aux formes exotiques rose pastel, jaune et rouge. Pour beaucoup de vacanciers, la plongée est un grand moment et la région regroupe de nombreux centres *(p. 306-307)*. Pour ceux qui ne souhaitent pas s'encombrer de bouteilles, les récifs forment des lagons peu profonds, idéaux pour l'exploration au tuba. Attention cependant, les coraux semblent solides, mais sont en fait extrêmement fragiles et il importe de les admirer sans les toucher.

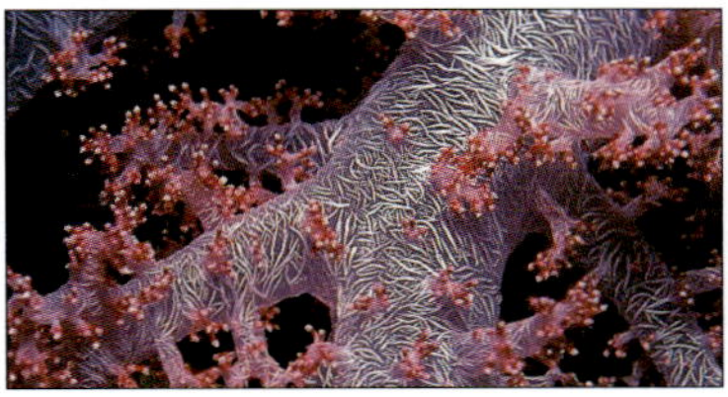

***Le corail mou** a besoin d'eau salée et limpide et de courants tièdes qui lui apportent ses nutriments. La nuit, les polypes utilisent leurs tentacules pour piquer et capturer le plancton.*

***Le mérou** « bijou » aime les recoins sombres du récif, car dans la pénombre sa tenue éclatante devient un excellent camouflage tandis qu'il guette le passage d'une proie.*

***L'anémone de mer** ressemble à une plante colorée, mais c'est un polype prédateur, qui paralyse ses proies avec ses tentacules et les porte à sa bouche centrale.*

***La raie à taches bleues** ondule sur le fond marin, ramassant escargots, vers et crabes pour les broyer avec ses dents plates adaptées.*

***Les falaises des récifs** plongent à des profondeurs de 80 m et plus, offrant un abri à plus de 1 000 espèces de poissons et 150 types de coraux.*

Chameliers bédouins et leur monture près de Dahab

Dahab ⑩

100 km au nord de Charm el-Cheikh.

Dahab signifie « or » en arabe, et la teinte mordorée de ses plages a donné son nom à la station appréciée. Elle s'est développée autour du village bédouin d'Assalah, au nord de la ville, le front de mer étant bordé de campings, de cabanes de plage, d'hôtels, d'étals et de restaurants bon marché qui attirent surtout les jeunes voyageurs à petit budget.

Au sud, l'offre haut de gamme, avec luxueux villages de vacances et centres de plongée, séduit une clientèle très différente. La mer reste l'attraction principale pour tous et le récif corallien, où la vie marine abonde, est proche du rivage. Le « Blue Hole », ou trou bleu, au nord de Dahab, est le site de plongée le plus connu. Presque entièrement ceint de coraux, il descend à 80 m à quelques brasses seulement du rivage. Cet endroit et le canyon voisin présentent un danger pour les plongeurs inexpérimentés ; tous les ans, certains y perdent la vie. La prudence conseille de s'en tenir au masque et au tuba pour admirer le récif.

Des excursions en Jeep et à dos de chameau sont organisées au départ de Dahab. Elles constituent une excellente façon d'explorer l'intérieur sauvage et superbe du Sinaï et d'avoir un aperçu du mode de vie bédouin.

Véliplanchiste à Dahab, sur le golfe d'Aqaba

Nuweiba ⑪

85 km au nord de Dahab.
depuis Aqaba (Jordanie).

À mi-chemin sur la côte du golfe d'Aqaba, Nuweiba se compose de trois zones, qui s'étirent sur 10 km. Au nord, dans le village bédouin de Tarabine, avec ses campings de paillotes sur la plage, se dressent les ruines d'un fort du XVIe siècle, construit par le sultan mamelouk Ashraf el-Ghouri. À environ 1 km au sud de Tarabine, Nuweiba City offre des hébergements plus luxueux. Pour ceux qui veulent prendre le ferry pour Aqaba, le port peu séduisant de Nuweiba, à 8 km au sud, propose plusieurs hôtels.

Tout au long de cette côte fleurissent hôtels et campings, luxueux ou bon marché. Le cadre est superbe, avec en toile de fond les hauteurs brumeuses du Sinaï et sur l'autre rive celles d'Arabie Saoudite.

Pour beaucoup de visiteurs, le moment fort du séjour est la nage avec le dauphin apprivoisé Olin. À Mizela, juste au sud du port, un pêcheur nommé Abdullah a adopté en 1992 un dauphin femelle qui avait perdu son compagnon. Dans la baie du village, les touristes attendent leur tour pour nager avec elle.

En prenant le catamaran du port de Nuweiba à Aqaba, on découvre une autre merveille, la cité antique de Pétra. À 96 km au nord d'Aqaba, cette ville extraordinaire a été creusée dans le roc entre les IIIe et Ier siècles av. J.-C.

Aux environs : Nuweiba est une bonne base pour explorer l'intérieur, l'excursion en Jeep ou à dos de chameau s'organise aisément. Le **canyon coloré**, à environ 30 km à l'intérieur, est une destination appréciée. On s'y rend *via* l'oasis d'Ain el-Furtaga, souvent en 4 x 4 ; le chameau, quoique plus lent, reste une alternative. Semblable à une œuvre d'art moderne, l'étroit défilé doit son nom aux strates roses, brunes, vertes et jaunes résultant de l'oxydation des minéraux.

Au sud de Nuweiba, la **réserve naturelle d'Abou Galoum** est une excellente destination pour les safaris de plongée. En retrait de ses belles plages désertes s'étend un réseau de vallons à la flore et la faune abondantes comprenant renards des sables, bouquetins et damans.

Nouvelle station à Nuweiba, avec vue sur la côte d'Arabie Saoudite

◁ **Le monastère Sainte-Catherine, fondé au VIe siècle dans une vallée au pied du mont Sinaï**

La forteresse croisée de l'île du Pharaon, au sud de Taba, dans le golfe d'Aqaba

L'île du Pharaon ⓬

7 km au sud de Taba. 🚗 🚌 *puis le ferry.*

Entourée de coraux fabuleux, l'île du Pharaon (du Corail, pour Israël) ravit les plongeurs. À 250 m du rivage, près de la frontière israélienne, elle est desservie par bateau au départ de l'hôtel Saladin, sur la route côtière en face de l'île.

On y découvre les ruines restaurées d'un fort du XIIe siècle, bâti par les croisés pour protéger les pèlerins de Terre sainte. Capturé en 1170 par Saladin (Salah ed-Din), il sert de citadelle contre les croisés avant d'être abandonné en 1183.

Taba ⓭

70 km au nord de Nuweiba. 🚌

Sur la frontière avec Israël, Taba n'a été rendue à l'Égypte qu'en 1989, après intervention internationale. L'Égypte étant résolue à recouvrer tous ses territoires, le litige sur Taba a duré sept ans après la restitution du reste du Sinaï.

Taba offre quelques restaurants et cafés, et un hôtel, mais la plupart des visiteurs sont de passage entre les deux États. Le gouvernement a baptisé « Riviera égyptienne » les 70 km de côte entre Taba et Nuweiba, une zone de développement prioritaire avec de nombreux hôtels et stations en construction.

Quand on quitte l'Égypte par Taba, il faut savoir qu'un passeport avec visa israélien interdit l'entrée dans des pays comme le Liban et la Syrie. Mieux vaut demander un visa sur feuille libre.

El-Arish ⓮

48 km au sud-ouest de Rafah.
40 000. ℹ *Sharia Fuad Zikry (068) 3363 743.* 🚌 *jeu.*

Souvent ignorée du touriste, la côte nord du Sinaï offre pourtant des sites intéressants à visiter, dont la ville côtière d'el-Arish. Ses plages blanches frangées de palmiers, baignées des eaux tièdes de la Méditerranée, en sont l'atout principal ; el-Arish est aussi plus typique que les stations décontractées du golfe d'Aqaba.

Le jeudi se tient un marché bédouin où les femmes en costume traditionnel vendent vêtements brodés et bijoux en argent. Sur la route côtière vers Israël, le **musée du Patrimoine du Sinaï** expose artisanat bédouin et faune naturalisée.

Le long de la côte à partir de la lagune de Barsawil, à environ 25 km d'el-Arish, s'étend le protectorat de Zerenike, apprécié des amoureux des oiseaux.

Musée du Patrimoine du Sinaï

Banlieue d'el-Arish sur la route de Rafah. *(068) 3324 105.*
8 h 30-14 h, sam.-jeu.

La promenade bordée de palmiers de la station méditerranéenne d'el-Arish

La façade originale du monastère Saint-Antoine avec en toile de fond les monts de la mer Rouge

Monastère Saint-Antoine 15

47 km à l'ouest de Zafarana.
depuis Le Caire, Suez ou Hourghada. *t.l.j.*

Perdu dans les monts de la mer Rouge, le monastère Saint-Antoine (361-363), le plus vieux couvent copte d'Égypte, marque le début de la tradition monastique.
La légende dit qu'Antoine, orphelin à 18 ans, s'est retiré dans les montagnes pour servir Dieu. Ses disciples ont élevé le monastère sur sa tombe.

Malgré des attaques de tribus bédouines aux VIIIe et IXe siècles, de musulmans au XIe siècle et une révolte sanglante des serviteurs bédouins au XVe siècle, le complexe conserve beaucoup de son aspect d'origine. C'est le plus grand du pays, avec plusieurs églises et chapelles et de vastes quartiers d'habitation, mais il compte seulement 25 moines. Les murs intérieurs de l'église montrent d'éclatantes peintures murales du XIIIe siècle. À 2 km au nord-est se trouve la grotte où saint Antoine aurait passé ses dernières années.

Deux moines au monastère Saint-Paul

Monastère Saint-Paul 16

80 km au sud-est du couvent Saint-Antoine. *depuis Le Caire, Suez ou Hourghada.* *t.l.j.*

La route serpente jusqu'au monastère Saint-Paul, caché derrière de hauts murs. Paul (228-341), d'une riche famille d'Alexandrie, devient le premier ermite connu quand il se retire à 16 ans dans le désert oriental. Les murs à tourelles du monastère s'élèvent autour de la grotte où il a vécu pendant des décennies. L'église principale Saint-Paul est peinte de représentations de la Vierge à l'Enfant et des archanges. Les chapelles abritent des dizaines d'icônes. Des œufs d'autruche, symboles de la Résurrection, pendent du plafond. Derrière l'église, un donjon à cinq niveaux alimenté en eau par un canal caché servait à protéger les moines des raids bédouins.

Hourghada 17

320 km au sud de Suez.
36 000. *desserte t.l.j. par catamaran, ferry hebdomadaire depuis Charm el-Cheikh.* *sharia Banque Misr (065) 3444 420.*

Sur la mer Rouge, Hourghada, à l'origine petit village de pêcheurs, s'est entièrement transformée depuis les années 1990. C'est une station touristique tentaculaire sur 25 km de côte, réputée pour ses centres de plongée, qui offrent des excursions en mer Rouge avec bouteille ou masque et tuba à la découverte de son extraordinaire vie marine. Il y a un grand choix d'hébergement : les meilleur marché se trouvent autour

Véliplanchiste sur la plage Sindbad d'Hourghada, en bord de mer Rouge

d'Ad-Dahar, à la limite nord de la ville, alors que Sigala, au sud, offre des prestations haut de gamme. Certains hôtels possèdent de belles plages privées. Beaucoup d'excursions en mer sont proposées, comme la journée à l'**île Giftoun**. Celui qui veut admirer les merveilles sous-marines sans se mouiller peut monter à bord d'un sous-marin au départ de Sindbad Village, ou d'un bateau à fond de verre au Marine Sports Club. On visite un **aquarium** sur la corniche et un **Musée marin** au nord de la ville. En réponse à la crainte des écologistes de voir l'afflux touristique dégrader l'environnement marin, l'HEPCA, association de protection de l'environnement d'Hourghada, a été créee en 1992 pour protéger les récifs et sensibiliser l'opinion.

Aquarium
Al-Corniche. t.l.j.

Aux environs : à 30 km au nord d'Hourghada, sur une superbe partie de la côte, la nouvelle station de luxe d'**el-Gouna** montre des villas et hôtels à toits en dôme de style typiquement nubien.

Soma Bay, à 45 km au sud d'Hourghada, est une autre station touristique récente équipée d'un golf 18 trous, d'une marina et d'hôtels et villas haut de gamme.

On peut visiter en une journée, au départ d'Hourghada et de la côte, les vestiges de deux carrières romaines dans les monts de la mer Rouge.

Mons Porphyrites, à 60 km au nord de la ville, abrite d'anciennes carrières de porphyre. Expédiée partout dans l'empire, la pierre rose pourpré servait aux Romains pour la construction. On voit encore des parties de la ville minière. À environ 50 km au sud-est d'Hourghada, les Romains extrayaient des colonnes de granit noir des mines de **Mons Claudianus**. Certaines soutiennent encore le Panthéon de Rome aujourd'hui. On visite aussi les vestiges du fort et de la ville romaine.

Musée marin
7 km au nord d'Hourghada.
t.l.j.

Construction traditionnelle des bateaux à Port Safaga

Port Safaga 18

58 km au sud d'Hourghada.
23 500.

Juste au sud, après plusieurs stations élégantes, Port Safaga se trouve à proximité de récifs extraordinaires. Les conditions climatiques locales sont idéales pour la planche à voile. En 1993, le championnat du monde de planche a eu lieu ici. À part le tourisme, les activités sont l'exportation des phosphates extraits localement et le transport par ferry de voyageurs vers l'Arabie Saoudite.

Maison colorée ornant une rue du port de Qosseir

Qosseir (Al-Quesir) 19

80 km au sud de Port Safaga.
20 500.

La petite ville de Qosseir est riche d'histoire. C'est de là qu'est partie la reine Hatchepsout pour sa célèbre expédition au pays de Pount *(p. 193)*. Appelé Leukos Limen (port blanc) sous les Ptolémées, c'est jusqu'au Xe siècle le plus grand port de la mer Rouge, fréquenté par les pèlerins de La Mecque. Après l'ouverture du canal de Suez en 1869, il décline pour devenir une simple bourgade de pêcheurs assoupie. La forteresse ottomane du sultan Selim, du XVIe siècle, domine toujours la ville.

Le développement hôtelier se poursuit sur la côte. L'offre d'excursions augmente, par exemple les sorties de plongée aux îles du Grand et du Petit Frère, à 67 km au nord-est. Les amateurs de couleur locale apprécieront le souk de Qosseir et sa communauté bédouine. L'ancienne route des caravanes vers Qift, dans la vallée du Nil, part de la ville à travers la montagne en passant plusieurs sites pharaoniques et romains.

Marsa Alam 20

132 km au sud de Qosseir.
1 650.

Village de pêche dans une région de mines de phosphates, doté d'une grande base militaire, Marsa Alam possède aussi de beaux récifs de corail. Le tourisme s'y développe et l'on construit un aéroport entre Marsa et Port Safaga, ainsi qu'une immense station de luxe à Wadi el-Gemel, à 40 km au sud. Une grande route traverse le désert pour rejoindre à 230 km Edfou, dans la vallée du Nil.

LE DELTA ET LA CÔTE MÉDITÉRRANÉENNE

Le delta s'ouvre entre les deux bras principaux du Nil, triangle vert dans un paysage aride. Plusieurs dynasties de pharaons ont gouverné à partir de cette région, mais excepté Tanis et Boubastis, la plupart des sites ont disparu. En été, les stations de la Méditerranée sont appréciées des Égyptiens qui cherchent à fuir la canicule.

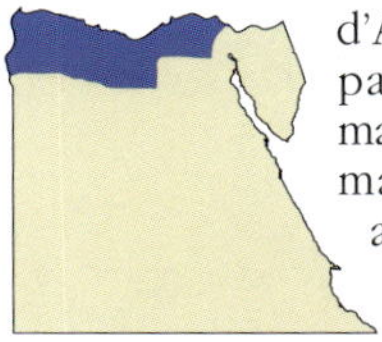

Région d'Égypte la plus fertile et la plus fortement peuplée, le delta du Nil produit l'essentiel des récoltes du pays, permettant de nourrir une population toujours croissante. À l'est, après le canal de Suez, commence la péninsule du Sinaï. À l'ouest s'étend la ville légendaire d'Alexandrie, puis une côte sableuse sur plus de 500 km, jusqu'à la frontière libyenne.

La côte nord entre Alexandrie et la Libye offre des eaux claires et de belles plages, mais beaucoup d'endroits sont hélas inaccessibles à cause des mines laissées au cours de la Seconde Guerre mondiale. Des dizaines de villages de vacances émaillent toutefois la route de Marsa Matrou, et d'autres sont en projet.

La plupart des visiteurs de la Basse-Égypte (nom du nord du pays) viennent pour la ville cosmopolite d'Alexandrie, la deuxième du pays. Son riche passé, la marque de Cléopâtre, son climat tempéré et ses plages agréables en font le pôle d'attraction de la région.

Mais le delta lui-même, souvent délaissé des touristes, mérite d'être découvert. C'est le cœur rural du pays. Sillonné de canaux d'irrigation, cette plaine est riche en coton, maïs, canne à sucre et primeurs. Buffles au labour, ânes tractant des carrioles et pigeonniers en brique sèche ponctuent son paysage pittoresque.

Les lacs du nord-est attirent une extraordinaire diversité d'oiseaux, surtout pendant la migration hivernale. En dehors des chemins touristiques, Rosette, avec son architecture ottomane, est l'un des atouts de la région. Un autre est le cycle des *moulids*, fêtes religieuses qui, à partir d'octobre, font du delta un lieu de célébrations joyeuses.

Taxis fluviaux colorés de Rosette, où un bras du Nil rejoint la Méditerranée

◁ **Bandes colorées, balcons et portiques typiques près de la mosquée d'Abou el-Abbas Moursi, à Alexandrie**

À la découverte du delta et de la côte méditerranéenne

Crues du Nil et pillage n'ont guère laissé, au fil des siècles, de témoignages de l'importance du delta dans l'histoire de l'ancienne Égypte. Cependant, les ruines de Tanis et des environs de Zagazig donnent une idée de sa grandeur passée. Damiette et Rosette conservent de beaux bâtiments de style ottoman. Alexandrie arbore une architecture coloniale du XIXe siècle surannée et conserve des vestiges de sa gloire de capitale gréco-romaine. Les stations balnéaires se font toujours plus nombreuses, le long de la Méditerranée. Les cimetières d'el-Alamein sont là pour rappeler les combats de la Seconde Guerre mondiale.

Un des trois sphinx sur une tombe pr de la colonne de Pompée, Alexandrie

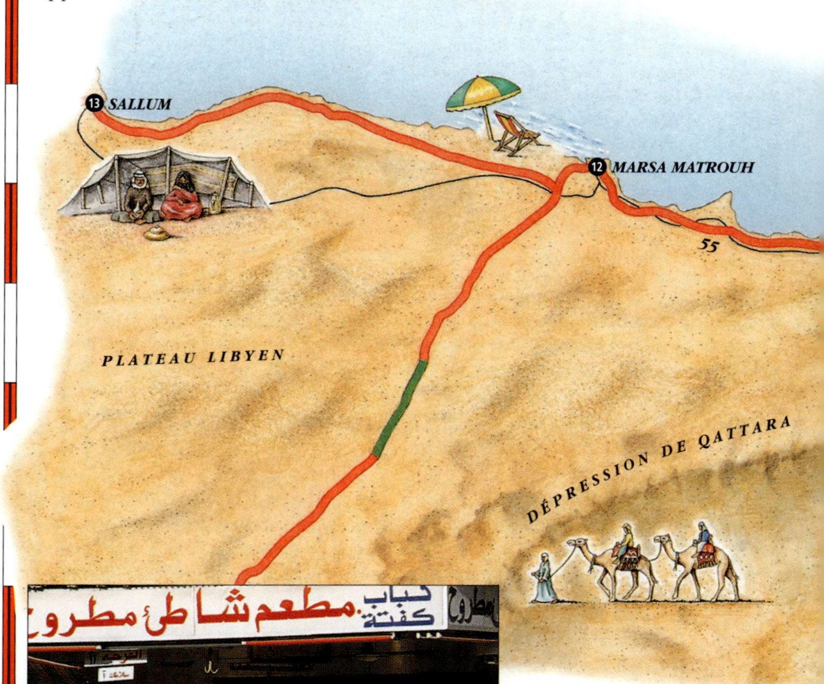

Scène de rue à Marsa Matrouh, station à l'ouest d'Alexandrie

CIRCULER

Desservie par un aéroport international, Alexandrie est reliée au Caire par des vols quotidiens. Le train circule entre les deux villes, et la route du désert qui les relie facilite les trajets en car et en voiture. Bus, minibus, taxis et train desservent les autres villes du delta. Un service de bus dessert fréquemment la route de la côte jusqu'à la frontière libyenne. Un train très lent relie Alexandrie et Marsa Matrouh, qui possède aussi un aéroport local.

Les sites d'un coup d'œil

Abou Mina ⑩
Aboukir ⑧
Agami ⑨
Alexandrie p. 236-243 ⑥
Damiette ①
El-Alamein ⑪
Marsa Matrouh ⑫
Palais Montaza ⑦
Rosette (Rashid) ⑤
Sallum ⑬
Tanis ④
Tanta ③
Zagazig ②

Le fort Qaytbey des années 1480, sur le site du Pharos, légendaire phare d'Alexandrie

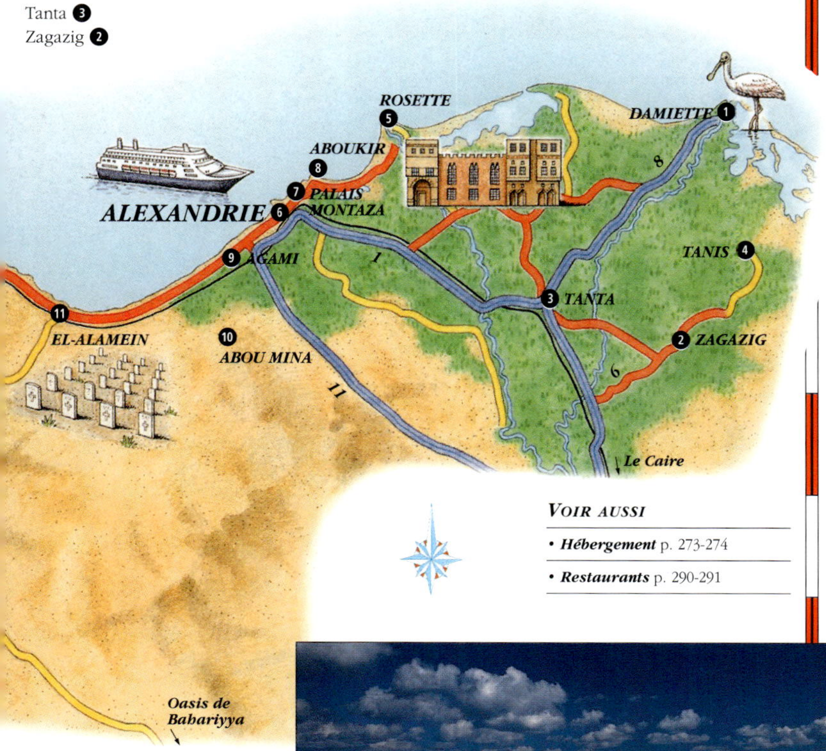

Voir aussi

• **Hébergement** p. 273-274
• **Restaurants** p. 290-291

Légende

- Autoroute
- Route principale
- Route secondaire
- Voie ferrée
- Route touristique

0 75 km

Sidi Abdel Rahmane, près des monuments de la bataille d'el-Alamein

Détail d'une maison du vieux Damiette illustrant le style « du delta »

Damiette ❶

210 km au nord-est du Caire.
78 000.

Port industriel connu pour la pêche, le mobilier, les textiles et les bonbons, Damiette, sur la côte nord de l'Égypte, se trouve près du bras est du Nil. Au Moyen Âge, la riche ville portuaire est souvent attaquée par les Byzantins, deux fois occupée par les croisés, puis entièrement détruite en 1250 par les Mamelouks, qui règnent en Égypte du XIIIe siècle jusqu'à la conquête ottomane de 1517. Les Ottomans reconstruisent Damiette, dont on admire encore les jolies maisons dans le style « du delta », et relancent le port. L'achèvement en 1869 du canal de Suez, suivi de l'essor de Port-Saïd, à 70 km à l'est, annonce le déclin de Damiette. Mais depuis la fin des années 1980, le port vit un renouveau économique.

Il n'y a pas grand-chose à faire à Damiette, mais à proximité l'immense étendue du **lac Manzala**, lagune d'eau salée séparée de la mer par une étroite péninsule, est une destination appréciée des amoureux des oiseaux, qui y observent flamants, hérons, cigognes et pélicans migrateurs. Pour de nombreuses espèces, l'Égypte est sur une des grandes voies de la migration. Au printemps et en automne, des millions d'oiseaux passent par cette région.

Au nord de Damiette, la petite station fréquentée de **Ras el-Bar** offre de nombreux restaurants, hôtels et salons de thé.

Zagazig ❷

80 km au nord-est du Caire.
268 000.

Créé dans les années 1830 pour loger des ouvriers des barrages du Nil *(p. 165)*, Zagazig s'enorgueillit d'être le lieu de naissance du colonel nationaliste Ahmed Orabi, chef du soulèvement de 1882 contre l'occupant britannique, dont on voit la statue devant la gare. Le petit musée de la ville expose les découvertes archéologiques de la région.

Au sud-ouest s'étendent les ruines clairsemées de **Bubastis**, capitale de l'ancienne Égypte sous les XXIIe et XXIIIe dynasties, et centre du culte de la déesse chatte Bastet. On pense que d'immenses fêtes avaient lieu ici en son honneur, attirant des milliers de participants pour les danses, l'alcool à profusion et les sacrifices à la déesse. Le temple de Bastet à Bubastis est élevé à partir de la VIe dynastie, et agrandi régulièrement pendant près de 1 500 ans. Il n'en reste que des pierres éparses. À côté, des catacombes où l'on enterrait des momies de chats, abritant des statues en bronze du félin sacré on été découvertes

Adoration du cha
près de Zagazig

LES *MOULIDS*

Signifiant « naissance », le *moulid* commémore l'anniversaire d'un saint local ou d'une personne pieuse. Fêté par les musulmans et les chrétiens, il tiendrait son origine des fêtes d'ancienne Égypte, avec la parade de la statue du dieu local dans une barque *(p. 174)*. Les grands *moulids* du Caire, de Louxor et de Tanta attirent la foule, heureuse d'échapper un instant au quotidien. Après s'être rendu au tombeau ou à l'église, on assiste au *zikr*, un chant rituel répétant le nom d'Allah qui peut entraîner un état de transe. On vend *tartours* (chapeaux coniques) et *fawanees* (lanternes) et l'on assiste à des spectacles de marionnettes et danse des bâtons. Le *moulid*, qui dure en général une semaine, atteint son sommet le grand soir du Leila el-Kebira, avec la *zaffa*, une procession animée.

Les roseaux du lac Manzala, à Damiette, refuge des oiseaux migrateurs

Tanta ❸

94 km au nord du Caire.
373 000.

Cinquième ville du pays et grand centre universitaire, Tanta est surtout connue pour son *moulid*, qui dure huit jours chaque année en octobre après la récolte du coton. Jusqu'à deux millions de personnes y participent. Il honore Sayyid Ahmed el-Badawi, fondateur au XIIIe siècle de l'une des plus grandes confréries soufies d'Égypte. Des groupes de soufis de toute l'Égypte campent dans des logements improvisés dans toute la ville et organisent des *zikrs*, au cours desquels ils psalmodient et tournoient longuement, dans la recherche de l'union avec Allah. Une procession menée par le cheikh traverse la ville et s'achève par un *zikr* collectif devant la mosquée où est enterré el-Badawi.

Cette fête, tout d'abord spirituelle, est aussi le grand événement social de l'année ; son ambiance débridée sert de soupape à la jeunesse égyptienne.

Tombes des XXIe et XXIIe dynasties, nécropole royale de Tanis

Tanis ❹

70 km au nord-est de Zagazig.

Près du village moderne de San el-Hagar, au nord-est de Zagazig, s'étendent les ruines en désordre de l'ancienne cité de Djanet, Tanis pour les Grecs. Elle a été l'une des plus grandes villes du delta pendant plusieurs siècles, capitale d'Égypte sous la XXIe dynastie. Mais les crues ont entraîné son déclin. Au XIVe siècle, la région était désertée. San el-Hagar a grandi sur des terres asséchées dans les années 1820.

Mur lambrissé dans la maison ottomane Amasyali, Rosette

Les fouilles de Tanis ont révélé des ruines remontant à la VIe dynastie. D'immenses blocs et de fragments de statues d'un temple ramesside d'Amon, et les fondations de nombreux autres temples sont visibles. Plusieurs tombes intactes des XXIe et XXIIe dynasties, dont celles de Psousennès Ier et Chéchanq III, ont été trouvées dans la nécropole royale au sud du temple. Leurs fabuleux trésors sont au Musée égyptien du Caire *(p. 74-77)*.

Rosette (Rashid) ❺

65 km à l'est d'Alexandrie.
58 000.

Fondé au IXe siècle par Ibn Touloun, gouverneur musulman de l'Égypte, Rosette (l'actuelle Rashid) devient l'un des premiers ports d'Égypte, atteignant son apogée aux XVIIe et XVIIIe siècles. Avec la renaissance d'Alexandrie au XIXe siècle, Rosette décline et devient simplement une plaisante bourgade de pêcheurs entourée de palmeraies et d'orangeraies.

La ville, on compte beaucoup de belles maisons et mosquées ottomanes, reflets de sa gloire passée. Plusieurs sont ouvertes à la visite. Deux des plus belles sont la maison Amasyali, dans la rue du même nom, et la maison Ramadan, sur sharia Port Saïd. Au sud de la ville, le hammam Azouz, bains publics du XVIIIe siècle richement ornés, est resté presque tel quel.

La ville est surtout connue pour la fameuse pierre de Rosette *(p. 22)*, partie d'une stèle en basalte noir du IIe siècle av. J.-C. découverte ici en 1799 par des soldats français. Sur la pierre est gravé un décret de Ptolémée V, en anciens hiéroglyphes, en grec et en langue démotique égyptienne. En 1882, à partir de ces inscriptions, Jean-François Champollion a trouvé une méthode de déchiffrage des hiéroglyphes, exploit qui a permis de décrypter une partie de l'histoire de l'ancienne Égypte.

Concédée aux Anglais en 1801, la pierre de Rosette est aujourd'hui au British Museum, à Londres.

Palmiers au bord du bras du Nil à Rosette

Alexandrie 6

S'étendant sur 20 km de côte, Alexandrie, deuxième ville d'Égypte, est fondée en 331 av. J.-C. par Alexandre le Grand. Elle croît jusqu'à rivaliser avec Rome, puis connaît un déclin au IVe siècle. Au XIXe siècle, le pacha Méhémet-Ali fait revivre le port en le reliant au Nil par un canal. Cette nouvelle prospérité attire des milliers d'Européens. Ceux-ci génèrent une atmosphère décadente que décriront Lawrence Durrell, E.M. Forster et Constantin Cavafy. Cette époque s'achève dans les années 1950, quand la révolution de Nasser fait fuir les étrangers. Il reste peu de la splendeur passée d'Alexandrie, mais quelques vestiges surannés rappellent la vie cosmopolite et dorée d'autrefois.

Bateaux de pêche colorés dans le port d'Alexandrie

Midan Saad Zaghloul

Sur le front de mer, la place Saad Zaghloul est le cœur de la ville moderne. Une statue du chef nationaliste égyptien Saad Zaghloul (1860-1927) [*p. 62*] veille sur le port oriental et l'agitation des gares de bus et tramways de la place Ramla voisine.

On regrette qu'il ne reste rien du Cesareum, magnifique temple élevé ici il y a plus de 2 000 ans par Cléopâtre pour Antoine, achevé par Octavien après leur mort en 30 av. J.-C. *(p. 54-55)* et détruit en 912. Seuls deux obélisques ont survécu, les « aiguilles de Cléopâtre », déplacés dans les années 1800, l'un à Londres, l'autre à New York. Aujourd'hui, la place est entourée de magasins, d'hôtels et de trois cafés Art déco des années 1920, Athineos, Délices et Trianon. Au sud, la rue Nabi Daniel aurait été la voie de Soma, une route en marbre bordée de colonnes, mais sa gloire est passée et on n'y voit que des étals de rue.

L'incendie de la bibliothèque d'Alexandrie, gravure du XVIe s.

Bibliothèque d'Alexandrie

Shatbi. *(03) 483 999, (03) 483 0334, (03) 483 0336/342/346.*
10 h-19 h mer.-jeu. et dim.-lun. : 15 h-19 h ven.-sam. (11 h-14 h pendant le Ramadan).
Fondé au IIIe siècle avant J.-C., le Mouseion abritait la plus grande bibliothèque du monde antique : la Bibliotheca Alexandrina. Plus de 700 000 manuscrits y étaient classés, et elle attirait des érudits de plusieurs continents. Plus de 2 000 ans après la destruction du bâtiment par le feu, la bibliothèque et le centre culturel ont été réinaugurés en octobre 2002. La nouvelle Bibliotheca Alexandrina abrite désormais un Planétarium et un musée de la Science. L'immense bâtiment cylindrique à l'extrémité nord de la corniche pourra abriter près de 8 millions de volumes. Le mur extérieur circulaire, en granit d'Assouan, est gravé de lettres des alphabets du monde. Le toit, en partie en verrière, penche vers la mer pour que le soleil éclaire les tables des salles de lecture sur sept étages

Hôtel Sofitel Alex Cecil

16 midan Saad Zaghloul.
(03) 487 7173.
Un des monuments frappants de midan Saad Zaghloul est l'hôtel Sofitel Alex Cecil de style mauresque, décrit par Lawrence Durrell dans *Le Quatuor d'Alexandrie*. Ouvert en 1929, il s'élève sur le lieu où Cléopâtre se serait suicidée en 31 av. J.-C. après la défaite de sa flotte par Octave à la bataille d'Actium.

Pendant la Seconde Guerre mondiale, il a logé les services secrets britanniques. Plus tard, il a reçu des hommes politiques et des écrivains, Winston Churchill,

La façade de l'hôtel Sofitel Alex Cecil

Somerset Maugham et Noel Coward. La restauration ne lui rend pas toute sa grandeur passée, mais le jardin sur le toit ou la terrasse en front de mer restent des endroits agréables pour prendre un verre.

Musée Cavafy

4 sharia Charm el-Cheikh, près de sharia Nabi Daniel. *mer.-lun.*
Le poète Constantin Cavafy (1863-1933), de parents grecs,

Huit cents Romains pouvaient s'asseoir sur les bancs de l'amphithéâtre de Kom el-Dikka

a vécu l'essentiel de sa vie à Alexandrie. Un petit musée occupe l'appartement où il a passé ses 25 dernières années. Certaines pièces gardent leur aspect d'origine ; le lit, le bureau, le masque mortuaire du poète, et des lettres et éditions rares de ses œuvres sont exposés. Cavafy repose au cimetière grec voisin.

Une autre pièce du petit musée se consacre à un élève de Cavafy, l'écrivain grec Stratis Tsirkas (1911-1981).

Amphithéâtre romain de Kom el-Dikka

Sharia Yousef. *t.l.j.*

En 1965, en rasant les ruines d'un fort de Bonaparte pour bâtir des logements, on découvre sous le Kom el-Dikka (colline de débris) un hémicycle romain. Mises au jour par une équipe polonaise assistée du musée gréco-romain, les treize rangées de bancs en marbre datent du IIe siècle. Petit à l'origine, le théâtre a ensuite été agrandi et a servi d'assemblée, sans doute pour le conseil de la ville. Des fragments de mosaïque sont exposés devant le théâtre.

Au nord se trouvent des vestiges de thermes romains en briques. Une suite de bassins et de conduites montre le circuit de l'eau à travers une chaufferie jusqu'aux bains dallés de marbre. À l'est, se trouvent les ruines d'un quartier résidentiel du Ier siècle. Ces deux sites sont fermés en raison des fouilles. Sur le domaine de l'amphithéâtre, on voit des pièces provenant de fouilles sous-marines près du fort Qaytbey, dont un tronçon d'obélisque du temps de Séti Ier et un sphinx.

Mosaïque romaine de Kom el-Dikka

MODE D'EMPLOI

Gouvernorat d'Alexandrie. *3,4 millions. 5 km au sud-est de la ville. Gare Masr, midan el-Gumhuriyya. Gare routière du 15 Mai, Sidi Gaber. Midan Saad Zaghloul (03) 485 1556 ; Gare Masr (03) 392 5985.*

ALEXANDRIE : LE CENTRE-VILLE

Amphithéâtre romain de Kom el-Dikka ⑤
Bibliothèque d'Alexandrie ②
Catacombes de Kom esh-Shuqqafa ⑮
Colonne de Pompée ⑬
Fort Qaytbey ⑪
Hôtel Cecil ③
Midan el-Tahrir ⑨
Midan Saad Zaghloul ①
Mosquée Attarine ⑧
Musée Cavafy ④
Musée des Beaux-Arts ⑯
Musée des Bijoux royaux ⑱
Musée gréco-romain ⑥
Musée Mahmoud Saïd ⑰
Musée national ⑲
Nécropole d'Anfouchi ⑫
Palais Ras el-Tin ⑭
Pastroudis ⑦
Quartier ottoman (Anfouchi) ⑩

Le Musée gréco-romain d'Alexandrie

Lanterne Pharos en terre cuite

Au cœur de la ville moderne, le Musée gréco-romain fondé en 1892 par le khédive Abbas II rassemble près de 40 000 objets. Il retrace presque 1 000 ans d'histoire, de la fondation d'Alexandrie en 331 av. J.-C. à la conquête arabe en 640. Ses 25 salles et jardins intérieurs regorgent d'objets découverts dans la région. Cette vaste collection de pièces d'ancienne Égypte et des périodes gréco-romaine et chrétienne illustre l'histoire complexe de la ville, et donne un aperçu des courants qui ont influencé la culture occidentale, jusqu'à aujourd'hui.

Jardins du musée
Les jardins intérieurs abritent de nombreuses tombes, statues et autres pièces, dont une tête colossale provenant d'une statue de Marc Antoine.

Peinture funéraire
Sur cette fresque du IIe siècle, une paire de bœufs actionne une roue à eau, invention des ingénieurs d'Alexandrie.

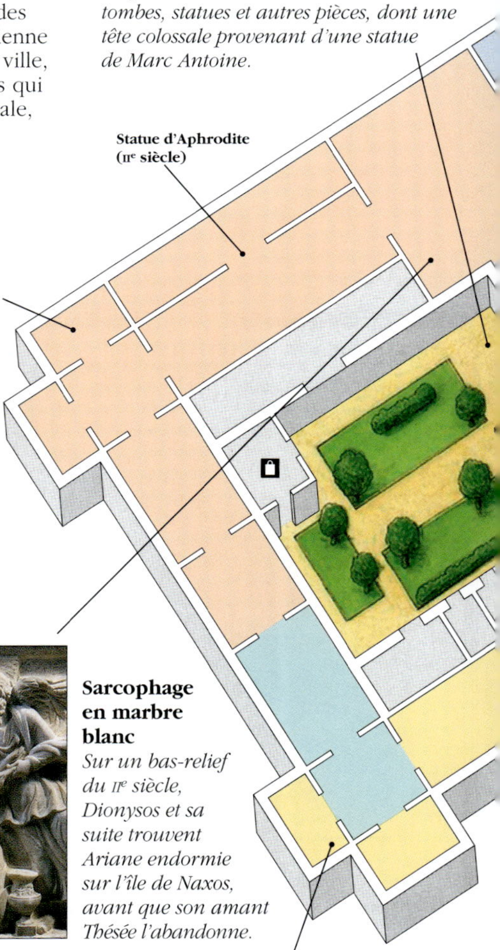

Statue d'Aphrodite (IIe siècle)

Sarcophage en marbre blanc
Sur un bas-relief du IIe siècle, Dionysos et sa suite trouvent Ariane endormie sur l'île de Naxos, avant que son amant Thésée l'abandonne.

Crocodile sacré
Cette momie de crocodile était portée en procession en l'honneur de Sobek, le dieu crocodile.

Des maquettes en terre cuite de monuments de la ville sont exposées dans la salle 18.

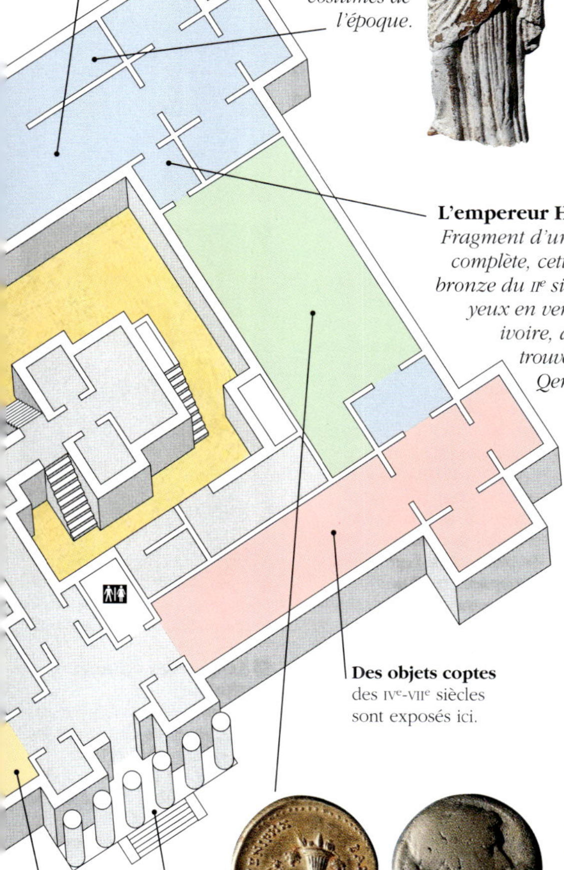

★ Figurines de Tanagra
Trouvée dans les nombreuses nécropoles de la ville, cette étonnante collection de figurines gréco-romaines en terre cuite donne un aperçu de la vie sociale et des costumes de l'époque.

MODE D'EMPLOI

5 sharia al-Mathaf ar-Romani.
(03) 486 5820.
9 h-17 h, sam.-jeu. (9 h-15 h pendant le ramadan).
11 h 30-13 h ven.
Supplément pour photo/vidéo.

L'empereur Hadrien
Fragment d'une statue complète, cette tête en bronze du IIe siècle, aux yeux en verre et ivoire, a été trouvée à Qena.

SUIVEZ LE GUIDE

L'exposition suit l'ordre chronologique dans le sens des aiguilles d'une montre à partir de l'entrée, excepté deux grands espaces thématiques – l'un pour des objets artisanaux de toutes époques, l'autre pour une collection de pièces de monnaie. Le jardin vaut le détour pour ses belles statues et la reconstitution d'un temple du Fayoum dédié au dieu crocodile.

Des objets coptes des IVe-VIIe siècles sont exposés ici.

Entrée

LÉGENDE

- Objets coptes
- Période ptolémaïque
- Période pharaonique
- Période gréco-romaine
- Objets artisanaux, toutes périodes
- Pièces de monnaie
- Espace technique

★ Pièces de monnaie antiques
Parmi la superbe collection de pièces, certaines montrent le profil de Cléopâtre (à droite).

Alexandre le Grand (356-323 av. J.-C.)
Cette tête en marbre d'Alexandre le Grand est l'un des nombreux portraits que possède le musée du chef macédonien, devenu l'objet d'un culte dans tout le monde antique.

À NE PAS MANQUER

★ Pièces de monnaie

★ Figurines de Tanagra

Le café Pastroudis, ancien rendez-vous de la société littéraire

Pastroudis

39 sharia Horreya. (03) 392 9609.

Pastroudis est un café à l'ancienne du début du XXe siècle orné de boiseries. Mentionné par Durrell dans *Le Quatuor d'Alexandrie*, c'était le rendez-vous favori du poète Cavafy et de l'élite bohème de la ville. Il est passé de mode, mais ses tables en terrasse offrent un intéressant aperçu de la vie alexandrine, des thermes et de l'amphithéâtre romains.

La rue Horreya serait l'ancienne voie Canopique bordée de colonnes, qui courait de la porte du Soleil, dans le mur est, à la porte de la Lune, côté ouest. On pense aussi qu'à son croisement avec Nabi Daniel se tenait le Mouseion de la ville antique, avec la Grande Bibliothèque.

Mosquée Attarine

Sharia Attarine.

Couronnée d'un joli minaret, la mosquée Attarine se dresse juste au sud de midan el-Tahrir, à l'emplacement de la légendaire mosquée aux Cent Colonnes, qui elle-même avait remplacé une église dédiée à saint Athanase en 370.

Le prenant pour celui d'Alexandre le Grand, les hommes de Bonaparte ont emporté de la mosquée un sarcophage de 7 tonnes, qu'ils ont ensuite cédé aux Britanniques. Il s'agit en fait de celui de Nectanebo II, dernier pharaon d'Égypte.

Autour de la mosquée s'étend le vaste quartier des antiquaires. Les ruelles regorgent de boutiques remplies de mobilier européen, de bibelots de l'époque de Bonaparte, mais aussi d'étonnants objets laissés par les nombreux Européens qui ont fui la révolution de 1952. Le quartier est bien connu des antiquaires de tous pays, et il est difficile d'y faire des affaires.

Midan el-Tahrir

Autrefois place des Consuls, l'esplanade a été conçue dans les années 1830 comme le cœur de la nouvelle Alexandrie de Méhémet-Ali. En 1873, on y installe sur un haut socle la statue équestre du pacha, de facture française, et la place prend son nom. Après le bombardement britannique de 1882 *(p. 59)*, le quartier reconstruit devient midan Mansheiyya, avant que la révolution nassérienne de 1952 le renomme midan el-Tahrir. C'est ici que Nasser fut victime d'un attentat en 1954 pendant un discours, attentat qui lui donne l'occasion de réprimer l'opposition. En 1956, c'est de cette place que Nasser scandalise l'opinion internationale en annonçant la nationalisation du canal de Suez.

Au cœur d'Alexandrie, la place el-Tahrir

Au nord s'ouvre midan Orabi, important nœud de circulation avec ses gares de tramways, bus et minibus. Un majestueux monument néo-classique au Soldat inconnu, dû en 1937 à l'architecte italien Verucci, se dresse face à la mer sur la corniche.

Détail de la mosquée de style andalou d'Abou el-Abbas Moursi, à Anfouchi

Le quartier ottoman (Anfouchi)

La péninsule qui s'achève au fort Qaytbey, occupée par les Alexandrins à la période ottomane (1517-1914), montre une atmosphère différente du reste de la ville. On recommande de la visiter à pied. Au sud, des souks animés proposent herbes médicinales et parfums, et les maisons dans le style turc surplombent les rues étroites.

Le quartier est émaillé de mosquées ottomanes, avec en son cœur le complexe de la mosquée d'el-Shorbagi. Bâti au milieu du XVIIIe siècle, il montre une galerie typique au premier étage, avec des boutiques au-dessous. Rue Faransa, la mosquée Terbana date de 1685 ; deux colonnes antiques apportées d'un autre site soutiennent son minaret. Plus au nord sur la place el-Gawamaa, la mosquée est

Le Pharos, ou phare d'Alexandrie

Bâti au IIIe siècle av. J.-C. sur une île du port oriental, le Pharos, qui s'élevait à 150 m de hauteur, était l'une des sept merveilles du monde antique. L'architecte Sostrate, un Grec d'Asie Mineure, le conçoit sur trois niveaux de formes différentes, pour l'essentiel en pierre calcaire. La base, carrée, sert de logement aux gardiens et au stockage du combustible. Le premier étage est octogonal. Le dernier, qui renferme le mécanisme de la lanterne, est circulaire, surmonté d'une immense statue en bronze de Poséidon, dieu de la mer. Après avoir servi 1 000 ans, le phare tombe en désuétude sous l'occupation arabe. La lanterne s'effondre en 700, puis une suite de séismes au XIIe et au XIVe siècles achèvent de le démolir. Des fouilles sous-marines récentes ont mis au jour des blocs de pierre qui proviendraient du Pharos et du temple d'Isis voisin *(p. 20-21)*.

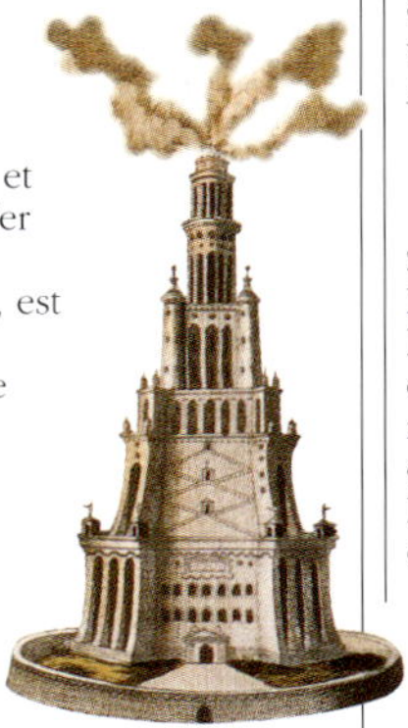

Reconstitution du Pharos

dédiée à Sidi Abou el-Abbas Moursi, saint andalou du XIIIe siècle, patron des pêcheurs de la ville. Mano Rossi a conçu en 1945 le bâtiment actuel en forme d'octogone, dont le minaret s'élève à 73 m.

Fort Qaytbey

Corniche. 15. t.l.j.

Vu de la corniche, le fort à tourelles qui garde la pointe du port oriental semble un jouet, mais il en impose vu de près. Dans les années 1480, le sultan Qaytbey (1468-1496) bâtit le fort sur le site du Pharos, utilisant des pierres du monument détruit.
Le donjon abrite une petite mosquée, la plus vieille d'Alexandrie, et un musée de la Marine qui expose des vestiges trouvés dans les épaves du secteur, restes des batailles navales de Rome et de Bonaparte, comme les bouteilles de vin et instruments astronomiques du navire français l'*Orient*. En 1882, le fort est gravement endommagé par le bombardement britannique et le minaret de la mosquée est emporté. De sa position élevée en retrait de la corniche, le site offre des vues sensationnelles sur Alexandrie et le large.

Nécropole d'Anfouchi

Sharia Ras el-Tin, Anfouchi. t.l.j.

Découverts en 1901 et 1921, les cinq tombeaux creusés dans la roche calcaire de la nécropole d'Anfouchi datent des environs de 250 av. J.-C. Ils se composent d'un escalier qui descend vers une cour centrale, sur laquelle donnent des chambres latérales. La tombe N° 2, la mieux conservée, est la plus intéressante. Les murs de l'escalier sont ornés de peintures d'Osiris, Horus et Isis en compagnie du défunt, et de scènes de la vie quotidienne. On voit même des graffiti grecs anciens. Les peintures murales et la décoration ont ceci d'original qu'elles marient éléments grecs et égyptiens. Il y a aussi deux vestibules avec des chambres funéraires. Celle au nord-est est peinte en damier noir et blanc, imitation moins coûteuse d'un revêtement d'albâtre et de marbre. La porte du caveau est gardée par deux petits sphinx de pierre posés sur un piédestal.

Fort Qaytbey, bâti avec les pierres du phare d'Alexandrie, vu du port oriental

Palais Ras el-Tin

Sharia Ras el-Tin, Bahari.

Pour pouvoir surveiller sa nouvelle flotte, le pacha ottoman Méhémet-Ali (1805-1848) a créé le palais Ras el-Tin, entouré d'élégants jardins à la française, au-dessus du port occidental d'Alexandrie. Des architectes italiens l'ont remanié sous Fouad Ier (1917-1936), pour servir de résidence d'été au gouvernement.

Pendant la révolution de 1952, les hommes de Nasser l'ont assiégé, contraignant le roi Farouk à abdiquer et à fuir en Italie avec sa famille et sa suite. Aujourd'hui quartier général de l'Amirauté, il sert aussi aux hôtes de l'État. Ses agréables jardins demeurent ouverts au public.

Colonne de Pompée

Sharia Ahmoud al-Saweiri, Karmous.
16. *t.l.j.*

Au sud-ouest de la ville, dans le faubourg pauvre de Karmous, se dresse, impressionnante, la colonne de Pompée (27 m de granit rouge d'Assouan). Elle a été dédiée en 297 à l'empereur Dioclétien. Sur sa base est écrit en grec : « Au plus intègre des empereurs, protecteur divin d'Alexandrie, Dioclétien l'invincible : Postumus, préfet d'Égypte. »

Le nom du monument vient peut-être de voyageurs qui, au Moyen Âge, pensaient que le général romain Pompée, assassiné en Égypte en 48 av. J.-C., était enterré dessous. En fait, la colonne, conçue pour être isolée, est tout ce qui reste du complexe du Serapeum ou temple de Sérapis, bâti au milieu du IIIe siècle av. J.-C. (Sérapis est une déesse très populaire à l'époque gréco-romaine, qui combine des attributs d'Osiris et d'Apis).

Autrefois important dépôt de textes religieux, bibliothèque annexe de celle d'Alexandrie, le temple, agrandi par l'empereur Hadrien au IIe siècle, est cité comme « deuxième monument après le Capitole à Rome ». Les chrétiens le détruisent en 391. À côté, on voit des galeries souterraines

Autrefois, la colonne de Pompée faisait partie du temple de Sérapis

où étaient inhumés les taureaux Apis *(p. 160)*, ainsi que plusieurs statues de sphinx qui autrefois ornaient Héliopolis.

Catacombes de Kom esh-Shuqqafa

Sharia al-Nasserieh. 16. *9 h-17 h, t.l.j. (ramadan : 9 h-15 h).*

Juste au sud de la colonne de Pompée, le complexe des catacombes d'esh-Shuqqafa, du IIe siècle, est la plus vaste nécropole gréco-romaine d'Égypte.

Taillé dans le roc à une profondeur d'environ 35 m, les catacombes courent sur trois niveaux, mais le plus bas, inondé, est inaccessible. On s'y rend par un escalier en colimaçon autour d'un puits dans lequel on descendait les corps. Au premier niveau s'ouvre une rotonde centrale et une vaste salle de banquet, le Triclinium, où famille et amis du défunt se réunissaient pour lui rendre un dernier hommage.

À l'est de la rotonde, la salle Caracalla, site funéraire plus ancien, est devenue accessible par la salle principale quand des pilleurs de tombes ont éventré le mur. Cette partie est dédiée à Némésis, la déesse du sport.

De la rotonde, un escalier descend au niveau inférieur, vers un vestibule et une chambre funéraire. Ici, les sarcophages décorés et les reliefs muraux marient les styles égyptien, romain et grec. Près de l'entrée, Anubis, dieu des morts, est montré en légionnaire romain, avec une queue de dragon. De part et d'autre de la chambre, sous des têtes de Méduse, sont sculptés deux immenses serpents portant le *pschent* (la couronne de Haute- et de Basse-Égypte). De la chambre funéraire partent, dans toutes les directions, d'inquiétants passages, vers des salles rassemblant plus de 300 *loculi*, alvéoles funéraires.

Musée des Beaux-Arts

18 sharia Menasce. *(03) 393 6616.* *sam.-jeu.*

À quelques pas au sud-est de la gare Masr, le musée des Beaux-Arts occupe une belle villa, donnée en 1954 à la ville par la riche famille juive Menasce. Le musée accueille surtout des expositions d'artistes contemporains, étrangers ou égyptiens, souvent renouvelées. On ne connaît pas toujours le

Anubis préside à une momification, bas-relief de Kom esh-Shuqqafa

programme à l'avance, mais la qualité des expositions est en général remarquable.

Le musée accueille aussi la Biennale d'Alexandrie, vitrine de l'art des pays méditerranéens. Dans les jardins, on voit une statue de Mahmoud Mokhtar (1891-1934), reconnu premier sculpteur du mouvement égyptien d'art moderne.

Musée national d'Alexandrie

110 Sharia Horreya. *(03) 483 5519.* *9h-17 t.l.j.*

Inauguré en 2003, le musée national d'Alexandrie expose plus de 1 800 pièces ; la plupart figurent dans d'ingénieuses vitrines en verre. L'immeuble de style italien de trois étages date de 1929 et dispose d'un vaste jardin planté d'arbres rares.

La plupart des objets exposés ont été trouvés lors de fouilles dans la ville ou ses alentours. Le rez-de-chaussée regroupe des objets de l'ancienne Égypte, notamment une réplique d'une tombe trouvée dans la Vallée des Rois avec d'authentiques objets funéraires.

Le premier étage comporte des objets gréco-romains, comme une statue de granit rouge de Caracalla et plusieurs figurines de terre peintes de Tanagra.

La statue en basalte noir d'un prêtre de la déesse Isis, sortie de l'eau en 1998 est la star de la collection copte et islamique du troisième étage. On peut aussi admirer les bijoux de l'ancienne famille royale d'Égypte.

Musée Mahmoud Saïd

6 sharia Said Pasha, Gianaclis. *(03) 582 1688.* 2. *10 h-18 h 30, mar.-dim. 10 h-13 h 30, 19 h-22 h 30 pendant le ramadan.*

Le musée, qui porte le nom du noble alexandrin Mahmoud Saïd (1897-1964), l'un des grands peintres égyptiens contemporains, occupe l'ancienne villa de sa famille.

Saïd, qui suit des études de droit et travaille comme juge, abandonne en 1947 la magistrature pour sa vraie passion, la peinture. Mariant techniques occidentales et thèmes égyptiens et pharaoniques, il crée des œuvres frappantes et sensuelles. Son saisissant autoportrait de 1924 évoque un portrait du Fayoum *(p. 165)*.

Le premier étage montre un choix éclectique d'œuvres des frères Wanly, Seif (1906-1979) et Adham (1911-1959), prolifiques artistes d'Alexandrie.

Musée des Bijoux royaux

27 sharia Ahmed Yehia Pasha, Zizinia. 2. *(03) 582 8348.* *9 h-16 h t.l.j.* *9 h 30-14 h 30 pendant le ramadan.*

Ce bâtiment, récemment restauré, construit à l'origine pour la princesse Fatima el Zahara (1903-1983), petite-fille de Méhémet-Ali, puis utilisé comme palais par le roi Farouk, le musée abrite une vaste collection de bijoux. Les objets datent du règne de Méhémet-Ali, au début du XIXe siècle, à la fin de celui de Farouk en 1952.

Les pièces maîtresses sont une tabatière en or, où le nom de Méhémet-Ali est inscrit en diamants, l'échiquier serti d'or et de diamants de Farouk, une fabuleuse couronne en platine, étincelant de 2 000 diamants.

Le palais est orné somptueusement, sinon avec goût, de vignettes en vitraux représentant la vie française au XVIIIe siècle et de plafonds peints rutilants. Les salles de bains sont particulièrement somptueuses.

Le palais Montaza, mélange éclectique des styles turc et florentin

Palais Montaza 7

18 km à l'est d'Alexandrie. *(03) 547 7152.* *t.l.j.*

Dominant une partie merveilleuse de la côte, entouré de vastes jardins, le palais Montaza a été construit au début du XXe siècle par le khédive Abbas II, parent du roi Farouk, dans un mélange de styles turc et florentin. La tour centrale s'inspire du palazzo Vecchio de Florence. Le palais est fermé au public, mais le parc verdoyant et la plage semi-privée sont des lieux de détente appréciés.

À l'est s'étend la station balnéaire privée de **Mamoura**, où le sable est assez propre et le code vestimentaire plus décontracté que sur les plages publiques.

Mamoura

Sharia Aboukir.

Les charmants jardins et bosquets du palais Montaza à Alexandrie

Aboukir 8

24 km à l'est d'Alexandrie.
33 000.

Sur la côte à l'est d'Alexandrie, la bourgade de pêcheurs d'Aboukir est connue pour deux raisons, les batailles de l'Histoire et d'excellents restaurants de poissons. C'est dans sa baie qu'en 1798 la flotte française a été détruite par l'amiral Nelson lors de la bataille d'Aboukir, ruinant définitivement les projets d'empire oriental de Bonaparte en le privant de vaisseaux et de renforts. Un an plus tard, la fortune tourne quelque peu lorsque les troupes de Bonaparte repoussent une tentative de débarquement d'un contingent britannique, formé de 15 000 Turcs, dont des milliers se noient.

Depuis 1998, des équipes de plongeurs égyptiens et français ont repêché de nombreux objets dans les épaves des navires de guerre, comprenant pièces d'or, canons et objets usuels par centaines. Un nouveau musée est en projet pour les exposer.

La plage d'Aboukir n'est pas adaptée à la baignade, mais le week-end les rues sont remplies d'Alexandrins venus goûter les plaisirs d'une petite ville en bord de mer, notamment l'excellente cuisine des restaurants de poissons du front de mer. Sur la plage même, le Zaphyrion *(p. 290)*, de l'ancien nom grec d'Aboukir, est un des restaurants les plus réputés d'Égypte.

Bateau de pêche de couleurs vives, Aboukir

Agami 9

20 km à l'ouest d'Alexandrie.

Dans les années 1950, Agami était la villégiature d'été de l'élite cairote et alexandrine. Ce « Saint-Tropez égyptien » est moins chic aujourd'hui, ses plages semi-privées sont moins traditionalistes et moins surpeuplées que celles d'Alexandrie, et la vie nocturne y est plus animée. De hauts immeubles ont remplacé la plupart des maisons de la station d'origine, à l'exception de **beit el-Halawa**, conçue en 1975 par Abd el-Wahid el-Wakil, et de la **villa Lashin**, bâtie en 1962 dans un style anguleux par Ali Azzam.

AUX ENVIRONS : parmi d'autres stations appréciées de la côte, le petit village d'**Hannoville**, à 1 km à l'ouest, offre des hébergements bon marché. La station privée de **Sidi Krear** se trouve 14 km plus loin sur la côte.

Abou Mina 10

63 km au sud-ouest d'Alexandrie.

À l'ouest d'Alexandrie, à 15 km à l'intérieur au départ d'Abousir, le monastère copte Abou Mina (deir Mari Mina), honore un légionnaire romain natif d'Alexandrie, martyrisé pour sa foi à la fin du IIIe siècle en Phrygie (Asie Mineure). On dit que son corps a été enterré ici, quand le chameau qui le ramenait chez lui a refusé de poursuivre sa route. La légende veut qu'une source aux vertus miraculeuses se mit alors à couler à côté. Une église et une basilique furent érigés auprès de la tombe. La réputation de la source s'accroît au IVe siècle, lorsque la fille de l'empereur de Byzance est guérie par les eaux. On exporte l'eau dans toute la chrétienté, et Abou Mina devient un centre de pèlerinage actif. Mais après des raids répétés des bédouins, c'est le déclin et la source se tarit.

Aujourd'hui, un couvent moderne domine le site. Il reste peu de vestiges, mais un musée et un parc archéologique sont en projet. La région conserve son aura pour les pèlerins qui visitent le monastère, surtout le 11 novembre, fête de saint Mina.

Le monastère d'Abou Mina, bâti en 1959 sur le site d'une vieille basilique

◁ **Des barques de pêcheurs colorées ornent le front de mer à Aboukir**

El-Alamein ⓫

105 km à l'ouest d'Alexandrie.
1 800.

Village côtier à l'ouest d'Alexandrie, el-Alamein a été le cadre de la bataille qui a changé en faveur des Alliés le cours de la campagne d'Afrique du Nord pendant la Seconde Guerre mondiale. Le 23 octobre 1942, la 8e armée du général britannique Montgomery attaque à el-Alamein l'Afrika-Korps germano-italien du maréchal Rommel. Après onze jours de combats acharnés, les troupes de Rommel battent en retraite jusqu'en Tunisie, où elle se rendront six mois plus tard. Au cours de la bataille, plus de 11 000 soldats sont tués et au moins 70 000 blessés.

À l'ouest de la ville, le **Musée militaire** explique les étapes de la campagne d'Afrique au moyen de présentations électroniques et de nombreux objets-souvenirs. Sur le domaine, on voit des chars et des pièces d'artillerie utilisés pendant la bataille. À l'est, le **cimetière militaire du Commonwealth**, avec ses innombrables rangées de tombes alliées au milieu du désert, est un témoignage poignant de la guerre. Un mémorial dresse la liste de plus de 11 000 soldats dont on n'a pas retrouvé le corps. À 4 km à l'ouest sur la côte s'étend le **cimetière allemand**, un imposant mémorial-forteresse et honore les 22 000 morts allemands de la campagne d'Afrique. Juste 3 km plus loin, le **cimetière italien** dresse une tour en marbre en l'honneur des 22 000 Italiens tués au combat. À l'ouest, un chapelet de villages balnéaires souligne la côte, dont **Sidi Abd el-Rahman**, à 23 km, station haut de gamme soignée, dotée d'une plage splendide.

Pierres tombales du cimetière du Commonwealth à el-Alamein

Char Sherman devant le Musée militaire

Musée militaire d'el-Alamein
t.l.j.

Marsa Matrouh ⓬

290 km à l'ouest d'Alexandrie.
52 000. Bâtiment du Gouvernorat, el-Corniche (046) 493 1841.

La ville côtière de Marsa Matrouh est une station d'été très appréciée des Égyptiens. La côte est superbe, mais la ville elle-même et ses plages laissent à désirer, et en général ne plaisent guère aux touristes.

La ville a une histoire : fondée par Alexandre le Grand en route pour l'oracle de Siwa, elle sera plus tard le port de la malheureuse flotte d'Antoine et Cléopâtre. De nombreux noms de rue rappellent ce lien.

À l'ouest de Marsa, la mer est magnifique, comme à la **plage de Cléopâtre**, à 7 km, où les rochers et la pente abrupte ne sont guère propices à la baignade. La belle reine se serait baignée près d'ici, au Bain de Cléopâtre. Un meilleur endroit pour la baignade est **Agibah Beach**, à 28 km à l'ouest par la route côtière. Un sentier abrupt descend à une crique où des aplats rocheux offrent des plongeoirs de rêve.

Sallum ⓭

222 km à l'ouest de Marsa Matrouh.
6 000.

Dernière ville égyptienne avant la Libye, Sallum est un grand centre de commerce pour les bédouins. Perchée sur une falaise, la ville domine son petit port et la mer. C'est l'ancien port romain de Baranis, et l'on trouve encore des puits romains dans la région.

Ce n'est pas un centre touristique traditionnel. Les plages de la ville peuvent être sales. Mais vers l'est s'étendent des plages de sable doré et d'eaux cristallines où l'on peut se baigner sans la foule. Vérifiez auparavant auprès de la police touristique si la baignade est autorisée car certaines zones et plages sont interdites.

On visite aussi un petit **cimetière militaire allié**, où reposent des soldats tués lors des combats contre l'Afrika-Korps de Rommel.

À 10 km à l'est de la ville, un immense camp héberge les réfugiés palestiniens expulsés de Libye en 1994.

Les vagues s'écrasent sur les rochers de la plage de Cléopâtre, Marsa Matrouh

LE DÉSERT OCCIDENTAL

De la rive ouest du Nil jusqu'à la Libye, du Soudan aux côtes méditerranéennes, l'immense désert occidental égyptien s'étend sur plus de trois millions de km². Il couvre plus des deux tiers du pays mais il est pratiquement inhabité, excepté les fertiles oasis, où villages et cultures diverses prospèrent au sein d'un paysage aride de sable et de formations rocheuses.

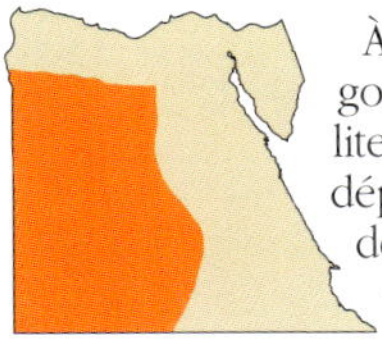

Cinq oasis ponctuent le désert occidental – Siwa, Kharga, Dakhla, Farafra et Bahariyya. À l'exception de Siwa, toutes sont restées sous la domination de la vallée du Nil depuis le temps des pharaons, quand elles étaient des étapes vitales sur les routes très actives des caravanes d'Afrique. Parsemés autour des oasis, temples des Ptolémées et forts romains témoignent de leur rôle passé, et les archéologues y font constamment de nouvelles découvertes.

Chacune de ces oasis possède son caractère propre. Les implantations principales de Bahariyya et Farafra ne sont que des villages, alors que celles de Dakhla et Kharga sont des grosses villes, entourées de sites historiques passionnants. Isolés près de la frontière libyenne, les habitants de Siwa ont conservé une langue et une culture propres.

À la fin des années 1950, le gouvernement décide de réhabiliter une partie du désert, pour y déplacer des milliers d'habitants de la vallée surpeuplée du Nil. On appelle Nouvelle Vallée ce projet englobant Bahariyya, Farafra, Dakhla et Kharga. Quelques constructions s'élèvent, mais peu de gens se déplacent, et les contraintes financières, alliées à des incertitudes sur l'approvisionnement en eau, font abandonner le projet.

Aujourd'hui, le désert occidental est l'un des rares points du globe où l'on peut ressentir une impression d'isolement total. Ses dimensions mêmes sont impressionnantes. Des immenses dunes aux formations rocheuses fantastiques, la diversité du paysage est stupéfiante, et bivouaquer la nuit dans un tel environnement peut être le point fort d'un séjour égyptien.

La pause pendant les heures chaudes à Dakhla, une des oasis du désert occidental

◁ L'espace infini de la grande mer de Sable, près de l'oasis de Siwa

À la découverte du désert occidental

Statue au musée du Patrimoine, oasis de Bahariyya

Le désert occidental offre au visiteur le loisir d'échapper aux sites bondés du Caire et de la vallée du Nil, et d'apprécier la paix de ses espaces désertiques et de ses vertes oasis. Au nord-ouest, la lointaine Siwa est une retraite idéale. Plus à l'est, Bahariyya est une oasis pittoresque d'accès facile à partir du Caire. La route de Farafra, la moins développée des oasis, traverse le désert Noir et le fantastique désert Blanc, aux étranges formations sculptées par le vent. Entre Farafra et la belle oasis de Dakhla, des poches de terre fertile où l'on cultive fruits, riz et cacahuètes émaillent les dunes. Les amateurs de monuments apprécieront le patrimoine de Dakhla et de Kharga, ville plus développée.

Vue de l'oasis de Dakhla près d'el-Qasr, illustrant le contraste frappant entre terre fertile et désert stérile et inhospitalier

Circuler

Voyager dans le désert occidental est beaucoup plus facile qu'autrefois. La route relie toutes les oasis, qui sont desservies fréquemment par les bus. Pour Siwa, mieux vaut prendre le bus à Marsa Matrouh, sur la côte méditerranéenne. Bahariyya et Farafra sont facilement accessibles du Caire, et Dakhla et Kharga se visitent aisément depuis Assiout. L'avion relie Dakhla et Kharga au Caire deux fois par semaine. Suivant le temps dont on dispose, et son goût de l'aventure, on peut emprunter le grand circuit du désert reliant en 1 000 km Bahariyya, Farafra, Dakhla et Kharga. Partant en général du Caire pour s'achever à Louxor ou Assiout, il s'effectue soit en voyage organisé soit en louant un véhicule. La visite des environs de chaque oasis est facile à préparer localement.

L'oasis de Siwa avec au fond le lac salé Birket Siwa, vue des montagnes des Morts

Formations rocheuses fantastiques dans le désert Blanc, entre les oasis de Bahariyya et Farafra

LÉGENDE

- Route principale
- Route secondaire

0 100 km

LES SITES D'UN COUP D'ŒIL

Oasis de Bahariyya 4
Oasis de Dakhla 2
Oasis de Farafra 3
Oasis de Kharga 1
Oasis de Siwa 5

VOIR AUSSI

• ***Hébergement*** p. 274-275

• ***Restaurants*** p. 291

Dattiers entourant les champs fertiles de Dakhla, la plus jolie des oasis du désert occidental

Oasis de Kharga ❶

233 km au sud-ouest d'Assiout. *65 000.* *5 km au nord d'el-Kharga.* *bâtiment du Gouvernement, midan Nasser, el-Kharga (092) 7921 206.*

La plus grande des oasis, Kharga a pris de l'importance comme dernière étape de « la route des 40 jours » de triste mémoire, route des esclaves entre le Soudan et l'Égypte. La ville moderne tentaculaire d'el-Kharga est la capitale du gouvernorat de la Nouvelle Vallée, qui comprend aussi les oasis de Dakhla et de Farafra. Elle manque de charme, mais le **musée des Antiquités** expose les fascinantes découvertes archéologiques de Kharga et Dakhla.

Dans la palmeraie au nord, le **temple d'Hibis**, bien conservé, édifié par Darius Ier, empereur perse au VIe siècle av. J.-C., est le seul temple perse important d'Égypte. Toujours au nord, la **nécropole chrétienne d'el-Bagawat** rassemble des centaines de tombes en brique crue à dôme ornée de peintures murales coptes des IV-VIe siècles. Les mieux conservées décorent la chapelle de l'Exode, où l'on voit Moïse conduisant les Hébreux hors d'Égypte, échappant à l'armée de Pharaon.

Aux environs : les vestiges du **temple d'el-Ghueita**, de la XXVe dynastie, couronnent une colline sur la route vers Baris, au sud. Plus au sud, les villages de Nasser et Bulaq sont connus pour leurs sources thermales, qui soigneraient les rhumatismes.

Musée des Antiquités
Sharia Gamal Abdel Nasser. *t.l.j.*

Temple d'Hibis
2 km au nord d'el-Kharga.
t.l.j.

Nécropole d'el-Bagawat
3 km au nord d'el-Kharga
t.l.j.

Temple d'el-Ghueita
18 km au sud d'el-Kharga.
t.l.j.

Tombes en brique crue de la nécropole d'el-Bagawat, oasis de Kharga

Oasis de Dakhla ❷

190 km à l'ouest de Kharga. *70 000.* *10 km au sud-ouest de Mout.* *Sharia es-Sawra el-Khadra, Mout (092) 7821 686.*

Avec ses centaines de sources et sa verdure exubérante, Dakhla passe pour la plus jolie des oasis. Une longue bande de roche rosée souligne l'horizon au nord, et oliviers, dattiers, blé et riz prospèrent sur sa terre fertile. Dans sa capitale, Mout, un **Musée ethnographique** rassemble des figurines sculptées par Mabrouk, un artiste local.

Les sites antiques, situés dans la périphérie de l'oasis, sont faciles à joindre au départ de Mout en louant un pick-up.

Aux environs : à 27 km au nord-ouest de Mout, **el-Qasr** a gardé une ambiance médiévale avec ses venelles tortueuses, ses maisons en brique crue, sa mosquée du XIIe siècle et sa *madrasa* (école coranique) du Xe siècle, qui offre une vue superbe de son toit. Parmi les **tombes d'el-Muzawaka**, du temps des pharaons, celles de Pétosiris et Sadosiris montrent les bas-reliefs de couleur vive. À l'ouest, les vestiges du temple de **deir el-Hagar**, bâti au Ier siècle par Néron, se dressent, isolés, dans le désert. À 35 km à l'est de Mout par la route de Kharga, le village médiéval de **Balat** s'élève sur le site d'un centre de l'Ancien Empire qui commerçait avec Koush (Nubie antique).

Musée ethnographique
Sharia as-Salem. *s'adresser à l'office de tourisme.*

Tombes d'el-Muzawaka
5 km à l'ouest d'el-Qasr. *t.l.j.*

Deir el-Hagar
12 km à l'ouest d'el-Qasr.
t.l.j.

Oasis de Farafra ❸

310 km au nord-ouest de Dakhla.
2 800.

La plus isolée et la moins peuplée des oasis de la Nouvelle Vallée, Farafra est un lieu très paisible, parfait pour la détente. Pour la plupart bédouins, ses habitants sont connus pour leurs traditions et leur piété. Le plus gros village, el-Farafra, est construit comme d'autres bourgades d'oasis, autour d'une forteresse en ruines, où les villageois se réfugiaient jadis en cas d'attaque. On voit toujours les maisons traditionnelles en brique crue peinte, mais des immeubles en béton ont surgi, bâtis par le gouvernement, qui cherchait à faire venir d'autres Égyptiens. Le **musée de la Ville** abrite des sculptures illustrant la vie de l'oasis dues à Badr, un artiste local réputé.

Dans le désert Blanc, près de l'oasis de Farafra, l'érosion éolienne a sculpté d'étranges formations rocheuses

Aux environs : el-Farafra est une base idéale pour explorer le **désert Blanc**, à 41 km sur la route de Bahariyya. Ses formations rocheuses d'un blanc éclatant lui donnent une allure étrange de paysage lunaire.

Oasis de Bahariyya ❹

185 km au nord-est de Farafra.
33 000. hôtel de ville, Bawiti (02) 847 3035.

Au temps des pharaons, l'oasis de Bahariyya était un important centre agricole, qui exportait en quantité du vin vers la vallée du Nil. Olives et dattes ont pris le relais. Le village principal, Bawiti, est très pittoresque avec sa palmeraie de dattiers ombrageant des petits groupes de maisons en brique crue. Le **musée du Patrimoine de l'oasis** montre des figurines d'argile dues à l'artiste local Mohammed Eed. Autour de Bahariyya se trouvent des sources chaudes et froides. Près de Bawiti, la source chaude **Ain Bishmu** sert de piscine et de lavoir aux villageois. Plus loin, les quelques ruines du **temple d'Alexandre le Grand**, de 332 av. J.-C., s'étendent à l'endroit où ont été découvertes des momies dorées. Le **temple d'Ain el-Muftela** voisin, de la XXVIe dynastie, est mieux conservé. Des collines entourent l'oasis, dont la **montagne Noire**, ou « montagne anglaise », dû à un avant-poste britannique de la Première Guerre mondiale. L'ascension prend une heure et offre une vue remarquable.

Aux environs : créé par l'érosion du vent, le **désert Noir** commence à 20 km au sud de Bahariyya. Plus au sud, les formations rocheuses de la **montagne de Cristal**, surtout composée de quartz, étincellent au soleil.

Musée du Patrimoine de l'oasis
1 km au nord de Bawiti. *t.l.j.*

Temple d'Alexandre le Grand
6 km au sud-ouest de Bawiti.
s'adresser à l'office de tourisme.

Temple d'Ain el-Muftela
5 km à l'ouest de Bawiti.
s'adresser à l'office de tourisme.

Les momies dorées

En 1996, plus de 100 momies gréco-romaines sont déterrées à environ 3 km au sud du temple d'Alexandre le Grand, près de Bahariyya. La découverte s'est faite de façon traditionnelle, grâce à un âne qui s'est pris la patte dans un trou. Les momies sont en très bon état de conservation, somptueusement dorées et décorées. Les archéologues en ont jusqu'ici mis au jour plus d'une centaine, au lieu-dit la Vallée des Momies, mais ils pensent que jusqu'à 10 000 momies seraient enterrées dans la nécropole, la plus grande d'un seul tenant en Égypte. Toujours dans leur tombe, les momies ne sont pas encore visibles par le public.

Figurines d'argile du musée du Patrimoine, oasis de Bahariyya

الناس حج البيت

Maison typique de l'oasis de Siwa, en brique crue peinte en bleu

Oasis de Siwa ❺

550 km à l'ouest du Caire, 305 km au sud-ouest de Marsa Matrouh. *30 000.* *en face d'Arous el-Waha, route de Marsa Matrouh (046) 460 2883.*

L'oasis de Siwa semble surgir de nulle part, ses vergers luxuriants luisant comme un mirage au milieu du désert sec et inhospitalier. Plus de 300 sources et ruisseaux d'eau douce alimentent cette oasis éloignée, donnant vie à 300 000 dattiers et 70 000 oliviers. De vastes lacs d'eau salée complètent ce paysage spectaculaire. Isolée au bord de la grande mer de Sable, Siwa est restée inchangée, et très peu visitée, durant des siècles. Aujourd'hui, la route la relie à Marsa Matrouh sur la côte méditerranéenne et à l'oasis de Bahariyya au sud-est, apportant un afflux de touristes.

Les vestiges en brique crue de l'ancienne ville de **Shali** se dressent au-dessus de la place principale de la Siwa moderne. Cette ville fortifiée en sommet de colline, bâtie en 1203 pour abriter les 40 survivants d'un raid bédouin sur le village voisin d'Aghurmi, a protégé pendant des siècles toute la population de Siwa. En 1926, de fortes pluies ont fait abandonner les maisons, mais on peut toujours explorer le dédale des ruelles en pente.

Près du centre-ville, le musée de la **Maison de Siwa**, qui présente une collection de costumes, bijoux et objets d'artisanat typiques, a été créé par un ambassadeur canadien, qui craignait l'impact du tourisme sur le mode de vie traditionnel de Siwa. À une courte distance au nord de la ville, le calcaire de la **montagne des Morts** (Gebel el-Mawta) est criblé de tombes de la XXVIe dynastie et de l'époque des Ptolémées. Lorsque les combats ont touché Siwa pendant la Seconde Guerre mondiale, les habitants s'y sont abrités des bombardements. La **tombe de Si-Amoun**, du IIIe siècle av. J.-C., montre des scènes du défunt, un habitant d'origine grecque, avec sa famille et les dieux.

Détail de la tombe de Si-Amoun, sur la montagne des Morts, à Siwa

À 3 km à l'est de Siwa, le **temple de l'Oracle**, construit entre 663 et 525 av. J.-C., se dresse sur le rocher qui formait le cœur de l'ancienne cité d'Aghurmi. La réputation de l'oracle était grande et Alexandre le Grand est venu le consulter en 332 av. J.-C. après avoir libéré l'Égypte du joug perse. Le temple est pour l'essentiel en ruines, mais le sommet offre des vues sensationnelles sur les palmiers et les lacs de l'oasis.

Plus à l'est, il ne reste qu'un mur orné de bas-reliefs et beaucoup de ruines du grand **temple d'Amon**, de la XXXe dynastie, sans doute bâti au IVe siècle av. J.-C. par Nectanebo II. Pas très loin s'ouvre la **piscine de Cléopâtre**, où il est peu probable que la reine se soit baignée ; nombreux sont ceux qui nagent dans ce bassin circulaire, en dépit des algues flottant à la surface et des nombreux passants sur le chemin voisin.

On préférera pour la baignade l'**île de Fatnis**, « Fantasy Island », sur le lac salé Birket Siwa, à 6 km à l'ouest de la ville. Une chaussée étroite mène à l'île couverte de palmiers verdoyants, qui offre en son milieu un bassin d'eau douce merveilleusement isolé. De Siwa, on rejoint l'île à vélo ou en carriole avec un âne.

La Maison de Siwa
Siwa. *sam.-jeu.*

Tombe de Si-Amoun
1 km au nord de Siwa. *t.l.j.*

La culture de Siwa

Loin du reste de l'Égypte, Siwa a une culture et un mode de vie particuliers, que le tourisme menace peu à peu. On y parle le siwi, une langue berbère, autant que l'arabe. Les femmes se montrent peu en public. Leur costume est orné de pièces de monnaie. L'oasis est réputée pour ses bijoux en argent et ses vanneries. Les habitants sont attachés aux traditions, et les visiteurs doivent porter une tenue correcte.

Panier traditionnel de Siwa tressé à la main

◁ **Sur le mur d'une maison de Siwa, une peinture encourage le passant à faire le pèlerinage à La Mecque**

Les oasis des déserts égyptiens

Spectacle bienvenu pour le voyageur épuisé, les oasis ont assez d'eau pour permettre à la végétation de pousser et à l'homme de s'implanter. Les vastes cuvettes du désert occidental à l'ouest du Nil ont engendré un chapelet d'oasis là où la nappe phréatique est proche de la surface. Par exemple, celle de Siwa se trouve à 18 m au-dessous du niveau de la mer. De dimensions très variables, les oasis vont du bouquet de palmiers entourant une source jusqu'au vaste plan d'eau pouvant ravitailler une vraie ville. Appui du peuplement humain, elles offrent aussi un habitat idéal à de nombreuses espèces sauvages, comme l'hyène tigrée, la mangouste égyptienne et le petit guêpier vert. Mais l'accroissement de la population, lié à une agriculture de plus en plus intensive, menace les ressources en eau. Pour pallier ces insuffisances, un canal amène aujourd'hui l'eau du Nil à l'oasis du Fayoum *(p. 164)*.

Guêpier vert

Les implantations humaines *se sont développées autour de nombreuses oasis. Isolées, autosuffisantes, elles forment des taches vertes de culture séparées les unes des autres par des étendues de désert aride.*

Les lacs d'eau salée *se sont formés au fil des millénaires par évaporation. Au fur et à mesure que l'eau s'évapore, les sels minéraux dissous se concentrent lentement.*

L'agriculture *prospère sur la terre fertile des oasis. Riz, blé, olives, dattes, figues, mangues et abricots sont des cultures-clés.*

Le dattier *a toujours été cultivé pour ses usages multiples, il donne à manger, du bois et des feuilles pour les toitures.*

La formation d'une oasis

La pluie, tombée très loin des oasis, s'infiltre dans des roches poreuses qu'on nomme aquifères, au travers desquelles elle circule lentement. Cette eau émerge sous une oasis soit lorsque la nappe phréatique se trouve en surface ou proche du sol, soit quand la pression de l'eau dans l'aquifère la fait jaillir par une faille dans la roche.

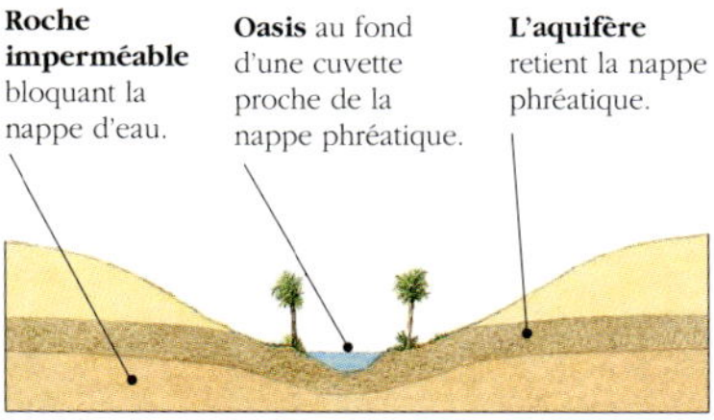

Oasis formée par une cuvette naturelle

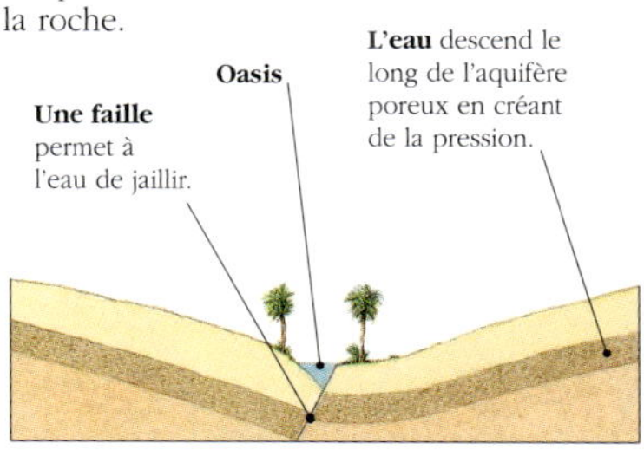

Oasis formée par une faille de la couche rocheuse

Les bonnes adresses

HÉBERGEMENT

En égyptien courant, le mot *foundouq*, pour hôtel, vient d'un verbe qui signifie « laisser grand ouvert », et cela reflète bien le sens traditionnel de l'hospitalité égyptienne. Le visiteur trouvera « porte ouverte » dans tout le pays, avec des hôtels offrant toute une gamme de prix et des prestations de qualité différente. Au sommet figurent les grands palaces à l'ancienne et un nombre croissant de grands hôtels et complexes modernes de 4- et 5-étoiles. Cependant, même dans ces endroits coûteux, l'hospitalité égyptienne ne rime pas touojurs avec un service de qualité. Directeurs d'hôtels et responsables touristiques prennent peu à peu conscience que les employés doivent être formés pour pouvoir satisfaire les clients. À l'autre bout de l'échelle, bon marché ne signifie pas nécessairement sordide, et l'on trouve encore des chambres simples mais propres dans certains des sites les plus pittoresques du pays. Dans tous les cas, mieux vaut examiner l'offre de près avant de payer, car le client exigeant a plus de chances de se voir satisfait.

Portier de l'hôtel Sofitel Cataract à Assouan

OÙ CHERCHER

Le tourisme étant une industrie ancienne en Égypte, on trouve des hôtels à peu près partout. Au Caire, les hôtels de luxe se regroupent dans trois zones principales, répondant aux différents besoins et demandes des visiteurs. Plusieurs se trouvent au nord-est, autour de l'aéroport et de la banlieue d'Héliopolis, pratiques pour prendre l'avion mais assez loin des grands centres touristiques de la ville. Puis on trouve les hôtels de classe du centre-ville, situés surtout en bord de Nil. Ils offrent de belles vues et sont plus pratiques pour explorer les sites du Caire, mais ils enferment le touriste dans le centre saturé de la ville, perspective qui peut alarmer. Restent les hôtels autour des pyramides de Giza. Pour beaucoup de visiteurs, séjourner tout à côté de ce qu'ils considèrent comme la plus grande attraction touristique d'Égypte peut compenser le désavantage d'être plus loin d'autres curiosités du Caire islamique ou du centre, comme le Khan el-Khalili ou le Musée égyptien. On peut aussi opter pour des hôtels plus petits et moins chers dans toute la ville. Il y a beaucoup d'hôtels bon marché pour routards au centre, près des places Talaat Harb et Opera, voire des « bouges » autour de la gare Ramses. L'île verdoyante de Zamalek offre quelques hôtels de moyenne gamme agréables. Si le quartier possède peu de sites en lui-même, il constitue une bonne base pour visiter le Caire. On retrouve ce schéma général dans la plupart des villes d'Égypte ; grands hôtels 5-étoiles proches du centre, hébergements bon marché autour de la gare, et choix milieu de gamme un peu partout. Hormis les très grandes destinations touristiques, la plupart des villes de Haute-Égypte et du delta n'ont pas d'hôtel 5-étoiles.

Le Sheraton sur l'île de Gezira, au Caire

Le hall dallé de marbre de l'hôtel Winter Palace, à Louxor

LES RABATTEURS D'HÔTELS

Le visiteur fraîchement arrivé au Caire peut être la proie de rabatteurs d'hôtels, qui utilisent toutes les astuces pour amener leur victime à l'hôtel qui les emploie. Certains chauffeurs de taxi font partie du réseau, moyennant une commission des hôteliers auxquels ils amènent leurs clients. Pour éviter d'être pris au piège, restez vigilants et gardez fermement le cap. Si possible, réservez une chambre à l'avance et ne déviez de votre chemin sous quelque prétexte que ce soit. Si un chauffeur de taxi prétend qu'il n'a jamais entendu parler de votre hôtel, ne montez pas dans la voiture. Ne laissez personne entrer dans l'hôtel avec vous.

La réservation

Les hôtels haut de gamme suivent la procédure internationale de réservation et le client doit généralement donner son numéro de carte de crédit pour confirmer. Les hôtels plus modestes en font peut-être autant, mais le résultat est un peu moins fiable. Les hôtels bon marché plus populaires fonctionnent sur le principe du premier arrivé, premier servi, et ne prennent pas de réservations.

Le Safari Paradise à Siwa niché dans la palmeraie, près du temple d'Amon

Classement et équipement des hôtels

Les hôtels égyptiens sont classés par le gouvernement sur une échelle qui va jusqu'au 5-étoiles. Les grandes chaînes internationales appartiennent en général aux catégories 4- et 5-étoiles, les établissements locaux aux catégories moyenne et bas de gamme.

Le classement peut parfois sembler arbitraire, et il est souvent plus fonction de l'influence du patron que de la qualité réelle du service. Parfois, la seule différence tangible entre un 2-étoiles et un hôtel sans étoile est le prix, et les 5-étoiles ne se valent pas tous en matière d'équipement ou de service. Cela étant, un 5-étoiles propose toujours plusieurs restaurants, un bar, un night-club ou discothèque, une piscine et un centre de remise en forme. Ceux des stations touristiques proposeront sans doute, entre autres, centre équestre, centre de plongée et tennis. En général, le 4-étoiles possède un café, un restaurant, une forme de bar et une petite piscine pour un plongeon rafraîchissant.

Les hôtels bas de gamme offrent en général une forme de restauration, mais on y sert rarement de l'alcool. On trouve peu de téléphones dans les chambres des plus petits hôtels, mais la plupart proposent ce service, ainsi qu'un télécopieur, à la réception.

Les suppléments cachés

À part certaines stations de la mer Rouge, où les clients paient un forfait et profitent de tous les services, l'usage veut que l'on règle des suppléments. Le séjour peut être augmenté de 20 % de taxe, avec en sus la note du téléphone et autres services. Dans les 2- et 3-étoiles plus petits, vérifiez précisément ce qui est inclus dans le tarif : vous découvrirez peut-être que le petit déjeuner, le réfrigérateur ou la télévision dans la chambre sont en sus. Le bakchich fait partie du mode de vie égyptien et beaucoup d'employés survivent grâce aux pourboires gagnés en rendant de menus services, comme porter les bagages ou héler un taxi.

Les réductions

Les réductions sur les chambres sont rares ; seules les agences de voyages en proposent. En revanche, on peut négocier les prix à la baisse à la basse saison (juillet-août) en Haute-Égypte, surtout dans les hôtels de petite catégorie. Les Égyptiens et les étrangers munis de cartes de séjour bénéficient de tarifs nettement inférieurs.

Les chaînes d'hôtels

On trouve en Égypte tous les grands noms de chaînes, Hilton et Sheraton surtout, mais aussi Marriott, Sofitel, Méridien, Mövenpick, Swissôtel et Four Seasons. Ces grands hôtels sont les plus luxueux et les plus chers du marché, et offrent en général un niveau de service fiable, en dépit de dérapages occasionnels par rapport au standard international. Aucune chaîne bon marché n'est présente en Égypte. Des familles indépendantes gèrent la multitude d'établissements de moyenne catégorie ou bon marché.

L'entrée spectaculaire du Hilton Alexandria Green Plaza

Le Nile Hilton du Caire, élevé dans les années 1950 sur le site du Qasr el-Nil (palais du Nil) *[p. 72]*

Les établissements plus modestes

L'Égypte ne possède pas de réseau bien développé d'hôtels de moyenne catégorie, ce qui est un inconvénient pour le voyageur indépendant qui ne veut aller ni dans les hôtels de luxe ni dans les établissements pour routards. Chaque grande destination offre un vaste éventail de petits hôtels bon marché pour jeune voyageur. Les prix peuvent être très bas si on se passe de salle de bains privée et de climatisation. Beaucoup d'établissements proposent un choix de chambres avec et sans ces équipements, et des chambres à plusieurs lits. La plupart des petits hôtels du Caire et d'Alexandrie occupent les étages supérieurs de vieux immeubles, offrant parfois un cadre intime et de caractère. Le prix comprend en général un petit déjeuner continental simple. Les 2- et 3-étoiles (quand on en trouve) occupent en général tout un immeuble, avec souvent un café et un petit restaurant. Leurs chambres sont toujours climatisées, avec salle de bains, et l'hôtel peut avoir une petite piscine. La qualité est très variable ; certains hôtels de moyenne catégorie sont remarquables et vraiment charmants, d'autres sont loin de mériter leurs tarifs. Au moment de louer la chambre, visitez-la pour vérifier s'il y a l'eau chaude et des draps propres, et faites-vous confirmer que le petit déjeuner est inclus.

Les voyageurs d'affaires

Le Caire se développe rapidement en grand centre d'affaires, et les hôtels s'adaptent au nouveau marché, avec l'apparition d'établissements 5-étoiles de grand luxe. Flambant neufs, ils sont équipés pour les besoins de l'homme d'affaires avec toute une gamme de services adaptés supplémentaires. Formation spéciale des concierges et service d'affaires 24 h sur 24 deviennent la norme dans les nouveaux hôtels du Caire, comme au Four Seasons ou au First Residence, sur la rive ouest du Nil, et au Conrad, sur la Corniche. Les chambres sont équipées d'ordinateurs, fax, boîte vocale et connexion Internet. Des salles de réunions et de conférences bien équipées sont à disposition, tout comme des limousines avec chauffeur pour les trajets à l'aéroport international.

L'hôtel Métropole à Alexandrie

Les voyageurs handicapés

L'Égypte n'est pas une destination commode pour le voyageur handicapé. La plupart des hôtels bon marché se situant aux étages supérieurs des immeubles, les occupants de chaises roulantes sont en général cantonnés aux hôtels 5-étoiles modernes même si ces derniers sont rarement équipés de rampes d'accès. Les grands hôtels commencent cependant à faire des efforts d'aménagement. En revanche, un bon point pour les Égyptiens est la chaleur de leur accueil ; ils ne stigmatisent pas les handicaps et sont toujours prêts à assister en toute simplicité les voyageurs qui en ont besoin.

LES ENFANTS

Les Égyptiens adorent les enfants et les considèrent comme une bénédiction. Un séjour avec eux ne devrait pas présenter de difficulté. Les hôtels ne proposent pas pour autant de programmes d'animation spéciaux, à l'exception des stations de luxe, qui organisent les loisirs des enfants. Sachez que la plupart des grands hôtels, même s'ils ne possèdent pas 4 ou 5 étoiles sont dotés d'une piscine ouverte aux non-résidents, souvent gratuite pour les petits. C'est un excellent moyen de calmer les enfants énervés par la chaleur et l'agitation ambiantes.

LES PETITS BUDGETS

L'Égypte peut être le paradis du voyageur modeste, comme l'ont prouvé des générations de jeunes routards venus goûter le pays, ses ruines pharaoniques, sa culture exotique ou le soleil et les vagues de la mer Rouge. Partout on trouve des établissements proposant un hébergement convenable à prix bas. Les auberges de jeunesse existent, mais vu leur qualité médiocre par rapport au reste de l'offre, mieux vaut les éviter. Pourquoi se contenter de couchettes à trois étages quand, pour quelques livres de plus, on a une chambre propre à soi plus près du centre-ville ? On retrouve dans les hôtels bon marché, pas fréquentés uniquement par la jeunesse itinérante, la même camaraderie que dans les auberges de jeunesse du monde entier.

Le luxueux As-Salamick sur le domaine du palais Montaza d'Alexandrie

Panneau des Auberges de Jeunesses à Assouan

Plus sujet à caution, le camping n'est pas vraiment recommandé dans la plupart des villes. On trouve des aménagements de type camping près des pyramides de Giza au Caire, des terrains à Louxor et d'autres villes du Sud, mais l'équipement y est au mieux rudimentaire. Ailleurs dans le pays, les terrains sont mieux équipés. Il y en a de superbes dans le Sinaï, dont le parc national Ras Mohammed *(p. 222)* près de Charm el-Cheikh. Une nuit sous les étoiles dans le désert occidental est une expérience inoubliable. Les villes des oasis organisent toutes des « safaris » en 4x4 avec un guide. Le camping dans le désert est surtout une activité d'hiver, et il peut faire froid la nuit. Le bivouac n'y est pas recommandé en été et peu de guides s'y risqueront. Sur n'importe quel site de camping, respectez les règles de bon sens, gardez vos objets de valeur avec vous dans la tente. On déplore des vols même dans les terrains de parcs nationaux bien gardés.

CARNET D'ADRESSES

HÔTELS AVEC CENTRALE DE RÉSERVATION

Hôtels Hilton
0800 90 75 46 (France).
W www.hilton.com

Hôtels Inter-Continental
0800 91 08 51 (France).
W www.interconti.com

Hôtels Marriott
0800 90 83 33 (France).
W www.marriott.com

Hôtels Le Méridien
0800 40 22 15 (France).
W www.lemeridien-hotels.com

Hôtels Sheraton
0800 325 35 353 (France).
W www.sheraton.com

TROUVER UN HÔTEL

Base de donnée des hôtels égyptiens
W www.egypthotelsdb.com

Office national de tourisme Égyptien
90, avenue des Champs-Élysées, 75008 Paris.
01 45 62 94 42/43
Serveur vocal : 08 36 70 22 15.
Minitel 3615 Égypte.
W www.egypt.com

MISR Travel
(société administrée par le gouvernement égyptien)
1 Sharia Talaat Harb, Le Caire. *(02) 393 0010.*

Office de tourisme
Alexandrie.
Midan Saad Zaghloul,
(03) 485 1556.
8 h-18 h t.l.j. (9h-16h) pendant le ramadan.

Office de tourisme
5 sharia Adly, Le Caire.
(02) 391 3454.
8 h 30-20 h, t.l.j. (9 h-16 h pendant le ramadan).

AUBERGES DE JEUNESSE

Association égyptienne des auberges de jeunesse
35 sharia Abdel Aziz el Saoud Manial, Le Caire.
(02) 3640 729

Fédération unie des auberges de jeunesse (FUAJ)
9, rue Brantôme, 75003 Paris.
01 42 77 03 29.

Choisir un hôtel

Les hôtels de ce guide ont été sélectionnés, dans tout un éventail de prix, pour l'excellente qualité de leurs équipements, de leur environnement ou de leur caractère. La liste débute par les hôtels du Caire, quartier par quartier, suivie d'une sélection d'établissements dans le reste de l'Égypte. La gamme des prix est donnée en dollars. Les restaurants que nous recommandons sont aux pages 282-291.

LE CAIRE

CENTRE-VILLE : *Berlin* $
2 sharia el-Shawarby, 4e étage, Qasr el-Nil. **Plans** 1 C5, 5 C3. ☎ *(02) 395 7502.* FAX *(02) 395 7502.* @ berlinhotelcairo@hotmail.com
Des chambres pleines de caractère et un propriétaire attentionné compensent largement la façade ordinaire. Des circuits aux pyramides peuvent être organisés. Courrier électronique. ⇅ TV

CENTRE-VILLE : *Fontana* $
Midan Ramses. **Plan** 2 D3. ☎ *(02) 592 2321.* FAX *(02) 592 2145.*
Cet hôtel confortable, de gamme moyenne, a une belle vue sur l'agitation de la place Ramsès, une petite piscine sur le toit et une discothèque. ⇅ Y TV

CENTRE-VILLE : *Ismailia House* $
8e étage, 1 midan-el-Tahrir. **Plans** 1 C5, 5 B4. ☎ *(02) 796 3122.*
Cet hôtel modeste offre une vue sensationnelle sur midan el-Tahrir, compensant ainsi des équipements pas toujours nets. Certaines chambres ont une salle de bains. ⇅

CENTRE-VILLE : *Mayfair* $
9 sharia Aziz Osman, Zamalek. **Plan** 1 A3. ☎ *(02) 735 7315.*
Dans le quartier chic de Zamalek, cet hôtel bon marché est prisé des routards, alors pensez à réserver.

CENTRE-VILLE : *Pension Roma* $
4e étage, 169 sharia Mohammed Farid. **Plans** 2 D4, 6 D2. ☎ *(02) 391 1088.* FAX *(02) 579 6243.*
Un des meilleurs rapports qualité-prix du Caire, l'hôtel possède du mobilier ancien, de beaux parquets cirés et une élégance surannée à un prix modeste. Cinq chambres avec bains. Il faut réserver. ⇅

CENTRE-VILLE : *Carlton* $$
21 sharia 26th July. **Plans** 1 C4, 5 C2. ☎ *(02) 575 5022.* FAX *(02) 575 5323.* @ carlton@menanet.net
L'entrée de cet agréable vieil hôtel du centre ouvre sur une rue latérale de sharia 26th July. Construit en 1935, il propose des chambres rénovées récemment (dont certaines avec mini-bar), un bar et un restaurant sur le toit. ⇅ Y TV

CENTRE-VILLE : *Horus House* $$
4e étage, 21 sharia Ismail Mohammed, Zamalek. **Plan** 1 A3. ☎ *(02) 736 0694.* FAX *(02) 735 3182.*
Petit 3-étoiles dans un immeuble de Zamalek. Équipement sommaire compensé par l'amabilité du service et les prix raisonnables. ⇅ Y TV

CENTRE-VILLE : *Lotus* $$
12 sharia Talaat Harb. **Plans** 1 C5, 5 B3. ☎ *(02) 575 0966.* FAX *(02) 5750 627.*
Propre et confortable dans la gamme moyenne, au cœur du centre, il a les mêmes propriétaires que l'hôtel Windsor voisin. La plupart des chambres sont avec bains, mais celles qui partagent une salle de bains sont bien moins chères. ⇅ Y TV

CENTRE-VILLE : *New Star* $$
34B sharia Yehia Ibrahim, Zamalek. **Plan** 1 A3. ☎ *(02) 735 0928.* FAX *(02) 735 1865.*
Hôtel calme et confortable bien qu'il soit à proximité du carrefour de Hassan Sabry et 26th July. Les grandes chambres sont en fait des suites d'un bon rapport qualité-prix. Certaines ont un balcon et une vue sur le Nil. ⇅ TV

CENTRE-VILLE : *Windsor* $$
19 sharia al-Alfy. **Plans** 2 D4, 6 D2. ☎ *(02) 591 5277.* FAX *(02) 592 1621.* @ wdoss@link.com.eg
Ancien club des officiers britanniques, cet établissement original conserve une atmosphère coloniale à l'ancienne, notamment dans le bar. ⇅ Y TV

Hôtel	Nombre de chambres	Cartes bancaires	Climatisation	Piscine	Restaurant
Berlin	7		●		
Fontana	87		●	■	●
Ismailia House	27				
Mayfair	38	■	●		
Pension Roma	32				●
Carlton	62		●		●
Horus House	35	■	●		●
Lotus	50	■	●		●
New Star	28	■	●		●
Windsor	50	■	●		●

Les prix correspondent à une nuit en chambre double pour deux personnes, service, taxes et petit déjeuner compris.
- $ moins de 25 US $
- $$ de 25 à 50 US $
- $$$ de 50 à 100 US $
- $$$$ de 100 à 200 US $
- $$$$$ plus de 200 US $

CARTES BANCAIRES
Un symbole indique que les principales cartes, Visa, MasterCard, American Express, sont acceptées.

CLIMATISATION
Certaines des chambres (ou toutes) sont climatisées.

PISCINE
Piscine privée pour les résidents de l'hôtel.

RESTAURANT
Bon restaurant, ouvert aux non-résidents.

CENTRE-VILLE : *Atlas Zamalek* $$$
20 Gamiat ad-Dowal al-Arabiyya, Mohandiseen. Tél. *(02) 346 6569.* FAX *(02) 347 6958.*
Sur l'une des grandes artères de Mohandiseen, ce haut immeuble accueillant possède une piscine et une discothèque appréciée.

CENTRE-VILLE : *Cosmopolitan* $$$
1 sharia Ibn Tahlab. **Plans** 1 C3, 5 C3. Tél. *(02) 3956 3956.* FAX *(02) 393 6914.*
Cet établissement de milieu de gamme plein de caractère occupe un joli bâtiment Art déco. Certaines des chambres possèdent du mobilier ancien et un équipement de salles de bains rétro.

CENTRE-VILLE : *Flamenco* $$$
2 sharia Gezirat al-Wusta, Zamalek. **Plan** 1 A2. Tél. *(02) 735 0815.*
FAX *(02) 735 0819.* @ sales@flamencohotels.com
Cet hôtel de gamme moyenne est apprécié des hommes d'affaires cherchant un lieu plus intime que les grands 5-étoiles. Les meilleures chambres ont vue sur le Nil.

CENTRE-VILLE : *Odeon Palace* $$$
6 Abdel Hamid Said. **Plans** 1 C4, 5 C2. Tél. *et* FAX *(02) 576 7971.*
Ce confortable hôtel de milieu de gamme dans une rue latérale calme du centre a un bar en terrasse sur le toit très prisé des intellectuels cairotes.

CENTRE-VILLE : *President* $$$
22 sharia Taha Hussein, Zamalek. **Plan** 1 A2. Tél. *(02) 735 0652.*
FAX *(02) 736 1752.* @ preshotl@thewayout.net
Ce 3-étoiles apprécié occupe une tour sans grand caractère dans une rue tranquille de Zamalek. Le personnel y est très accueillant.

CENTRE-VILLE : *Marriott* $$$$
PO Box 33, Zamalek. **Plan** 1 B3. Tél. *(02) 7394 632.* FAX *(02) 735 6667.*
@ reservation@cairomarriott.com
Cette opulente résidence orientalisante a été édifiée en 1869 *(p. 60-61)* pour l'ouverture du canal de Suez. Elle possède l'un des rares jardins en terrasse du Caire, raison de son succès avec les Cairotes comme avec les étrangers.

CENTRE-VILLE : *Sheraton al-Gezira* $$$$
Al-Gezira, Gezira. **Plan** 3 A1. Tél. *(02) 737 3737.* FAX *(02) 735 5056.* @ gzsher@rite.com
Cette tour ronde se dresse à l'extrémité sud de Gezira, près du quartier élégant de Zamalek. Toutes les chambres ont une vue sensationnelle et l'hôtel offre plusieurs bars et restaurants en bord de Nil.

CENTRE-VILLE : *Conrad International* $$$$$
1191 Corniche el-Nil, Bulaq. **Plan** 1 B3. Tél. *(02) 580 8000.*
FAX *(02) 580 8080.* @ reservation@conradcairo.com.org
Maillon de la dernière chaîne de luxe installée au Caire, il offre de belles vues sur le Nil et des chambres luxueuses. Il est commodément situé près de galeries commerçantes toutes récentes et de restaurants de luxe.

CENTRE-VILLE : *Nile Hilton* $$$$$
Midan-el-Tahrir. **Plans** 1 B5, 5 B3. Tél. *(02) 578 0666.* FAX *(02) 578 0475.*
@ nhilton@brainy1-ie.eg.com
L'immeuble de faible hauteur des années 1950 donne sur le tohu-bohu de la place centrale du Caire. Ses chambres rénovées sont confortables et curieusement calmes.

CENTRE-VILLE : *Grand Hyatt Cairo* $$$$$
Corniche el-Nil, Garden City. **Plans** 3 B1, 5 A5. Tél. *(02) 365 1234.* FAX *(02) 362 1927.*
W cairo.grand.hyatt.com
Ce vaste hôtel moderne est situé sur le versant Nord de l'île de Roda. Les chambres ont des vues fabuleuses sur le Nil. Piscine et salle de sport.

Hôtel	Nombre de chambres	Cartes bancaires	Climatisation	Piscine	Restaurant
Atlas Zamalek	75	■	●	■	●
Cosmopolitan	84	■	●		●
Flamenco	162	■	●		●
Odeon Palace	30	■	●		●
President	117	■	●		●
Marriott	1124	■	●	■	●
Sheraton al-Gezira	460	■	●	■	●
Conrad International	617	■	●	■	●
Nile Hilton	431	■	●	■	●
Grand Hyatt Cairo	714	■	●	■	●

Légendes des symboles, voir rabat de couverture

Les prix correspondent à une nuit en chambre double pour deux personnes, service, taxes et petit déjeuner compris.
$ moins de 25 US $
$$ de 25 à 50 US $
$$$ de 50 à 100 US $
$$$$ de 100 à 200 US $
$$$$$ plus de 200 US $

CARTES BANCAIRES
Un symbole indique que les principales cartes, Visa, MasterCard, American Express, sont acceptées.

CLIMATISATION
Certaines des chambres (ou toutes) sont climatisées.

PISCINE
Piscine privée pour les résidents de l'hôtel.

RESTAURANT
Bon restaurant, ouvert aux non-résidents.

CENTRE-VILLE : *Semiramis Intercontinental* $$$$$
Corniche el-Nil, Garden City. **Plans** 1 B5, 5 A4. *(02) 795 7171.*
FAX *(02) 796 3020.* @ cairo@interconti.com
Ce grand 5-étoiles du Caire offre tous les équipements souhaitables et des chambres avec vue sensationnelle sur le Nil. En été, il est très fréquenté par les Arabes du Golfe.

Nombre de chambres	Cartes bancaires	Climatisation	Piscine	Restaurant
730	■	●	■	●

QUARTIER ISLAMIQUE : *Al-Hussein* $$$
Midan Hussein, Hussein. **Plan** 2 F5. *(02) 589 1093.* FAX *(02) 591 8479.*
Des chambres simples et confortables, dont 28 ont l'air conditionné et une salle de bains, les autres chambres ont un ventilateur. De belles vues sur le Caire médiéval, mais la proximité du Khan el-Khalili rend l'environnement bruyant.

Nombre de chambres	Cartes bancaires	Climatisation	Piscine	Restaurant
56		●		●

GIZA ET HÉLIOPOLIS : *Novotel Cairo Airport* $$$
Aéroport du Caire, Héliopolis. *(02) 291 8520.* FAX *(02) 291 4794.*
C'est un bon choix pour ceux qui ne font qu'une courte étape au Caire. L'hôtel sans caractère particulier mais confortable possède bar, piscine, sauna.

Nombre de chambres	Cartes bancaires	Climatisation	Piscine	Restaurant
207	■	●	■	●

GIZA ET HÉLIOPOLIS : *Mövenpick Jolieville* $$$$
Route du désert Le Caire-Alexandrie, Giza. *(02) 385 2555.* FAX *(02) 383 5006.*
Cet hôtel confortable à caractère familial, situé près des pyramides, offre de vastes jardins, une grande piscine et des courts de tennis. Il est aussi à proximité de la sharia 26th July qui mène au centre du Caire.

Nombre de chambres	Cartes bancaires	Climatisation	Piscine	Restaurant
240	■	●	■	●

GIZA ET HÉLIOPOLIS : *Mena House Oberoi* $$$$$
Sharia al-Ahram (route des Pyramides), Giza. *(02) 383 3444.*
FAX *(02) 383 7777.* @ shhelio@gega.net
Construit en 1860 pour servir de pavillon de chasse, il a été transformé en hôtel en 1890. Il offre des vues incomparables sur les pyramides, le premier golf d'Égypte, un casino et l'un des meilleurs restaurants indiens du Caire.

Nombre de chambres	Cartes bancaires	Climatisation	Piscine	Restaurant
523	■	●	■	●

GIZA ET HÉLIOPOLIS : *Sheraton Heliopolis* $$$$$
Sharia Uruba, Héliopolis. *(02) 267 7730.* FAX *(02) 267 7600.* @ sherhelo@rite.com.
Sur une grande route près de l'aéroport, cet hôtel 5-étoiles est commode pour rejoindre le centre-ville.

Nombre de chambres	Cartes bancaires	Climatisation	Piscine	Restaurant
588	■	●	■	●

LES ENVIRONS DU CAIRE

OASIS DU FAYOUM : *Auberge du Lac* $$$$
Lac Qaroun, le Fayoum. *(084) 572 003.* FAX *(084) 572 003.*
@ reservations@aubergedulac-fayoum.com
Cet ancien pavillon de chasse du roi Farouk au bord du lac Qaroun a été transformé en hôtel de luxe, avec d'excellents équipements. Le cadre est idéal pour la visite des sites, l'observation des oiseaux et la simple détente.

Nombre de chambres	Cartes bancaires	Climatisation	Piscine	Restaurant
76	■	●	■	●

LA VALLÉE DU NIL

ABOU SIMBEL : *Kariat Abu Simbel* $$
Abou Simbel. *(097) 400 170.* FAX *(097) 3400 770.*
Cet hôtel paisible et confortable a ouvert ses portes en 2001. Construit dans le style nubien, il possède des chambres confortables et une terrasse qui donne sur le lac Nasser. Prix raisonnables.

Nombre de chambres	Cartes bancaires	Climatisation	Piscine	Restaurant
26		●		●

ABOU SIMBEL : *Nefertari* $$$$
Abou Simbel. *(097) 3400 508* ou *((097) 3400 510.*
Hôtel le plus proche du temple de Ramsès II, il propose une réduction de 30 % en été. La réservation est recommandée en hiver. Les non-résidents sont autorisés à planter leur tente dans le jardin.

Nombre de chambres	Cartes bancaires	Climatisation	Piscine	Restaurant
120	■	●	■	●

ASSIOUT : *YMCA* $
Sharia Salah ad-Din al-Ayyubi. *(088) 323 218.* FAX *(088) 313 118.*
Cet hôtel bon marché est d'un confort surprenant : chambres avec moquette, télévision, réfrigérateur et salle de bains privative.

Nombre de chambres	Cartes bancaires	Climatisation	Piscine	Restaurant
30		●		●

ASSIOUT : *Assiutel* $$

Sharia al-Thawra. ☎ FAX *(097) 2317 578.*

Cet hôtel milieu de gamme est le meilleur de la ville ; il est bien situé sur la Corniche et certaines des chambres offrent de très belles vues. [↑↓] [TV]

ASSOUAN : *Hathor* $

Corniche el-Nil. ☎ *(097) 314 580.* FAX *(097) 2303 462.*

Ce petit hôtel aux belles vues sur le Nil a un toit en terrasse doté d'une petite piscine. Les chambres donnant sur le Nil sont en général meilleures que les autres. [↑↓]

ASSOUAN : *Keylany* $

Sharia Keylany, près de sharia Souq. ☎ *(097) 317 332.* FAX *(097) 317 332.*

Cet hôtel très bon marché et très propre offre l'un des meilleurs rapports qualité-prix d'Assouan. Toutes les chambres sont dotées de salles de bains privées et de ventilateurs. Pas de climatisation.

ASSOUAN : *Orabi* $

Sharia Keylany, près de sharia Souq. ☎ *(097) 2317 578.* FAX *(097) 2317 578.*

Bon hôtel central à prix modestes avec des salles de bains communes, un personnel affable et quelques chambres climatisées.

ASSOUAN : *Al-Amir* $$

Près de Corniche el-Nil. ☎ *(097) 2314 732.* FAX *(097) 2304 411.*

Un hôtel très propre et confortable tourné en priorité vers la clientèle arabe du Golfe ; on n'y sert donc pas d'alcool. [↑↓] [TV]

ASSOUAN : *Happi* $$

Près de Corniche el-Nil. ☎ *(097) 314 115.* FAX *(097) 2307 572.*

Cet établissement sobre et accueillant a de grandes chambres, dont certaines avec vue sur le Nil. Les clients ont accès à la piscine du Cleopatra avec une réduction. [↑↓] [TV]

ASSOUAN : *Ramses* $$

Sharia Abtal al-Tahrir. ☎ *(097) 2304 000.* FAX *(097) 2315 701.*

D'un bon rapport qualité-prix, le Ramses offre des chambres modernes moquettées avec téléphone, réfrigérateur et vue sur le Nil. Apprécié des organisateurs de voyages européens. [↑↓] [TV]

ASSOUAN : *Basma* $$$

Sharia Abtal al-Tahrir. ☎ *(097) 2310 901.* FAX *(097) 2310 907.* @ basma@rocketmail.com

Voisin du musée de Nubie, l'hôtel accueillant et confortable a un agréable jardin en terrasse avec vue sur l'île Éléphantine. [↑↓] [Y] [coffre] [TV] [feuille] [resto]

ASSOUAN : *Cleopatra* $$$

Sharia al-Souq. ☎ *(097) 2314 003.* FAX *(097) 2314 002.*

Bien situé et confortable mais un peu triste, cet hôtel a une piscine sur le toit et un mini-bar dans la plupart des chambres. [↑↓] [Y] [coffre] [TV]

ASSOUAN : *Ile d'Amon* $$$$

Île d'Amon. ☎ *(097) 2313 800* ou *(02) 574 7991.*

FAX *(097) 317 190.* @ rashab@starnet.com.eg

Avec des chambres modestes mais confortables, au milieu de la nature luxuriante de l'île, l'hôtel est bien adapté aux familles si l'on accepte son ambiance « Club Med ». Ses propres bateaux font l'aller et retour de la Corniche pour ses clients. [Y] [TV] [feuille] [resto]

ASSOUAN : *Isis* $$$$

Corniche el-Nil. ☎ *(097) 2315 100.* FAX *(097) 2315 500.*

Un tantinet délabré, cet hôtel reste le seul du centre en bord de Nil. C'est une base pratique pour explorer le souk. [Y] [coffre] [sac] [TV] [feuille] [resto]

ASSOUAN : *Sofitel Cataract* $$$$

Sharia Abtal al-Tahrir. ☎ *(097) 2316 001.* FAX *(097) 2316 011.*

@ h1666@accor-hotels.com

Ouvert en 1899, cet hôtel alliant grandeur coloniale et style oriental a été classé parmi les meilleurs du monde en 1999 par le *Times*. Il sert de décor à *Mort sur le Nil* d'Agatha Christie. Les chambres donnant sur le Nil ont de belles vues. Le cocktail du soir sur la terrasse est un de ses grands charmes. [Y] [coffre] [sac] [TV] [feuille] [resto]

ASSOUAN : *Assouan Oberoi* $$$$$

Île Éléphantine. ☎ *(097) 2314 666.* FAX *(097) 2313 538.* @ aswan-res@oberoi.com.eg

En plus de chambres spacieuses et confortables et de vastes jardins, l'hôtel possède un centre de remise en forme où l'on pratique le bain de sable de mai à septembre. Il est connu pour son immense tour moderniste, qui gâte un peu le paysage pittoresque de l'île Éléphantine. [↑↓] [♿] [Y] [coffre] [sac] [TV] [feuille]

Assiutel	28				●
Hathor	64		●	■	●
Keylany	28				●
Orabi	13				●
Al-Amir	28		●		●
Happi	64		●		●
Ramses	112		●		●
Basma	200	■	●	■	●
Cleopatra	109	■	●	■	●
Ile d'Amon	50	■	●	■	●
Isis	100	■	●	■	●
Sofitel Cataract	131	■	●	■	●
Assouan Oberoi	244	■	●	■	●

Légendes des symboles, voir rabat de couverture

Les prix correspondent à une nuit en chambre double pour deux personnes, service, taxes et petit déjeuner compris.
$ moins de 25 US $
$$ de 25 à 50 US $
$$$ de 50 à 100 US $
$$$$ de 100 à 200 US $
$$$$$ plus de 200 US $

Cartes bancaires
Un symbole indique que les principales cartes, Visa, MasterCard, American Express, sont acceptées.

Climatisation
Certaines des chambres (ou toutes) sont climatisées.

Piscine
Piscine privée pour les résidents de l'hôtel.

Restaurant
Bon restaurant, ouvert aux non-résidents.

	Nombre de chambres	Cartes bancaires	Climatisation	Piscine	Restaurant
Louxor : *Amon al-Gezira* $ Bayarat al-Gezira, rive ouest. *(095) 2310 912.* FAX *(095) 2311 205.* Ce petit hôtel net tenu par une famille se trouve près du débarcadère du ferry au village d'Al-Gezira. Les propriétaires sont attentionnés, 5 des chambres ont une salle de bains privée et l'agréable terrasse du toit domine les champs de canne à sucre.	12		●		
Louxor : *Happyland* $ Sharia al-Kamar. *(095) 2371 828.* FAX *(095) 2371 140.* @ happylandluxor@hotmail.com Hôtel bon marché aux chambres propres, simplement meublées, avec des spirales anti moustiques. Quelques chambres disposent d'une salle de bains, la plupart partagent douche et toilettes impeccables.	24		●		
Louxor : *Marsam* $ El-Gourna, rive ouest. *(095) 2372 403* .Édifié dans les années 1920 pour les archéologues, fréquenté ensuite par des artistes égyptiens, l'hôtel récemment rénové a 13 chambres dans son bâtiment d'origine et 10 dans l'annexe moderne. Toutes sont meublées avec goût, les salles de bains communes sont propres. On ne sert pas d'alcool.	23				●
Louxor : *St Mina* $ Sharia Cleopatra. *(095) 2375 409.* FAX *(095) 2376 568.* Dans ce petit hôtel accueillant du centre-ville tenu par une famille, la moitié des chambres ont leur propre salle de bains et certaines sont climatisées. Les équipements collectifs sont impeccables.	20		●		●
Louxor : *Venus* $ Sharia Yussef Hassan. *(095) 2372 625.* Cet hôtel modeste du centre a la faveur des routards. La plupart des chambres ont l'air conditionné et une salle de bains. Bar et restaurant sont en terrasse sur le toit, avec la télévision satellite. L'hôtel loue des bicyclettes et organise des excursions à dos d'âne sur la rive ouest.	25				●
Louxor : *Al-Gezira* $$ Bayarat al-Gezira, rive ouest. *(095) 2310 034.* FAX *(095) 2310 034.* Près du fleuve, ce petit hôtel à deux niveaux se flatte d'avoir sur son toit en terrasse un bar-restaurant qui sert une excellente cuisine égyptienne. Les propriétaires sont aimables et les chambres, propres et dotées de ventilateurs, ont pour certaines de belles vues sur le Nil.	11		●		●
Louxor : *Flobater* $$ Sharia Khaled Ibn al-Walid. *(095) 2374 223.* FAX *(095) 2370 618.* Bon hôtel modeste doté d'une petite piscine, de chambres moquettées et d'un personnel chaleureux. Certaines des chambres donnent sur le Nil. TV	40	■	●	■	●
Louxor : *Nur al-Gurna* $$ À côté de l'Inspection des antiquités de Gourna, rive ouest. *(095) 2311 430.* Ce nouvel hôtel intime donnant sur les collines de Gourna est une bonne base pour la visite des tombeaux et des temples de la rive ouest. Chambres décorées individuellement avec ventilateur et salle de bains privée.	9				●
Louxor : *Pharaoh's* $$ Bayarat (près de l'Inspection des antiquités), rive ouest. *(095) 2310 702.* FAX *(095) 2311 205.* Construction basse en béton proposant des chambres propres et climatisées, un bar dans le jardin et des vues sensationnelles sur les collines de Gourna.	29		●		●
Louxor : *St Joseph* $$ Sharia Khaled Ibn al-Walid. *(095) 2381 707.* FAX *(095) 2381 727.* Dans la partie nouvelle de Louxor, cet établissement propre et économique au personnel chaleureux a un bar en sous-sol. TV	75	■	●	■	●
Louxor : *Windsor* $$ Sharia Nefertiti. *(095) 2375 547.* FAX *(095) 2373 447.* Apprécié des Européens, c'est le plus grand 3-étoiles de Louxor. Avant de vous installer, visitez les chambres : certaines sont meilleures que d'autres. TV	120	■	●	■	●

LOUXOR : *Emilio* Sharia Yousef Hassan. *(095) 2373 570.* FAX *(095) 2370 000.* Cet hôtel de moyenne catégorie du centre-ville a une piscine sur le toit et des chambres confortables. Il est apprécié des groupes organisés, veillez à réserver en hiver.	$$$	*48*	■	●	■	●
LOUXOR : *Gaddis* Sharia Khaled Ibn al-Walid. *(095) 2382 838.* FAX *(095) 2382 837.* @ gaddislxr@yahoo.com À environ 1 km au sud de la Corniche, ce petit 4-étoiles propose des chambres très confortables.	$$$	*55*	■	●	■	●
LOUXOR : *Novotel Luxor* Corniche el-Nil. *(095) 2380 925.* FAX *(095) 2380 972.* Ce haut immeuble sans cachet à l'extrémité sud de la Corniche offre une discothèque, une piscine flottante et de belles vues sur le Nil.	$$$$	*185*	■	●	■	●
LOUXOR : *Luxor Hilton* Sharia Karnak. *(095) 2374 933.* FAX *(095) 2376 571.* W www.hilton.com Dans de beaux jardins en bord de Nil, le Hilton est près du temple de Karnak et proche par le bus du centre-ville.	$$$$$	*261*	■	●	■	●
LOUXOR : *Mövenpick Jolieville Île des Crocodiles* Îles des Crocodiles. *(095) 2374 855.* FAX *(095) 2374 936.* @ jollie.ville@movenpick/lxr.com.eg Les bungalows à 8 chambres de cet hôtel sont entourés de jardins luxuriants au cœur d'une bananeraie. Outre une bonne cuisine, il propose felouques, sentier de jogging, bicyclettes, aire de jeux et un petit zoo.	$$$$	*332*	■	●	■	●
LOUXOR : *Sheraton Luxor* Sharia Khalid Ibn al-Walid. *(095) 2374 544.* FAX *(095) 2374 941.* W www.sheraton.com À 3 km du centre-ville, cet hôtel à trois niveaux possède 14 chalets dans un agréable jardin, avec de bons équipements sportifs, la location de bicyclettes et des excursions d'une journée en yacht au temple de Dendera.	$$$$	*290*	■	●	■	●
LOUXOR : *Sofitel Winter Palace* Corniche el-Nil. *(095) 2380 422.* FAX *(095) 2374 087.* La majestueuse aile ancienne de l'hôtel a été bâtie au XIXe siècle quand Thomas Cook a organisé les premières croisières sur le Nil. L'aile moderne jure avec l'ancienne, mais ses chambres sont moins chères.	$$$$$	*354*	■	●	■	●
MINIEH : *Akhenaton* Corniche el-Nil. *(086) 2365 917/2365 918.* FAX *(086) 2365 917.* @ kingakhanaton@hotmail.com Cet hôtel propose des chambres moquettées propres, certaines avec de belles vues sur le Nil.	$$	*48*	■	●		●
MINIEH : *Palace* Midan Tahrir. *(086) 2364 071.* Avec ses chambres un peu délabrées ouvrant sur un hall central, l'établissement est fort rustique. Mais l'énorme mural de Néfertiti de l'entrée et d'autres décors pharaoniques qui semblent dater de l'ère coloniale lui donnent beaucoup de caractère.	$	*29*				
MINIEH : *Mercure Nefertiti & Aton* Corniche el-Nil. *(086) 2341 515.* FAX *(086) 2366 467.* W www.accor.com Malgré l'odeur de renfermé des chambres et l'équipement vétuste, cet hôtel tenu par un personnel chaleureux reste le meilleur de la ville.	$$$	*54*	■	●	■	●
SOHAG : *Cazalovy* Rive est. *(093) 601 185.* FAX *(093) 601 170.* Chambres confortables et prix modestes confèrent à cet hôtel un excellent rapport qualité-prix.	$	*31*		●		●
SOHAG : *Merit Amoun Hotel* Madinet Naser, rive est. *(093) 601 985.* FAX *(093) 603 222.* Voici un grand hôtel 3-étoiles aux chambres simples mais confortables.	$$	*28*		●		●

LE SINAÏ ET LA CÔTE DE LA MER ROUGE

AIN SUKHNA : *Hilton Ain Sukhna Resort* Route d'Ain Sukhna. *(062) 3290 500.* FAX *(062) 3290 515.* Ce complexe est le meilleur des complexes situés autour d'Ain Sukhna. La proximité de la capitale en fait une destination de week-end prisée des familles cairotes fuyant la ville. La réservation est recommandée.	$$$$	*41*	■	●	■	●

Les prix correspondent à une nuit en chambre double pour deux personnes, service, taxes et petit déjeuner compris.
$ moins de 25 US $
$$ de 25 à 50 US $
$$$ de 50 à 100 US $
$$$$ de 100 à 200 US $
$$$$$ plus de 200 US $

Cartes bancaires
Un symbole indique que les principales cartes, Visa, MasterCard, American Express, sont acceptées.

Climatisation
Certaines des chambres (ou toutes) sont climatisées.

Piscine
Piscine privée pour les résidents de l'hôtel.

Restaurant
Bon restaurant, ouvert aux non-résidents.

	Nombre de chambres	Cartes bancaires	Climatisation	Piscine	Restaurant
Charm el-Cheikh : *Pigeon House* $ Naama Bay. (069) 3600 996. FAX (069) 3600 995. @ pigeon@access.com.eg Un des hébergements bon marché appréciés de « Charm ». L'hôtel propose une variété de cabanes ou de chambres, dont 36 climatisées. Pas d'accès direct à la mer, mais le centre de plongée Anémone voisin offre des réductions. Pensez à réserver.	68		●		●
Charm el-Cheikh : *Shark's Bay Camp* $$ Shark's Bay. (069) 3600 943. FAX (069) 3600 941. Dirigé par des Bédouins, ce camp de plage à environ 10 km de Naama Bay a son propre récif de corail et son centre de plongée. L'ambiance est très calme, les salles de bains communes sont impeccables.	96		●		●
Charm el-Cheikh : *Amar Sina* $$$ Charm el-Cheikh. (069) 3662 222. FAX (069) 3662 233. Un hôtel de moyenne catégorie, agréablement conçu avec des dômes et des arches au sommet de la falaise. TV	91	■	●	■	●
Charm el-Cheikh : *Camel* $$$ Naama Bay. (069) 3600 700. FAX (069) 3600 601. @ reservations1@cameldive.com Ce petit hôtel près de Naama Bay est très bien équipé pour les handicapés. Il est rattaché au centre de plongée Camel, l'un des rares qui offrent des cours de plongée aux handicapés. TV	38	■	●	■	●
Charm el-Cheikh : *Sanafir* $$$ Naama Bay. (069) 3600 197. FAX (069) 3600 196. @ sanafir@access.com.eg L'un des premiers hôtels construits dans cette région. Il offre des chambres climatisées, plusieurs bars et restaurants, et un des night-clubs les plus populaires de Naama Bay. TV	74	■	●	■	●
Charm el-Cheikh : *Ritz-Carlton Resort* $$$$$ Ras Umm Sid. (069) 3661 919. FAX (069) 3620 500. @ ritzcarltonssh@sinainet.com.eg Le premier Ritz-Carlton d'Afrique offre tout ce qu'on attend d'un complexe de luxe, avec des vues splendides et son récif attitré. TV	307	■	●	■	●
Charm el-Cheikh : *Sofitel Coralia Charm el-Cheikh* $$$$$ Naama Bay. (069) 3600 083. FAX (069) 3600 085. @ sofitel@sofitelsharm-redsea.com Dans un style mauresque raffiné, l'un des meilleurs hôtels de Charm el-Cheikh. Outre une vue sensationnelle sur Naama Bay, il possède un remarquable restaurant indien. TV	302	■	●	■	●
Dahab : *Bishbishi Camp* $ Mashraba. (069) 3640 727. De la cinquantaine de camps de plage qui rendent Dahab si attrayant pour les jeunes voyageurs, c'est l'un des plus propres. Ses cabanes en bambou ont des fenêtres à moustiquaire, et certaines sont équipées de ventilateurs.	18				●
Dahab : *Jasmine Pension* $ Mashraba. (069) 3640 110. Toutes équipées de ventilateurs et de salles de bains, les chambres de cette pension bon marché du front de mer sont plutôt plus confortables que celles des camps. Le restaurant sans prétention sert une bonne cuisine. TV	17				●
Dahab : *Blue Beach Club* $$ Phare. (069) 3640 413. FAX (069) 3640 413. @ bbeach@menanet.net Au nord de la partie principale d'Asilah, ce petit hôtel de la plage tenu par des Suisses est calme la nuit. Les chambres offrent une belle vue, et sont dotées de ventilateurs et de réfrigérateurs.	22	■		■	●
Dahab : *Club Red* $$ Masbat, Asilah. (069) 3640 380. FAX (069) 3640 380. @ club-red@club-red.com Ce centre de plongée bien établi sur la plage propose des chambres simples. Celles que l'on partage sont les moins chères, les autres ont un ventilateur et une salle de bains privée. Les plongeurs bénéficient de 15 % de réduction.	25				●

DAHAB : *Hôtel et centre de plongée Nesima* $$$ | 40 ■ ● ■ ●

Mashraba, Asilah. (069) 3640 320. FAX (069) 3640 321.
W www.nesima-resort.com
L'un des plus séduisants hôtels de Dahab, avec des chambres recouvertes de dômes et une belle piscine donnant sur la mer. Il propose une des meilleures cuisines de la ville et des services pour les enfants ; c'est un rendez-vous des groupes de plongeurs.

DAHAB : *Hilton Resort* $$$$ | 163 ■ ● ■ ●

Dahab Bay. (069) 3640 310. FAX (069) 3640 424. W www.hilton.com
Ce complexe familial rassemble des chambres blanchies à la chaux autour d'un lagon et d'une belle bande de sable sur la baie protégée de Dahab. Il est bien équipé pour les sports nautiques, avec ses propres centres de planche à voile et de plongée. Des jeux sont organisés pour les enfants.

EL-GOUNA : *Sheraton Miramar* $$$$$ | 338 ■ ● ■ ●

El-Gouna Resort. (065) 3545 845. FAX (065) 3545 885. W www.sheraton.com
Doté d'un phare, d'une île des arts ornée de sculptures et d'un éventail d'hébergements dont 25 chambres *VIP* avec leur personnel attaché, c'est le joyau de la couronne d'hôtels d'el-Gouna.

HOURGHADA : *Four Seasons* $ | 14 ●

Ad-Dahar. et FAX (065) 3545 456.
Près de la plage dans le centre d'Ad-Dahar. Toutes les chambres ont un balcon et 6 sont climatisées. Pour un petit supplément, les clients ont accès à la plage du Geisum Village Resort voisin.

HOURGHADA : *El-Khan* $$ | 25 ■ ● ■ ●

Kafr al-Gouna, Al-Gouna Resort. (065) 3545 060. FAX (065) 545 061.
Les chambres simples à coupole respectent le style oriental fantaisiste de Kafr al-Gouna. Certaines chambres du premier niveau offrent de belles vues. Les clients ont accès aux équipements sportifs d'el-Gouna.

HOURGHADA : *Empire* $$ | 396 ■ ● ■ ●

Sharia Hospital & Sayed Korayem. (065) 3549 200. @ sales@empire.hotels.com
Hôtel de moyenne catégorie à bon prix au cœur d'Ad-Dahar. Il n'a pas sa propre plage mais se trouve à 200 m du front de mer. Les clients ont accès à la plage voisine du Village.

HOURGHADA : *Jasmine Village* $$$ | 446 ■ ● ■ ●

Hourghada. (065) 3446 442. FAX (065) 3446 441. @ jasminevillage@hotmail.com
Cette station familiale aux 460 bungalows est très bien équipée pour les enfants, avec une aire de jeux et un zoo. Elle sert de base à l'un des centres de plongée d'Hourghada et a ses propres bateaux à fond de verre pour la découverte avec masque et tuba.

HOURGHADA : *Dawar al-Umda* $$$$ | 64 ■ ● ■ ●

Kafr al-Gouna, Al-Gouna Resort. (065) 3545 060.
Petit et intime, cet hôtel joliment conçu avec des boutiques, des murs ornés d'arabesques et des restaurants couronnés de coupoles donne accès à tous les équipements sportifs et balnéaires d'el-Gouna.

HOURGHADA : *Iberotel Arabella* $$$$ | 294 ■ ● ■ ●

Al-Sakala. (065) 3545 086. FAX (065) 3545 090. @ gm@iberotelarabella.com
Voici l'un des plus agréables complexes hôteliers de la région, près du centre-ville, avec une des discothèques appréciées d'Hourghada. Il propose ses chambres en demi-pension.

HOURGHADA : *Sheraton Soma Bay Resort* $$$$ | 310 ■ ● ■ ●

Soma Bay, 48 km au sud d'Hourghada. (065) 3545 845.
FAX (065) 3545 885. @ reservationsomabayegypt@stanwoodhotels.com
Construit à l'imitation d'un temple égyptien antique, ce complexe géré dans le souci du respect de l'environnement offre un golf 18-trous de compétition et toute une gamme de sports nautiques.

HOURGHADA : *Hurghada InterContinental* $$$$$ | 244 ■ ● ■ ●

Hourghada. (065) 3465 100. @ hurghada@interconti.com
Ce complexe hôtelier, l'un des plus luxueux de la ville, possède une marina privée et un bel éventail d'aménagements pour la remise en forme et les sports nautiques.

Légendes des symboles, voir rabat de couverture

Les prix correspondent à une nuit en chambre double pour deux personnes, service, taxes et petit déjeuner compris.
$ moins de 25 US $
$$ de 25 à 50 US $
$$$ de 50 à 100 US $
$$$$ de 100 à 200 US $
$$$$$ plus de 200 US $

Cartes bancaires
Un symbole indique que les principales cartes, Visa, MasterCard, American Express, sont acceptées.

Climatisation
Certaines des chambres (ou toutes) sont climatisées.

Piscine
Piscine privée pour les résidents de l'hôtel.

Restaurant
Bon restaurant, ouvert aux non-résidents.

Ismaïlia : *Nefertari* $
41 sharia Sultan Hussein. *(064) 3912 822.* FAX *(064) 3910 940.*
Ses chambres claires, propres et climatisées donnent à cet hôtel le meilleur rapport qualité-prix d'Ismaïlia. Il possède un bar et une discothèque privée.

Ismaïlia : *Mercure Forsan Island* $$$$
Gezirat al-Forsan. *(064) 3918 040.* FAX *(064) 3918 043.* W www.accoregypt.com
À environ 1 km du centre, sur une île paisible et ombragée du lac Timsah, ce bâtiment moderne peu élevé est le meilleur hôtel de la ville.

Marsa Alam : *Red Sea Diving Safari* $$
Marsa Shagra, 18 km au nord de Marsa Alam. *(02) 337 1833.*
FAX *(02) 749 4219.* @ redseasaf@hotmail.com
Apprécié des groupes de plongée, cet hébergement regroupe 10 tentes et 10 cabanes aux salles de bains communes, ainsi que 10 chalets avec bains privés. Le forfait inclut repas et boissons non alcoolisées. Tous les logements donnent sur une baie splendide.

Marsa Alam : *Shams Allam* $$$
50 km au sud de Marsa Alam. *(02) 417 0046.* FAX *(02) 417 0158.*
@ info@shamshotels.com
C'est le centre le plus au sud de la côte égyptienne, proposant des excursions de plongée aux récifs de sa côte et ceux moins fréquentés au sud. Il propose en demi-pension des chambres confortables dans des chalets à étage coiffés de dômes.

Monastère Sainte-Catherine : *Auberge Sainte-Catherine* $$$
Monastère Sainte-Catherine. *(069) 470 353.* FAX *(069) 470 353.*
Près du monastère au pied du mont Sinaï, cet hôtel offre des chambres spartiates mais confortables, munies de radiateurs et de couvertures d'appoint. Le forfait est en demi-pension et le restaurant sert bière et vin.

Monastère Sainte-Catherine : *St Catherine Tourist Village* $$$$
St Catherine Village. *(069) 470 333.* FAX *(069) 470 326.*
À deux pas de la route principale, à une courte distance du monastère, c'est l'hôtel haut de gamme de la région.

Nuweiba : *Basata* $
Ras al-Burqa. *(069) 3500 481.* FAX *(069) 3500 480.*
À 23 km au nord de Nuweiba, ce complexe écologique rassemble 18 cabanes en bambou ou brique de glaise crue sur sa plage de sable privée. Il a son propre générateur, son unité de désalinisation d'eau de mer et sa boulangerie. La plongée, l'alcool, la drogue, la TV et la musique bruyante sont bannis, mais il a beaucoup de succès et la réservation s'impose.

Nuweiba : *La Sirène* $$$
Nuweiba City. *(069) 3500 701.* FAX *(069) 3500 702.*
Sur une belle étendue de sable entre Nuweiba City et le port, cet hôtel a son propre centre de plongée. Il est très demandé, mieux vaut réserver.

Nuweiba : *Coral Hilton Resort* $$$$
Nuweiba City. *(069) 3520 320.* FAX *(069) 3520 327.*
@ rm_nuweiba@hilton.com
Ce complexe très apprécié des familles israéliennes est l'un des plus anciens de la région. Il propose 20 villas en plus de ses chambres classiques. Sa discothèque ouvre tous les soirs. On dispose de toute une gamme de sports nautiques et sports d'extérieur.

Port-Saïd : *Hotel de la Poste* $
42 sharia al-Gumhuriyya. *(066) 3224 048.* FAX *(066) 3221 473.*
Dans le centre du vieux Port-Saïd, cet hôtel des années 1940 à l'élégance un peu fanée offre des chambres confortables à hauts plafonds munies de ventilateurs et de salles de bains, pour certaines de balcons.

Hôtel	Nombre de chambres	Cartes bancaires	Climatisation	Piscine	Restaurant
Nefertari	32		●		●
Mercure Forsan Island	152	■	●	■	●
Red Sea Diving Safari	50	■			●
Shams Allam	159	■	●	■	●
Auberge Sainte-Catherine	52	■			●
St Catherine Tourist Village	118	■	●		■
Basata	16	■			●
La Sirène	40	■	●		●
Coral Hilton Resort	200	■	●	■	●
Hotel de la Poste	44		●		●

	Chambres				
Port-Saïd : *Sonesta Port Said* $$$$ Sharia Sultan Hussein. (066) 3325 511. FAX (066) 3324 825. Un haut immeuble sans grâce propose des chambres confortables avec des vues sur le canal de Suez et la Méditerranée.	110	■	●	■	●
Qosseir : *Quesir-Sirena Beach Mövenpick* $$$$$ Al-Qadim Bay. (065) 3332 100. FAX (065) 3332 129. @ resort@movenpick-quesir.com.eg Géré par une direction soucieuse de l'environnement, cet hôtel est l'un des plus calmes de la mer Rouge, idéal pour la plongée et l'exploration au tuba, les excursions dans le désert et l'équitation. Gratuit pour les moins de 16 ans.	250	■	●	■	●
Ras Sudr : *Moon Beach Resort* $$$ Ras Sudr. (02) 336 5103. FAX (02) 336 5103. Ce complexe balnéaire sobre à prix moyens est associé à un centre de véliplanchisme britannique connu. Les chambres sont dans des cabanons couverts d'un dôme. Le week-end, la station est fréquentée par les familles égyptiennes et les expatriés du Caire.	50	■	●		●
Safaga : *Holiday Inn Safaga Palace* $$$ Safaga. (065) 3252 821. FAX (065) 3252 825. @ holidayinnsafaga@yahoo.com À 1/2 h de route de l'aéroport d'Hourghada, ce complexe à prix moyens est au bord d'une baie réputée pour la planche à voile. On peut y pratiquer toutes sortes de sports nautiques, une vaste aire de jeux est réservée aux sportifs.	327	■	●	■	●
Suez : *Red Sea* $$$ 13 sharia Riad, Port Tawfiq. (062) 3334 302. FAX (062) 3334 301. Un des meilleurs hôtels de Suez, avec des chambres correctes. Le restaurant au 6e étage offre des vues superbes sur le canal.	75	■	●		●
Taba : *Sea Star* $$$ Taba Heights Resort. (069) 3530 190. FAX (02) 3530 192. @ seastar@link.net Dans le complexe des Taba Heights, le Sea Star est une des formules les moins chères. Il a ses propres aménagements et offre l'accès aux restaurants, centre de plongée, casino et sports nautiques du complexe.	171	■	●	■	●
Taba : *Hilton Taba Resort* $$$$ Plage de Taba. (069) 3530 140. www.hilton.com/TBAHITW Cet hôtel a fait l'objet d'âpres négociations, Israël protestant qu'il n'était pas inclus dans les accords de Camp David.	410	■	●	■	●
Zaafarana : *Windsor Zaafarana* $$$$ Route côtière, Zaafarana. (02) 414 5602. FAX (02) 419 9999. Ce complexe balnéaire 5-étoiles, bonne base pour visiter les monastères Saint-Paul et Saint-Antoine, est apprécié des vacanciers égyptiens.	160	■	●	■	●
LE DELTA ET LA CÔTE MÉDITERRANÉENNE					
Alexandrie : *Acropole Hotel* $ Midan Saad Zaghloul. (03) 480 5980. Ce petit hôtel modeste, situé dans la partie basse d'Alexandrier, ne grèvera pas votre budget. Son bâtiment de style Art déco et ses chambres hautes de plafond sont charmantes. Les balcons donnent vue sur la ville et la mer.	33				●
Alexandrie : *Union* $ 5e étage, 164 sharia 26th July. (03) 480 7350. FAX (03) 480 7350. Dans un bâtiment Art déco à trois blocs d'immeuble de la place Saad Zaghloul, cet hôtel apprécié offre un excellent rapport qualité-prix. Le personnel est affable, les équipements propres et les chambres, avec salle de bains privée, confortables.	37				●
Alexandrie : *Le Crillon* $$ 4e étage, 5 sharia Adib Ishaq. (03) 480 0330. Dans un vieil immeuble charmant, ce très bon hôtel à prix modeste propose des chambres sur deux étages, dont certaines avec bains. Celles qui donnent sur le port ont des grandes portes-fenêtres avec balcon. Réservez longtemps à l'avance.	36				●
Alexandrie : *Intercontinental Métropole Alexandra* $$$$ 62 sharia Saad Zaghloul. (03) 486 1465. FAX (03) 486 2040. @ metropole@interconti.com Rénové récemment, cet immeuble élégant aurait été le lieu de travail du poète Constantin Cavafy. Il offre une situation centrale, des chambres confortables et un personnel chaleureux. Il ne manque que la vue sur la mer.	66	■	●		●

Légendes des symboles, voir rabat de couverture

Les prix correspondent à une nuit en chambre double pour deux personnes, service, taxes et petit déjeuner compris.
($) moins de 25 US $
($)($) de 25 à 50 US $
($)($)($) de 50 à 100 US $
($)($)($)($) de 100 à 200 US $
($)($)($)($)($) plus de 200 US $

CARTES BANCAIRES
Un symbole indique que les principales cartes, Visa, MasterCard, American Express, sont acceptées.

CLIMATISATION
Certaines des chambres (ou toutes) sont climatisées.

PISCINE
Piscine privée pour les résidents de l'hôtel.

RESTAURANT
Bon restaurant, ouvert aux non-résidents.

ALEXANDRIE : *As-Salamlek* ($)($)($)($)($)
Palais Montaza. Tél. *(03) 547 7999.* FAX *(03) 547 3585.* @ salamlek@sangiovanni.com
Ce palais somptueusement rénové a été bâti en 1892 par le khédive Abbas Helmi II comme pavillon de chasse pour sa maîtresse. Il propose des suites au décor exceptionnel, un cinéma, un casino et offre des vues magnifiques.

ALEXANDRIE : *Sofitel Alex Cecil* ($)($)($)($)($)
Midan Saad Zaghloul. Tél. *(03) 487 7173.* FAX *(03) 485 5655.*
Cet hôtel sert de décor au *Quatuor d'Alexandrie* de Lawrence Durrel. Ses chambres spacieuses ont des vues exceptionnelles sur la mer.

ALEXANDRIE : *Helnan Palestine* ($)($)($)($)($)
Palais Montaza. Tél. *(03) 547 4033.* FAX *(03) 547 3378.* @ resp@helnan.com
Dominant la plage royale de Montaza, l'hôtel possède un parcours de jogging, une aire de jeux, et il est équipé pour la pêche et la planche à voile.

DAMIETTE : *Al-Manshy* ($)
5 sharia an-Nokrashy. Tél. *(057) 323 308.* FAX *(057) 334 884.*
Un des rares hôtels de la ville, il est simple mais propre, et pratique pour la découverte des bâtiments de Damiette.

MARSA MATROUH : *Reem* ($)($)
Corniche, Marsa Matrouh. Tél. *(046) 493 3605.* FAX *(046) 493 3608.*
Sur le front de mer au centre-ville, ce petit hôtel bon marché est l'un des meilleurs choix pour une brève étape à Marsa Matrouh.

MARSA MATROUH : *Beau Site* ($)($)($)($)
Corniche, Marsa Matrouh. Tél. *(046) 493 2066.* FAX *(046) 493 3319.*
@ beausite@hiba.com
Ce vaste village de vacances avec sa plage privée est très fréquenté par les familles égyptiennes en vacances, mieux vaut donc réserver.

SIDI ABDEL RAHMAN : *El-Alamein* ($)($)($)($)
Sidi Abdel Rahman. Tél. *(046) 468 0140.* FAX *(046) 468 0341.*
Ce complexe banal apprécié des Égyptiens donne sur une plage d'un blanc étincelant bordée d'une incroyable mer turquoise.

TANTA : *Arafa* ($)($)($)
Midan al-Mahatta. Tél. *(040) 336 952.* FAX *(040) 340 5040.*
Le meilleur hôtel de la ville se remplit en octobre pour le célèbre *moulid* de Sayed Ahmed al-Badawi. Vérifiez les dates et réservez.

Hôtel	Nombre de chambres	Cartes bancaires	Climatisation	Piscine	Restaurant
As-Salamlek	20	■	●		●
Sofitel Alex Cecil	84	■	●		●
Helnan Palestine	231	■	●		●
Al-Manshy	20		●		●
Reem	51	■			●
Beau Site	170	■	●	■	●
El-Alamein	228	■	●		●
Arafa	58	■	●	■	●

LE DÉSERT OCCIDENTAL

BAHARIYYA : *Ahmed's Safari Camp* ($)
Bawiti. Tél. *(02) 847 3399.* FAX *(02) 847 3090.*
À 4 km à l'ouest du centre de Bawiti, cet établissement apprécié des budgets modestes propose des logements bon marché et assez propres, de la chambre sous coupole avec bains privés à la cabane de roseaux.

BAHARIYYA : *Alpenblick* ($)
Bawiti. Tél. *et* FAX *(02) 84 721 84.*
Agréable hôtel recherché par les voyageurs. Certaines chambres ont une salle de bains privée. Petit déjeuner inclus dans le prix.

BAHARIYYA : *Al-Beshmo Lodge* ($)($)
Bawiti. Tél. *et* FAX *(02) 847 2177.*
Cet hôtel agréable et confortable est superbement situé près d'une des sources de Bahariyya, dominant des hectares de palmeraie. Douze chambres partagent des sanitaires impeccables, les autres sont climatisées et dotées de salles de bains.

Hôtel	Nombre de chambres	Cartes bancaires	Climatisation	Piscine	Restaurant
Ahmed's Safari Camp	25				●
Alpenblick	22				●
Al-Beshmo Lodge	25		●		●

BAHARIYYA : *International Health Centre* $$ Bawiti. *(02) 847 3014.* FAX *(02) 847 2322.* www.whitedeserttours.com Le centre thermal 3-étoiles est bâti autour d'une source sulfureuse chaude. Le prix en demi-pension comprend l'accès aux sources et à une petite salle de sports.	36				●
DAKHLA : *Bedouin Camp* $ Sharia Mut al-Qasr. *(092) 7850 480.* Tenu par des Bédouins, ce camp en sommet de colline est à 7 km au nord de Mout. Le restaurant est une tente bédouine, avec tapis et coussins. Les chambres partagent les salles de bains, elles sont simples mais propres.	11				●
DAKHLA : *Mebarez* $ Mout. *(092) 7821 524.* FAX *(092) 7821 524.* Étape des voyages organisés, le Mebarez offre des chambres simples mais confortables, dont 18 avec climatisation et salles de bains.	33		●	■	●
DAKHLA : *Mut Talata* $$$ Mout. *(092) 7821 530.* FAX *(092) 7927 983.* L'établissement rassemble des chalets, une villa de 5 pièces et des tentes autour d'une source chaude. Chambres simples mais propres.	11		●	■	●
FARAFRA: *Al-Badawiyya Safari* $$ Farafra. *(092) 7510 060.* FAX *(092) 7510 400.* badawya@link.net Cet hôtel aménagé avec goût est l'un des meilleurs du désert occidental. Les chambres vont du dortoir à la suite. Les équipements sont propres. Bon restaurant. L'hôtel organise des safaris dans le désert. Réservation indispensable.	30				●
KHARGA : *Hamad Allah* $ Kharga. *(092) 7920 638.* FAX *(092) 7925 017.* Les chambres sont tristes mais confortables, certaines sont dotées d'un réfrigérateur et d'un balcon. L'hôtel est apprécié des voyageurs à petit budget et des groupes qui suivent un safari dans le désert.	54		●		●
KHARGA : *Kharga Oasis* $$ Kharga. *(092) 7921 500.* FAX *(092) 7921 615.* Ce haut immeuble moderniste propose des chambres simples et confortables et un jardin ombragé de palmiers. Toutes les chambres sauf six sont climatisées, et l'on peut commander une bière.	30		●	■	●
KHARGA : *Pioneers* $$$ Kharga. *(092) 7927 982.* FAX *(092) 7927 798.* La cuisine de cet établissement 5-étoiles peu élevé est l'une des meilleures de Kharga. Il offre des chambres confortables en demi-pension.	102		●	■	●
SIWA : *Alexander* $ Siwa. *(046) 460 0512.* FAX *(046) 460 006.* Le plus récent des hôtels bon marché de Siwa propose des chambres avec ventilateur et un toit en terrasse, ainsi qu'un service de blanchisserie.	17				
SIWA : *Arous al-Waha* $ Siwa. *(046) 460 2100.* L'architecture manque de charme, mais les chambres de cet hôtel du centre sont propres, le personnel serviable et chaleureux.	20				●
SIWA : *Palm Trees* $ Siwa. *(046) 460 2304.* Apprécié des budgets modestes, à deux pas de la place principale. Chambres un peu défraîchies, mais personnel aimable et jardin de palmiers enchanteur.	26				●
SIWA : *Shali Lodge* $$$ Siwa. *(046) 460 2399.* FAX *(046) 460 1799.* info@eqi.com.eg Dans ce bel hôtel, les chambres spacieuses entourent une étroite piscine et le restaurant est au milieu des palmiers-dattiers. La réservation est nécessaire.	8			■	●
SIWA : *Siwa Safari Paradise* $$$ Siwa. *(046) 460 2289.* FAX *(046) 460 2286.* Différentes sortes de logements sont proposées dans cet établissement, du bungalow à la simple cabane. L'hôtel est commodément situé près du centre-ville.	70	■	●	■	●
SIWA : *Adrere Amellal* $$$$$ Sidi Jaafar. *(02) 735 1924.* FAX *(02) 735 5489.* info@eqi.com.eg Très original, c'est le premier « éco-lodge » égyptien : architecture traditionnelle, cuisine bio, pas d'électricité et une piscine créée à partir d'une source romaine. Le prix comprend les repas et des excursions dans le désert.	32	■		■	●

Légendes des symboles, voir rabat de couverture

RESTAURANTS

Personnel du Café Riche, au centre du Caire

La cuisine traditionnelle égyptienne mêle les influences arabe et turque à celles d'Europe et d'Afrique, et un proverbe égyptien dit que « la meilleure cuisine est celle qui remplit le ventre ». Mais dire que le résultat final est insipide, comme c'est parfois le cas, serait une injustice. Les plats principaux, copieux, sont en général accompagnés d'un choix de sauces et de condiments ; on peut donc à volonté pimenter ou adoucir son repas. L'ingrédient dominant est le beurre clarifié ou *semna*, garant d'une saveur riche et fatal pour les artères. Les Égyptiens disent souvent qu'un repas sans viande est incomplet, mais tout le monde mange les repas végétariens des Égyptiens pauvres, le *foul* (purée de fèves) les *taameyas* ou *felafels* (beignets fourrés de pâte de fèves et d'herbes) et le *kochery* (mélange de nouilles, riz, lentilles et oignons). On trouve dans la plupart des grandes villes des restaurants européens à l'ancienne, et un nombre croissant de restaurants et fast-foods proposant une cuisine multiethnique. On note avec plaisir que les établissements servent de plus en plus de spécialités égyptiennes.

RESTAURANTS ET BARS

Dans une grande partie du pays, dîner au restaurant est une habitude nouvelle. C'est pourquoi on ne trouve pas dans les restaurants la plupart des plats servis à la maison. Par exemple, les délicieux ragoûts de viande et de légumes y sont rares, sauf pendant le ramadan. En revanche, certains en-cas typiques s'accommodent très bien du goût moderne pour la restauration rapide. On trouve dans le moindre hameau des sandwiches au *foul* ou du poulet rôti *(firak)*. Chaque ville possède au moins un *kebabgi*, qui vend un choix de brochettes et de salades, souvent accompagnées d'à-côtés comme le *houmous* (purée de pois chiches aux herbes), la *tahina* (pâte de sésame) et le *babaghanouj* (aubergine grillée et *tahina*). La qualité est variable, mais cela vaut la peine de prendre un repas dans un bon *kebabgi*. Autre spécialité appréciée, le pigeon se sert rôti, farci de riz et d'épices, ou en ragoût *(tagine)* avec tomates et oignons.

L'intérieur de L'Aubergine, restaurant végétarien de Zamalek

L'entrée du restaurant Che Omar's à Louxor

C'est à Alexandrie, ville méditerranéenne cosmopolite, que la coutume de dîner au restaurant est la plus établie. Restaurants et cafés grecs, italiens et français y prospèrent encore. Alexandrie s'est forgé une réputation légitime pour les produits de la mer, toujours frais et délicieux, qu'on les savoure dans un grill en plein air ou dans un des restaurants de la ville.

Au Caire, la communauté des ambassades étrangères suffit à faire vivre plusieurs restaurants du style vieille Europe. Les jeunes expatriés et la bonne société égyptienne fréquentent plutôt les bars-restaurants plus branchés, avec décor voyant, musique puissante et variations autour de la nouvelle cuisine méditerranéenne. Les restaurants ethniques se multiplient, on trouve aujourd'hui un éventail complet de cuisines asiatiques, chinoise, thaïlandaise, coréenne ou indonésienne.

Beaucoup de restaurants à la mode font aussi bar, et sortir dîner équivaut souvent à passer la nuit dehors. Le Caire conserve l'ambiance des cafés de l'époque coloniale, et certains de ces lieux, comme le Café Riche, vivent un renouveau. On trouve aussi des pubs traditionnels, qui servent souvent des en-cas.

Les bars affichent en général l'interdiction de servir aux moins de 21 ans, règle qui n'est pas strictement respectée.

HEURES D'OUVERTURE

Les étals de rue vendant des en-cas comme le *foul* et les *taameyas* ouvrent dès l'aube pour un petit déjeuner frugal. Les bars à jus de fruits fraîchement pressés ouvrent en général de 8 h à 22 h. Les restaurants et *kochery* vendant des sandwiches *baladi* (le *baladi* est un pain de campagne plat et rond) ouvrent vers 10 h. Sauf s'ils servent le petit déjeuner, la plupart des restaurants ouvrent à midi. Très peu ouvrent avant 13 h le vendredi, sauf ceux qui servent habituellement une clientèle étrangère.

Les Égyptiens prennent leur repas principal plutôt dans l'après-midi. La plupart des restaurants ferment entre 23 h et 1 h du matin.

PRIX ET RÈGLEMENT

En Égypte, on commande chaque plat séparément. Dans la plupart des restaurants, on apporte systématiquement des *mezze* *(p. 280-281)* à votre table, commandés ou non. Surtout retournez-les si vous ne souhaitez pas les payer, et vérifiez qu'ils ne sont pas portés sur votre note.

Le service (12 %) est automatiquement inclus dans la note, mais on attend aussi un petit pourboire, environ 10 % de plus sans excéder 10 LE. En ajoutant la taxe de 5 %, il faut compter une dépense de 20 % de plus que le prix affiché des plats.

RÉSERVATIONS

Seuls les restaurants haut de gamme fonctionnent avec réservation. Ils ont le téléphone, et une partie du personnel parlera sans doute l'anglais. Il est plus difficile de réserver dans un établissement plus modeste. Le risque qu'on vous oublie n'est pas négligeable, mais le personnel fera sûrement

Choix d'en-cas dans un stand de restauration rapide égyptien

preuve de diligence et se mettra en quatre pour vous trouver une table.

SAVOIR-VIVRE

Comme dans toute l'Égypte, le short et la minijupe ne sont pas de mise au restaurant. Mis à part ce détail, la plupart des endroits sont décontractés en matière d'habillement. Les Égyptiens aiment s'habiller pour sortir, même dans les fast-foods recherchés par la jeunesse. Les étrangers peuvent avoir une tenue simple et décontractée, mais pour les établissements chic, chemise à col et chaussures fermées sont recommandées. Il n'est pas rare de voir des femmes en robes de cocktail dans ce type de restaurant, surtout en soirée.

En Égypte, il est impossible d'éviter les fumeurs au bar, et difficile d'y échapper au restaurant. Quelques-uns des établissements de luxe du Caire ont des sections non-fumeurs, souvent dans un petit coin entouré de tables fumeurs. Mais une campagne récente du ministère de l'Environnement a imposé que les fast-foods soient non-fumeurs.

POUR LES ENFANTS

Les enfants sont les bienvenus dans la plupart des restaurants et des cafés jusqu'à environ 23 h, mais il serait mal vu de les emmener dans les débits de boisson. Certains restaurants ont un jardin avec aire de jeux. Par exemple, la chaîne Felfela a plusieurs établissements adaptés aux enfants, dont un sur la Corniche et un autre près des pyramides.

Bar à jus cairote, offrant un choix de fruits fraîchement pressés

Vendeur de rue d'Assouan proposant des *taameyas*, beignets de fèves aux herbes

Clients handicapés

Rares sont les établissements égyptiens équipés pour les handicapés avec, par exemple un accès aux fauteuils roulants. Mais le personnel viendra volontiers en aide aux personnes. Si les toilettes publiques accessibles aux fauteuils n'existent pas, du moins le W.-C. à la turque est en voie de disparition.

Restauration rapide

Certaines formes de restauration rapide existent depuis les années 1970, mais ces dernières années on assiste à un boom des chaînes internationales, avec presque toutes les chaînes américaines et certains noms sud-africains moins connus. Comme partout, ces établissements rencontrent un franc succès auprès des jeunes.

L'Égypte a aussi une longue tradition de repas sur le pouce, avec les innombrables étals proposant des en-cas de pain *(aish)* fourré au *foul* et de *taameyas*, ainsi que d'autres spécialités. Les comptoirs de rue appelés *kochery* vendent le mets du même nom, mélange de riz, de nouilles et d'oignons frits croustillants dans une sauce tomate épicée. Les *fatatri*, sortes de cafés moins bon marché, se spécialisent dans le *fatir*, croisement de pizza et de crêpe à base de fine pâte feuilletée, avec une garniture salée ou sucrée.

Le Café Riche, au Caire, souvenir de l'ère coloniale

Cuisine végétarienne

Les Égyptiens végétariens étant rarissimes, les restaurants végétariens sont peu nombreux. L'Aubergine, à Zamalek *(p. 283)* est une des rares exceptions. Néanmoins, beaucoup de plats égyptiens ne contiennent pas de viande. Les restaurants bon marché ne servent souvent que ce genre de plats. Les établissements plus chers proposent aussi des spécialités de légumes. Les végétaliens stricts auront des difficultés, mais presque tous pourront se contenter de spécialités courantes comme *foul*, *taameyas* et *kochery*. À éviter bien sûr, les marchands de *kofta*, brochettes *(kebab)* et rôtisseries de poulet.

Hors-d'œuvre au fromage bleu accompagné de baguette dans un restaurant du Caire

Hygiène

Les personnes qui séjournent plus de quelques jours en Égypte auraient, semble-t-il, du mal à éviter les troubles intestinaux. Les voyageurs avertis donnent quelques conseils. Certains disent éviter salades et légumes crus, notamment la laitue, souvent mal lavés (ce qui n'est pas le cas des légumes au vinaigre de l'apéritif). D'autres pensent que les problèmes viennent de la viande. On pourrait croire que le risque est minime dans les restaurants de luxe, mais on entend là aussi des histoires de touristes tombés malades. La restauration rapide serait en général plus sûre, mais là encore il y a des exceptions ; on pourra aussi bien être victime d'un hamburger que d'un sandwich de *kofta*.

Dans les grandes villes, l'eau du robinet, fortement chlorée, est potable sinon agréable au goût. Il est conseillé aux nouveaux venus de s'en tenir à l'eau minérale *(mayya maadanyya)*, vendue partout. Vérifiez à l'achat que la capsule est intacte *(voir aussi Santé p. 316-317)*.

Le ramadan

Être en Égypte pendant le ramadan est intéressant, quoique forcément un peu frustrant. Neuvième mois du calendrier musulman, le ramadan s'apparente au carême chrétien. Pendant les heures du jour, les fidèles jeûnent, s'abstenant de fumer, de boire et de manger. Le jeûne est strictement observé, et la journée s'organise dans l'attente du crépuscule. Après la prière du soir, des lampes s'allument sur les minarets. Chacun prend le premier repas de la journée et se prépare aux festivités nocturnes.

Les restaurants peuvent rester ouverts dans la journée, mais on ne sert que les touristes et il y a moins de choix. Les voyageurs préféreront peut-être reporter leur repas au coucher du soleil, car cuisiniers et serveurs n'auront eux-mêmes pas mangé de la journée. Le soir, en revanche, tous les restaurants sont pleins et beaucoup montent de grandes tentes à l'extérieur pour accueillir un maximum de clients. Ces banquets sont une bonne occasion de côtoyer toutes les couches de la société égyptienne. Tout le monde est accoudé ensemble à de longues tables et se montre amical – du moins après avoir dîné.

Pendant le ramadan, la cuisine est plus variée. Les restaurants restent ouverts toute la nuit pour servir le *sohour*, dernier repas avant l'aube. Certains plats, et certaines boissons comme le jus d'abricot, se trouvent surtout à cette période de l'année.

À Zamalek, restaurant à bord d'un ancien bateau de croisière sur le Nil

Enseigne d'un restaurant de poissons à Aboukir

Distractions

Pour ceux pour qui dîner dehors est synonyme de distraction, une bonne idée est de réserver une table dans un des hôtels 5-étoiles du Caire. La plupart ont un night-club. Pour une somme forfaitaire, on vous offre un excellent repas à quatre plats et un spectacle de danse et musique traditionnelles avec les artistes les plus réputés d'Égypte. Réservation et tenue élégante sont indispensables.

Dans le même esprit, on pourra essayer l'un des restaurants flottants du Caire, dont beaucoup proposent un dîner-croisière sur le Nil avec un orchestre égyptien ou un spectacle avec danse du ventre et musiciens. À Zamalek, d'anciens bateaux de croisière de luxe restent amarrés à quai, servant des repas souvent accompagnés d'un spectacle dans un cadre somptueux et suranné.

Si les 5-étoiles sont trop chers, on trouve des night-clubs plus abordables avec dîner-spectacle, mais la cuisine et le show peuvent être de qualité variable. Il y en a plusieurs sur la route des Pyramides.

Au Caire, la vie nocturne ne commence guère avant minuit, et les spectacles se poursuivent jusqu'à 3-4 h du matin.

L'Aubergine à Zamalek propose une carte essentiellement végétarienne

Que manger en Égypte ?

Variantes

La cuisine égyptienne reflète la position géographique du pays, au carrefour des cultures africaine, arabe et méditerranéenne, et leurs différentes spécialités se sont adaptées aux produits du terroir. Les souks regorgent de toutes sortes d'épices, mais les plats égyptiens sont rarement très épicés. Bien que ce soit un pays musulman, on trouve facilement de l'alcool dans les bars et restaurants, mais il ne faut pas se priver des jus de fruits fraîchement pressés.

Kochery
Mets typique égyptien de pâtes, riz, lentilles et sauce tomate recouverts d'oignons frits. On peut aussi ajouter de la sauce piquante.

Mezzes
Un repas égyptien commence en général par un choix de *mezzes*, hors-d'œuvre, sauces savoureuses où tremper le pain, *torshi* (variantes), qui peuvent servir de repas complet. Les végétariens vérifieront qu'il n'y a pas de viande dans les légumes farcis.

Taameyas
Ces délicieux beignets de pâte de fèves aux herbes sont croustillants à l'extérieur.

Aish (pain)
Accompagnement indispensable des mezzes, *le* baladi *(pain plat) sortant du four est moelleux et gonflé.*

Soupe de lentilles
La lentille et le haricot, base de la cuisine égyptienne, composent une soupe savoureuse et nourrissante.

Foul
Ce mets traditionnel égyptien est une purée de fèves assaisonnée de jus de citron, d'herbes et d'huile d'olive.

Hoummous
Purée froide de pois chiches à l'huile à la pâte de sésame (tahini), *spécialité moyen-orientale.*

Babaghanouj
Cette purée lisse à base d'aubergines grillées et de tahini *a un merveilleux goût de fumé.*

Fromage
Le domiati *est un fromage blanc légèrement salé, idéal pour servir avec des tomates.*

Feuilles de vigne farcies
Fourrées de riz, légumes et herbes, elles contiennent parfois de la viande.

Salade
Le soleil et la terre fertile d'Égypte produisent des salades au goût succulent.

Plats principaux

La cuisine égyptienne est simple et consistante. La plupart des restaurants proposent des plats de viande servis avec du pain ou du riz, et soit des légumes cuisinés soit une salade croquante. *Samak* (poisson), *firak* (poulet) ou *hamaam* (pigeon) sont servis grillés au feu de bois avec herbes, citron et épices.

Bamiyya
Plat principal, c'est un ragoût de gombos et de tomates (et souvent de viande) servi avec du riz.

Mouloukheyya
Cette spécialité égyptienne est une soupe de légumes verte et gélatineuse, qu'on peut servir avec de la viande.

Viande grillée
Agneau, poulet ou kofta *de mouton haché sont souvent grillés en brochette* (kebab).

Légumes farcis
On farcit de riz, d'herbes et d'oignons les poivrons, aubergines, tomates et même pommes de terre.

Agneau farci
L'agneau farci d'oignons, de raisins secs et de noix se sert avec une sauce tomate.

Desserts et fruits

En dessert, les fruits sont savoureux et rafraîchissants. À base de feuilles de brick, le *baklawa* est fourré d'un mélange de fruits secs et arrosé de sirop au miel. *Om'Ali* est une spécialité nationale de fines couches de feuilleté fourrées de noix et de raisins secs, arrosées de lait et cuites.

Baklawas

Om'Ali

Pastèque

Dates

Abricots

Boissons égyptiennes

La bière locale Stella est bonne, et les vins égyptiens ont récemment fait de grands progrès. Les boissons chaudes courantes sont le thé à la menthe *(shay be na na)* et l'*ahwa*, café arabe assez fort qu'on prend *ziada* (très sucré), *masbout* (moyennement sucré) ou *saada* (amer). Le *karkadé*, une infusion de fleurs d'hibiscus, se boit froid ou chaud. On trouve partout des jus de fruits frais.

Vins égyptiens

Bière Stella

***Ahwa* (café)**

Jus d'abricot

Karkadé

Thé à la menthe

Jus de canne à sucre
La pulpe de canne pressée donne l'assab, boisson sucrée vert pâle couronnée de mousse.

Choisir un restaurant

Les restaurants du guide ont été sélectionnés dans une vaste gamme pour leur bon rapport qualité-prix, leur cuisine, leur ambiance et leur situation intéressante. Nous indiquons dans les colonnes des précisions qui pourront orienter votre choix. Nous les avons classés par région, en commençant par Le Caire *(Atlas des rues du Caire p. 140-149)*.

Restaurant	Prix	Cartes bancaires	Tables à l'extérieur	Cuisine végétarienne	Carte des vins	Ouverture tardive
LE CENTRE DU CAIRE						
ABOU TAREK Sharia Champollion. **Plans** 1 C4 & 5 C2. Ce restaurant simple à la façade tapageuse prépare les meilleurs *kochery* du Caire, et tout un éventail de desserts égyptiens.	$			■		
KOSHARI GOHA Sharia Emad ad-Din. **Plans** 2 D4 & 6 D2. Les plâtres néo-baroques au plafond de cette célèbre maison de *kochery* du centre rappellent sa splendeur et son élégance passées.	$			■		
KOSHARI HILTON Midan el-Tahrir. **Plans** 1 C5 & 5 B4. Portant le nom du 5-étoiles voisin, ce *kochery* bien situé est une bonne option pour un repas copieux, rapide et bon marché et pour échapper aux vendeurs de papyrus et de parfums de la place.	$			■		
ALFI BEY 3 sharia Mohammed Alfy. **Plans** 2 D4 & 5 C2. *(02) 577 4999.* Dans un cadre à l'élégance désuète, cette vénérable institution sert brochettes, *kofta*, pigeon et poulet avec des salades et hors-d'œuvre traditionnels.	$$			■		
ALY HASSAN AL-HATY & ALY ABDOU 3 midan Halim Pasha. **Plans** 2 D4 & 6 D2. *(02) 591 6055.* Jadis rendez-vous des ministres et des vedettes de cinéma, ce restaurant de viandes et brochettes évoque l'atmosphère du Caire avant la révolution.	$$					
AN-NIL 25 sharia al-Bustan. **Plans** 1 C5 & 5 B3. *(02) 354 0042.* Cet accueillant restaurant de poissons, dans le quartier du marché Bab el-Louq, vend au poids toutes sortes de poissons grillés.	$$					
ANDREA Sharia Abu al-Fida, Zamalek. **Plan** 1 A2. *(02) 342 0523 ; 342 0525 ; 342 0529.* À la pointe nord de Zamalek, la terrasse en bord de Nil offre une vue unique des banlieues Imbaba et Rod Al Farag, reliées par un pont de chemin de fer vieux d'un siècle. On recommande la spécialité de poulet grillé.	$$		●			■
CAFÉ OLÉ Hôtel Nile Hilton, midan el-Tahrir. **Plans** 1 C5 & 5 B4. *(02) 578 0444.* Dominant l'agitation de la place el-Tahrir, ce café sert le matin un bon petit déjeuner maison et, toute la journée, café et pâtisseries. P	$$	■		■	●	
CAFÉ RICHE 17 sharia Talaat Harb. **Plans** 1 C5 & 5 C3. *(02) 391 8873.* Ce café historique est orné de portraits d'anciens habitués, dont beaucoup d'anciennes vedettes égyptiennes de la scène et de l'écran.	$$	■		■	●	
LE CLUB HELLÉNIQUE Qasr el-Nil. **Plans** 1 C5 & 5 C3. *(02) 575 0759.* La salle à manger rénovée de style colonial sert l'essentiel de l'année, mais en été on dîne ou on prend un verre sur la terrasse.	$$		●	■	●	
DIDO'S AL-DENTE 26 sharia Bahgat Ali, Zamalek. **Plan** 1 A2. *(02) 735 9117.* On se serre sur des tabourets de bar pour déguster à bon prix d'excellentes pâtes. Lorsque les grandes fenêtres sont ouvertes, le lieu fait penser à un patio.	$$			■		
FATARI PIZZA TAHRIR 165 sharia at-Tahrir. **Plans** 1 C5 & 5 B4. *(02) 795 3596.* Ouvert 24 h sur 24, ce restaurant sert des *fatirs* de viande, poisson et fromage, « pizzas » fort éloignées de leur sœurs italiennes. Il en prépare aussi des sucrées.	$$			■		■

Les prix correspondent à un menu à trois plats pour une personne avec café, taxes et service compris.
- $ moins de 5 US $
- $$ de 5 à 10 US $
- $$$ de 10 à 15 US $
- $$$$ de 15 à 20 US $
- $$$$$ plus de 20 US $

CARTES BANCAIRES
Les principales cartes de crédit sont acceptées : Visa, MasterCard, American Express, Diners Club.

TABLES À L'EXTÉRIEUR
On peut déjeuner dehors, sur une terrasse, dans une cour ou un jardin.

CUISINE VÉGÉTARIENNE
Choix de spécialités végétariennes.

CARTE DES VINS
Sélection de vins proposée.

OUVERTURE TARDIVE
Le restaurant sert jusqu'à 2 h du matin.

MAISON THOMAS — $$
157 sharia 26 July. **Plan** 1 A3. *(02) 735 7057.*
Ouverte 24 h sur 24. C'est ici que l'on trouve les meilleures pizzas à l'européenne. Mais c'est surtout un service à emporter, et il n'y a pas de toilettes.

JO SUSHI — $$
47 sharia Mohammed Mazhar, Zamalek. **Plan** 1 A2. *(02) 735 7746.*
Le meilleur rapport qualité-prix du Caire pour la cuisine sino-japonaise, dans un cadre banal. Les repas commencent par un choix de hors-d'œuvre offerts par la maison.

ANGUS — $$$
34B sharia Yehia Ibrahim, Zamalek. **Plan** 1 A3. *(02) 735 1865 ; 735 0928.*
À l'intérieur de l'hôtel New Star à Zamalek, ce gril de style argentin propose une carte à base de viande savoureuse aux portions généreuses.

L'AUBERGINE — $$$
5 sharia Sayed al-Bakry, près de sharia Hassan Sabry, Zamalek. **Plan** 1 A3. *(02) 738 0080.*
Rendez-vous apprécié des journalistes étrangers, ce restaurant haut de gamme est spécialisé dans les plats végétariens artistement présentés. Il propose aussi de la viande.

ESTORIL — $$$
12 sharia Talaat Harb. **Plans** 1 C5 & 5 B3. *(02) 574 3102.*
Ce restaurant-bar franco-libanais réputé, agréable refuge dans l'agitation du centre-ville, propose des *mezzes* exceptionnels.

FELFELA — $$$
15 sharia Hoda Shaarawi. **Plans** 1 C5 & 5 C3. *(02) 392 2751.*
Avec son personnel anglophone et ses spécialités égyptiennes savoureuses à prix raisonnables, cet établissement s'adresse directement aux touristes. Autrefois strictement végétarien, il propose aussi des plats de viande.

LE GRILLON — $$$
8 Qasr el-Nil. **Plans** 1 C5 & 5 C3. *(02) 574 3114.*
Ce vieux rendez-vous de la gauche égyptienne s'orne de peintures d'artistes locaux. On y sert une cuisine européenne et égyptienne à l'ancienne dans un jardin intérieur.

ROY'S COUNTRY KITCHEN — $$$
Cairo Marriott Hotel, sharia Saray al-Gezira, Zamalek. **Plan** 1 B3. *(02) 735 8888.*
Le buffet du petit déjeuner est le point fort de ce routier à l'américaine ouvert 24 h sur 24, endroit confortable pour passer un vendredi matin.

ASIA HOUSE — $$$$
Hôtel Helnan Shepheard, Corniche el-Nil, Garden City. **Plans** 3 B1 & 5 A5.
(02) 795 3801 ou (02) 792 1000.
Ce restaurant sert d'excellentes spécialités indiennes, chinoises et asiatiques dans une salle spacieuse au décor de palais arabe.

LA BODEGA — $$$$
157 sharia 26 July. **Plan** 1 A3. *(02) 735 6761 ou (02) 7362 183.*
Dans un décor Art déco de Zamalek, ce restaurant élégant à la mode sert la jeunesse dorée du Caire. La réservation est indispensable.

CINZANO — $$$$
Sharia Amerika al-Latineya, Garden City. **Plans** 3 B1 & 5 A5.
Prisé des jeunes de la haute société cairote, Cinzano propose d'excellents plats de pâtes dans une cave intime de style méditerranéen.

FIVE BELLS — $$$$
13 sharia Ismail Mohammed, Zamalek. **Plan** 1 A3. *(02) 735 8980 or 735 8635.*
Ce restaurant recherché sert une cuisine franco-libanaise dans une salle élégante ou dans son jardin orné d'une fontaine couverte de chérubins.

Restaurant	Prix	Cartes bancaires	Tables à l'extérieur	Cuisine végétarienne	Carte des vins	Ouverture tardive
Maison Thomas	$$			■	●	■
Jo Sushi	$$			■		
Angus	$$$	■		■	●	■
L'Aubergine	$$$	■		■	●	■
Estoril	$$$			■		
Felfela	$$$			■		
Le Grillon	$$$	■	●	■	●	■
Roy's Country Kitchen	$$$	■		■	●	■
Asia House	$$$$	■		■	●	
La Bodega	$$$$	■		■	●	■
Cinzano	$$$$	■			●	
Five Bells	$$$$	■	●	■	●	

Légendes des symboles, voir rabat de couverture

Les prix correspondent à un menu à trois plats pour une personne avec café, taxes et service compris.
$ moins de 5 US $
$$ de 5 à 10 US $
$$$ de 10 à 15 US $
$$$$ de 15 à 20 US $
$$$$$ plus de 20 US $

Cartes bancaires
Les principales cartes de crédit sont acceptées : Visa, MasterCard, American Express, Diners Club.
Tables à l'extérieur
On peut déjeuner dehors, sur une terrasse, dans une cour ou un jardin.
Cuisine végétarienne
Choix de spécialités végétariennes.
Carte des vins
Sélection de vins proposée.
Ouverture tardive
Le restaurant sert jusqu'à 2 h du matin.

Ha Na
$$$$
21 sharia Aziz Abaza, sur midan Sidki, Zamalek. **Plan** 1 A3. *(02) 738 2972.*
Cette salle en contrebas peu éclairée sert surtout des plats coréens, cuits à votre table si vous le souhaitez.

Cartes bancaires	Tables à l'extérieur	Cuisine végétarienne	Carte des vins	Ouverture tardive
■		■	●	

Harry's Pub
$$$$
Hôtel Marriott, sharia Saray al-Gezira, Zamalek. **Plan** 1 B3. *(02) 735 8888.*
Les visiteurs férus de nourriture de pub apprécieront les snacks traditionnels comme la tourte au bœuf et aux rognons.

Cartes bancaires	Tables à l'extérieur	Cuisine végétarienne	Carte des vins	Ouverture tardive
■		■	●	■

Il Piccolo Mondo
$$$$
Le Pacha 1901, amarré au quai de sharia Saray el-Gezira, Zamalek. **Plan** 1 B5. *(02) 735 6730.*
Une des adresses du bateau amarré près du Marriott, ce restaurant italien propose un appétissant buffet de salades bien organisé. Essayer d'obtenir une table auprès d'une fenêtre.

Cartes bancaires	Tables à l'extérieur	Cuisine végétarienne	Carte des vins	Ouverture tardive
■		■	●	■

Kowloon
$$$$
Hôtel Cleopatra, 2 sharia al-Bustan. **Plans** 1 C5 & 5 B3. *(02) 575 9831.*
On déguste une cuisine sino-coréenne délicieuse dans une salle un peu irréelle organisée autour d'un grand aquarium lumineux. Les beignets sont remarquables.

Cartes bancaires	Tables à l'extérieur	Cuisine végétarienne	Carte des vins	Ouverture tardive
■		■	●	

Paprika
$$$$
1129 Corniche el-Nil, Maspero. **Plans** 1 B4 & 5 A2. *(02) 578 9447.*
Près de la maison de la Radio, cet établissement est fréquenté par les journalistes. La carte d'influence méditerranéenne propose un grand choix, des pâtes à l'italienne au gibier égyptien.

Cartes bancaires	Tables à l'extérieur	Cuisine végétarienne	Carte des vins	Ouverture tardive
■		■	●	

Le Steak
$$$$
Le Pacha 1901, amarré au quai de sharia Saray el-Gezira, Zamalek. **Plan** 1 B5. *(02) 735 6730.*
Ce restaurant flottant avec vue sur le Nil sert d'excellents steaks et des spécialités moyen-orientales. Veste obligatoire pour les hommes.

Cartes bancaires	Tables à l'extérieur	Cuisine végétarienne	Carte des vins	Ouverture tardive
■		■	●	

Café de Liban
$$$$$
Hôtel Nile Hilton, midan el-Tahrir. **Plans** 1 C5 & 5 A3. *(02) 578 0444.*
Dans l'agréable jardin du Hilton, on déguste de fines spécialités libanaises et égyptiennes. On peut terminer en fumant la *chicha*.

Cartes bancaires	Tables à l'extérieur	Cuisine végétarienne	Carte des vins	Ouverture tardive
■	●	■	●	■

Ciao Italia !
$$$$$
Sheraton al-Gezira. **Plan** 3 A1. *(02) 736 1555 ou (02) 737 3737.*
Petit et intime, Ciao Italia ! prépare la plus authentique cuisine italienne du Caire. C'est délicieux, et la vue sur le Nil est spectaculaire.

Cartes bancaires	Tables à l'extérieur	Cuisine végétarienne	Carte des vins	Ouverture tardive
■	●	■	●	

The Fish Market
$$$$$
Sharia Saray el-Gezira ; bateau amarré devant l'hôtel Marriot. **Plan** 1 B3. *(02) 737 4833 ou (02) 738 8888.*
Les points forts de ce restaurant flottant sont le mérou et les crevettes, délicieux comme le chariot des desserts. Malheureusement, un autre bateau barre la vue sur le Nil.

Cartes bancaires	Tables à l'extérieur	Cuisine végétarienne	Carte des vins	Ouverture tardive
■		■	●	

Le Caire islamique

Koshari Gomhourya
$
Sharia al-Azhar, midan Hussein. **Plan** 2 F5.
Ce marchand de *kochery*, simplement équipé avec un sol couvert de sciure, est une bonne étape nourrissante avant la visite du Khan el-Khalili.

Cartes bancaires	Tables à l'extérieur	Cuisine végétarienne	Carte des vins	Ouverture tardive
		■		

Abu Bassem Grill
$$
2 Al-Gahini Alley, midan Hussein. **Plan** 2 F5. *(02) 593 7935.*
Son quartier médiéval est le point fort de cette cuisine de *kofta*, brochettes, agneau rôti et poulet grillé, venant après les traditionnels *mezzes*.

Cartes bancaires	Tables à l'extérieur	Cuisine végétarienne	Carte des vins	Ouverture tardive
	●	■		■

Ar-Rifaï $$
À deux pas de midan Sayyida Zeinab, en haut de sharia al-Barrani. **Plan** 4 D2.
Sur de simples tables installées dans une ruelle, on mange des viandes grillées vendues au poids dans une ambiance cairote typique. Apprécié des noctambules.

Egyptian Pancake House $$
À deux pas de midan Hussein. **Plan** 2 F5.
La spécialité de cet établissement sans prétention est le *fatir*, feuilleté à la garniture salée ou sucrée, préparé devant vous avec une virtuosité digne des derviches tourneurs.

Felfel $$
9 sharia Mohammed Farid, Al-Nasariyya, Sayyida Zeinab. **Plans** 4 D1 & 6 D5.
La spécialité de ce minuscule restaurant aux céramiques blanches est la viande grillée, mais on y mange aussi de bonnes salades. Service rapide et chaleureux.

Khan al-Khalili Restaurant & Cafe $$$
5 Al-Badistan, Khan el-Khalili. *(02) 593 2262.* **Plan** 2 F5.
Plus tourné vers les touristes avec son décor orientalisant théâtral, ce restaurant de cuisine égyptienne est un plaisant refuge dans l'animation du souk. Géré par la chaîne hôtelière Oberoi, il est parfois envahi de groupes.

Giza et Héliopolis

Abu Haidar $
15 sharia Ibrahim al-Laqqani, Roxy, Héliopolis.
Dans le quartier historique d'Héliopolis, ce grill en bord de rue est réputé pour le *shawarma* tendre et juteux, et son jus de mangue avec morceaux de fruit.

Al-Kods $
52 sharia Haroun al-Rashid, Héliopolis. *(02) 632 3467.*
Depuis les années 1960, Abou Riyadh tient ce petit coin de Jérusalem Est dans Héliopolis, proposant de délicieux *felafels*, *hoummous* et yaourt maison.

Koshari Hind $
Sharia Thawra, près de midan Korba, Héliopolis.
On trouve les meilleurs *kochery* d'Héliopolis en remontant la rue après le palais du Baron. Les hommes seuls mangent à l'avant, mais il y a une salle pour les familles au fond.

Tut Express $
1 sharia al-Saad al-Aali, Doqqi. *(02) 335 0915.*
D'abord un bar à jus de fruits *drive-in*, Tut Express sert aussi des en-cas égyptiens incontournables, par exemple *shawarma* et macaronis. P *dans la rue.*

Al-Amoudi $$
4 sharia Zamzam, Mohandiseen. *(02) 749 9694.*
Cette cuisine yéménite sur la rue prépare d'excellents plats bédouins. On peut être surpris par la générosité et l'étrangeté des assiettes de mouton.

Andrea's $$
4-5 sharia Saqqara, Al-Maryutiya. *(02) 381 0205.*
Dans le quartier des Pyramides, cet établissement de chaîne est une bonne option après les visites des monuments. Le repas s'accompagne de pain frais. P

Ataturk $$
20 sharia al-Riyadh, Mohandiseen. *(02) 347 5135.*
La carte ressemble au mélange typique de *mezzes*, soupes et grillades, mais la cuisine turque apporte des différences. On recommande le poulet grillé.

At-Tekkia $$
12 midan Ibn al-Walid, près du club de tir, Doqqi. *(02) 749 6673.*
Il est rare de trouver une cuisine égyptienne authentique « comme à la maison », mais voilà une exception. Service lent mais attentionné.

Chantilly $$$
11 sharia Baghdad, Korba, Héliopolis. *(02) 290 7303; 290 5213.*
Dans un chalet de style suisse associé à une boulangerie, on peut prendre un petit déjeuner continental en lisant la presse étrangère.

Chopsticks $$$
23b sharia Syria, Mohandiseen. *(02) 304 8568.*
C'est ici que l'on trouve la meilleure cuisine chinoise du Caire, et la plus authentique. Au sous-sol se trouve un bar-karaoké décontracté et accueillant.

Les prix correspondent à un menu à trois plats pour une personne avec café, taxes et service compris.
$ moins de 5 US $
$$ de 5 à 10 US $
$$$ de 10 à 15 US $
$$$$ de 15 à 20 US $
$$$$$ plus de 20 US $

CARTES BANCAIRES
Les principales cartes de crédit sont acceptées : Visa, MasterCard, American Express, Diners Club.
TABLES À L'EXTÉRIEUR
On peut déjeuner dehors, sur une terrasse, dans une cour ou un jardin.
CUISINE VÉGÉTARIENNE
Choix de spécialités végétariennes.
CARTE DES VINS
Sélection de vins proposée.
OUVERTURE TARDIVE
Le restaurant sert jusqu'à 2 h du matin.

JAITTA $$$
120 sharia al-Thawra, Héliopolis. *(02) 415 2326; 417 3135.*
Ce restaurant libanais sert d'excellents *koftas*. C'est l'occasion d'essayer la chicha.

THE CAIRO JAZZ CLUB $$$$
197 sharia 26 July, près de midan Sphinx, Agouza. *(02) 345 9939.*
La note est élevée et la pièce enfumée, mais c'est l'unique endroit du Caire où entendre du bon jazz *live* en dégustant une nouvelle cuisine égyptienne réussie.

LE TABASCO $$$$
8 midan Amman, Mohandiseen. *(02) 336 5583.*
Très recherché le soir, Le Tabasco propose une excellente cuisine méditerranéenne, avec des pâtes fraîches maison, servie par un personnel attentionné.

KANDAHAR $$$$
Sharia Gamaat al-Dawal al-Arabiya (2e étage), près de midan Sphinx, Mohandiseen. *(02) 303 0615.*
Dans ce petit restaurant, on goûte des entrées délicieuses et toute une gamme de plats principaux indiens, pimentés si on le désire.

MOGHUL ROOM $$$$$
Hôtel Mena House Oberoi, Al-Haram. *(02) 383 3222.*
Décoré dans un style moghol ornementé, ce restaurant sert la meilleure cuisine indienne du Caire, subtilement épicée. Réservation recommandée.

LES ENVIRONS DU CAIRE

LE FAYOUM : *Hôtel Queen* $$
Hôtel-restaurant Akhenaton. *(084) 346 819.*
Dans la ville du Fayoum, cet hôtel-restaurant sert un vaste choix de plats. Goûtez au poulet grillé.

LE FAYOUM : *Auberge du Lac-Fayoum* $$$$$
Lac Qaroun. *(084) 572 001.*
Ancien pavillon de chasse du roi Farouk, cet hôtel de luxe offre un cadre apprécié pour le déjeuner des voyages organisés haut de gamme.

LA VALLÉE DU NIL

ASSIOUT : *Hôtel Akhenaton* $$
Akhenaton Hotel Restaurant. *(088) 337 723.*
Cuisine internationale et pizzas sont les atouts de la carte de cet hôtel-restaurant très fréquenté d'Assiout, à 400 km au sud du Caire.

ASSOUAN : *Hamam* $
Corniche el-Nil.
Ouvert 24 h sur 24, ce café sert toutes sortes de viandes rôties et de ragoûts sur des montagnes de riz.

ASSOUAN : *Sayida Nafisa* $
Sharia al-Souq.
Touristes et habitants emplissent cet établissement simple au cœur du souk. Les plats traditionnels égyptiens peuvent être accompagnés de jus de fruits frais.

ASSOUAN : *Aswan Moon* $$
Près du quai des felouques, à l'extrémité nord de la Corniche.
Difficile à manquer avec ses néons criards, ce lieu propose une cuisine égyptienne et européenne correcte en bord de fleuve.

ASSOUAN : *Aswan Panorama* $$
Corniche el-Nil, devant le tribunal. *(097) 306 169.*
Dans un agréable jardin en bord de Nil, ce restaurant propose de copieux *tagines* (ragoûts) de viande et de poisson, du poulet grillé.

	Cartes bancaires	Tables à l'extérieur	Cuisine végétarienne	Carte des vins	Ouverture tardive
Jaitta	■	●	■		■
The Cairo Jazz Club	■		■	●	■
Le Tabasco	■		■	●	■
Kandahar					
Moghul Room	■		■	●	
Le Fayoum : Hôtel Queen		●	■		
Le Fayoum : Auberge du Lac-Fayoum	■	●	■	●	■
Assiout : Hôtel Akhenaton		●	■	●	
Assouan : Hamam					■
Assouan : Sayida Nafisa		●	■		
Assouan : Aswan Moon		●	■		
Assouan : Aswan Panorama		●	■		

ASSOUAN : *Darwish* Sharia Saad Zaghloul. Ce restaurant impeccablement tenu propose des repas composé de trois plats de spécialités égyptiennes, dont le poisson frais du lac Nasser.	$$			■		
ASSOUAN : *Emy* Corniche el-Nil, au centre-ville. Surtout au coucher du soleil, la vue sur le lac Nasser et l'île Éléphantine est spectaculaire depuis ce restaurant flottant amarré à la Corniche, qui sert poissons grillés et plats égyptiens à prix raisonnables.	$$					
ASSOUAN : *Al-Masry* Sharia al-Matar. *(097) 302 576.* Au centre d'Assouan, Al-Masry propose tout un choix de plats égyptiens et européens dans une salle à manger propre et lumineuse.	$$			■		
ASSOUAN : *Medina* Sharia al-Souq, en face de l'hôtel Cleopatra. Les points forts de ce restaurant commodément situé près des souks sont ses *koftas* et brochettes bien préparées, ainsi que ses poissons.	$$			■		
ASSOUAN : *Mona Lisa* Corniche el-Nil. En bord de rivière, avec pour premier atout la vue sur l'île Éléphantine, on sert des plats italiens simples mais corrects, ainsi qu'un éventail de spécialités égyptiennes et de délicieux cocktails de jus de fruits.	$$					
ASSOUAN : *Restaurant Nubien* Île d'Essa, transport en bac gratuit de l'embarcadère en face d'Egypt Air. Sur une petite île juste au sud d'Éléphantine, ce restaurant souvent occupé par des groupes sert une bonne cuisine. Animation tous les soirs.	$$$		●	■	●	
ASSOUAN : *The Terrace Bar & Restaurant* Hôtel Sofitel Cataract. *(097) 2316 000.* Le luxueux style colonial de l'hôtel en fait un lieu idéal pour dîner ou prendre un verre, avec vue sur le Nil et sur les temples de la pointe sud de l'île Éléphantine.	$$$	■	●		●	
EDFOU : *New Egypt* Midan Maabad (place du Temple). Presque l'unique possibilité de faire un repas complet à Edfou, ce restaurant propose poulet ou viande grillée accompagnés de riz et de légumes.	$					
KOM OMBO : *Venus Cafeteria & Restaurant* Sur le chemin du temple en bord de Nil. La nourriture, sandwiches de *kofta* et glaces, n'a rien de particulier, mais le cadre en bord de fleuve est reposant, le restaurant, ouvert 24 h sur 24, est l'un des rares de Kom Ombo.	$		●	■		
LOUXOR : *Abu Haggar* Sharia Abdel Moneim al-Adasi. *(095) 2376 306.* Les amateurs des soirées tardives de Louxor apprécient ce lieu au décor ornementé, où la carte aux prix raisonnables offre poulet, brochettes, légumes farcis et autre spécialités traditionnelles.	$		●	■		■
LOUXOR : *Khased Khear* Sharia al-Mahatta, près de la gare. *(095) 2384 580.* Ce petit établissement à *kebabs* (brochettes de bœuf ou d'agneau), toujours plein, est pourtant un refuge contre la chaleur.	$					■
LOUXOR : *Mensa* Sharia al-Mahatta. Un bon endroit pour se restaurer avant de prendre le train pour le Nord, ce restaurant sans prétention a pour spécialités poulet rôti et pigeon farci.	$					
LOUXOR : *Sultana* Sharia Television. *(095) 325 450.* Peint de couleurs vives, ce café climatisé propose pizzas et sandwiches à l'européenne, ainsi que *mezzes* et *koftas* égyptiens.	$			■		
LOUXOR : *Amoun* Sharia Karnak. Sa situation dans le souk touristique et sa carte bon marché (brochettes et cuisine méditerranéenne) font que ce lieu sans charme particulier est toujours animé.	$$		●			

Légendes des symboles, voir rabat de couverture

Les prix correspondent à un menu à trois plats pour une personne avec café, taxes et service compris.
(\$) moins de 5 US \$
(\$)(\$) de 5 à 10 US \$
(\$)(\$)(\$) de 10 à 15 US \$
(\$)(\$)(\$)(\$) de 15 à 20 US \$
(\$)(\$)(\$)(\$)(\$) plus de 20 US \$

CARTES BANCAIRES
Les principales cartes de crédit sont acceptées : Visa, MasterCard, American Express, Diners Club.
TABLES À L'EXTÉRIEUR
On peut déjeuner dehors, sur une terrasse, dans une cour ou un jardin.
CUISINE VÉGÉTARIENNE
Choix de spécialités végétariennes.
CARTE DES VINS
Sélection de vins proposée.
OUVERTURE TARDIVE
Le restaurant sert jusqu'à 2 h du matin.

LOUXOR : *Hôtel Al-Gezira* (\$)(\$)
Rive ouest, à 250 m sur la gauche de l'embarcadère du ferry, sur la route de la ville.
Un des rares établissements de la rive ouest à vendre de la bière, cet hôtel apprécié sert aussi une bonne cuisine égyptienne. Dîner sur le toit en terrasse sous les étoiles, avec les lumières de Louxor sur la rive opposée, est une expérience mémorable.

LOUXOR : *Al-Houda* (\$)(\$)
Sharia Television.
Un service sympathique et une cuisine égypto-méditerranéenne correcte à prix raisonnables motivent la sélection de cet établissement de Louxor.

LOUXOR : *King's Head Pub* (\$)(\$)
Sharia Khaled ibn al-Walid, derrière l'hôtel Isis.
Dans ce pub anglais typique et apprécié, avec jeu de fléchettes et billard, on sert le déjeuner traditionnel du dimanche (rosbif et Yorkshire pudding), mais aussi des soupes et des sandwiches.

LOUXOR : *Marhaba* (\$)(\$)
Sharia Karnak, au-dessus du bazar touristique.
Ce restaurant sur le toit offre une vue sur le Nil et le temple de Louxor. La cuisine est un mariage de plats égyptiens et méditerranéens.

LOUXOR : *Tutankhamon* (\$)(\$)
Juste au sud de l'embarcadère du ferry, rive ouest.
Caché dans les roseaux de la rive, cet excellent restaurant allie assiettes copieuses et savoureuses et chaleureuse hospitalité.

LOUXOR : *Anubis* (\$)(\$)(\$)
Corniche el-Nil, à côté du musée de la Momification.
En bord de fleuve, ce restaurant propose une cuisine égyptienne adaptée au goût des touristes : poulet rôti, brochettes, légumes farcis et un choix de *mezzes*. Les amateurs de découvertes pourront être déçus.

LOUXOR : *Class* (\$)(\$)(\$)
Sharia Khalid Ibn al-Walid. *(095) 237 6327.*
Ce restaurant assez haut de gamme prépare un choix de plats internationaux et quelques spécialités égyptiennes de base, servis avec courtoisie et efficacité.

MINIEH : *Cafétéria Ali Baba* (\$)
Corniche el-Nil, au nord de sharia Port Saïd.
C'est un bon endroit pour se restaurer copieusement, sans se ruiner, de poulet, brochettes et *mezzes* dans une ville qui encore mal équipée en matière de restaurants.

LE SINAÏ ET LES CÔTES DE LA MER ROUGE

CHARM EL-CHEIKH : *Al-Fanar* (\$)(\$)(\$)
Plage de Ras Oum Sid. *(069) 3662 218.*
Idéalement situé au pied du phare sur la plage, ce restaurant en plein air à l'excellente cuisine italienne offre un cadre idyllique pour un déjeuner léger, voire un dîner sous les étoiles.

CHARM EL-CHEIKH : *Safsafa* (\$)(\$)(\$)
Centre commercial Asia, centre de Charm el-Cheikh.
(069) 3660 474. (069) 3603 418.
Bien approvisionné en poisson frais, cet établissement tenu par une famille, fait partie d'une chaîne.

CHARM EL-CHEIKH : *La Luna* (\$)(\$)(\$)(\$)
Ras Um Sid. *(069) 3661 919.*
Dans l'hôtel Ritz-Carlton, ce restaurant sert une cuisine italienne de qualité et fabrique ses propres pâtes fraîches.

	Cartes bancaires	Tables à l'extérieur	Cuisine végétarienne	Carte des vins	Ouverture tardive
Louxor : Hôtel Al-Gezira		●	■		
Louxor : Al-Houda					
Louxor : King's Head Pub	■				■
Louxor : Marhaba		●	■		
Louxor : Tutankhamon		●	■		
Louxor : Anubis	■	●	■		
Louxor : Class	■		■	●	
Minieh : Cafétéria Ali Baba					
Charm el-Cheikh : Al-Fanar	■	●	■	●	
Charm el-Cheikh : Safsafa			■		
Charm el-Cheikh : La Luna	■	●	■	●	

DAHAB : *Crazy House* $$
Al-Masbat.
Prendre un repas dans un snack de camp de plongée fait partie de la découverte de Dahab. Le Crazy House est plus cher que la concurrence, mais il est propre, propose des chaises et vend de la bière.

DAHAB : *INMO Divers Home* $$$
Al-Mashraba. *(069) 3640 370.*
Rattaché à un centre de plongée et à un hôtel, cet agréable restaurant au toit en dôme sert un choix traditionnel de plats égyptiens et une cuisine internationale. Recommandé aux végétariens, et bien sûr aux plongeurs.

DAHAB : *Nesima* $$$$
Al-Mashraba. *(069) 3640 320.*
À l'intérieur d'un hôtel, ce restaurant prépare une cuisine internationale de qualité. Du bar sur le toit, on voit de beaux couchers de soleil.

EL-ARISH : *Maxim* $$$$
Sur la plage près de sharia Fouad Zakry.
Idéalement situé à l'ombre des palmiers sur la plage, Maxim, de catégorie supérieure aux autres adresses de la ville, n'est ouvert qu'en été.

HOURGHADA : *Felfela Hurghada* $$
Sharia Sheraton. *(065) 3442 411.*
Cette chaîne de restaurants égyptiens reconnue propose une bonne cuisine dans un cadre net, avec ici en plus une vue superbe sur la mer.

HOURGHADA : *Portofino* $$
Sharia General Hospital. *(065) 3546 250.*
Avec sa bonne cuisine italienne, ce restaurant ressort des nombreux autres italiens de la mer Rouge grâce à l'enthousiasme de son patron, M. Hakim.

HOURGHADA : *Young Kang* $$
Sharia Sheikh Sebak.
Au cœur du centre, ce restaurant sino-coréen sert une cuisine bien meilleure que son décor défraîchi pourrait le laisser croire.

HOURGHADA : *Red Sea I* $$$
Près de sharia Tariq Nasr, Ad-Dahar. *(065) 3547 704.*
Un des meilleurs endroits d'Hourghada pour les produits de la mer, on y sert aussi pizzas et plats traditionnels égyptiens. La terrasse sur le toit est parfois bondée.

ISMAÏLIA : *King Edward* $$
171 sharia at-Tahrir. *(064) 3369 611.*
Une des meilleures adresses d'Ismaïlia. Ce restaurant très propre sert un excellent poulet grillé. Peu adapté aux végétariens.

NAAMA BAY : *Bua Khao* $$$$
Sharm Holiday Resort. *(069) 3601 391.*
Dans un vaste complexe de vacances, cet excellent restaurant thaïlandais permet de changer agréablement des incontournables italiens de la côte.

NUWEIBA : *Blue Bus* $$
Tarabine.
Dans l'un des premiers camps de plongée, sur la plage de Tarabine, Blue Bus sert une cuisine de qualité (poisson, pâtes et pizzas) à des prix honnêtes.

NUWEIBA : *Ibn Hamido* $$
Nuweiba City.
Près de l'hôtel Helnan Nuweiba, ce restaurant propose la cuisine locale habituelle ainsi que des pizzas aux agréables garnitures fraîches.

NUWEIBA : *Helnan Restaurant La Sirena* $$$$
Hôtel Helnan Nuweiba. *(069) 3500 402.*
Parmi les rares débits de boissons alcoolisées de Nuweiba, ce restaurant haut de gamme sert une cuisine d'hôtel dans sa grande salle climatisée, et des en-cas meilleur marché au bar plus décontracté de sa plage.

PORT SAFAGA : *Al-Fayrouz* $$$$
Route d'Hourghada à Safaga. *(065) 3252 821.*
À l'intérieur du Holiday Inn de Safaga, cet immense restaurant de 600 couverts ne plaira pas à tout le monde, mais sa salle climatisée et sa cuisine honnête pourront séduire après quelques jours en centre de plongée.

Les prix correspondent à un menu à trois plats pour une personne avec café, taxes et service compris.
$ moins de 5 US $
$$ de 5 à 10 US $
$$$ de 10 à 15 US $
$$$$ de 15 à 20 US $
$$$$$ plus de 20 US $

Cartes bancaires
Les principales cartes de crédit sont acceptées : Visa, MasterCard, American Express, Diners Club.
Tables à l'extérieur
On peut déjeuner dehors, sur une terrasse, dans une cour ou un jardin.
Cuisine végétarienne
Choix de spécialités végétariennes.
Carte des vins
Sélection de vins proposée.
Ouverture tardive
Le restaurant sert jusqu'à 2 h du matin.

Port-Saïd : *Hôtel de la Poste* $$
42 sharia al-Gumhuriyya. *(066) 3224 048.*
Il s'agit plus d'un café-bar que d'un restaurant. On y trouve des en-cas : sandwiches, salades, hamburgers et pizzas. Sa terrasse est appréciée de ceux qui aiment regarder les passants.

Port-Saïd : *Maxim* $$$$
Sharia Palestine. *(066) 3238 628.*
Dans le centre commercial voisin de l'hôtel Sonesta, le restaurant le plus cher de Port-Saïd sert des plats de poisson excellents et bénéficie d'une superbe vue sur le canal de Suez.

Suez : *Fish* $$
Sharia as-Salaam.
Comme son nom l'indique, ce restaurant près de l'hôtel White House a pour spécialité le poisson, vendu au poids et grillé.

Le delta et la côte méditerranéenne

Aboukir : *Zaphyrion* $$
41 sharia Khaled ibn al-Walid, Aboukir. *(03) 562 1319.*
Dans un cadre sensationnel dominant la baie de la bataille du Nil, on déguste, après les *mezzes*, de fins produits de la mer ou des viandes grillées.

Alexandrie : *Fuul Mohammed Ahmed* $
17 sharia Shakour. *(03) 487 3576.*
Vanté souvent comme le meilleur endroit d'Égypte pour le *foul*, Mohammed Ahmed sert toute une gamme de variations sur ce mets, dont un *foul Iskandarani* épicé, ainsi que *mezzes*, *felafels* et omelettes.

Alexandrie : *City Café* $
21 Salah Salem. *(03) 484 7994.*
Ce café de style méditerranéen dans la partie basse d'Alexandrie sert les meilleurs cappucinos de la ville, ainsi que des sandwiches, des pizzas, des pâtes et des pâtisseries.

Alexandrie : *Elite* $$
43 sharia Safia Zaghloul. *(03) 486 3592.*
Une bonne cuisine internationale vous attend dans l'un des meilleurs endroits de la ville pour observer les passants. De grandes baies ouvrent sur la rue. Le mur opposé s'orne d'affiches d'art.

Alexandrie : *Gezirat al-Malika* $$
48 sharia Safr Basha, Ras el-Tin. *(03) 480 4996.*
Ici, on vend *koftas* et *kebabs* au poids, dans une salle décorée dans l'esprit d'un village égyptien. On recommande de goûter les légumes farcis.

Alexandrie : *Pastroudis* $$
39 sharia al-Huriya, à l'ouest de sharia Safia Zaghloul. *(03) 392 9609.*
Fondé en 1923, ce célèbre café est réputé pour ses pâtisseries, son ambiance et son passé littéraire. Il propose de bons sandwiches (un peu chers) et des pâtes.

Alexandrie : *Taverna* $$
Sharia Mahattat al-Ramla, en face du terminus de tramways. *(03) 486 8189.*
Des quatre Taverna de la chaîne, celui-ci est le meilleur. Pizzas et *fatirs* sont cuits dans un four en briques. Poulet, *shawarma* d'agneau et *mezzes* sont aussi excellents.

Alexandrie : *China* $$$
Hôtel Cecil, midan Saad Zaghloul. *(03) 487 7173.*
En terrasse sur le toit, ce restaurant propose une carte honnête de spécialités chinoises authentiques en plus de sa vue spectaculaire sur le port occidental d'Alexandrie.

	Cartes bancaires	Tables à l'extérieur	Cuisine végétarienne	Carte des vins	Ouverture tardive
Hôtel de la Poste		●	■		
Maxim			■		
Fish			■		
Zaphyrion		●	■		
Fuul Mohammed Ahmed			■		
City Café			■		
Elite			■	●	
Gezirat al-Malika			■		
Pastroudis			■	●	
Taverna			■		
China	■	●	■	●	

ALEXANDRIE : *Eddoura* $$$
33 sharia Bayrim at-Tonsi. (03) 480 0405.
Près du fort Qaytbey, ce grill en plein air de produits de la mer est ouvert 24 h sur 24.

ALEXANDRIE : *Trianon* $$$
Sharia Saad Zaghloul. (03) 486 0986.
Pilier de la vie sociale avant la révolution, le café Art déco restauré a retrouvé son lustre. Points forts de la carte, les cafés et les desserts, notamment un exceptionnel *Om'Ali*.

ALEXANDRIE : *Santa Lucia* $$$$
40 sharia Safia Zaghloul. (03) 486 0332 ou 486 4240.
Ce restaurant lambrissé éclairé aux chandelles sert les produits de la mer qui font la réputation d'Alexandrie. Ambiance intime, et pianiste à demeure.

ALEXANDRIE : *Al-Farouk* $$$$$
Hôtel As-Salamlek Palace, jardins Montaza. (03) 547 7999.
L'ancien pavillon de chasse du roi Farouk a été récemment rénové et converti pour abriter plusieurs salles de restaurant élégantes et un bar.

ALEXANDRIE : *Saraya San Giovanni Restaurant* $$$$$
(03) 546 7773.
Cet hôtel-restaurant haut de gamme sert une cuisine européenne, dont des plats de poisson. La vue sur la baie Stanley est remarquable.

LE DÉSERT OCCIDENTAL

BAHARIYYA : *Popular* $$
Bawiti, oasis el-Bahariyya.
Un des rares restaurants de l'oasis non rattaché à un hôtel, on y trouve des *felafels* le matin et des viandes grillées toute la journée, ainsi que de la bière fraîche.

DAKHLA : *Ahmed Hamdy's* $$
Mout. (092) 7820 767.
C'est le restaurant le plus connu de Mout, notamment pour ses brochettes de poulet ou de viande et ses *koftas* au riz. Le patron est très serviable.

DAKHLA : *Hôtel Garden's* $$
Mout. (092) 7821 577.
Proche du vieux quartier de Mout, ce restaurant prisé des voyageurs offre un bon rapport qualité-prix dans un agréable jardin.

FARAFRA : *Hussein* $
Qasr al-Farafra.
Cette adresse centrale, bon marché et appréciée des petits budgets, sert petits déjeuners, déjeuners et dîners en début de soirée.

FARAFRA : *Al-Badawiyya Safari & Hotel* $$
Sur la route de Bawiti, Qasr el-Farafra. (092) 7510 060.
Un des meilleurs restaurants de l'oasis, mais la concurrence n'est pas acharnée. La cuisine est vraiment bonne et on y sert de la bière ; il est toujours animé.

KHARGA : *Hôtel Kharga Oasis* $$
El-Kharga. (092) 7921 500.
Commodément situé au centre-ville, cet hôtel en béton triste abrite un agréable jardin et un bar en terrasse.

KHARGA : *Hôtel Pioneers* $$$
El-Kharga. (092) 7927 982.
Cet hôtel-restaurant 5-étoiles à la cuisine internationale est assez éloigné du mode de vie bédouin, mais c'est un bon refuge contre la canicule.

SIWA : *Abdu* $
Siwa. (046) 460 2243.
Ce restaurant offre un vaste éventail de plats, pizzas, incontournables viandes grillées, poulet, ragoûts relevés.

SIWA : *Alexander* $
Hôtel Alexander, Siwa.
Ce restaurant accueillant propose une bonne cuisine locale.

SIWA : *Hôtel Siwa Safari Paradise* $$$
Siwa. (046) 460 2289.
Dans l'hôtel le plus élégant de Siwa, ce restaurant à l'excellente cuisine organise toutes les semaines les fêtes traditionnelles de Siwa, avec spectacle et danse.

Légendes des symboles, voir rabat de couverture

Faire des achats en Égypte

Pour les achats, souks et bazars sont sans aucun doute le point fort de l'Égypte. Le plus grand et le plus connu, le Khan el-Khalili du Caire *(p. 88-90)* est un dédale de rues commerçantes vieux de 500 ans au cœur de la vieille ville islamique. Au premier abord, on peut le trouver trop orienté vers le tourisme, mais dès qu'on s'enfonce dans ses venelles étroites, on découvre une ruche bourdonnante de petites échoppes qui produisent de beaux bijoux et articles en verre, cuivre et laiton. Là, on peut acheter directement à l'artisan en évitant les intermédiaires. Il y a des souks dans la plupart des autres villes ; ceux d'Alexandrie, Assouan et Port-Saïd sont particulièrement intéressants. Les visiteurs qui souhaitent y faire des achats doivent s'entraîner à l'art du marchandage. À l'opposé du souk traditionnel, les grandes villes comme Le Caire et Alexandrie abritent aussi de grands centres commerciaux modernes et des galeries commerçantes regorgeant de marques internationales.

Marchand du souk de Louxor fumant la *chicha*

Heures d'ouverture

En Égypte, il n'y a pas d'horaires stricts, chaque marchand en décide lui-même. Mais excepté pour les petites épiceries qui ouvrent tôt, les boutiques ouvrent en général autour de 9 h ou 10 h. Les magasins ont tendance à fermer pour la sieste entre 14 h et 17 h, sauf au Caire où ils restent ouverts toute la journée. Ils ferment à 21 h ou plus tard. En été, dans les quartiers commerçants, notamment au Khan el-Khalili, les rideaux ne descendent pas avant 22 h ou 23 h, car les clients préfèrent faire leurs courses à la fraîche. Les autres souks ont des horaires moins larges et ferment en général au coucher du soleil. Le vendredi est le jour officiel de fermeture, mais beaucoup de magasins du Caire ouvrent tous les jours. Ceux qui ouvrent le vendredi fermeront peut-être deux heures en milieu de journée pour la prière de midi. Les magasins tenus par des chrétiens peuvent fermer le dimanche. Pendant le ramadan, les boutiques ferment 30 min avant le coucher du soleil, mais rouvrent quelques heures plus tard. Tout le pays s'arrête pour les fêtes principales, comme Moulid an-Nabi, l'Aïd el-Fitr et l'Aïd el-Adha *(p. 39)*.

Comment régler

La carte de paiement commence à se répandre, mais n'est acceptée en général que dans les grands commerces et les boutiques orientées vers le tourisme, comme dans les complexes hôteliers et galeries commerciales. Attention, les travellers chèques sont rarement acceptés. La plupart du temps, on doit régler en espèces.
La livre égyptienne est la seule monnaie légale, les achats ne peuvent se faire en dollars.

Souks et marchés

À part le Khan el-Khalili, de nombreux souks et marchés du Caire méritent une visite, que l'on souhaite acheter ou non. Des marchés disséminés dans toute la ville vendent fruits et légumes. Chaque quartier a le sien. Au centre-ville, à un pâté de maisons au nord de sharia 26th July, le marché Tawfiqiyya ferme si tard que beaucoup de marchands dorment sur place à côté de leur carriole. Sur la rive est du Nil, en face de Zamalek et toujours juste au nord de sharia 26th July, le marché Bulaq vend tissus, vêtements d'occasion, pièces détachées d'autos et surplus militaires.

Les librairies du centre du Caire ont un choix remarquable d'ouvrages sur l'Égypte

On trouve un mélange encore plus étonnant au souk al-Gomaa, le marché du vendredi qui se tient juste au sud de la Citadelle, et est spécialisé en brocante et animaux. Cela doit être un des rares marchés où l'on peut s'offrir à la fois un lot de vaisselle 1930 et un cacatoès. Près de la station de métro Ataba, au nord de midan Opera, les bouquinistes des jardins de l'Esbékiya proposent magazines et livres d'occasion.

À Alexandrie, plus qu'un marché, Attarine est un dédale de ruelles étroites bordées de magasins d'antiquités dont la marchandise déborde sur le trottoir. Dans le nord du Sinaï, à el-Arish, le marché du jeudi matin, haut en couleurs, est fréquenté par les bédouins de la région proposant leurs robes brodées et bijoux caractéristiques faits à la main.

Marchandises empilées dans un marché du Caire

Examen d'articles en cuivre et en laiton au Khan el-Khalili

d'usage que le boutiquier vous invite à prendre un thé ou un café, et mette son échoppe sens dessus dessous pour vous montrer un article. Vous ne devez pas pour autant vous croire obligé d'acheter, car c'est une pratique courante, qui fait partie du rituel.

On marchande même parfois dans les magasins du centre-ville, pour des articles qui semblent avoir un prix fixe. Mais au souk cela devient une nécessité si on ne veut pas payer le prix fort.

Une fois repéré l'objet qui vous intéresse, surtout s'il est cher, il faut avoir le courage de proposer la moitié de la somme indiquée par le vendeur, sans se laisser démonter par l'indignation ou le sarcasme feints du boutiquier. Proposez ensuite une légère augmentation. Après une série d'offres et de contre-offres, vous devriez parvenir à un prix mutuellement satisfaisant. Si vous pensez que le marché n'est pas équitable, remerciez et partez. Sortir de la boutique fait souvent dégringoler les prix.

Tout cela peut mettre mal à l'aise, mais en théorie personne n'est lésé dans l'affaire. L'acheteur, qui a fixé lui-même son prix, est heureux de son achat. Le marchand, pour sa part, ne vend jamais à perte et aura fait son bénéfice.

Centres commerciaux

Le Caire, et dans une moindre mesure Alexandrie, possède un nombre croissant de grands centres commerciaux pleins d'arcades offrant toutes sortes d'articles, des cartes de vœux aux appareils électriques, la plupart d'importation européenne ou américaine. S'y ajoutent en général stands de restauration rapide et salles de cinéma. Le **World Trade Centre** du Caire, Corniche el-Nil à Boulaq, est l'un des plus élégants, avec ses nombreuses boutiques de mode et d'accessoires, plusieurs restaurants et clubs haut de gamme et l'un des cinémas les plus récents et les plus confortables de la ville. Le **First Residence Mall** de Giza, aussi chic, domine le zoo et fait partie d'un complexe d'appartements de luxe. Le **Ramses Hilton Mall**, voisin de l'hôtel du même nom au centre-ville, s'adresse plus aux familles, notamment pour des chaussures et des vêtements d'un bon rapport qualité-prix. Au dernier étage, on trouve salles de cinéma et billard. À côté de la basilique d'Héliopolis *(p. 136-137)*, le **Horreyya Mall** est devenu le rendez-vous de la jeunesse du quartier.

Antiquités

La plupart des « antiquités » mises en vente n'ont rien d'ancien. Les papyrus « anciens » ont sans doute été peints la semaine précédente, probablement pas sur du papyrus, qui a presque disparu, mais sur des feuilles de bananier séchées. Les scarabées dits anciens auront souvent été sculptés dans de vieux os, puis donnés à manger à un dindon, les sucs gastriques du volatile produisant une patine du plus bel effet. De toute façon, cela n'a guère d'importance, car les vraies antiquités (objets de plus d'un siècle) exigent une licence d'exportation du département des Antiquités.

Le marchandage

En Égypte, acheter et vendre font partie d'un véritable rituel, et le marchandage est beaucoup plus qu'une simple discussion pour obtenir un bon prix. Le but de l'exercice est de parvenir à une somme qui satisfera à la fois le vendeur et l'acheteur. Il est donc

La galerie commerçante Sindbad, Sindbad Beach Resort à Hourghada

Où faire des achats en Égypte ?

Le Khan el-Khalili, au Caire *(p. 88-90)*, est le meilleur endroit où trouver des souvenirs. Le quartier commerçant du centre se trouve dans le triangle des rues Talaat Harb, 26th July et Qsar el-Nil. L'île de Zamalek est le quartier des boutiques d'artisanat ethnique, de mode et d'antiquités. Ailleurs en Égypte, seuls les mordus des emplettes trouveront quelque chose à acheter, à l'exception peut-être de tissus colorés et d'épices à Assouan, de bijoux et de poteries dans les oasis.

Souvenirs

Le Khan el-Khalili du Caire et les autres bazars touristiques de Haute-Égypte débordent d'objets incroyablement kitsch, lampes Néfertiti, pyramides d'albâtre, chameaux en cuir bourré de paille et casquettes de base-ball Toutankhamon. Néanmoins, on trouve aussi des articles plus séduisants comme les jolis jeux de backgammon, passe-temps des cafés égyptiens, qui ont au moins leur utilité. On peut aussi s'offrir une *chicha* (pipe à eau), mais il faut prévoir des stocks de tabac spécial et de petits pots en argile dans lesquels on le met. Les petites boîtes incrustées de nacre sont très jolies et bon marché. Les échiquiers incrustés de nacre sont un autre article apprécié. Presque tous les visiteurs d'Égypte rapportent des papyrus, souvent de qualité médiocre, grossièrement peints de copies des peintures murales pharaoniques. Pour une meilleure qualité, il faut visiter l'un des **Instituts du Papyrus du Dr. Ragab**, où les articles, authentiques, ne se craquèleront pas ou ne pèleront pas une fois enroulés.

Figurine-souvenir d'Anubis

Cuivre et laiton

Les ateliers autour du Khan el-Khalili produisent plats, cafetières et plateaux en cuivre et laiton. On en voit de beaux exemples au marché des artisans du cuivre (souk an-Nahassin) sur sharia el-Mouiz Li-Din Allah, au sud des grandes mosquées de Bein el-Qasrein.

Marchand de ceintures sur la place Ataba

Objets d'artisanat

Les différentes régions d'Égypte ont leur artisanat propre, mais l'essentiel de la production se retrouve au Caire. Ainsi, **Al-Khatoun**, dans une maison ottomane restaurée derrière la mosquée el-Azhar, vend du mobilier en fer forgé fait dans un village des abords du Caire, ainsi que des tentures murales, objets en verre et articles en cuir locaux. À côté, le **wakala el-Ghouri**, caravansérail du début du XVIIe siècle, abrite des échoppes d'artisans qui vendent leur production sur place. En face de l'entrée de la mosquée d'Ibn Touloun dans Le Caire islamique, la belle galerie **Khan Misr Touloun** propose des objets fabriqués dans les villages et les oasis d'Égypte tels que bols, assiettes et coffres en bois, verre soufflé, figurines d'argile, écharpes et tissages. Basé à Zamalek, **Egypt Craft** propose tapis bédouins et broderies du Sinaï et du nord du désert occidental, papier artisanal de Moqattam et châles de Haute-Égypte. À Zamalek aussi, au premier niveau d'un immeuble dominant le Nil, **Nomad** est spécialisé dans les bijoux, l'habillement et l'artisanat bédouins traditionnels.

Tapis

Contrairement au Maroc, la Turquie et l'Iran, l'Égypte n'est pas un grand producteur de tapis. Mais on trouve de solides tapis bédouins en poil de chameau, à rayures beige et brun, notamment dans le Haret al-Fahhamin, dédale de ruelles serrées derrière la mosquée el-Ghouri, en face du Khan el-Khalili dans Le Caire islamique. Beaucoup des adresses de la rubrique Artisanat (ci-contre) ont des tapis bédouins. Les connaisseurs visiteront les marchés hebdomadaires d'el-Arish, dans le nord du Sinaï, et de Dahab. Tout près de la route de Saqqara dans le quartier des Pyramides, le

Atelier d'objets en cuivre, rue el-Mouiz Li-Din Allah

Les habitants se pressent dans un souk de tapis haut en couleurs du Caire

Wissa Wassef Art Centre vend des tapis et tapisseries de laine très originaux représentant des scènes villageoises et folkloriques. On les retrouve chez **Senouhi**, fascinante petite boutique au 5e niveau d'un immeuble du centre du Caire, qui propose aussi bijoux, antiquités, tapis bédouins et œuvres d'art de qualité.

Textiles

Le coton est la première production agricole d'Égypte et les grands magasins et boutiques du Caire et d'Alexandrie proposent des chemises, tee-shirts et sous-vêtements simples en coton d'excellente qualité. On recherchera les boutiques **Safari**, présentes dans tous les centres commerciaux et galeries d'hôtels. En Moyenne-Égypte, en face de Sohag sur l'autre rive du Nil, le village d'Akhmim est au cœur d'une tradition textile ancienne. La légende dit que les pharaons étaient ensevelis dans des linceuls en soie d'Akhmim. La région produit toujours, dans des usines plutôt que dans des échoppes, du tissu aux tons riches et profonds et aux dessins raffinés floraux et cachemire, splendide mais difficile à trouver. Le mieux est de se rendre directement à l'usine, ou voir la sélection des boutiques d'hôtels à Louxor et Assouan.

Costumes de danse orientale

Quelques boutiques spécialisées du Khan el-Khalili proposent soutiens-gorge à sequins, ceintures de hanches en perles, jupes et voiles arachnéens. L'une se trouve dans le petit passage allant de Mouski au café Fichaoui. Les adeptes devraient visiter l'atelier d'**Amira al-Khattan** à Mohandiseen, qui coud les costumes sur demande.

Bijoux

Les marchands d'or et d'argent se regroupent au centre du Khan el-Khalili. Les bijoux se vendent au poids, avec un petit supplément pour la façon. La cote de l'or est indiquée dans le quotidien *Egyptian Gazette*. Souvenir très apprécié, le cartouche en or ou en argent avec un nom en hiéroglyphes peut être réalisé par la plupart des boutiques du Khan.

Herbes et épices

Pour les épices, les meilleurs endroits sont le Khan el-Khalili et le souk d'Assouan. Elles sont en général plus fraîches et de meilleure qualité que les variétés en sachets d'Occident. Elles sont aussi moins chères, surtout le safran. On voit aussi souvent de grands sacs de feuilles séchées violettes d'hibiscus. On les arrose d'eau bouillante, on filtre et on sucre pour obtenir le *karkadé*, l'excellente boisson glacée rouge foncé servie dans les cafés. Certains boutiquiers du souk des épices sont aussi herboristes et préparent des remèdes traditionnels pour toutes sortes de maux.

Étalage coloré et odorant dans le souk des épices

Carnet d'adresses

Galeries commerciales

First Residence Mall
Sharia al-Giza, Giza, Le Caire.

Horreyya Mall
Sharia al-Ahram, Héliopolis, Le Caire.

Ramses Hilton Mall
Midan Abdel Moniem Riad, Le Caire. **Plans** 1 B4, 5 B2.

World Trade Centre
Corniche el-Nil, Boulaq, Le Caire. **Plan** 1 B4.

Artisanat

Al-Khatoun
Sharia Sheikh Mohammed Abdu, Le Caire. **Plan** 2 F5.
(02) 226 5329.

Dr Ragab Papyrus Institute
Corniche el-Nil, Le Caire. **Plan** 3 A2.
(02) 571 8675.

Khan Misr Touloun
Sharia Tulun, Le Caire. **Plan** 4 D2.

Egypt Craft
27 Yehia Ibrahim, Zamalek, Le Caire. **Plan** 1 A3.
(02) 736 5123.

Nomad
14 sharia Saray al-Gezira, Zamalek, Le Caire. **Plan** 1 B4.
(02) 736 1917.

Wakala el-Ghouri
Sharia al-Azhar, Le Caire. **Plan** 2 E5.
(02) 511 0472.

Tapis

Senouhi
54 sharia Abd al-Khaliq Sarwat, Le Caire. **Plan** 5 C2.
(02) 391 0955.

Wissa Wassef Art Centre
Près du motel Salma, sur la route de Saqqara, Harraniyya.
(02) 385 0403.

Textiles

Safari
10 sharia Lotfalla, Zamalek, Le Caire. **Plan** 1 A3.
(02) 735 1909.

Costumes de danse orientale

Amira al-Khattan
27 sharia Basra, Le Caire.
(02) 749 0322.

Que rapporter d'Égypte ?

Boîte incrustée de nacre

Les souks et bazars proposent toutes sortes de souvenirs. La qualité est très variable, mieux vaut examiner l'objet de près et être prêt à marchander *(p. 293)*. *Chichas* (pipes à eau), plateaux de backgammon, boîtes décoratives et tout un éventail de kitscheries hétéroclites débordent des étals, à côté d'articles traditionnels souvent fabriqués par des artisans locaux. Les souvenirs égyptiens en cuivre et verre sont produits au Khan el-Khalili du Caire *(p. 88-90)*, alors que les bijoux bédouins proviennent du Sinaï. Les soieries et cotonnades sont faites main à Akhmim, réputé pour la qualité des tissus.

Chicha
Présente dans tous les cafés, la pipe à eau ornée de pièces en acier ou en laiton est une bonne idée de cadeau. Elle utilise un tabac aromatique spécial, qu'on met dans un petit pot d'argile.

Plateau de backgammon
Échecs et backgammon sont des passe-temps prisés des Égyptiens. On trouve partout des plateaux de jeu de qualité diverse. Les moins chers, de facture grossière, ont peu d'incrustations. Les plus beaux sont en bois précieux, incrustés de motifs raffinés en nacre, os ou ivoire.

Sandales
La plupart des souks vendent des articles en cuir à prix raisonnables tels que sacs, porte-monnaie, sandales faites main.

Verre et céramique
Le verre de Mouski soufflé de couleur bleue n'existe qu'en Égypte. Les artisans en façonnent assiettes, vases, verres et chandeliers. On trouve aussi facilement de la belle poterie artisanale, comme ce vase rustique en albâtre.

Flacons à parfum
Charmante idée-cadeau, ces délicats flacons à parfum en verre aux formes sophistiquées existent en différentes tailles.

Bijoux bédouins
Les bijoux bédouins proviennent traditionnellement du Sinaï et de l'oasis de Siwa. Les vrais sont difficiles à trouver, mais leur style a été largement reproduit. La décoration courante est la pièce de monnaie, et les motifs pharaoniques, islamiques et nubiens sont aussi appréciés.

Objets en cuivre
Dans tout le pays, on vend toutes sortes d'objets en cuivre et en laiton, mais les souks et échoppes du Caire offrent le plus grand choix. La cafetière arabe, le plateau, la lampe suspendue, et des objets décoratifs comme les assiettes gravées d'arabesques font partie des achats classiques.

Vêtements et textiles

Le coton est une des grandes productions de l'Égypte, et les vêtements en coton sont appréciés. Chemises, pantalons et galabiyas *(grandes robes amples), simples ou brodés, sont souvent de bonne qualité et bon marché. Les tissus de couleurs vives font de superbes écharpes, housses de coussins, jetés et tentures. Très kitsch, les costumes de danse orientale ont aussi du succès.*

Chemises en coton brodées

Écharpe tissée de couleur vive

Costume de danse orientale à sequins

Souvenirs

Dans toutes les zones touristiques, on propose par milliers reproductions d'art pharaonique, pyramides d'albâtre, chameaux en cuir bourrés de son, bustes de Néfertiti et feuilles de papyrus peintes de scènes antiques funéraires ou religieuses. Avec les petites boîtes, cendriers, échiquiers et chichas, *cela fait des cadeaux amusants et bon marché.*

Chameau en cuir bourré de son

Papyrus peints de scènes pharaoniques

Buste de Néfertiti

Figurines de dieux antiques

Cendrier en albâtre

Musique égyptienne

Une manière facile de revivre son séjour égyptien est de rapporter des cassettes ou CD locaux. Reste à choisir entre musique populaire traditionnelle, accents nostalgiques d'Oum Khalsoum (p. 125) *et musique pop égyptienne contemporaine.*

Épices et aromates

Odorantes et colorées, les épices se repèrent facilement dans les souks. Vendues en vrac au poids, elles sont souvent moins chères, plus fraîches et de meilleure qualité que celles qu'on trouve en Occident. Attention toutefois, le safran égyptien, très bon marché, peut ne pas être de grande qualité.

Caroube

Cannelle

Clous de girofle

Piments

Curcuma

Poivre de Cayenne

Gousses de cardamome

Pistils de safran

Se distraire en Égypte

On s'étonne souvent que la gamme de distractions en Égypte, surtout en dehors du Caire, soit particulièrement restreinte. Les habitants occupent plutôt leurs loisirs à rendre visite à leurs amis ou à leur famille, ou, pour les hommes, à passer le temps dans les cafés. Quelques manifestations culturelles très suivies marquent l'année, notamment la Foire internationale aux livres du Caire, au printemps, et le Festival du cinéma en novembre-décembre *(p. 42)*.

Pour passer le temps, rien de tel qu'une terrasse de café

Les autres temps forts de l'année sont liés à la religion : jours de fête de l'Aïd el-Adha et l'Aïd el-Fitr *(p. 39)* et le mois sacré du ramadan. À ces occasions, des foires temporaires occupent souvent les grandes places, et on donne de nombreux spectacles de musique et danse traditionnelles. Actuellement, on assiste même à un renouveau de l'art ancien du conte. Acteurs et actrices racontent et jouent devant un public ravi des récits comme *Les Mille et Une Nuits*.

La nuit, les lumières du Caire se reflètent dans les eaux paisibles du Nil

Renseignements

Il existe de nombreux guides des manifestations. Tous les mois, l'élégant magazine en anglais *Egypt Today*, vendu dans tous les kiosques et maisons de la presse, publie des pages sur les événements dans toute l'Égypte. On trouve aussi de bonnes pages spectacles et culture, mais limitées au Caire, dans les journaux en français *Le Progrès égyptien* (quotidien) et *El-Ahram Hebdo* (le mercredi, site www.ahram.org.eg/hebdo). Le trimestriel de poche en anglais *The Big Croc* couvrant la vie nocturne et les manifestations du Caire a peut-être disparu, mais son site www.ecroc.com fonctionne encore. Il n'y a pas d'office central de réservation pour les spectacles et les concerts, il faut en général s'adresser directement aux billetteries des salles. Mieux vaut réserver plusieurs jours à l'avance.

Musique arabe

Les concerts de musique arabe classique composent l'essentiel du programme du **Nouvel Opéra du Caire** et du **Théâtre Sayed Darwish** d'Alexandrie. Dans Le Caire islamique, surtout pendant le ramadan, soirées musicales et pièces de théâtre sont souvent programmées à la **Beit Zeinab Khatoun** et au **palais de la Culture traditionnelle el-Ghouri**, dans le complexe de même nom *(p. 91-92)*. Dénicher des places pour ce dernier endroit vaut la peine, ne serait-ce que pour l'exceptionnelle ambiance de ce cadre ancien.

Derviches tourneurs

Le complexe el-Ghouri du Caire islamique accueille aussi des spectacles de derviches tourneurs à 21 h le mercredi et le samedi. Ils durent environ une heure et l'entrée est gratuite, mais il y a peu de places assises ; mieux vaut venir tôt pour ne pas rester debout. On peut prendre des photos mais il est interdit de filmer.

Derviches tourneurs et leur étourdissant spectacle, Le Caire

La danse du ventre

Même si l'histoire égyptienne remonte aux Pharaons, la danse du ventre doit plus à la présence des Européens aux XVIIIe et XIXe siècles en Égypte. Amalgamant dans une gestuelle sensuelle les danses traditionnelles, tziganes et ottomanes, les danseuses égyptiennes ont enflammé l'imaginaire frustré des Européens. C'est surtout à cause de leurs descriptions que la danse a été associée à la prostitution.

Accompagnateur de danse orientale

Même les danseuses professionnelles reconnues, qui préfèrent l'appellation « danse orientale », souffrent de cette confusion. L'arrivée du cinéma a multiplié les représentations de cette danse et fait des artistes qui s'y livrent des vedettes. Malgré sa popularité, elle reste mal vue socialement, ce qui dissuade les Égyptiennes d'entreprendre cette carrière. De plus en plus, les danseuses étrangères prennent le relais.

***Les danseuses** jouaient un grand rôle dans les fêtes d'ancienne Égypte. Les poses décrites ici, avec castagnettes ou frappant dans les mains ressemblent aux danses égyptiennes actuelles.*

***Salomé**, dans la Bible, demande la tête de Jean-Baptiste à Hérode en récompense de sa danse. À la fin du XIXe siècle, les auteurs érotisent ce récit, initiant des spectacles de cabaret peu vêtus, comme le montre cette partition de 1909.*

***La grande star Amira** danse devant les pyramides. L'intégrisme islamique a écorné le succès de la danse du ventre, mais ses vedettes restent parmi les mieux payées d'Égypte.*

***Les danseuses orientales** des night-clubs du centre-ville du Caire se produisent surtout devant un public d'hommes. On regarde, mais on ne touche pas.*

***Les peintres orientalistes** d'Europe et d'Amérique ont souvent produit des scènes exotiques comme cette lithographie française de 1914. Ici, l'auteur semble ignorer que les hommes n'étaient pas admis dans le harem.*

L'Opéra vu du sommet de la Tour du Caire, à 185 m *(p. 84)*

Danse orientale et danse folklorique

Les meilleures danseuses se produisent dans les night-clubs rattachés aux 5-étoiles du Caire, comme le **Haroun al-Rashid Club** ou l'**Auberge du Nil**. Une place coûte environ 50 $ (buffet compris). Pour le spectacle seul, le **Palmyra** est moins cher. La tête d'affiche se montre rarement avant 1 h du matin, et l'orchestre ne rend les armes qu'à l'aube. On voit des danseuses dans la plupart des hôtels et restaurants touristiques du pays. Les salles de Louxor et d'Assouan, comme le **palais de la Culture d'Assouan**, montrent souvent des troupes égyptiennes de danse folklorique.

Spectacles son et lumière

Tous les grands sites égyptiens se croient obligés de monter un spectacle son et lumière. Il débute au coucher du soleil. Le monument est illuminé par des spots de couleur, tandis qu'une voix enregistrée raconte des bribes d'histoire et de mythologie. Le récit laisse souvent à désirer, mais le spectacle vaut le détour car les monuments au clair de lune sont magnifiques. Des spectacles en plusieurs langues sont offerts la nuit aux pyramides de Giza, à Louxor, Karnak, Philae et Abou Simbel.

Musique classique d'Occident

Pour écouter un concert classique au Caire, il faut aller au **Nouvel Opéra**, sur l'île de Gezira, qui accueille régulièrement dans sa grande salle des musiciens du monde entier. Les hommes doivent obligatoirement porter veste et cravate. Tous les soirs dans la petite salle, on donne des récitals avec des quatuors, solistes et ensembles. L'orchestre symphonique du Caire s'y produit aussi tous les samedis de septembre à mi-juin. *El-Ahram Hebdo* fournit tous les programmes. À Alexandrie, le **Centre de conférences** et le **théâtre Sayed Darwish** accueillent des concerts classiques organisés par les consulats français, italien et allemand. Le programme est affiché sur la vitrine du restaurant Élite *(p. 290)*. Sinon, il y a peu de chances que vous entendiez de la musique occidentale en Égypte.

Affiches annonçant des événements culturels au Caire

Opéra et ballet

Le **Nouvel Opéra** du Caire est le siège de deux troupes, le Ballet du Caire et l'Opéra du Caire. La saison est courte et les productions peu nombreuses, mais des troupes étrangères complètent parfois le programme. Le **théâtre Goumhouriyya** du Caire accueille parfois des ballets. Presque tous les ans, le ministère de la Culture monte une grande représentation d'*Aïda*, opéra écrit par Verdi pour l'ouverture du canal de Suez *(p. 60-61)*. Il a déjà été joué devant les temples d'Hatchepsout et de Karnak à Louxor, et plus récemment devant les pyramides. Cet événement très recherché attire les amateurs d'opéra du monde entier. Les bureaux du tourisme égyptien à l'étranger fournissent les informations sur les prochains spectacles.

Dans un bar branché de Mohandiseen, le quartier chic du Caire

Bars et discothèques

L'Égypte est un pays à majorité musulmane ; on y trouve pourtant quantités de bars, ceux des hôtels et ceux qui portent l'enseigne « cafétéria ». Il y en a de remarquables à Alexandrie, comme le **Cap d'Or,** un merveilleux bar ancien à l'ambiance authentique de taverne méditerranéenne. Au Caire, la vie nocturne se concentre dans les quartiers élégants de Zamalek et de Mohandiseen. Des bars comme **Deals**, **L'Aubergine**, **Le Tobasco** et **Bull's Eye** accueillent surtout la jeunesse dorée égyptienne et la communauté étrangère du Caire. Ceux qui ont encore de l'énergie se rendent ensuite aux discothèques animées du centre, pour la *dance* et le *hip-hop*, comme le **Space Disco**, seule salle de danse égyptienne construite à cet effet dans le vaste complexe de loisirs moderne appelé Cairo Land.

Les stations de la mer Rouge et du Sinaï comme Charm el-Cheikh, Naama Bay et Hourghada regorgent de bars et de discothèques. Mais les choses évoluant rapidement, pour être informé achetez *Sinai Today* ou *Red Sea Today* dans les kiosques et librairies.

Les stations méditerranéennes offrent aussi quelques bars et discothèques intéressants, souvent rattachés à des hôtels comme le **Summer Moon** à Agami, le « Saint-Tropez égyptien ».

Discothèque d'hôtel à Agami, sur la côte à l'ouest d'Alexandrie

Rock, jazz et pop music

Les concerts de rock, jazz ou pop music sont rarissimes. Quelques musiciens comme Shirley Bassey, The Grateful Dead et, à l'occasion des fêtes du Millénaire, Jean-Michel Jarre, se sont produits devant les pyramides, mais c'est exceptionnel. Les seuls endroits où l'on joue de la musique moderne sont les salons et bars des hôtels. Tous les grands 5-étoiles ont leur chanteur de cabaret ou leur quatuor de jazz, mais ce sont des inconnus. La seule salle spécialisée du pays est le **Cairo Jazz Club**. Sa petite salle enfumée accueille tous les soirs un groupe, composé en général d'artistes locaux, peu nombreux mais enthousiastes.

Carnet d'adresses

Musique arabe et derviches tourneurs

Beit Zeinab Khatoun et Beit el-Harawi
Harat al-Azhar, Le Caire.
Plan 2 F5.
(03) 487 8093.

Centre de conférences d'Alexandrie
International Conference Centre, Shatby, Alexandrie.
(03) 483 8069.

Nouvel Opéra du Caire
Sharia at-Tahrir, Gezira, Le Caire. **Plan** 1 A5.
(02) 339 8114.

Palais de la Culture traditionnelle el-Ghouri
Sharia el-Mouiz Li-Din Allah, Le Caire. **Plan** 2 F5.
(02) 739 8114.

Théâtre Sayed Darwish
22 Tariq al-Horreyya, Alexandrie.
(03) 482 5602.

Danse orientale

Auberge du Nil
Royal Nile Tower Hotel, Corniche el-Nil, Le Caire. **Plan** 5 A5.
(02) 362 1717.

Haroun al-Rashid Club
Hôtel Sémiramis, Corniche el-Nil, Le Caire.
Plan 5 A4.
(02) 795 7171.

Palais de la Culture d'Assouan
Corniche, Assouan.
(097) 313 390.

Palmyra
Juste au sud de sharia 26th July, entre sharia Sharif et Mohammed Farid, Le Caire.
Plan 2 D4, 6 D2.

Spectacles son et lumière

Pour tous les sites
(02) 386 3469.
W www.sound-light.egypt.com

Opéra et ballet

Théâtre Goumhouriyya
Sharia al-Gumhuriyya, Le Caire. **Plan** 2 D3.
(02) 390 7707.

Bars et discothèques

L'Aubergine
5 Al-Sayyid al-Bakri, Zamalek, Le Caire.
Plan 1 A3.
(02) 738 0080.

Bull's Eye
32 sharia Jedda, Mohandiseen, Le Caire.
(02) 761 6888.

Cap d'Or
4 sharia Adib, Alexandrie.
(03) 487 5177.

Space Disco
Cairo Land, 1 sharia Salah Salem, Le Caire.
Plan 3 C4.
(02) 365 6913.

Deals
Al-Sayyid al-Bakri, Zamalek, Le Caire.
Plan 1 A3.
(02) 736 0502.

Summer Moon
Hôtel Summer Moon, front de mer, Agami.
(03) 433 0367.

Le Tobasco
8 midan Amman, Doqqi, Le Caire.
(02) 336 5583.

Rock, jazz et pop music

Cairo Jazz Club
197 sharia 26th July, Mohandiseen, Le Caire.
(02) 345 9939.

Le Cosmos, un des nombreux cinémas de quartier du Caire

Cinéma

Ces dernières années, les cinémas égyptiens ont beaucoup évolué. De grands multiplexes modernes ont ouvert au Caire et à Alexandrie et les vieilles salles ont été rénovées. L'affiche se partage entre des films arabes et les dernières productions de Hollywood. Les films étrangers sont projetés en v.o., sous-titrée en arabe. La censure sévit partout, sauf au Festival de cinéma du Caire *(p. 42)*, où la perspective de voir la nudité à l'écran emplit les salles.

Aller au cinéma en Égypte est tout un programme. La salle, très animée, accueille les péripéties à l'écran avec force huées, hourras et applaudissements. Dans le centre du Caire, surtout autour de sharia Talaat Harb, on trouve beaucoup de vieux cinémas à salle unique dont plusieurs, comme le **Metro** ou le **Radio**, projettent des films en anglais parfois sous-titrés en français. On trouve les salles les mieux équipées dans les centres commerciaux modernes, comme **Horreyya I & II** à Héliopolis, le **Ramses Hilton I & II** et le **Renaissance** au World Trade Centre. À Alexandrie, le **Amir** et le **Metro** sont de superbes salles anciennes, dont l'architecture à elle seule vaut le détour, mais la salle la plus luxueuse est le **Renaissance**, attaché au Smouha Mall, centre commercial à l'est de la ville.

El-Ahram Hebdo, *Egyptian Gazette* et *Middle East Times* publient les programmes.

Enseigne colorée du cinéma Diana Palace

Théâtre

Les nombreux théâtres de quartier du Caire témoignent d'une solide tradition théâtrale en Égypte.

Les pièces sont jouées en arabe et sont typiquement locales, avec des éléments de farce et un moment de danse du ventre en sus.
Le quartier du centre, surtout le long d'Emad al-Din, abrite plusieurs petits théâtres comme **At-Talia** et **Miami**, ainsi que le **Goumhouriyya**. Les non-arabisants opteront pour le **théâtre Wallace**, qui programme plusieurs pièces en anglais par an, jouées par les étudiants de l'université américaine voisine *(p. 72)*.
De temps en temps, on produit une pièce connue au **Nouvel Opéra**, qui a reçu dans le passé des troupes telles que la Royal Shakespeare Company.

Une fois par an, le Festival international de théâtre expérimental *(p. 41)* fait venir différentes troupes du monde entier dans plusieurs salles du Caire. *El-Ahram Hebdo* est une excellente source d'information pour tous ces événements et donne également le programme détaillé du répertoire régulier.

Casinos

La plupart des hôtels 5-étoiles d'Égypte, comme le **Sémiramis Intercontinental**, le **Marriott** et le **Nile Hilton** du Caire et le **As-Salamlek Palace** d'Alexandrie ont des casinos, ouverts seulement aux étrangers (le passeport est demandé à l'entrée). Les jeux se font en dollars ou autres grandes devises étrangères. La mise minimum est 1$. Le code vestimentaire est décontracté chic. En Égypte, le terme casino peut aussi désigner un bar, ce qui est souvent le cas en dehors des hôtels.

Panneau publicitaire annonçant une pièce de théâtre arabe

SPORTS-SPECTACLES

En Égypte, le football est roi. Les grands matchs sont les seuls moments où le pays se tait, jusqu'au dernier coup de sifflet, après quoi les rues se remplissent de supporters agitant des drapeaux et pressant des Klaxon. Le Caire domine la vie footbalistique, avec les deux principaux clubs, Ahly et Zamalek, qui, avec l'Ittihad d'Alexandrie, possèdent des joueurs de niveau international. Les matchs entre ces équipes, au **Stade du Caire** à Medinet Nasr, sont les points forts du calendrier sportif. Les billets, très recherchés, sont difficiles à trouver.

La couverture média du sport se focalise sur le football, même en été quand il n'y a pas de matchs. Le sport qui vient en deuxième position est le squash. En août, le tournoi international de squash d'el-Ahram attire des concurrents du monde entier, qui se produisent dans des courts vitrés près des pyramides. En octobre, les pyramides sont aussi le point de départ et d'arrivée du rallye du Pharaon, course de 4 x 4 et de trial dans le désert.

Supporters de l'équipe nationale de football au Caire

De novembre à avril, une course d'aviron se déroule tous les vendredis sur le Nil. D'octobre à mai, on peut aussi voir des courses de chevaux aux **Sporting clubs** de **Gezira** et d'**Alexandrie**.

Depuis l'an 2000, un concours de saut d'obstacles a lieu la dernière quinzaine de février au Sporting club d'Alexandrie. Les courses de chameaux entre tribus bédouines, dans le cadre du festival de Charm el-Cheikh *(p. 38)*, offrent un spectacle moins courant. *Egyptian Gazette* et *El-Ahram Hebdo* fournissent les renseignements sur tous les événements sportifs.

CARNET D'ADRESSES

CINÉMAS

Amir
41 sharia Horreyya, Alexandrie.
(03) 391 7972.

Horreyya I & II
sharia al-Ahram, Héliopolis, Le Caire.
(02) 469 8025.

Metro
35 sharia Safiya, Zaghloul, Alexandrie.
(03) 487 0432.

Metro
35 sharia Talaat Harb, centre-ville, Le Caire.
Plans 1 C5, 5 C3.
(02) 393 7566.

Radio
24 sharia Talaat Harb, centre-ville, Le Caire.
Plans 1 C5, 5 C3
(02) 575 6562.
(en travaux).

Ramses Hilton I & II
Annexe du Ramses Hilton, sharia al-Galaa, centre-ville, Le Caire.
Plan 1 C4.
(02) 574 7436.

Renaissance
World Trade Centre, 1119 Corniche el-Nil, Le Caire.
Plan 1 B2.
(02) 580 4039.

Renaissance
Smouha Mall, sharia Victor Emmanuel, Smouha, Alexandrie.
(03) 424 2555.

THÉÂTRES

Nouvel Opéra
Sharia at-Tahrir, Gezira, Le Caire. **Plan** 1 A5.
(02) 739 8144 (info)
(02) 739 8132 (info)
(02) 739 8114 (billets)
W www.cairoopera house.org

Théâtre At-Talia
Midan Ataba, centre-ville, Le Caire.
Plan 2 E4.
(02) 593 7948.

Théâtre Goumhouriyya
12 sharia el-Goumhouriyya, Le Caire.
Plans 2 D5, 6 D3.
(02) 390 7707.

Théâtre Miami
38 Talaat Harb, centre-ville, Le Caire.
Plans 1 C5, 5 C3.
(02) 574 5656.

Théâtre Wallace
Sharia Mohammed Mahmoud, centre-ville, Le Caire.
Plans 1 C5, 5 B4.
(02) 797 6935.

CASINOS

Hôtel As-Salamlek Palace
Palais Montaza, Alexandrie.
(03) 547 7999.

Marriott du Caire
Sharia al-Gezira, Le Caire.
Plan 1 A4.
(02) 735 8888.

Nile Hilton
Midan el-Tahrir, Le Caire.
Plans 1 C5, 5 B4.
(02) 574 4002.

Sémiramis Intercontinental
Corniche el-Nil, Le Caire.
(02) 795 7171.
Plan 1 B5.

SPORTS-SPECTACLES

Sporting Club d'Alexandrie
Mahtet al-Riad, Alexandrie.
(03) 542 0435.

Sporting Club de Gezira
Zamalek, Le Caire.
Plan 1 A4.
(02) 736 5270.

Stade du Caire
Medinat Nasr, Le Caire.
(02) 735 3914.

La vie des cafés

Presque à chaque coin de rue, les incontournables cafés *(ahwa)* jouent un grand rôle dans la vie quotidienne des Égyptiens. Comme les cafés d'Europe, ce sont des lieux de vie sociale où les Égyptiens se rencontrent pour bavarder entre amis, passer tranquillement une heure à lire le journal ou à regarder le football à la télévision. Fréquentés surtout par les hommes, les café sont animés à chaque heure du jour et beaucoup restent ouverts en permanence. Outre le thé *(chay)* et le café *(ahwa)*, la plupart servent citron pressé *(lamoun)*, *karkadé* glacé (décoction cramoisie rafraîchissante de feuilles d'hibiscus), *zabaady*, boisson au yaourt, et *sahleb*, boisson chaude faite de semoule au lait et noix pilées. Un café authentique propose toujours la *chicha*, pipe à eau pour fumer le tabac.

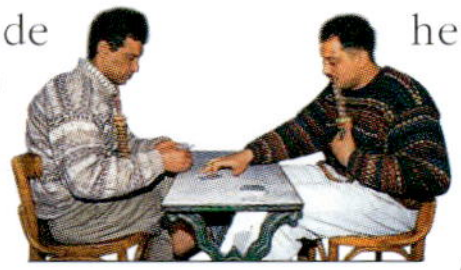

Aidés de la *chicha*, les joueurs de cartes se concentrent sur leur jeu

***Un café typique**, tel Fichaoui au Khan el-Khalili, c'est souvent quelques vieilles tables et des chaises placées dans une ruelle.*

***Le jeu d'échecs** n'est pas très répandu en Égypte, mais quelques cafés servent de rendez-vous aux amateurs, comme Horreyya dans le centre du Caire.*

***Le backgammon** et les dominos sont les jeux de café les plus populaires. La partie est souvent animée.*

***La** **chicha** est proposée au café en accompagnement des boissons. Le tabac est imprégné de mélasse ou parfois de jus de pomme.*

***Le café** est un univers souvent exclusivement masculin, mais les étrangères sont en général bienvenues.*

Pour les enfants

Quand la chaleur du Caire devient accablante, le **Village pharaonique du Dr Ragab**, vieux parc à thème égyptien, offre une pause bienvenue et occupe merveilleusement les enfants. À la pointe sud de l'île Al-Qorsaiah, près de la rive ouest du Nil, à 10 km du centre, des barques permettent de circuler entre les roseaux, en découvrant des scènes de la vie quotidienne au temps des pharaons recréées par des figurants costumés. On voit aussi la réplique d'un temple. Juste au nord de midan Opera, le **théâtre de Marionnettes du Caire** met en scène des contes traditionnels comme *Sinbad* et *Ali Baba*, la plupart des matins d'octobre à mai. Le spectacle est en arabe, mais très visuel et facile à suivre. Une autre possibilité est le **zoo du Caire** à Giza, aménagé sur un agréable domaine sur la rive ouest du Nil, en face de l'île de Roda. La direction s'est engagée à améliorer les choses, mais certains trouveront pénibles les conditions de vie des animaux. Récemment plusieurs parcs de loisirs ont été construits aux alentours du Caire. Au nord-ouest, **Dream Park** regroupe des attractions, pistes de karts, et jeux d'arcade sur le modèle Disney, ainsi que golf et courts de tennis. À 32 km à l'est, **Aquapark** propose toboggans aquatiques, piscine à vagues et aire de jeux. À proximité, **Gero Land** offre aussi des montagnes russes, circuits de karts et autres attractions à sensations. Ailleurs en Égypte, on propose aussi des activités pour les enfants, mais surtout dans le cadre des *moulids* (fêtes des saints) et autres festivités. La plupart des grands hôtels de la côte ont des centres de loisirs pour occuper les plus jeunes.

Les enfants s'amusent à la foire d'une fête locale

Cafés

Omniprésents en Égypte, les cafés *(ahwas)* ont leur quartier et leur clientèle propre. Les plus intéressants sont ceux qui se cachent au fond de venelles étroites, par exemple **Ash-Shams** au centre du Caire, connu pour ses peintures criardes. L'un des plus anciens et des plus célèbres, **Fichaoui** *(p. 90)*, enfoui dans l'étroit dédale du Khan el-Khalili et ouvert 24 h sur 24, est une étape obligée pour les Égyptiens en visite autant que pour les touristes. À Alexandrie, les cafés bordent la Corniche, alors qu'à Assouan et Louxor ils parsèment les quartiers animés des souks.

Carnet d'adresses

Pour les enfants

Aquapark
Sharia Ismailia.
☎ *(02) 477 0099,477 0088.*

Dream Park
Sharia Oasis,
6th of October City.
☎ *(02) 840 0561, 840 0562.*

Gero Land
El-Obour City,
Sharia Ismailia.
☎ *(02) 477 1087.*

Théâtre de Marionnettes du Caire
Jardins de l'Esbékiya, Le Caire.
Plans 2 D4, 6 D2.
☎ *(02) 591 0954.*

Village pharaonique du Dr Ragab
3 sharia al-Bahr al-Azam,
Corniche el-Nil, Giza, Le Caire.
☎ *(02) 571 8675.*

Zoo du Caire
Sharia al-Giza, Giza, Le Caire.
☎ *(02) 570 8895.*

Cafés

Ash-Shams
Souk el-Tawfikiyya, Le Caire.
Plans 1 C5, 5 C3.

Fichaoui
Khan el-Khalili, Le Caire.
Plan 2 F5.

Horreyya
Midan al-Falaki, sharia at-Tahrir,
Le Caire. **Plan** 5 C3.

Mariages

Le jeudi soir, fin de la semaine musulmane, est le soir traditionnel des mariages en Égypte. Dans tout le pays, on annonce les festivités au son des tambours, tambourins, Klaxon de voiture et youyous des femmes. Le mariage est une fête très ouverte où musiciens, danseurs en procession et pluie de pétales de rose emplissent la rue, et le spectateur étranger est souvent convié à partager la fête.

Joie de la plage pour un tout petit à la station de Dahab

Séjours sportifs et d'aventure

Enseigne d'équitation dans le désert

Monts sauvages du Sinaï, coraux spectaculaires de la mer Rouge et vastes espaces désertiques, l'Égypte possède de quoi offrir toute une gamme d'activités de plein air. La découverte à cheval ou à dos de chameau est très appréciée. En mer Rouge, plonger ou explorer au masque et au tuba est une activité fabuleuse. De nombreuses stations proposent aussi voile, planche à voile, parachute ascensionnel et ski nautique. Les hôtels de luxe du Caire proposent golf, tennis et remise en forme, en général ouverts aux non-résidents.

Golf

Autrefois restreint à quelques parcours au Caire et à Alexandrie, le golf est en pleine expansion. Dans le centre du Caire, le **Gezira Club** possède un neuf trous. Le terrain du **Mena House Oberoi**, créé en 1902, permet de jouer à l'ombre des pyramides. On a aménagé à l'est du Caire le **Katameya Heights** avec 27 trous et, près de l'aéroport, **Mirage City**. À Charm el-Cheikh, le **Jolie Ville Golf Resort**, très bien équipé, jouit d'un cadre exceptionnel.

Plongée

La mer Rouge est réputée pour ses eaux cristallines et la diversité de ses coraux et de sa faune spectaculaires. La pointe sud de la péninsule du Sinaï, le golfe d'Aqaba et la côte près d'Hourghada sont des destinations appréciées, et toutes les grandes stations possèdent des clubs de plongée qui organisent des excursions courtes, mais aussi des « safaris », qui peuvent durer jusqu'à deux semaines, sur les sites de plongée à bord d'un bateau. Ils offrent aussi des leçons pour tous niveaux, tel le populaire stage PADI sur cinq jours. Quand vous chosissez un stage, vérifiez que les moniteurs parlent bien votre langue, sont diplômés et que le matériel est en excellent état. Les centres réputés sont **Aquarius** à Hourghada, le **Canyon Dive Club** à Dahab et le **Camel Dive Club** à Naama Bay, qui s'adresse aussi aux plongeurs handicapés. Autre possibilité, presque aussi exaltante, la découverte avec masque et tuba est proposée dans la plupart des centres de plongée, mais le matériel de location est souvent médiocre, mieux vaut apporter le vôtre ou l'acheter au Caire. Pensez à garder un tee-shirt et à mettre de la crème écran total. Renseignez-vous auprès des hôtels et des centres de plongée sur les récifs les mieux adaptés à votre niveau.

Enseigne de location de bateaux au Caire

Promenades à cheval ou à dos de chameau

Beaucoup de loueurs de chevaux sont très rustiques, mieux vaut rechercher ceux qui sont recommandés. Les écuries **MG**, aux pyramides, soignent bien leurs chevaux. On peut s'y inscrire pour une randonnée de 5 heure de Giza à Saqqara *(p. 158-160)* ou, pour le sens inverse, au **Saqqara Country Club**. **Al-Ferousseya**, au Gezira Sporting Club de Zamalek, loue aussi des chevaux, comme le **haras Al-Zahraa**, près d'Héliopolis, réputé pour ses pur-sang arabes. La promenade à dos de chameau a du succès, surtout aux pyramides et autour d'Assouan. Méfiez-vous des chameliers sans scrupules qui exigent plus que le tarif horaire habituel de 20-30 LE. Les agences locales organisent des randonnées chamelières dans le désert occidental et aux villages bédouins du Sinaï.

Randonnée pédestre

Monts déchiquetés, sources et ruines oubliées, l'intérieur spectaculaire du Sud Sinaï, appelé **protectorat de Sainte-Catherine**, est le paradis du randonneur. Les randonnées, qui se font toujours accompagnées d'un guide bédouin, comprennent le mont Sinaï, très visité, le sommet du Jebel Abbas Pacha (2 383 m) et deux excursions plus tranquilles le long des oueds. Le centre des visiteurs du monastère Sainte-Catherine renseigne et organise des excursions au village de Sainte-Catherine *(p. 218-221)*.

La couronne d'épines, fascinante découverte d'une plongée dans la mer Rouge

Vol gracieux de ballons au-dessus de la Vallée des Rois

Séjours d'aventure

La plupart des visiteurs en Égypte passeront sans doute un jour ou deux à plonger ou à nager avec masque et tuba ou une après-midi à dos de chameau. Mais on peut profiter de nombreuses activités en prenant un séjour organisé d'une semaine ou plus. Diverses agences spécialisées de votre pays d'origine proposent des séjours à thème originaux, sportifs ou d'aventure, entre autres **Terres d'Aventure** (France) et **Continents Insolites** (Belgique). Il existe aussi des organismes sur place, comme l'**Egypt Exploration Society** du Caire, qui offre toute une gamme de circuits. Agences de voyages égyptiennes et grands hôtels de station proposent aussi des séjours de plongée et d'aventure, une expérience en dehors des sentiers battus souvent inoubliable.

L'intérieur sauvage du Sinaï est idéal pour la randonnée et l'escalade. Les espaces parfois hostiles du désert occidental offrent une autre sorte d'aventure : les « safaris » organisés, qui permettent de faire l'expérience fascinante du voyage et du bivouac dans le désert. Il est facile d'organiser sur place des randonnées dans le désert autour des oasis comme Kharga ou Bahariyya *(p. 252-253)*.

Le survol en ballon de la Vallée des Rois à Louxor, organisé par **Balloons over Egypt**, offre des vues magnifiques sur le site.

Carnet d'adresses

Golf

Gezira Club
Zamalek, Le Caire.
Plan 1 A4.
(02) 736 0328.

Jolie Ville Golf Resort
Charm el-Cheikh, Sinaï.
(069) 3603 200.

Katameya Heights
New Cairo City, Le Caire.
(02) 758 0808.
www.katameya.com

Mena House Oberoi
Route des Pyramides, Giza.
(02) 383 3222.

Mirage City
Hôtel Marriott, périphérique du Caire.
(02) 408 5041/2.

Plongée

Aquarius Diving Centre
Hurghada Marriott Beach Resort.
(065) 3446 950.

Cairo Divers
4 sharia Omar Shaaban, Le Caire.
(02) 417 6515.

Camel Dive Club
Charm el-Cheikh, Sinaï.
(069) 3600 700.

Canyon Dive Club
Dahab, Sinaï.
(069) 3640 058.

Divers' Lodge
Naama Bay, Sinaï.
(069) 3601 255.
www.divers.lodge.com

Pirates' Diving Network
Beach Albatros Hotel, Hourghada.
(065) 3446 066.

Sinaï Divers
Hôtel Ghazala, Naama Bay, Sinaï.
(069) 3600 697.

En France

UCPA
0803 820 830.
www.ucpa.com

Promenades à cheval ou à dos de chameau

Al-Ferousseya
Gezira Club, Zamalek, Le Caire.
Plan 1 A4.
(02) 735 6000.

Haras Al-Zahraa
Héliopolis, Le Caire.
(02) 298 3733.

MG
Sharia Abu al-Houl, Giza, Le Caire.
(02) 385 3832.

Saqqara Country Club
Route de Saqqara.
(02) 381 0571.

Randonnée pédestre

Protectorat de Sainte Catherine
Village de Sainte-Catherine, Sud Sinaï.
(069) 470 032.

Séjours d'aventure

Balloons over Egypt
Louxor.
(095) 376 515.

Egypt Exploration Society
British Council, 192 sharia el-Nil, Agouza, Le Caire.
(02) 347 6118.

En France

Terres d'Aventure
6, rue Saint-Victor, 75005 Paris.
01 53 73 77 73.
www.terdav.com

En Belgique

Continents Insolites
Rue de la Révolution 1-B,1000, Bruxelles.
02 218 24 84.
www.voyages.insolites.be

RENSEIGNEMENTS PRATIQUES

L'ÉGYPTE, MODE D'EMPLOI

L'Égypte a fait de grands progrès en matière d'infrastructures, de services et de sécurité touristiques, mais certains obstacles demeurent. Les grandes villes ont en général un bon réseau de signalisation, mais la plupart des monuments manquent toujours de panneaux d'information et d'indications corrects. L'un des apports de l'Égypte antique au monde fut la bureaucratie, et le visiteur moderne doit parfois faire face à un nombre ahurissant et frustrant de démarches, officielles ou non. Avec leurs 6 000 ans d'histoire, les Égyptiens sont moins pressés que d'autres peuples. On évite souvent les problèmes en se donnant une marge de temps, même pour les tâches les plus minimes. Patience et sens de l'humour sont deux atouts précieux lors d'un voyage en Égypte.

Panneau du temple d'Amon, Siwa

Panonceau d'informations générales, Saqqara

PASSEPORTS ET VISAS

Les touristes doivent posséder un passeport valable encore six mois après leur jour d'arrivée. Les Européens et les Canadiens ont besoin d'un visa touristique pour entrer en Égypte. Les consulats d'Égypte des pays d'origine le fournissent, mais quelques instants suffisent pour l'acheter à l'arrivée aux aéroports du Caire, de Louxor ou d'Hourghada. Attention, on ne peut pas se procurer ce visa aux postes-frontière de Taba ou Rafah, ni à Assouan, Suez ou Nuweiba. Le visa, pour séjour unique ou multi-entrées, permet de séjourner un mois en Égypte. Le visa multi-entrées permet de sortir du pays et de rentrer trois fois dans ce délai.
Au poste-frontière de Taba, à l'aéroport de Charm el-Cheikh, aux ports de Nuweiba et de Charm el-Cheikh, on peut acheter un visa valable pour le Sinaï seulement, valable deux semaines, limitant la visite à la côte jusqu'à Charm el-Cheikh et à la région du monastère Sainte-Catherine.
Certains fonctionnaires se feront un malin plaisir d'introduire un nouveau règlement ou de vous mettre des bâtons dans les roues. Si cela vous arrive, essayer de rester calme et affable.

DOUANES ET PRODUITS DÉTAXÉS

Ceux qui souhaitent apporter leurs propres provisions de tabac ou d'alcool gagneront à les acheter en arrivant à l'aéroport du Caire ou de Louxor, dotés de boutiques hors taxes avant et après la douane. En général, celles qui précèdent la douane sont moins bondées et ont de plus grands stocks. À l'arrivée, on peut acheter 4 l d'alcool ou 3 l et un pack de bière, et 200 cigarettes. Ceux qui préfèrent attendre ont 24 h pour trouver une autre boutique hors taxes. Ils pourront y acheter 3 l d'alcool et 200 cigarettes. Vous en trouverez au Caire à l'hôtel Sémiramis, au Sheraton de Giza et à l'extrémité de la rue Gamiat ad-Dowal al-Arabiyya, à Mohandiseen. Le centre de Louxor et d'Hourghada en comptent aussi. Pensez à prendre votre passeport, qui sera demandé. Des Égyptiens vous aborderont sans doute en vous demandant d'emprunter votre passeport pour y faire eux-mêmes des achats.
Ceux qui importent tabac et alcool d'un autre pays ont droit à 200 cigarettes, mais à 1 l d'alcool.
Si vous arrivez avec une caméra vidéo ou un ordinateur, vous devez les déclarer à l'arrivée sur un formulaire « D ». Si l'un de ces objets vous est volé, pensez à réclamer un rapport de police, sinon on pensera que vous l'avez vendu et vous paierez une taxe de 100 % en repartant.

L'hôtel Sémiramis, au Caire, abrite des boutiques détaxées

LANGUE

La plupart des citadins et des professionnels égyptiens parlent un peu l'anglais, et parfois le français. Les employés du tourisme, habitués aux visiteurs non arabisants, se débrouillent avec l'anglais pour répondre à leurs besoins. Mais cela vaut

Billetterie de Philae. Les guichetiers parlent un peu l'anglais

la peine d'apprendre quelques mots et expressions en arabe. Savoir lire les chiffres peut aider pour se repérer et manier l'argent, et savoir saluer courtoisement ravira vos interlocuteurs. Pour ceux qui prévoient de sortir des sentiers battus, apprendre un minimum de phrases-types est utile, voire indispensable.

TOILETTES

Les toilettes publiques sont rares en Égypte, mais en général les grands sites prévoient cet équipement. Dans les stations-service, gares routières, gares et cafés des quartiers populaires, celles qu'on trouve sont souvent à la turque et malodorantes. Vous y trouverez rarement du papier, mieux vaut vous en munir – kiosques, magasins et étals de rue en vendent en petits paquets. Les hôtels et restaurants de meilleure catégorie ont des toilettes à chasse d'eau, souvent gardées par du personnel qui fournit le papier et ouvre l'eau. Il est d'usage de laisser un bakchich de 25-50 piastres.

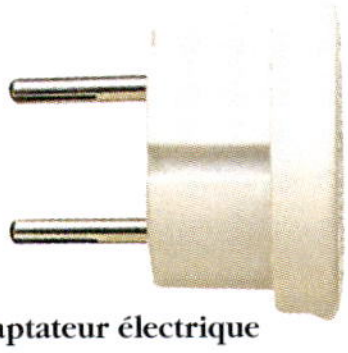

Adaptateur électrique à deux branches rondes

ADAPTATEURS ÉLECTRIQUES

Le courant en Égypte fonctionne en 220 V, et il existe les mêmes prises à deux branches qu'en France. Un adaptateur de voyage ne sera utile que pour les ressortissants d'autres pays. Les coupures brèves de courant sont fréquentes ; emporter une lampe de poche peut être utile. En dehors des hôtels de luxe, mieux vaut être prudent quand vous utilisez le courant de votre chambre, surtout dans la salle de bain, car les installations ne suivent pas toujours les consignes habituelles.

HEURE LOCALE

L'heure égyptienne est en avance de 2 h sur l'heure GMT et de 1 h sur l'heure française une partie de l'année. Mais l'Égypte a aussi sa propre conception de l'heure, appelée par les Égyptiens comme par les étrangers « l'heure IBM », abréviation pour *Inch'Allah*, *Bokra*, *Maalesh*.
Inch'Allah, qui veut dire « à la grâce de Dieu », permet de rendre hommage à Dieu dans chacun de ses actes, mais parfois, dans un contexte touristique, suggère que les choses pourraient se faire ou ne pas se faire. *Bokra* veut dire « demain », mais peut être utilisé pour signifier deux jours, deux semaines, peut-être jamais ; en tout cas, jamais aujourd'hui. *Maalesh* veut dire « ça ne fait rien, ne vous inquiétez pas, n'y pensez plus ».

Les Égyptiens n'aiment pas dire non, ni décevoir leurs invités. Il faut des trésors de persévérance et de bonne humeur pour parvenir à savoir si un événement désiré a des chances de se produire, et dans ce cas, quand.

CARNET D'ADRESSES

AMBASSADES D'ÉGYPTE À L'ÉTRANGER

France
Consulat d'Égypte (visas)
58, avenue Foch,
75016 Paris.
01 45 00 77 10.
Minitel 3615 code EGYPTE

Canada
Consulat général d'Égypte
1, place Ville-Marie,
2617 Montréal, H3B-4S3.
(514) 866 84 55.

Belgique
Ambassade d'Égypte
Av. Général-Jacques 42,
1050 Bruxelles
(02) 640 35 01.

Suisse
Ambassade d'Égypte
Elfenauweg 61,
3006 Berne.
(031) 352 80 12 / 13 / 55.

Consulat général d'Égypte
47/*ter*, route de Florissant,
1206 Genève
(2ᵉ étage).
(022) 347 63 79
ou 347 62 55

Israël
54 Rehov Basel,
Tel-Aviv.
(03) 546 5151.

Consulat d'Égypte
68 Afraty Street,
Bna Betkha, Eilat.
(07) 597 6115.

Jordanie
3ᵉ étage, Jebel Amman
Zahran Street, Amman.
(06) 641 375.

Consulat d'Égypte
Al-Wahdat al-Jarbiyya,
sharia al-Istiqlal,
Aqaba.

BUREAUX DU TOURISME ÉGYPTIEN

En France
90, avenue
des Champs-Élysées,
75008 Paris.
01 45 62 94 42.
www.egypte.com

Au Canada
1253 McGill College
Avenue, suite #250,
Montréal, H3B-245.
(514) 861 44 20.

En Belgique
Avenue Louise 179,
1050 Bruxelles.
02 647 38 58.

Conseils utiles

S'il est parfois difficile d'obtenir des renseignements pratiques auprès du bureau du tourisme égyptien, les principaux offices de tourisme valent une visite. En général, le personnel parle un anglais clair et connaît bien les sites. Encore plus serviables, agences de voyages et réceptions d'hôtel donnent des informations récentes sur l'hébergement, le transport et autres points pratiques.

L'office de tourisme d'Assouan, aux dômes de style nubien

Heures d'ouverture

Les grand sites historiques et musées ouvrent tous les jours de 9 h à 17 h (18 h l'été). Pendant le ramadan, ils peuvent ouvrir plus tard le matin et fermer vers 15 h.

Administrations et bureaux officiels ferment en général le vendredi, boutiques et magasins parfois le dimanche. La plupart des commerces ouvrent de 9 h à 14 h ou 15 h, puis à nouveau de 17 h à 21 h. Mais ceux des zones touristiques restent souvent ouverts l'après-midi et ferment tard le soir.

Pendant le ramadan, bureaux et boutiques ouvrent plus tard, ferment vers 15 h, puis rouvrent vers 20 h ou 21 h pour fermer tard dans la nuit.

Visite des monuments religieux

Les mosquées égyptiennes sont en général ouvertes aux non-musulmans *(p. 32-33)*, mais mieux vaut demander l'autorisation avant de visiter une mosquée en dehors du Caire et d'Alexandrie, où les habitants sont moins habitués aux touristes.

À l'exception d'el-Hussein et de Sayyida Zeinab, la plupart des édifices religieux du Caire, considérés comme monuments historiques, ouvrent aux non-musulmans de 9 h à 16 h. Il faut montrer le plus grand respect des fidèles et éviter les heures de prière. Une tenue discrète est de rigueur ; par endroits, on demandera aux femmes de couvrir leurs cheveux (on prête les foulards.) On doit toujours laisser ses chaussures à l'entrée, parfois on vous les garde. Ceux qui souhaitent monter au minaret peuvent les emporter, semelle contre semelle.

Tenues discrètes pour la visite d'une mosquée

Excepté pour les chaussures, les mêmes règles s'appliquent aux monastères. À part Sainte-Catherine, qui est grec orthodoxe, les monastères égyptiens sont coptes. Tous accueillent les visiteurs dans la journée, sauf pendant le carême.

Voyageurs handicapés

Peu de sites sont équipés pour les handicapés. Escaliers abrupts, sable mou et rues défoncées leur rendent la vie difficile. Note positive, les Égyptiens n'ont aucune gêne devant le handicap, et le personnel des musées et des hôtels est toujours prêt à assister les personnes.

L'agence nationale de transports égyptien, **Misr Travel**, propose des circuits et hébergements adaptés aux handicapés, tout comme **ETAMS Tours**. Pour ceux qui souhaitent vivre la magie d'une plongée en mer Rouge, le **Camel Dive Club** possède matériel et équipements spéciaux.

Étudiants

Les étudiants munis d'une carte internationale ISIC bénéficient de tarifs réduits dans les musées et les sites, ainsi que pour l'avion, le train et le bus. Ceux qui n'en ont pas peuvent en obtenir une au Centre scientifique égyptien, 23, rue al-Manial, sur l'île de Roda. Les hôtels du centre en vendent aussi, mais méfiez-vous des magasins proposant de fausses cartes.

Carte internationale d'étudiant

Savoir-vivre

Parmi les pays musulmans du Moyen-Orient, l'Égypte est l'un des plus tolérants. Les Égyptiens sont, à juste titre, connus pour leur esprit ouvert, leur générosité, leur accueil. Mais les hôtels

Touriste prêt à suivre le rite antique du marchandage, souk d'Assouan

5-étoiles, stations balnéaires, casinos et autres signes de la culture occidentale tels les téléphones portables, voitures de luxe et bars servant de l'alcool ne doivent pas laisser penser que le pays est plus ouvert et libéral qu'en réalité. Il reste profondément conservateur, et les valeurs dominantes sont islamiques. Le visiteur doit garder cela à l'esprit pour approcher ce peuple vraiment chaleureux, et ajuster sa tenue et son comportement en fonction de ces valeurs. Une tenue correcte est indispensable pour ne pas offenser ou, pour ne pas s'attirer des attentions indésirables. Shorts et maillots de bain ne sont acceptables que dans les stations balnéaires du golfe d'Aqaba sur la mer Rouge, et sur les plages privées de certains hôtels à Hourghada. Ailleurs, on doit s'adapter avec discernement et se souvenir que les épaules nues, pour les deux sexes, sont une offense pour les Égyptiens.

Un comportement brusque ou arrogant peut créer des difficultés. Confronté à des tracasseries administratives ou à des rabatteurs entêtés, restez patient et courtois. Un peu d'humour huile les rouages, les Égyptiens eux-mêmes en font souvent bon usage. On voit des Égyptiens de même sexe se tenir par la main et s'embrasser en public, mais les démonstrations d'affection entre personnes de sexe opposé sont rares et considérées comme très choquantes. Si vous êtes invité chez des Égyptiens, des fleurs ou des bonbons seront les bienvenus. Un homme qui croise les jambes ne doit pas montrer sa semelle. Pendant le marchandage, le boutiquier offre le café ou le thé, mais cela n'oblige pas à acheter. En revanche, si vous vous êtes mis d'accord sur un prix, il est grossier de changer d'avis et de ne pas acheter. Les Égyptiens connaissent les faiblesses de leur pays, mais n'aiment pas que des étrangers les leur rappellent. Évitez de critiquer la religion ou le président, d'évoquer la question du bakchich ou l'état des bâtiments et des routes.

PHOTOGRAPHIE

Musées et principaux sites vendent des autorisations pour filmer et photographier. Les flashs sont souvent interdits, emportez des pellicules sensibles (400 ASA ou plus), difficiles à trouver en Égypte. Demandez toujours la permission avant de photographier quelqu'un, surtout les femmes, les personnages religieux et les ruraux. Prendre des images montrant la pauvreté ou les difficultés du pays peut offenser. Il est interdit de photographier les bases militaires, aéroports, bâtiments officiels, barrages, ponts et autres lieux associés à la Défense.

Le Sphinx sur fond de pyramides, un grand classique

CARNET D'ADRESSES

OFFICES DE TOURISME

Alexandrie
Midan Saad Zaghloul.
8 h-18 h, t.l.j. (20 h en été).
(03) 485 1556.

Gare Masr.
8 h-20 h, t.l.j.
(03) 392 5985.

Assouan
Gare d'Assouan.
9 h-15 h, 18 h-20 h, t.l.j. ; 9 h-15 h, 19 h-21 h l'été.
(097) 2312 811.

Le Caire
5 sharia Adly.
9 h-20 h, t.l.j.
(02) 391 3454.

Terminal 1, aéroport du Caire.
8 h-21 h, t.l.j.
(02) 291 4255.

Terminal 2, aéroport du Caire.
24 h sur 24, t.l.j.
(02) 291 4277.

Gare Ramses.
8 h-20 h, t.l.j.
(02) 579 0767.

Pyramides de Giza.
8 h 30-17 h, t.l.j.
(02) 383 8823.

Louxor
Sharia el-Nil (au sud du temple de Louxor).
8 h-20 h, t.l.j.
(095) 2373 294.

Aéroport de Louxor.
24 h sur 24, t.l.j.
(095) 2372 306.

VOYAGEURS HANDICAPÉS

Camel Dive Club
Charm el-Cheikh, Sinaï.
(069) 3600 700.
FAX *(069) 3600 601.*

ETAMS Tours
Sharia Qasr el-Nil, Le Caire.
(02) 575 4721.
FAX *(02) 575 1491.*

Misr Travel
1 sharia Talaat Harb, Le Caire.
(02) 393 0010.

Sécurité

Malgré la taille de ses villes et la densité de sa population, l'Égypte est un des pays les plus sûrs du monde pour le touriste. Vous risquez, au pire, de subir un vol mineur, et rarement en dehors des grandes zones touristiques. Il faut bien sûr garder les précautions d'usage, en portant une ceinture à billets et en veillant jalousement sur sacs et appareils photos. On raconte de nombreuses histoires de chauffeurs de taxi, personnel hôtelier ou citoyens ordinaires rapportant des objets perdus et veillant sur la tranquillité des visiteurs.

Police

Les visiteurs de l'Égypte s'étonnent souvent du nombre de policiers postés aux coins des rues, aux croisements et devant les bâtiments administratifs et les monuments historiques. Cette présence n'indique pas des troubles récents ou imminents, il en est juste ainsi depuis les années 1960.

À chaque secteur sa police. La police municipale s'occupe de la délinquance ; l'uniforme est kaki en hiver, et beige ou blanc en été. Les agents de la circulation ont les mêmes tenues, avec en plus des galons aux poignets. Ces deux corps s'occupent des accidents et peuvent aider en cas d'urgence, mais peu parlent l'anglais.

Mieux vaut s'adresser prioritairement à la police touristique, hommes du rang en uniforme kaki, officiers en blanc l'été et en noir l'hiver, tous reconnaissables à leur brassard « Tourist Police ». Postés dans les ports, aéroports, stations balnéaires, sites et musées, ils parlent souvent un peu l'anglais. La Sécurité centrale garde ambassades, banques et autoroutes. En uniforme noir, portant kalachnikov, ils impressionnent sans pour autant poser problème.

Enseigne de la police des antiquités

Si vous vous laissez prendre dans une manifestation, quittez-la tout de suite. Sauf en cas de suspicion de drogue ou d'espionnage, la police traite les étrangers avec une grande courtoisie.

Petite délinquance

L'Égypte s'enorgueillit d'un taux de criminalité très bas. Les visiteurs rencontrent peu de problèmes s'ils prennent des précautions de bon sens et évitent de voyager seuls en dehors des zones touristiques. Les grandes villes et zones très fréquentées comme le Khan el-Khalili sont le terrain de chasse idéal des pickpockets. Conservez argent et passeports dans une ceinture ou poche spéciale, cachez appareils photo et objets de valeur. La surveillance peut laisser à désirer dans les campings, auberges de jeunesse et hôtels bon marché. Confiez vos objets de valeur à la réception ou emportez-les. Les automobilistes ne doivent pas laisser d'objet de valeur visible dans leur voiture.

Rue bondée près du Khan el-Khalili : gardez un œil sur vos objets de valeur

Tourisme et terrorisme

Appelée couramment Moyenne-Égypte, la région qui entoure Minieh, Assiout et Sohag et les sites antiques de Beni Hasan, Tell el-Amarna, Abydos, Dendera et plusieurs monastères, est une zone de troubles potentiels *(p. 172)*. C'est pourquoi les autorités égyptiennes hésitent à y laisser circuler les visiteurs. La police est très présente, les déplacements des touristes strictement contrôlés.

On peut visiter la région en une journée en groupe au départ du Caire ou de Louxor, mais uniquement sous bonne garde. Celui qui tente de s'y rendre seul en bus local ou en taxi est intercepté à l'un des nombreux postes de contrôle ; il est alors soit escorté jusqu'au site soit renvoyé à son point de départ, en fonction de la situation. L'information sur la raison ou l'étendue des troubles est difficile à obtenir et souvent contradictoire. La menace ne s'adresse pas toujours aux touristes, mais ils courent le risque d'être pris dans un conflit local.

Les attaques dirigées contre les touristes ont cessé depuis le massacre du temple d'Hatchepsout à Louxor, le 17 novembre 1997. Depuis, le gouvernement égyptien a montré sa détermination à empêcher de nouvelles attaques, et renforcé la sécurité, notamment sur les grands sites touristiques.

La situation en Égypte étant fluctuante, les voyageurs devraient se renseigner sur les risques avant de partir. Le ministère des Affaires étrangères de votre pays d'origine dispense des conseils en fonction des toutes dernières informations.

En cas d'incendie

Auberges et hôtels bon marché, mais aussi certains hôtels de luxe, ne disposent pas toujours de sorties de secours et d'extincteurs. Il est bon de se

Camion de pompier égyptien, équipé pour le tout-terrain

familiariser avec la disposition des lieux et les possibilités d'évacuation en cas de feu.

VOYAGEUSES

Ces dernières années, l'Égypte a pris un tournant plus traditionaliste. En témoigne le nombre croissant de femmes portant le foulard, ou *hijab*. On n'attend pas des voyageuses qu'elles les imitent, mais elles se sentiront plus à l'aise pour visiter mosquées et zones rurales.

Le statut social de la femme en Égypte est très différent de celui qu'elle a en Occident. L'image donnée par Hollywood cause bien des malentendus. Par exemple, les femmes voyageant sans compagnie masculine sont souvent considérées de mœurs très libres. Les agressions graves sont rares, mais harcèlement verbal et gestes déplacés très possibles. Vous réduisez ce risque en portant une tenue discrète – vêtements opaques, amples et longs, couvrant épaules, poitrine, bras et jambes jusqu'au-dessous des genoux. Beaucoup de femmes célibataires portent une alliance, signe de respectabilité. Dans les trains et les bus, il vaut mieux s'asseoir avec d'autres femmes, et dans le métro du Caire prendre le wagon de tête qui leur est réservé. Évitez de croiser le regard d'étrangers ou de leur sourire, cela peut être mal interprété. En cas de harcèlement, la meilleure réponse est de ne pas réagir. Employer des mots comme *haram* (honte) ou *sibni le wahdi* (laissez-moi tranquille) peut être utile. En Islam, la femme est très respectée, et ce respect s'étend souvent aux étrangères en difficulté.

AMBASSADES

En cas de problème, contactez votre ambassade ou votre consulat, qui vous prodiguera des conseils juridiques ou remplacera votre passeport perdu. Les ennuis dus à la drogue n'attireront aucune sympathie. Il est bon de rappeler qu'en tant qu'hôte on n'en est pas moins soumis à la loi égyptienne.

CARNET D'ADRESSES

URGENCES

Pompiers ☎ *125.*
Police touristique ☎ *126.*

AMBASSADES (LE CAIRE)

France
Ambassade de France
29 sharia Giza, BP 1777, Giza,
Le Caire (en face du zoo de Giza).
☎ *(02) 570 39 20 (fermé ven-sam.).*

Consulat de France
5 sharia el-Fadl (près de Talaat Harb, à la hauteur des bureaux de Syrian Air).
☎ *(02) 393 43 16 (fermé ven-sam.).*

Ambassade de Belgique
20 Kamel el-Shennawi,
Garden City, Le Caire.
☎ *(02) 794 74 94 - 96 (fermé sam.-dim.).*

Ambassade du Canada
5 midan Saraya el-Kobra,
Garden City (immeuble de l'Arab African Bank)
☎ *(02) 794 31 10 (fermé ven.-sam.).*

Ambassade de Suisse
10, sharia Abdel Khalek Sarwat.
☎ *(02) 575 81 33 (fermé ven.-sam.).*

Une escorte policière accompagne la balade en chameau près d'Assouan

Santé et assurances

Enseigne typique de pharmacie égyptienne

Certainst croient qu'un voyage en Égypte pose des risques réels pour la santé, mais une bonne préparation et des précautions de bon sens, une fois dans le pays, permettent de les minimiser. Il est rassurant aussi de souscrire une assurance de voyage adaptée avant de partir. Les problèmes les plus courants sont les troubles intestinaux légers, liés à la présence dans les aliments et boissons de bactéries contre lesquelles le voyageur n'est pas encore immunisé, et l'éventail des ennuis dus à une attitude trop insouciante vis-à-vis de la chaleur et du soleil.

Devanture de pharmacie avec le nom en arabe et en anglais

Conseils généraux

Pour la majorité des visiteurs en Égypte, les plus grands risques pour la santé sont les troubles intestinaux et l'exposition excessive au soleil. Il est bon d'emporter une trousse de secours avec bandages, pansements, antiseptique et antalgiques. La lotion anti moustiques s'impose, surtout pour les oasis du désert occidental, la côte du Sinaï, le delta et les balades en felouque le soir. Prévoir des sachets de sel réhydratant, qui aident à remplacer les minéraux perdus en cas de diarrhée persistante. Pensez aux provisions de médicaments sur ordonnance et solution pour lentilles de contact (les porteurs de lentilles doivent savoir que la poussière du désert cause parfois des irritations, mieux vaut porter des lunettes une partie du temps). Le soleil brûle partout, même l'hiver, surtout en Haute-Égypte où l'ombre est rare. Se munir d'un chapeau, de lunettes et de crème solaire (IP15 minimum).

Vaccinations

Aucune vaccination n'est obligatoire, sauf pour les voyageurs venant d'une région contaminée. Mais mieux vaut consulter son médecin pour connaître le bulletin de l'OMS sur l'Égypte avant le départ. Il faut être à jour pour les vaccins contre la polio et le tétanos. Les recommandations les plus courantes concernent la typhoïde et les hépatites A et B, parfois aussi la méningite. La rage sévit dans tout le pays. Évitez de toucher les animaux errants, chats, chiens, singe ou chauves-souris. Si vous pensez avoir pris un risque, consultez en urgence.

Pharmacies

Les pharmaciens égyptiens sont d'excellent conseil pour les petits problèmes. Ils parlent souvent l'anglais et vous proposeront les soins appropriés. Ils ont tout un choix de médicaments bon marché qui peuvent être achetés sans ordonnance. Ils peuvent aussi vous aider à trouver un médecin.

Excursion de plongée sur la mer Rouge, soleil brûlant, chaleur intense, manque d'ombre sont des dangers potentiels

Troubles intestinaux

Les visiteurs en Égypte souffrent souvent de diarrhée légère, mais quelques précautions suffisent à minimiser le risque de tomber malade ou à en réduire les effets. L'eau du robinet, en général potable, est très chlorée et de goût peu plaisant. On trouve partout de l'eau en bouteille, mais veillez à ce que la capsule soit intacte en l'achetant. Évitez légumes crus et fruits non pelés ou lavez-les soigneusement à l'eau pure. N'achetez rien aux étals de rue sans eau courante. Attention aux crèmes glacées qui peuvent avoir été recongelées après avoir fondu. Choisissez avec soin les restaurants bon marché, et vérifiez toujours que la viande est bien cuite. En cas d'estomac barbouillé, un peu d'eau minérale additionnée de jus de citron vert frais peut soulager.

Marque égyptienne d'eau minérale

Autres risques

Déshydratation, coup de soleil et coup de chaleur posent un réel problème, surtout en Haute-Égypte. Sur les sites archéologiques, le manque d'ombre, auquel s'ajoutent le sable et la poussière soulevés par le vent, peut être éprouvants. Dans l'air sec, la sueur s'évapore rapidement, et l'on peut se déshydrater sans s'en rendre compte. Buvez beaucoup d'eau minérale et salez un peu plus les aliments pour compenser la perte de minéraux due à la sueur. Portez un chapeau de soleil et des vêtements amples en fibres naturelles. Portez un tee-shirt pour nager. Le coup de chaleur, qui peut être mortel, survient lorsque la température du corps s'élève trop. Parmi les symptômes, rougeurs, migraine et confusion doivent alerter, une prise en charge médicale s'impose d'urgence.

La bilharziose ou schistosomiase sévit en Égypte. Elle est transmise par une douve aquatique qui infeste les eaux stagnantes des canaux ou des tronçons presque immobiles du Nil. Ne vous baignez pas dans cette eau, ne marchez pas pieds nus sur la boue des rives, et ne buvez jamais d'eau de cette provenance.

Hôpitaux et urgences

En Égypte, les meilleurs soins sont prodigués par les hôpitaux privés, mais ils restent au-dessous des normes occidentales. Les plus fiables se trouvent au Caire et à Alexandrie. Ceux qui sont rattachés à l'université sont en général compétents et bien équipés. Que l'hôpital soit privé ou public, que le patient soit assuré ou non, la première chose qu'on lui demandera probablement sera de verser une somme en liquide avant le moindre soin. Si vous n'avez pas assez d'argent, contactez votre ambassade ; elle s'arrangera pour que des proches ou votre compagnie d'assurances avancent les fonds avant remboursement. Réclamez des factures pour toutes les dépenses, votre assurance les exigera pour vous rembourser. À l'exception du service privé de l'hôpital As-Salaam au Caire, les ambulances ne transportent ni personnel médical ni matériel de survie. Les lignes téléphoniques égyptiennes étant saturées, mieux vaut, en cas d'urgence, prendre un taxi pour l'hôpital le plus proche plutôt que d'essayer d'appeler une ambulance.

Carnet d'adresses

Urgences

Police touristique ☎ *126.*
Ambulance ☎ *123.*

Hôpitaux du Caire

Hôpital anglo-américain
Sharia al-Hada az-Zuhriya, Gezira. **Plan** 1 A5.
☎ *(02) 735 6162, 735 6163.*

Hôpital As-Salaam
3 sharia Syria, Mohandiseen.
☎ *(02) 302 9091 ou (02) 303 0502.*

Hôpital international As-Salaam
Corniche el-Nil, Maadi.
☎ *(02) 524 0250.*

Pharmacies du Caire

Isaaf
38 sharia 26 July, centre-ville.
Plans 1 C4, 5 B2. ◯ *24 h/24.*
☎ *(02) 574 3369.*

Ataba
17 midan Ataba, centre-ville.
Plans 2 D4, 6 D2.

Victoria
6 Sharia al-Brazil, Zamalek.
Plan 1 A3. ◯ *jusqu'à 23 h.*
☎ *(02) 735 1628.*

Assurances de voyage

La plupart des assurances de voyage, que nous recommandons fortement, couvrent la perte d'objets personnels, l'annulation du voyage et les urgences médicales. Informez la compagnie d'assurances de votre intention de pratiquer des sports à risques comme la plongée, sinon vous pourriez ne pas être couvert. Conservez avec vous les documents pour pouvoir joindre rapidement la compagnie en cas de besoin.

Ambulance égyptienne rouge et blanche

Communications

Ces dernières années, téléphone et Internet ont connu un essor remarquable en Égypte. Un système de cartes tout nouveau vient d'être mis en place pour le téléphone public. Des cybercafés ouvrent partout dans les zones touristiques. Le réseau postal en revanche, reste peu performant. Les lettres peuvent encore mettre des semaines à arriver, si elles arrivent. L'Égypte possède huit chaînes de télévision et publie une presse en anglais et en français.

Timbres à la gloire de l'Égypte d'hier et d'aujourd'hui

Téléphones publics

Les compagnies Menatel et Nile Telephone proposent un nouveau système à cartes en remplacement des téléphones à pièces. Les cabines Menatel vert et jaune sont plus répandues, surtout au Caire, où l'on en trouve à chaque coin de rue. C'est rassurant dans une ville dont les habitants ne sont pas tous équipés. Les cartes s'achètent dans les pharmacies, kiosques à journaux, tabacs et aux enseignes Menatel vert et jaune – 10 LE pour les appels locaux, 30 LE pour l'international. Un appel local coûte 25 piastres pour 3 minutes. On trouve moins de cabines Nile Telephone bleu et rouge avec des cartes à 10 LE pour les appels locaux, 20 et 40 LE pour l'international. Il est possible de joindre les téléphones mobiles à partir des deux systèmes. Les instructions sont affichées en arabe et en anglais.

Égyptiens et voyageurs apprécient ces progrès, mais le réseau téléphonique reste surchargé, il faut parfois plusieurs appels pour joindre son correspondant. Les numéros changent souvent, dans ce cas, un message enregistré en arabe et en anglais indique le nouveau.

Cartes de téléphone Nile et Menatel

Courrier

La plupart des bureaux de poste égyptiens ouvrent de 9 h à 15 h tous les jours sauf le vendredi. Ils sont souvent bondés, et on n'y parle que l'arabe. Les boîtes aux lettres bleues sont pour l'international, rouges pour l'Égypte.

Il est plus simple d'acheter les timbres et de poster les lettres à l'hôtel. Pour les courriers importants et les colis, on recommande vivement d'utiliser les sociétés comme Federal Express ou DHL qui ont des bureaux au Caire, option chère mais est la seule garantie qu'il parviennent rapidement à destination.

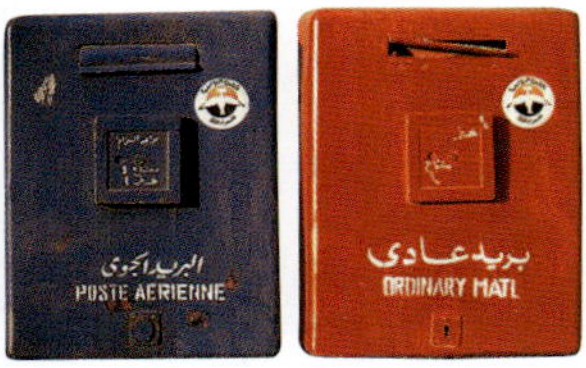

Boîtes aux lettres typiques, bleue pour l'international, rouge pour l'Égypte

La poste restante n'est pas toujours fiable, mieux vaut faire envoyer le courrier à votre hôtel. La grande agence American Express du Caire, 15 rue Qasr el-Nil, garde le courrier des détenteurs de cartes American Express et de travellers chèques Amex. Mieux vaut éviter de se faire expédier courriers volumineux ou colis, car ils sont inspectés par les douanes et la censure. CD, cassettes vidéo et jeux informatiques arrivent très tard ou pas du tout, et, s'ils arrivent, coûtent plus cher en surtaxe que leur contenu.

Numéros utiles

- Appel local : composer le numéro à 6 ou 7 chiffres
- Appel national : composer 0 + indicatif régional + numéro
- Indicatifs régionaux : Le Caire et Giza : 2 Alexandrie : 3 Assouan : 97 Charm el-Cheikh : 69 Le Fayoum : 84 Louxor : 95 Ismaïlia : 64 Hourghada : 65
- Pour l'international : composer 00 + code du pays + numéro
- Codes d'accès de pays : France : 33 Canada : 1 Belgique : 32 Suisse : 41
- Pour joindre un téléphone portable : composer 0 + 12 (ou 0 + 10) + numéro

Télévision et radio

Les chaînes 1 et 2 sont les chaînes nationales, la 2 diffuse des nouvelles en anglais et en français. La 3 est la chaîne cairote. Les chaînes 4 à 8 émettent respectivement d'Ismaïlia, d'Alexandrie, de Tanta,de Minieh et d'Assouan. Toutes diffusent des programmes en langue étrangère sous-titrés en arabe. Les meilleurs hôtels ont le câble ou la TV par satellite (voir TV 5 ou RTBF).

Il y a peu d'émissions de radio en langue étrangère en dehors du Caire et d'Alexandrie. FM 95 au Caire a des émissions en anglais et en français, quelques autres stations mêlent musique classique et pop occidentale et musique et nouvelles en arabe. On trouve les programmes TV et radio dans *Egyptian Gazette* et *Egypt Today* (câble et satellite).

Kiosque vendant des journaux étrangers, Mahattat Ramla, Alexandrie

Presse égyptienne en langue étrangère

Presse

On trouve partout des journaux égyptiens en anglais, comme le quotidien *Egyptian Gazette* et l'hebdomadaire *Middle East Times*, un peu moins facilement *El-Ahram Hebdo* en français. Le choix de magazines spécialisés en anglais est important au Caire mais inexistant ailleurs, à l'exception du *Time* et du *Newsweek*. La presse en français s'achète à midan Talaat Harb, sur le trottoir du salon de thé Groppi, ainsi qu'à l'hôtel Méridien ou au Nile Hilton, et en général dans tous les 5-étoiles. Le Centre culturel français (1, rue Madrasset el-Fransaya, dans le quartier de Mourira, derrière l'Institut français d'archéologie orientale, métro Saad Zaghloul), possède une médiathèque de langue française très bien fournie, avec de nombreux journaux. Plusieurs quotidiens occidentaux sont en vente dans les principaux hôtels et dans les quartiers d'affaires des grandes villes le lendemain de leur parution.

Internet et fax

On trouve des fax dans la plupart des *business centres* des grands hôtels, mais les prix sont élevés. On en trouve aussi, meilleur marché, aux centres téléphoniques internationaux, mais ils ont la réputation d'être moins fiables.

On assiste à un boom de l'Internet en Égypte et les cybercafés se multiplient, surtout dans les zones touristiques du Caire, d'Alexandrie et de Louxor. La plupart des hôtels proposent aussi l'accès à l'Internet.

Un des derniers cybercafés égyptiens, glob@l net Alexandrie

Carnet d'adresses

Bureaux de poste principaux

Le Caire
Midan Ataba. **Plan** 6 E2.

Louxor
Sharia al-Mahatta.

Messageries internationales

Federal Express
1079 Corniche el-Nil, Garden City, Le Caire. **Plan** 5 A5.
(02) 795 0427.

DHL
20 Gamal ad-Din Abu Mahasid, Garden City, Le Caire. **Plan** 5 A5.
(02) 795 7301.

Cybercafés

Internet Egypt
Rez-de-chaussée, 2 midan Simon Bolivar, Garden City, Le Caire. **Plan** 5 B4.
(02) 796 2882.

Nile Hilton Cybercafé
Galerie commerçante du Nile Hilton, Le Caire. **Plan** 5 B3.
(02) 578 0444 x758.

Mohandiseen Cybercafé
Sharia Gamiat ad-Dowal al-Arabiyya, Le Caire.
(02) 305 0493.

glob@l net
6e étage, 29 sharia al-Nabi Daniel, immeuble Elghonemy, Alexandrie.
(03) 391 2289.

Rainbow Internet Café
Club des Officiers, Corniche (au nord de sharia es-Sayyed Youssef), Louxor.
(095) 2387 938.

Banques et monnaie

Enseigne de la Banque du Caire

L'argent liquide est encore le mode de paiement le plus usité en Égypte. Les banques changent liquide et travellers chèques, mais les bureaux de change offrent des horaires plus larges, des files d'attente moins longues et de meilleurs taux. Les cartes de crédit sont acceptées par la plupart des grands hôtels et certains magasins touristiques, mais le sont peu ailleurs. On trouve souvent des distributeurs de billets à l'extérieur des banques, mais certaines cartes font payer cher ce service. Il est interdit d'exporter des devises égyptiennes, qui n'ont pas cours en dehors du pays.

Banques

Les banques ouvrent en général du dimanche au jeudi de 8 h 30 à 14 h. Les bureaux de change sont souvent ouverts de 18 h à 21 h. La plupart ferment le vendredi et le samedi. Outre les banques égyptiennes comme la banque Misr, on trouve des agences étrangères comme le Crédit Agricole et BNP Paribas. Pour éviter l'attente mieux vaut s'y rendre dès l'ouverture.

Bureau de change Thomas Cook sur la Corniche à Louxor

Bureaux de change

On trouve ces bureaux partout dans les grandes villes et les zones touristiques. Ils sont préférables aux banques, boutiques et hôtels pour le change. Le marché noir est en déclin et le jeu n'en vaut pas la chandelle. Mieux vaut changer de l'argent dès l'arrivée à l'un des terminaux de l'aéroport du Caire, où les bureaux ouvrent 24 h sur 24.

Travellers chèques et cartes de crédit

La plupart des banques et bureaux de change acceptent les travellers chèques American Express, Barclays, Citibank et Travelex. Les Eurochèques ne sont pas recommandés. Le passeport est exigé pour le change. Conservez à part le reçu et la liste des numéros des chèques en cas de perte ou de vol. Travellers chèques et cartes de crédit sont difficiles à utiliser en dehors des zones touristiques. Les cartes les mieux acceptées sont Visa, MasterCard et American Express.

Bakchich et pourboires

Les importuns qui réclament un bakchich sans avoir rendu le moindre service peuvent irriter, mais un refus calme et souriant finira par l'emporter. La plupart des Égyptiens ont des salaires si bas que le bakchich, pourboire pour service rendu, est vital dans leurs revenus. Dans les restaurants, il est d'usage d'arrondir la note ou de laisser 10 % de plus directement au serveur. On doit laisser de petits pourboires, entre 25 pt et 1 LE, à ceux qui vous viennent en aide d'une façon ou d'une autre, surveillants de toilettes, voituriers, porteurs, détenteurs des clefs des tombeaux. Les services hors des sentiers battus, comme une visite privée en dehors des heures d'ouverture, coûteront un peu plus cher. Mais l'argent ne permet pas tout. S'il ne faut pas offenser en refusant de payer un service, même petit, il ne faut pas pas non plus brandir des billets à tout va pour obtenir satisfaction.

Distributeur de billets courant, avec des instructions en plusieurs langues

Carnet d'adresses

Banques

Banque Misr
151 sharia Mohammed Farid, Le Caire. **Plans** 2 D5, 6 D4.
(02) 332 31 80/81.

BNP Paribas
3 sharia Amerika al-Latinya, Garden City, Le Caire.
Plan 5 B4.
(02) 794 83 23 à 25.

Crédit Agricole Indosuez
6 sharia Hasan Sabri, Zamalek, Le Caire. **Plan** 1 A3.
(02) 794 7246.

Bureaux de change

American Express
15 sharia Qasr el-Nil, Le Caire.
Plans 1 C5, 5 C3.
(02) 574 7991.

Arcade du Winter Palace, Louxor.
(095) 2378 333.

Thomas Cook
17 sharia Mahmoud Bassiouni, Le Caire. **Plans** 1 C5, 5 B5.
(02) 574 3955.

Hôtel Semiramis, Le Caire.
Plans 3 B1, 5 A5.
(02) 795 8544.

Midan Saad Zaghloul, Alexandrie.
(03) 484 4073.

Arcade du Winter Palace, Louxor.
(095) 2372 402.

Perte ou vol de carte de crédit

American Express
(02) 567 2430 (570 3152 après 17 h).

Visa/MasterCard
(02) 796 2850 ou 796 2844.

Monnaie

La devise égyptienne est la livre ou *guinée*, notée £E ou LE, qui se divise en 100 piastres (pt) ou *irsh*. Il est parfois difficile de payer avec les billets de 50 et 100 LE, mieux vaut avoir toujours des petites coupures sur soi.

On recommande aussi d'avoir une provision de petites coupures pour le bakchich et les taxis, qui n'ont jamais la monnaie. N'acceptez pas les billets déchirés ou abîmés car taxis et marchands ne les prennent pas non plus.

Pièces
Il existe des pièces de 5, 10, 20 et 25 piastres, qui servent surtout aux pourboires. Celle de 10 pt existe en deux versions.

5 piastres (5 pt)

10 piastres (10 pt)

10 piastres (10 pt)

20 piastres (20 pt)

25 piastres (25 pt)

Billets
Il existe des billets de 25 et 50 piastres et de 1, 5, 10, 20, 50 et 100 livres. Certains billets de 5 et 10 piastres circulent, mais ils deviennent rares. Plus petits que ceux en livres, ils sont souvent refusés par les marchands et taxis. En guise de petite monnaie, la plupart des petites boutiques arrondissent les sommes ou donnent des bonbons ou des allumettes.

50 piastres (50 pt)

25 piastres (25 pt)

1 livre égyptienne (LE 1)

5 livres égyptiennes (LE 5)

10 livres égyptiennes (LE 10)

20 livres égyptiennes (LE 20)

50 livres égyptiennes (LE 50)

100 livres égyptiennes (LE 100)

Aller en Égypte et y circuler

La plupart des visiteurs de l'Égypte viennent par avion au Caire, mais il existe aussi des vols pour Louxor, Alexandrie, Hourghada et Charm el-Cheikh. Le séjour en Égypte peut être combiné avec la visite d'autres pays du Moyen-Orient ou d'Afrique du Nord, mais le prix des vols régionaux est plus élevé au kilomètre que celui des billets internationaux. Une façon assez courante de visiter l'Égypte est de passer par la Jordanie *via* Israël, mais cela exige plus d'efforts et de temps, car il faut passer deux frontières. Il est plus facile de prendre le ferry ou le catamaran qui relient Aqaba (Jordanie) à Nuweiba (côte du Sinaï).

Logo d'EgyptAir

L'aéroport international du Caire, au nord-est de la ville

Par avion

La plupart des capitales européennes ont des lignes régulières directes à destination de l'Égypte. Air France dessert Le Caire en 4 h 30 avec un vol quotidien sans escale au départ de Paris. La compagnie propose une gamme de tarifs très attractifs sous les marques *Tempo*, *Fréquence* et *Fréquence Jeunes*. Plus on réserve tôt, plus on a de choix de vols et de tarifs aux meilleures conditions. EgyptAir propose des vols directs au départ de Paris presque tous les jours pour le Caire et pour Louxor le week-end. On trouve en saison des vols charters directs pour Louxor, Charm el-Cheikh et Hourghada – renseignez-vous auprès des agences de voyages et des compagnies aériennes. Les Canadiens prenant l'avion pour Le Caire sont obligés de faire une ou plusieurs escales, il n'y a pas de vol direct.

Transfert de l'aéroport du Caire

L'aéroport international du Caire, à 20 km au nord-est de la ville, a deux terminaux. Les compagnies d'Europe de l'Ouest et américaines utilisent le Terminal 2 (appelé aussi New Airport). Les compagnies égyptiennes, israéliennes, arabes, africaines et d'Europe de l'Est atterrissent surtout au Terminal 1, ou Old Airport. Des bus et minibus relient les deux terminaux au centre-ville, mais il est plus rapide et plus commode de prendre un taxi (renseignements sur les bus et taxis, p. 325-329). On trouve facilement des taxis à l'aéroport, les chauffeurs se présentent aux nouveaux venus dès la sortie des douanes. L'heure du jour, le nombre, le genre et l'allure des passagers, le volume des bagages, le trafic et les dons pour le marchandage déterminent le prix de la course : comptez environ 25 à 35 LE pour le centre-ville par voiture (non par personne). On peut aussi vous proposer un transfert confortable en « limousine », dont le prix sera autour de 40 à 50 LE. Les deux terminaux sont dotés de boutiques hors taxes et de souvenirs, de cafés proposant des en-cas sommaires et de bureaux de change.

Transferts des autres aéroports

L'aéroport d'Alexandrie, à 5 km au sud de la ville, est desservi par des bus et minibus. Le trajet en taxi coûte entre 10 et 20 LE. La plupart des visiteurs de Louxor sont accueillis à l'aéroport par des représentants de leur hôtel ou de leur bateau de croisière. Rejoindre Louxor

Taxi noir et jaune desservant l'aéroport d'Alexandrie

en taxi coûte de 10 à 15 LE. C'est la même chose pour les voyageurs de l'aéroport de Charm el-Cheikh, au nord de Naama Bay. Les taxis y sont experts en marchandage ; comptez de 25 à 30 LE par trajet. C'est la même situation pour Hourghada, avec des prix moindres, de 15 à 20 LE.

Arriver par Israël ou par la Jordanie

Des bus relient quotidiennement Tel-Aviv et Jérusalem à l'Égypte, passant la frontière à Rafah (pour Le Caire) ou Taba (pour la côte du Sinaï). Il faut entre 12 h et 14 h pour relier Jérusalem au Caire, en fonction de l'attente à la frontière. Ces dernières années, le passage au poste de Taba a été facilité, au bénéfice de la station israélienne d'Eilat et des destinations égyptiennes du golfe d'Aqaba et du Sinaï. On peut aussi entrer en Égypte de Jordanie *via* Israël. Cela suppose 5 km de taxi d'Aqaba (Jordanie) à la frontière israélienne, avec une courte marche jusqu'au poste. De là, on peut prendre le taxi pour Eilat et, au centre-ville, prendre un bus ou un taxi pour Taba et la frontière

Navire de croisière dans le canal de Suez

égyptienne. Une taxe de départ doit être réglée en quittant la Jordanie, mais aussi Israël, même si on ne fait qu'y transiter. Avoir un visa israélien sur votre passeport peut vous empêcher de visiter les pays arabes ; demandez-le sur feuille séparée.

Par bateau

L'Égypte a plusieurs ports sur la Méditerranée et la mer Rouge, mais le boom du transport aérien et des voyagistes bon marché a engendré le déclin du transport maritime de voyageurs.

Une exception demeure, la traversée d'Aqaba, en Jordanie à Nuweiba, sur la côte du Sinaï. Le ferry prend de 3 à 5 h suivant le temps, un catamaran rapide propose la même traversée en 1 h.

Il n'y a plus de ferries venant directement de Grèce ou de Chypre, mais deux navires de croisière relient Limassol à Port-Saïd. Les voyageurs ont deux jours pour découvrir l'Égypte avec un visa de groupe. Les passagers des croisières qui font escale une journée pour visiter certains sites arrivent aussi par la mer.

Carnet d'adresses

Aéroports

Alexandrie
(03) 427 1036.

Le Caire
(02) 291 4266.

Louxor
(095) 2374 655.

Bureaux des compagnies aériennes

Au Caire

Air France.
2 midan Talaat Harb.
Plans 1 B5, 5 B3.
(02) 575 8899.

Air Sinaï
Nile Hilton, midan el-Tahrir.
Plans 1 B5, 5 B3.
(02) 577 2949 ou (02) 576 0750.

EgyptAir
9 Talaat Harb.
Plans 1 C5, 5 B3.
(02) 393 2836.

Aéroport international du Caire.
(02) 244 1460.

Swissair
4 Behler Passage, sharia Qasr el-Nil.
Plans 2 D5, 5 C3.
(02) 392 1515.

Sabena
4 Behler Passage, sharia Qasr el-Nil.
(02) 392 1522.

En France

Air France
119, av. des Champs-Élysées, 75008 Paris.
0820 820 820.
www.airfrance.fr

EgyptAir
1 *bis*, rue Auber, 75009 Paris.
01 44 94 85 33/ 0825 050 535.

En Belgique

Sabena
Hôtel Carrefour de l'Europe, Marché aux Herbes, 110 Grasmarkt, Bruxelles.
(02) 723 23 23.

EgyptAir
Bd Émile-Jacquemain 4/6, 1000 Bruxelles.
(02) 21 91 614.

En Suisse

Swissair
15, rue de Lausanne, 1201 Genève.
(22) 799 22 31.
www.swissair.com

EgyptAir
2, rue de Berne, 1201 Genève.
(22) 731 39 36/37.

Bus entre Israël et l'Égypte

Travco
13 sharia Mahmoud Azmi, Le Caire.
(02) 735 2224.
www.tourism.egnet.net/travco

Hebron Tours
5 midan el-Tahrir, Le Caire.
(02) 790 2305.

Les bus pour Jérusalem partent à 5 h du matin devant le Sheraton de Giza.

Circuler en Égypte

Logo de cars de tourisme égyptiens

En Égypte, les prestations générales du voyage en train ou en avion sont assez bonnes, mais réservations et horaires laissent à désirer. Le réseau ferré relie la vallée du Nil, le delta et la zone du canal. Les compagnies nationales EgyptAir et Air Sinaï desservent les villes principales. Nettement plus cher que le train et les cars longs courriers, l'avion ne convient pas aux petits budgets. Le bus est très développé et souvent préférable au train pour les courtes distances, pour son prix et sa rapidité. Des bus de nuit assurent quelques longs trajets.

Panneau de l'aéroport d'Abou Simbel, vallée du Nil

Vols intérieurs

Les vols intérieurs sont tous assurés par EgyptAir, qui en a le monopole. Sa filiale Air Sinaï a été créée pour desservir Israël et le Sinaï, permettant à la compagnie mère de conserver ses droits d'atterrissage dans les autres pays arabes. EgyptAir a des vols quotidiens fréquents entre Le Caire, Louxor, Hourghada et Assouan, un peu moins souvent sur Alexandrie. Tous les vols intérieurs décollent du Terminal 1 *(Old Airport)* du Caire. Il y a plusieurs vols par jour entre Assouan et Abou Simbel. Air Sinaï propose des vols quotidiens entre Le Caire, Louxor, Hourghada, Charm el-Cheikh et le monastère Sainte-Catherine.

Réservation de vols

Les tarifs, exprimés en dollars, sont dans la moyenne des vols internationaux. On peut régler en livres égyptiennes en présentant le reçu du change. Il faut réserver le plus tôt possible, surtout en hiver ou pendant les grandes fêtes comme l'Aïd el-Adha et l'Aïd el-Fitr *(p. 39)*. Le surbooking est courant sur les deux compagnies : confirmez toujours votre réservation et notez le numéro de référence de la confirmation. Les retards sont courants aussi, et les aéroports locaux sont tristounets. Prévoyez de quoi lire ou de quoi occuper les temps d'attente éventuels. Le poids de bagages autorisé est 20 kg, mais la règle est souvent contournée, notamment pour les bagages à main. Il faut arriver à l'aéroport au moins une heure avant le départ pour un vol intérieur, deux heurers pour un vol international.

Le train

Bien plus agréable que le bus ou le taxi, le train est le meilleur choix pour les longs trajets entre grandes villes. Pour les courts trajets, il est plus lent et moins fiable. Les trains sont de deux catégories : climatisés (A/C), avec des wagons-lits de luxe, et non climatisés pour les dessertes locales. Les A/C ont en général des wagons de 1re et 2e classe. Les premières sont moins bondées et plus confortables, mais les secondes, pour un prix nettement plus bas, ne sont pas si différentes. On peut réserver jusqu'à une semaine à l'avance, mais pas pour un aller-retour. Il faut penser à réserver le retour une fois parvenu à destination. Seize trains A/C quotidiens relient Le Caire et Alexandrie, et cinq Le Caire et Louxor-Assouan, auxquels s'ajoutent deux express de nuit.

Entre Le Caire et Louxor-Assouan, le wagon-lit est une option rapide et confortable, mais chère. Les compartiments moquettés sont dotés de deux couchettes et d'un lavabo.

Le train pour Assouan part de la gare Ramses au Caire

Façade de la gare Masr, dans le centre d'Alexandrie

Car de la compagnie d'autocars West Delta

Il y a un wagon-restaurant, dîner et petit déjeuner peuvent être servis dans les compartiments. Il faut réserver au moins un jour à l'avance, de préférence auprès de Thomas Cook ou d'American Express, ou à l'hôtel Helnan Shepheard du Caire.

Les trains non climatisés n'ont que des 2e et 3e classes, sales et bondées, rarement utilisées par les touristes. En 3e, portes et fenêtres restent ouvertes pour la ventilation.

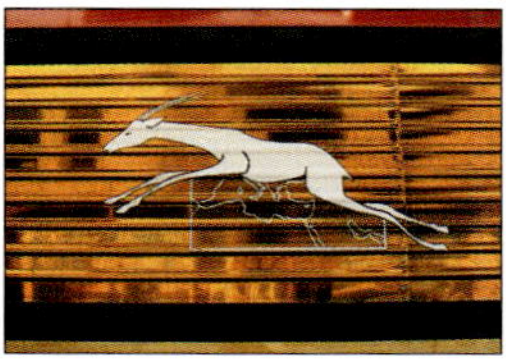

Logo des cars Superjet de la compagnie Arab Union

Bus longs courriers

Trois grandes compagnies d'autobus opèrent en Égypte. La Upper Egypt dessert la vallée du Nil, le Fayoum, les oasis du désert occidental et les villes de la mer Rouge jusqu'à Qosseir. Elle offre aussi un service nocturne de luxe pour Louxor et Assouan. L'East Delta dessert les stations balnéaires du Sinaï, Charm el-Cheikh, Dahab, Nuweiba et Taba, le monastère Sainte-Catherine et les villes du canal, Port-Saïd, Ismaïlia et Suez. La West Delta relie Alexandrie, Marsa Matrouh, l'oasis de Siwa et les villes du delta. Les voyageurs ont le choix entre bus climatisés (A/C), souvent plus récents, et les véhicules non A/C, en général moins pimpants et qui peuvent mettre beaucoup plus de temps. Cela dit, un bus peut être noté A/C sans que la climatisation fonctionne ou que les passagers respectent les panneaux non-fumeurs.

La compagnie de transports Arab Union gère des bus grand confort Superjet et Golden Arrow sur les grandes routes entre Le Caire, Alexandrie, Louxor, Hourghada, Charm el-Cheikh et Assouan. Les Superjet desservent aussi Port-Saïd (environ neuf trajets quotidiens). Dans ces cars climatisés dotés de vidéos et de toilettes, des hôtesses proposent des en-cas fort chers.

Tous les bus longs courriers du Caire partent de la gare routière, derrière la gare Ramses. Alexandrie, Port-Saïd et Ismaïlia ont plusieurs gares routières. Les horaires, souvent affichés en arabe, sont peu fiables et changent souvent, mieux vaut vérifier l'heure des départs auprès des agences de voyages, hôtels et offices de tourisme. On achète les billets aux petits kiosques des gares routières, jusqu'à 24 h à l'avance pour les A/C et les longs courriers. Dans les petites villes, ils sont parfois en vente seulement une heure avant le départ. Les prix varient en fonction du service et de l'heure de départ. Pour les trajets très demandés, mieux vaut réserver sa place le plus tôt possible et monter dans le bus à sa gare de départ.

Carnet d'adresses

Aéroports

Alexandrie
(03) 427 1036.

Assouan
(097) 3480 333.

Le Caire
(02) 291 4266.

Charm el-Cheikh
(069) 3601 140.

Hourghada
(065) 3442 831 ou 3442 592.

Louxor
(095) 2374 655.

Compagnies de bus

East Delta
(02) 419 8533.

Superjet
(02) 579 8188.

Upper Egypt
(02) 431 6723.

West Delta
(02) 414 1318.

Gares

Alexandrie
Gare Masr, midan el-Goumhouriyya.
(03) 392 3207.

Le Caire
Gare Ramses, midan Ramses.

L'imposante entrée de la gare, place Ramses au Caire

La route égyptienne

Pompe à essence typique

Il faut être téméraire pour conduire en Égypte. La ville du Caire est encombrée en permanence et les grandes voies de sortie de la métropole sont dangereuses. Le trafic n'est pas plus ordonné à Alexandrie, mais il est moins dense, sauf l'été, quand des millions d'Égyptiens se réfugient sur la côte. Les taxis collectifs *(service taxi)* circulent partout dans le pays et offrent un transport bon marché et rapide, mais leur manque relatif de confort et de sécurité limite leur intérêt, excepté sur quelques itinéraires. Pour une excursion à la journée, louer une voiture avec chauffeur est une bonne solution.

Taxis collectifs

Comme dans d'autres pays du Moyen-Orient, le taxi collectif constitue un mode de transport intérieur non négligeable. Il s'agit en général de breaks Peugeot ou de minibus. Tous fonctionnent de la même façon, offrant un moyen de circulation rapide et bon marché dans tout le pays. Les chauffeurs se regroupent à des endroits précis, en général près des gares et des gares routières, et hèlent les passants en annonçant leur destination. Ils partent quand le véhicule est complet, sauf si les passagers sont prêts à régler les places vides. Inutile de réserver, il suffit de se présenter au « terminus » et de rechercher la bonne destination.

Si votre groupe souhaite faire une excursion à la journée vers une destination assez mal desservie, louer un taxi collectif peut revenir moins cher que louer une voiture ou d'emprunter un autre transport public.
Le mauvais côté du système est que les voitures sont toujours pleines, ce qui peut être inconfortable, surtout pour les longs trajets. Il ne reste guère de place pour les bagages sauf sur le toit, en général équipé d'une galerie. Plus inquiétant, les chauffeurs sont réputés pour leur conduite téméraire, et les véhicules sont souvent délabrés.

Break opérant comme taxi collectif sur les longues distances

Minibus-taxi transportant jusqu'à douze passagers

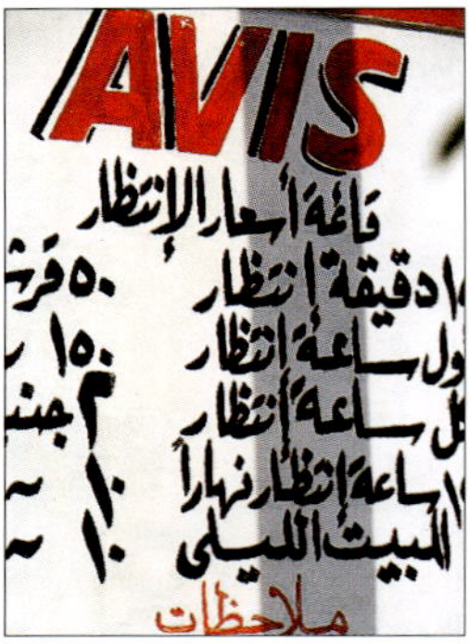

Agence internationale de location de véhicules en Égypte

Location de voitures

Les agences de location de voitures internationales comme Hertz, Budget et Avis ont des bureaux dans les aéroports et dans les grands hôtels des zones touristiques. Il faut avoir entre 25 et 70 ans, et être en possession d'un permis de conduire international valide. On trouve beaucoup de stations-service au Caire et dans les grandes villes, mais elles sont très espacées dans la campagne et le désert, alors partez le réservoir plein. Si vous quittez la route, emporter des réserves d'essence et d'eau, ainsi que des outils. La plupart des stations-service effectuent les petites réparations. Les mécaniciens égyptiens sont compétents, même s'ils recourent parfois à des solutions créatives et peu orthodoxes.

Conduire en Égypte

La conduite en Égypte suit peu de règles et l'anarchie règne en ville. Les conducteurs ignorent marquages au sol, sens interdits, feux rouges, signalisation, et reculent sans vergogne s'ils ont raté leur tournant. Ils font en général part de leurs intentions en klaxonnant ou par des signes de la main, sans utiliser leurs clignotants. Quand un conducteur ou un piéton lève la main, doigts serrés, cela signifie « Attends ! ». Un signe rapide de la main vers l'avant veut dire « Vas-y ! ». Les conducteurs indiquent parfois le changement de direction en sortant le bras entier par la portière. Les conducteurs et les passagers avant doivent attacher leurs ceintures. Les coups de Klaxon inconsidérés sont interdits. Des amandes punissent la violation de ces règles.

En ville, le danger vient aussi de ceux qui sautent du bus en marche, des motos surchargées, des carrioles à âne et des troupeaux de moutons, sans oublier les piétons qui semblent ne suivre aucune règle.

Sur les routes, le risque est plus grand et plus fréquent. Voitures et camions doublent couramment quand il y a quelqu'un en face, ou sur le bas-côté. Les routes sont en mauvais état, avec nids de poule, passages dénudés ou ensablés. Les enfants jouent souvent à côté, voire sur la route. On rencontre toute sorte de bétail, notamment les chameaux. Quand un automobiliste tombe en panne, il entasse des pierres ou du remblai sur la chaussée en guise de signal de détresse.

État classique de la circulation près de midan Ramses au Caire

La conduite de nuit est vivement déconseillée. Les Égyptiens oublient souvent d'allumer leurs feux, sauf pour faire des appels de phares.

Dans le Sinaï, sur la côte méditerranéenne près d'el-Alamein ou dans la zone du canal, conduire hors piste sans être accompagné d'un guide est très dangereux à cause de la présence de nombreuses mines de la Seconde Guerre mondiale et des guerres avec Israël.

Les postes de contrôle sont nombreux. On fait souvent signe aux étrangers de passer, mais on peut aussi contrôler les passeports.

Louer une voiture avec chauffeur peut revenir moins cher que louer une voiture. Renseignez-vous dans les agences de voyages et les hôtels. On peut aussi louer un taxi ordinaire à la journée en négociant le prix.

CARTES

Freytag & Berndt publie une excellente carte générale du pays, en vente dans la plupart des zones touristiques. Les conducteurs peuvent acheter le *Motoring Guide to Egypt* de Mobil, vendu dans les stations Mobil et les librairies touristiques. Les Égyptiens se réfèrent rarement aux cartes. Il y a peu de plans de ville, excepté pour Le Caire.

Panneau stop

Chaussée défoncée

Interdit de klaxonner

CARNET D'ADRESSES

LOCATION DE VOITURES

Avis
Aéroport international du Caire.
(02) 265 2429.

Nile Hilton, Corniche el-Nil, Le Caire.
Plan 5 A3.
(02) 579 2400.

Budget Rent-a-Car
Aéroport international du Caire.
(02) 265 2395.

Cairo Marriott, sharia Saray al-Gezira.
Plan 1 B4.
(02) 735 8888.

Europcar
Aéroport international du Caire.
(02) 291 4266.

27 sharia Libnan, Mohandiseen.
(03) 347 4712.

Hertz
Aéroport international du Caire.
(02) 265 2430.

Ramses Hilton, Corniche el-Nil, Le Caire.
Plan 5 A3.
(02) 577 7444.

1 95 sharia 26th July, Mohandiseen, Le Caire.
(02) 347 2238.

Km 28, Le Caire-Alexandrie, route du désert
(02) 539 1380/3

CLUBS AUTOMOBILES

Automobile and Touring Club of Egypt
10 sharia Qasr el-Nil, Le Caire.
Plan 1 C5.
(02) 574 3355.

CARTES ROUTIÈRES

En France
L'Astrolabe
46, rue de Provence, 75009 Paris.

En Égypte
Librairie AUC
AUC, porte Mohammed Mahmoud, Le Caire.
Plans 1 C5, 5B4.
(02) 795 5377.

Circuler autour du Caire et d'Alexandrie

Panneau de métro à midan Opera

Le Caire est réputé pour son trafic congestionné et chaotique. La conduite en vile est déconseillée aux visiteurs, et de nombreux quartiers, comme les venelles du Caire islamique et copte, se visitent mieux à pied. Les transports publics cairotes comprennent un réseau de bus étendu, bon marché mais bondé, et un métro propre et efficace (peu utile pour les visiteurs). Très nombreux, bon marché et faciles à utiliser une fois compris le système de tarifs, les taxis sont la meilleure solution pour circuler. À Alexandrie, le tramway est roi, couvrant la plupart des quartiers autour du centre, lui-même assez resserré pour être exploré à pied. Les distances sont courtes, mais la signalisation est parfois déficiente. Les noms des rues sont indiqués en français et en arabe.

Tramway devant la basilique d'Héliopolis *(p. 136-137)*

À pied

La meilleure façon de découvrir la richesse, la diversité et la vie trépidante du Caire est la marche, mais aborder la rue peut impressionner la première fois et des précautions sont à prendre. Les conducteurs ne respectent ni marques au sol, ni panneaux, ni feux. Ils ralentissent pour laisser traverser les piétons, mais ceux-ci ne doivent pas hésiter à mi-chemin, car il accroîtraient la confusion dans le zigzag habituel des voitures et des piétons et augmenteraient le risque d'accident. Si possible, traversez avec un autre groupe de personnes. Les quartiers pauvres sont parfaitement sûrs, en revanche, attention aux petits voleurs dans les quartiers bondés comme le Khan el-Khalili. Dans le centre, sur les ponts et au Khan el-Khalili, les femmes peuvent subir harcèlement verbal ou gestes déplacés.

Taxis

Le taxi noir et blanc est le meilleur mode de transport pour le touriste. Il suffit de lever la main au bord de la rue pour en intercepter un. Précisez la destination par quartier ou monument important, et ne soyez pas surpris si le conducteur embarque d'autres passagers pour la même direction.
La loi stipule que le compteur doit être enclenché, mais il ne sert jamais. Le chauffeur vous laisse estimer le prix de la course, il vaut donc mieux se renseigner auparavant pour ne pas donner trop. Les courses dans le secteur Centre-Doqqi-Mohandiseen-Zamalek coûtent en général de 3 à 5 LE ; du centre à Héliopolis ou à Maadi, 10 à 15 LE, et du centre à l'aéroport, 25 à 35 LE. Comptez un peu plus le soir. Plus chers, les taxis des 5-étoiles sont plus intéressants à louer à la journée, ils sont plus confortables et le chauffeur comprend l'anglais.

Une femme seule qui prend un taxi est en sécurité, mais doit s'asseoir à l'arrière, ne pas bavarder avec le chauffeur ni croiser son regard pour éviter tout malentendu.

Navettes fluviales et felouques

Autre façon de circuler, le *river bus* (navette fluviale) bon marché part environ toutes les 30 min du quartier copte pour rejoindre la maison de la Radio au nord du Musée égyptien, en s'arrêtant à l'île de Roda *(p. 124-125)*. Le week-end, ces navettes sont pleines de Cairotes allant aux barrages du Nil *(p. 165)*, au nord du Caire. Le service cesse à 16 h.

Pour une courte croisière, on loue aussi des felouques, petits voiliers du Nil, au tarif de 35-45 LE de l'heure. C'est un merveilleux moyen de découvrir Le Caire vu du fleuve, et elles ont beaucoup de succès au coucher du soleil. Un des grands embarcadères se trouve à Garden City près du Méridien. On peut aussi louer une felouque pour une croisière plus longue *(p. 330)*.

Un des innombrables taxis cairotes noir et blanc

Un moyen de transport paisible au centre-ville, la felouque sur le Nil

MÉTRO

Le métro du Caire est propre, sûr et bon marché, mais seules quelques stations intéressent les visiteurs, surtout Mar Girgis, en face du quartier copte. Il y a deux lignes, notées par destination : Al-Marg à Helwan suit presque tout le temps la rive est du Nil, et Shubra à Giza court du nord au sud-ouest par midan el-Tahrir. La dernière station est indiquée à l'avant du train, et des cartes du réseau ornent chaque station.

On achète les tickets (un trajet, correspondance comprise) dans toutes les stations. Des bornes à tickets barrent les accès aux quais, gardez le ticket car vous en aurez besoin pour ressortir. Aux heures de pointe du matin et du soir, le métro est bondé.

La première voiture, et parfois la deuxième, est réservée aux femmes, mais elles restent libres de choisir n'importe quel wagon.

BUS

Les bus de la ville sont rouge, bleu et blanc, avec à l'avant le numéro de la ligne en arabe. Souvent bondés et vétustes, on ne les recommandera pas. Mais ils couvrent presque toutes les destinations et sont très bon marché. Les minibus orange et blanc de la ville, un peu plus confortables, ont un tarif et un itinéraire fixes et sont aussi très bon marché. On paye en montant. Ils s'arrêtent midan el-Tahrir, aux abris métalliques, aux poteaux marqués d'un panneau, ou, plus fréquemment, quand une foule attend au bord de la rue. Deux lignes utiles, la 82 et la 83, vont de midan el-Tahrir aux pyramides. On trouve aussi des microbus et des taxis collectifs de la ville qui suivent un itinéraire fixe et s'arrêtent à la demande. Mais comme les autobus, ils sont bondés et utilisés surtout par les Égyptiens.

Le bus local permet de s'immerger dans un Caire authentique

CIRCULER À ALEXANDRIE

Alexandrie conserve son vieux réseau de tramways, fatigué et lent, mais bon marché. Il fonctionne de 5 h 30 à minuit (1 h du matin en été). Ramla, le grand terminus du centre, se trouve à l'est de la gare routière sur midan Saad Zaghloul. Les tramways qui partent vers l'est sont bleus, ceux qui vont vers l'ouest jaunes. Dans ceux qui ont trois voitures, celle du milieu est réservée aux femmes.

Parmi les lignes utiles aux touristes, la 15 dessert la mosquée Abou el-Abbas Moursi et le fort Qaytbey *(p. 240-241)*, et la 16 la colonne de Pompée *(p. 242)*. Direction est, la 2 parcourt les deux tiers du chemin pour le palais Montaza *(p. 243)*. Tous les chiffres et indications sont en arabe.

Comme au Caire, les bus sont anciens et bondés. Le minibus est un meilleur choix, il suit la plupart des lignes de tramway et les mêmes horaires. Les minibus de la ville sont blancs, les privés bleus ou gris. Le ticket coûte moins d'une livre. Les lignes intéressantes pour le tourisme sont la 706 et la 707 pour le fort Qaytbey *via* la Corniche, la 703 et la 710 de la place Orabi à l'aéroport, et la 728 et la 729 de la gare Masr à Aboukir *(p. 246)*.

Les taxis de la ville sont noir et orange ou jaune, et fonctionnent comme ceux du Caire *(p. 328)*. Si la circulation est fluide, une façon relaxante de parcourir Alexandrie est la calèche. Les chevaux attendent sur la Corniche et devant la gare Masr. Le prix est négociable comme partout en Égypte. Un tarif horaire de 10 à 15 LE devrait satisfaire chacun.

Dans une rue très passante, un tramway trace sa route vers l'ouest d'Alexandrie

Les croisières sur le Nil

Touristes à bord d'une felouque

La croisière sur le Nil est un des meilleurs moyens de découvrir les paysages verdoyants de sa vallée et les splendides monuments qui en bordent les berges. Avec plus de 200 bateaux et une multitude de felouques, beaucoup de tour-opérateurs proposent la croisière dans leurs forfaits. On peut réserver une croisière dans son pays d'origine ou bien à l'arrivée, auprès des organisateurs de voyages du Caire ou de leurs agences de Louxor *(p. 178-187)* ou d'Assouan *(p. 204-207)*.

Le forfait croisière

Au XIXe siècle, la visite des monuments d'Égypte était un temps fort du Grand Tour, voyage initiatique à la mode, et la croisière sur le Nil était déjà très prisée. Aujourd'hui, c'est une industrie lucrative, quelque 240 bateaux sillonnent le Nil entre Assouan et Louxor, et les charmes de la vie à bord alliés aux trésors des pharaons exercent toujours un attrait irrésistible sur les voyageurs.

Profiter d'une croisière est facile, il suffit de réserver un voyage tout compris de chez soi, vols inclus. Une croisière d'une semaine classique comprend la remontée vers Assouan, avec escale à Esna, Edfou et Kom Ombo *(p. 200-201)*. On propose des excursions à partir du bateau à Dendera *(p. 174-175)* ou à Philae *(p. 208)*.

La navette fluviale du Caire attend le départ

Ces forfaits qui comprennent hébergement en cabine confortable, repas et transport jusqu'aux sites sont souvent d'excellentes affaires. À la réservation, vérifier ce qui est inclus – transferts à l'aéroport, billets d'entrée des sites, animation à bord, etc. Les croisières comprises dans un voyage organisé sont en général fiables et de qualité constante. L'une des agences les plus anciennement installées en Égypte, Thomas Cook organise depuis le milieu du XIXe siècle des croisières sur le Nil *(p. 187)*. Elle dispose de trois bateaux spécialement conçus.

Élégantes, les felouques glissent le long des rives d'Assouan

Organiser sa croisière en Égypte

Les navettes fluviales qui montent et descendent le Nil sont un bon moyen de faire une excursion d'un jour à Qanatir *(p. 165)*. Ceux qui ont prévu un séjour au Caire, à Alexandrie ou dans la péninsule du Sinaï, mais qui veulent quand même voir les sites de la vallée du Nil, peuvent opter pour la croisière. Les bateaux proposant ces excursions sont légion ; il suffit de s'adresser aux hôtels comme le Sheraton, le Hilton ou l'Oberoi. Mais on trouve de meilleurs prix chez les agents de voyages locaux ou en négociant directement avec les propriétaires de bateaux à Louxor ou Assouan. Les tarifs varient en fonction du niveau de luxe proposé. Renseignez-vous, et vérifiez ce qui est inclus dans le prix.

On peut prendre le bateau du Caire jusqu'à Assouan (10-12 jours), mais la plupart préfèrent prendre l'avion ou le train pour Louxor, où ils retrouvent le bateau pour une croisière de quatre jours à Assouan.

Excursions en felouque

Le voyage en Égypte est incomplet sans balade en felouque. Ces très anciens voiliers, qui sillonnent le Nil toute la journée, sont très recherchés au coucher du soleil. On les loue pour de courtes promenades ou des croisières plus longues. Le parcours entre Assouan et Louxor est le plus demandé. D'Assouan, on peut voguer jusqu'à Kom Ombo *(p. 201)* ou Edfou *(p. 200)*, puis rejoindre Louxor par la route. Certaines felouques descendent le Nil jusqu'à Esna *(p. 200)* et Louxor, mais cela dépend des mesures de sécurité en cours. L'hiver, quand le temps est idéal, la croisière à Kom Ombo prend deux nuits, celle pour Edfou et Esna au moins trois. La remontée du Nil de Louxor à Assouan dépend beaucoup

Capitaine de felouque nubien sur le Nil à Louxor

du vent, qui parfois tombe. C'est pourquoi les voyageurs préfèrent embarquer à Assouan et descendre le fleuve.

Cinq personnes minimum sont nécessaires pour la croisière en felouque. Un groupe trop petit pourra demander à l'office de tourisme si un autre passager peut se joindre à lui. L'office peut recommander un capitaine, les hôtels aussi, mais ils prennent une commission. Avant de choisir le bateau, vérifiez s'il possède l'équipement indispensable : réserve d'eau suffisante (souvent un jerricane) ; auvent pour l'ombre ; réchaud et lampe à kérosène ; ustensiles de cuisine, couverts ; compartiment bagages fermant à clef. La nuit est froide, vérifiez que la felouque dispose de couvertures en nombre, sinon prenez un sac de couchage.

Les offices de tourisme donnent des prix pour les forfaits croisière, qui varient suivant la saison et la demande. Ils peuvent servir de base de négociation. Parfois, « tout compris » ne signifie pas que l'eau et les repas sont inclus. Contrôlez ce qui est vraiment compris. La quantité minimum d'eau potable par jour et par personne est 3 l, sans compter l'eau de cuisson si le groupe a pris l'option repas.

L'hygiène n'est pas à négliger pour la croisière sur une felouque. L'eau du Nil qui sert à la vaisselle doit être purifiée avec des comprimés. Il faut bien se laver les mains avant de toucher les aliments. Les détritus doivent être brûlés, les excréments enfouis pour ne pas polluer plus les berges du Nil.

Chapeau, crème solaire et anti moustiques sont indispensables pour bien profiter de la promenade. La baignade est déconseillée car le Nil est infesté par le parasite de la bilharziose.

Quand embarquer ?

La haute saison des croisières s'étend de décembre à février. Louxor et Assouan deviennent désagréablement surpeuplés à cette période. En mars-avril et octobre-début novembre, il y a moins de visiteurs et le temps est toujours aussi agréable.

D'octobre à mai, le niveau de l'eau du Nil peut baisser à cause de la retenue du barrage d'Assouan, rendant la circulation des bateaux et felouques difficile.

Carnet d'adresses

Spécialistes de croisières sur le Nil

En Égypte

Abercrombie & Kent
18 Sharia Yusuf al-Gindi, Le Caire.
Plan 5 C4.
(02) 393 6255.
www.abercrombiekent.com

Thomas Cook
17 Sharia Mahmoud Bassiouni, Le Caire.
Plan 3 B3.
(02) 574 3955.
www.thomascookegypt.com

Five Star Travel Group
49 Moheyel Dine Abul Ezz, Mohandiseen, Le Caire.
(02) 336 0255.
www.fivestar-egypt.com

En France

Kuoni
95, rue d'Amsterdam, 75008 Paris.
01 42 85 62 35.
www.kuoni.fr

Fleuves du monde
17, rue de la Bûcherie, 75005 Paris.
01 44 32 12 85.
www.fleuves-du-monde.com

En Belgique

Nouvelles Frontières
Bd Lemonnier 2, 1000 Bruxelles.
02 547 44 44.
www.nouvellesfrontieres.com

Groupe en croisière organisée admirant la splendeur d'Abou Simbel

Index

Les numéros de page en **gras** renvoient aux entrées principales.

A

N

Q

R

Remerciements

L'éditeur remercie les personnes suivantes pour leur contribution à la préparation de cet ouvrage.

DIRECTRICE DE LA PUBLICATION
Jane Ewart.

RÉDACTRICE EN CHEF
Anna Streiffert.

DIRECTION ÉDITORIALE GUIDES TOURISTIQUES
Gillian Allan.

ÉDITION
Douglas Amrine.

RÉALISATION
Joanna Bull, Sarah Dodd.

COLLABORATEURS PRINCIPAUX
Jane Dunford, Dr Joann Fletcher, Andrew Humphreys.

AUTRES COLLABORATEURS ET CONSULTANTS
Robin Gauldie, Kyle Pakka, David Stone.

ILLUSTRATIONS D'APPOINT
Rebecca Milner.

PHOTOGRAPHIES D'APPOINT
Jo Doran, Clive Streeter.

CONCEPTION ET ASSISTANCE ÉDITORIALE
Helen Foulkes, Dale Harris, Victoria Heyworth-Dunne, Samira Mahmoud, Kareen Sharawy

LECTEUR-CORRECTEUR
Stewart J. Wild.

RESPONSABLE DE L'INDEX
Hilary Bird.

AVEC LE CONCOURS SPÉCIAL DE
Ben Faulks, Gamal, Peter Sheehan, Shehad, Hisham Youssif.

RECHERCHE D'ILLUSTRATIONS D'APPOINT
Nicole Kaczynski.

AUTORISATIONS DE PHOTOGRAPHIER
L'éditeur exprime sa gratitude, pour leur coopération et leur contribution au présent ouvrage, envers les responsables des édifices religieux, musées, hôtels, restaurants, magasins, galeries et sites, trop nombreux pour être remerciés individuellement.

CRÉDITS PHOTOGRAPHIQUES
h = en haut ; hg = en haut à gauche ; hgc = en haut à gauche au centre ; hc = en haut au centre ; hd = en haut à droite ; cgh = au centre à gauche en haut ; ch = au centre en haut ; cdh = au centre à droite en haut ; cg = au centre à gauche ; c = au centre ; cd = au centre à droite ; cgb = au centre à gauche en bas ; cb = au centre en bas ; cdb = au centre à droite en bas ; bg = en bas à gauche ; b = en bas ; bc = en bas au centre ; bcg = en bas au centre à gauche ; bd = en bas à droite ; (d) = détail.

L'éditeur remercie les personnes, sociétés et bibliothèques suivantes qui ont aimablement autorisé la reproduction de leurs photographies dans cet ouvrage :

AFP, Londres :
Amr Mahmoud-STR 299cd ; AMR NABEEL-STR 42h ; Manoocher Deghati-STF 39cgb ; Marwan Naamani-STF 38cd ; Mohammed al-Sahiti-STR 40bg, 38h, 41h, 303hd ; Narwan Naamani-STR40b ; Patrick Hertzog-STF 42b ; STR 39hd ; STR-STR 41b.

AKG, Londres :
55hc ; 179h, 236bg ; 241ch ; François Guenet 170b ; Erich Lessing 24hg, 83cg, 171hd, 179h, 193bg, 234hd ; Gilles Mermet 110bg.

Ancient Art & Architecture Collection :
22hd, 24cg, 26-27, 26bd, 28hd, 29cg, 31hg, 45ch, 48bd, 49b, 50cdb, 51b, 52cgb, 52bc, 56bc, 70cb, 77hg, 105hg, 132bd, 164cd, 170hd, 171cg, 186bd, 189cd, 189bd, 191bd ; Dr S. Coyne

207hd, 207cg, 207bd ; Muhammed el-Agsarai 56cdb, ; R. Sheridan 20hg, 22bd, 34bd, 242b.

The Ancient Egypt Picture Library :
30bg, 74cg, 170cd, 171bd, 173hd, 174bg, 190cdh, 190bg, 235cg.

Jon Arnold :
1c.

The Art Archive :
Mander & Mitcheson Theatre Col./Eileen Tweedy 61ch ; Museo Civico Revoltella Trieste/Dagli Orti 60-61c ; musée Correr, Venise/Dagli Orti 58cb, 211cdh ; Dagli Orti 58h ; Musée égyptien, Le Caire/Dagli Orti 3c, 27hd, 74cgb, 76hg, 76bd, 77bc.

Axiom :
Heidi Grassley 211bg, James Morris 31cdb, 160bd, 173cb, 173bg, 211hc, 235bd, 256cb.

Bildarchiv Preußischer Kulturbesitz :
Johannes Laurentius 54cg.

Bridgeman Art Library, Londres/New York :
30hd, 30cd, 32ch, 55hd, 57bd, 59bc, *La Fuite en Égypte* de Jean-Léon Gérôme 123h, 128hd ; Bargello, Florence 57bc ; Magdelen College, Oxford 57bd ; musée des Beaux-Arts, Béziers 54-55c ; musée du Louvre 22cg, 22-23, 26bg, 174bd ; Stapleton Collection 24b, 65 encadré, 132bg, 210hd, 299bg ; British Library, Londres 58bc ; British Museum, Londres 46bg ; Whitford & Hughes 123h.

Jean-Loup Charmet :
53bg.

Bruce Coleman Ltd. :
Franco Banfi 37bg ; Charles et Sandra Hood 223bd, 306bd.

Thomas Cook Archive
187cd.

Corbis :
60hd ; Bettman 55ch; Bettmann 18c ; Galen Rowell 257cdb ; Hulton Deutsch Collection 20bd ; Julia Waterlow/Eye Ubiquitous 18b ; KM Westermann 64-65, 304cg ; Reuters New Media Inc., 54c, 253cg ; Sandro Vannini 258-259 ; Stéphane Compoint/Sygma 19h ; Sygma 20/21c ; Vanni Archive 118-119 ; Yann Arthus-Bertrand 15b.

G. Dagli Orti :
110cg ; Musée gréco-romain, Alexandrie 55hg, 228hg, 238cgb, 239cdh ; Musée gréco-romain, Alexandrie.

CM Dixon :
24hd.

DK Picture Library :
60b, 296hd, 296bd ; Alan Hills 296bg ; Alistair Duncan 21h, 25b, 25cdh ; British Museum 23cb, 31bd ; British Museum/Peter Hayman 122h, 122hd ; Dave King 297bd ; Franck Greenaway 55cbi ; Geoff Brightling 21bd, 31cgb ; Peter Hayman 30cgb ; Philip Dowell 297bd ; Philip Enticknap 187cg.

DK Picture Library/British Museum, Londres :
28cgb, 28cg, 28cd, 28cdb, 28bd, 28bcg, 29hg, 29hd, 29cgh, 29ch, 29cdb, 29bg, 48h, 55bg.

Jo Doran :
115b, 197h.

Edimedia, France :
34c.

Mary Evans Picture Library :
56hc, 57hg, 59hd, 59cd, 59cgb, 59bd, 60cg, 187cdb, 187bd, 299cgb.

Werner Forman Archive :
51ch, 134cd, 159hc, 160cg, 188hd, 191cb, 195cdb; British Museum, Londres 26hg, 30ch ; Dr E. Strouhal 31bg, 31c, 194bg, 194hg, 195hg,

199hg ; Musée gréco-romain, Alexandrie 53hc, 238cg, 238bg, 239bg ; J.Paul Getty Museum, Malibu 165bc ; Metropolitan Museum of Art, New York 77c, musée du Louvre 31cgh ; Schimmel Collection, New York 23hg, 122cg ; Musée égyptien, Le Caire 20cgb, 50cs, 51cb, 74hg, 74bc, 75hd, 75cdh, 75cd, 75cb, 76cd, 76cgh.

Kenneth Garrett :
190b.

Genesis Space Photo Library : 10bg.

© **J. Paul Getty Trust :**
Guillermo Aldana 195bd.

Patrick Godeau, Égypte :
14pleine page, 114b.

Ronald Grant Archive : 55b.

Hilton Alexandrie Green Plaza : 261b.

© **Michael Holford :**
23hd, 25cdb, 117hc, 193bd, 202-203.

Angelo Hornak Library :
34hg, 35ch, 93cd.

Hulton Getty :
Hulton Getty 54hd.

Hutchinson Library :
Liba Taylor 162-163.

Jurgen Liepe :
5bg, 45bg, 46hg, 47hc, 47cdb, 47bg, 49cb, 122bg, 132hc, 299cgh.

Magnum :
Bruno Barbey 63bc.

Richard T. Nowitz :
110hd, 114ch, 116bg, 125c, 180b, 181b, 183cd, 183bd, 306c.

Oronoz Archivo Fotográfico :
British Museum 22bg.

Lesley Orsen :
233cgh.

Christine Osborne :
25hg, 31cdh, 35cb, 92bg, 103bd, 106hd, 106cg, 107h, 111bg, 114cb, 120bg, 121bg, 123b, 172hg, 172c.

Oxford Scientific Films :
Mark Webster 212 ; Mike Brown 257hc.

Pa Photos :
61bd ; EPA European Press Agency 63cb, 63h.

Popperfoto :
20hd, 20cgh, 20cg, 21cd, 60hg, 61bg, 62hg, 62cb, 63bd, 122bd, 125bd, 135bc ; Donald McLeish 73hd.

Retrograph Archive Ltd. :
187bg.

Scala Group S.p.A. :
30hg, 116cd ; Musée archéologique de Palestine, 44 ; Musée copte, Le Caire 114h, 116h ; Musée égyptien, Le Caire 15h, 45bc, 66cdb.

Topham Picturepoint :
20bg.

Art Directors & TRIP :
D. Saunders 222hg.

Wawson Wood :
223h, 223cdb, 223cgb, 223bg.

Couverture :
Première de couverture : DK Picture Library : British Museum/Peter Hayman bc, cbd ; Peter Wilson bcg ; Getty Images : Hugh Sitton image principale.
Quatrième de couverture : DK Picture Library : Jon Spaull h ; Oxford Scientific Films : Mark Webster b.
Dos : Getty Images : Hugh Sitton.

Lexique

En Égypte, la langue officielle est l'arabe, langue difficile à apprendre pour le voyageur fraîchement arrivé. Pourtant, cela vaut la peine de mémoriser quelques mots et phrases clés, car si la plupart des Égyptiens citadins connaissent un peu d'anglais (le français est un peu plus répandu à Alexandrie), ils seront ravis de vos quelques mots d'arabe.
Nous donnons ici des transcriptions de l'arabe moderne standard, tel qu'il est parlé à la radio et à la mosquée et écrit dans les journaux. Il peut différer de l'arabe de l'Égyptien de la rue, mais si vous parlez en articulant clairement, vous devriez être compris.
Transcrire l'arabe dans l'alphabet latin est une tâche difficile, et aucun système ne donne entièrement satisfaction. On rencontre sur place toutes sortes de variantes orthographiques. Nous donnons ici une transcription simple, proche de la phonétique.

Urgences

Au secours !	elha'ouni !
Stop !	ou'af !
Je cherche un médecin	orid al zehab lel tabih
Je cherche une pharmacie	orid al zehab lel saydaliya
Je cherche un téléphone	fein el-telefon ?
Où est l'hôpital ?	ayn tougad al mostachfa ?
Je suis allergique à…	andi hassasseya lil…
… l'aspirine/la pénicilline	aspirine/penicilline

Le b-a ba

Oui/non	aywa/la
Merci	choukran
Non, merci	la choukran
S'il vous plaît	min fadlak
Bonjour *(salut respectueux)*	es-salam aleikoum
Bonjour *(matin)*	sabah el-kheir
Bonjour *(après-midi)*	messa el-kheir
Au revoir	maa es-salama
Bonne nuit *(en allant se coucher)*	tesbah ala kheir
Excusez-moi, je vous prie	min fadlak, law samaht
Aujourd'hui	en-nahar da
Hier	al-ams
Demain	ghadan
Ce matin	en-nahar da es-sobh
Cet après-midi	en-nahar da bad ed-dohr
Ce soir	en-nahar da bil-leyl
Ici	hena
Là	henak
Quoi ?	maza ?
Lequel ?	ay ?
Quand ?	emta ?
Qui ?	naam ?
Où ?	fein ?

Expressions utiles

Je ne comprends pas	la afham
Parlez vous français/anglais ?	hal tatakalam faransi/englisi ?
Je ne parle pas l'arabe	la ataklam al Arabeya
Je ne sais pas	la aaref
Parlez plus lentement, s'il vous plaît	men fadlak tahadath bebote
Pouvez-vous me l'écrire, s'il vous plaît ?	men fadlak ektob ala hazihi al-waraqah
Je m'appelle…	esmi…
Comment allez-vous ?	ezzayak
Ravi(e) de vous rencontrer	tacharafna
Pardon !	assef !
Je suis vraiment désolé(e)	assef geddan
Pouvez-vous m'aider ?	min fadlak, moumkin tessaedni ?
Pouvez-vous me dire ?	men fadlak qol li… ?
Je voudrais…	awez
Est-ce qu'il y a… ici ?	yougad…hona ?
Où puis-je trouver…?	ayn ajed… ?
Cela coûte combien ?	kam thaman haza (m) hazihi (f)
Quelle heure est-il ?	es-saa kem ?
Je dois partir maintenant	labod an azhab al-a'n
Prenez-vous les cartes de crédit ?	hal te'bal Visa ?
Où sont les toilettes ?	ayn ajed al-hamam ?
Ça suffit !	khalas !
C'est très bon !	momtaz !
Gauche	chemal
Droite	yemin
En haut	fo'
En bas	taht

Prononciation

Le g se prononce gu devant toute les voyelles
Le kh se prononce comme la *jota* espagnole
Le h est fortement aspiré
Le r est roulé comme en espagnol
La transcription gh se prononce comme un r
Le w correspond au son « ou »
Le e correspond au son è
La transcription ay se prononce comme « ail »
Le signe « ' » indique un arrêt bref de la prononciation
Les consonnes finales se prononcent (ex. : choukran se prononce « choukrane »)

En voyage

Je voudrais aller à…	orid al zehab le…
Comment va-t-on à… ?	kayef tazhab le … ?
Je voudrais louer une voiture	aouz a'aggar arabeyya
Permis de conduire	rokhsa qiyada
Je me suis perdu	ana touht
Je cherche un garage	ayn yougad arqrab warshet sayarat ?
Essence	benzin
Station service	mahata benzin
Aéroport	matar
Billet	tazkara
Passeport	gawaz safar
Visa	visa
Quand y a-t-il un vol pour… ?	mata tougad reHalat tayaran cla… ?
Combien coûte le billet pour… ?	be kem el-tazkara li… ?
Un billet (aller simple / aller-retour) pour…	tazkarat (zehab/rayeh-gay) li…
Quand arrive-t-on à… ?	mata nasel ela … ?
Quand part le prochain train pour… ?	emta awel atr li… ?
À quelle gare sommes-nous ?	ay mahata nakoun ?
Train	'atr
Première classe (trains)	daraga oula
Seconde classe	daraga tania
Wagon couchette	arabeya noum
Bus	otobees

Gare routière	mahatet el-otobees
Bateau	markeb
Croisière	rihla bahariya
Ferry	abara
Taxi	tax

Pour téléphoner

Puis-je me servir de votre téléphone ?	momkem astaamel telefounak ?
Combien coûte un appel pour… ?	bi kem el-mokalema li… ?
Est-ce que je peux avoir l'international d'ici ?	momkem attassel bel-khareg min hena ?
J'aimerais parler à…	awez atkalem maa…
Pouvez-vous lui laisser un message ?	momkem tesib lo resala ?
Mon numéro est le…	rakami…
Appel téléphonique	mokalema
Urgent	moustagil
Opératrice	central

Poste et banques

Combien coûte une lettre pour… ?	bi kem gawab li… ?
Je voudrais envoyer ceci par avion	awez arsel el-gawab da bil-barid el-gaoui
Je voudrais changer ceci en…	awez aghayyar da ila…
Banque	bank
Dollar (US)	dollar
Taux de change	se'r et-taghir
Lettre	gawab
Boîte aux lettres	sondouq barid
Colis	tard
Poste	bosta
Carte postale	carte postale
Bureau de poste	maktab al-barid
Timbre	tabia barid
Travellers chèque	chik siyahi

À l'hôtel

Avez-vous une chambre libre ?	hal yoogad ghoraf khaaleeyah ?
J'ai une réservation	andi hagz
Je voudrais une chambre avec salle de bains	awez ghorfa bi hammam
Pouvez-vous me donner la note ?	momken al-hesab law samaHat
Je paierai par carte de crédit	sa-adfaa el-fatoura bil Visa
Je paierai en liquide	sa-adfaA naqdan
Hôtel	foundou'
Climatisation	takyeef
Chambre double	ghorfa li etnein
Chambre simple	ghorfa bi serir wahed
Douche	douch
Toilette	twalet
Papier toilette	wara'a twalet
Clé	moftah
Ascenseur	mesaad
Petit déjeuner	fitar
Restaurant	mataam
Addition/note	hasab

Les achats

Je voudrais…	awez…
Avez-vous… ?	hal andak… ?
Combien pour ceci ?	bi kem da ?
Je vous en donne…	ha aatik…
Deux pour…	etnein bi…
Où est-ce que je paye ?	aydn adfaa
J'achète…	achteri…

Visites

Mosquée	gami
Rue	chari
Maison	beyt
Place	midan
Plage	plaj
Musée	mathaf
Église	kenisa
Château, palais	'asr

Se restaurer *(voir aussi p. 280/81)*

Une table pour un/deux, s'il vous plaît	ma'eda le chakhs wahed/ le chakhsayn law sanaht
Je voudrais…	awez…
Est-ce qu'on peut avoir l'addition ?	momken al-mazid mendfadalk… ?
Est-ce qu'on peut avoir encore… ?	momken chouaya kaman…law samaht ?
Bière	bira
Bouteille	ezaza
Gâteau	keik
Café	'ahwa
sans sucre	sada
un peu sucré	mazbout
très sucré	zeyada
au lait	bil-laban
Tasse	fingan
Verre	koubbaya
Assiette	taba'
Sandwich	sandwetch
En-cas, snack	wagba khafifa
Sucre	soukkar
Table	ma'eda
Thé	chay
Menthe	naanaa
Eau (minérale)	mayya maadaneyya
Vin	nabit

Quelques plats et boissons

Soupe	chorba
Poisson	samak
Salade d'aubergines	salatat badingan
Melon	chamam
Variantes	torchi
Hoummous	hoummous
Falafel	falafel
Boulettes de fèves	taameyya
Olives	zeitoun
Feuilles de vigne farcies	warak einab
Pâté d'aubergines et tahina	baba ghanoug
Fromage	gibna
Fromage caillé	labna
Œuf	beida
Macaronis	makarouna

Poissons

Poisson grillé	samak machoui
Poisson frit	samak ma'li
Poisson et riz	samak sayadiyya
Poisson fumé	samak medakhan
Crevettes	gambari
Calamar	calamari

Thon	touna

Viandes et volailles

Bœuf	lahm ba'ari
Poulet	ferekh
Morceaux de poulet	kofta ferekh
Canard	batt
Brochettes d'agneau	kebab
Agneau	lahm dani
Viande	lahm
Boulettes de viande	kofta
Pigeon	hamam
Rosbif	rosbif
Agneau rôti à la broche	chawarma
Steak	bofteik

Légumes

Aubergine	badingan
Chou	koromb
Céleri	karafs
Piments	felfel
Concombre	khiyar
Lentilles	ads
Laitue	khass
Okras, gombos	bamya
Oignons	basal
Pommes de terre	batates
Riz	rozz
Tomates	tamatem
Légumes	khodar

Fruits frais et secs

Amandes	louz
Abricots	mechmech
Bananes	mouz
Fruits secs	fawakeh nachfa
Figues	tin
Fruits	fawakeh
Citron	leimoun
Pistaches	fostok
Pastèque	batikh

Desserts

Cake	keik
Baklava	baklawa
Biscuits	baskout
Dessert	halawiyat
Beignets au sirop	zalabiya
Salade de fruits	salata fawakeh
Glace	ayss krem
Om'Ali *(pudding au lait aux raisins)*	oum ali
Pâtisserie aux fruits secs et sirop	konafa
Yaourt	zabadi

Modes de préparation

Au four	fil-forn
Au barbecue	machoui ala el-fahm
Bouilli	maslou'
Frit	ma'li
Grillé	machoui
Confit au vinaigre	mekhali
Épicé	metabel
En ragoût	mesabek
Farci	mahchi

Nombres

0	sifr	30	talatin
1	wahed	31	wahed wa talatin
2	etnein	32	etnien wa talatin
3	talata	40	arbaïn
4	arba	50	khamsin
5	khamsa	60	settin
6	setta	70	sabaayn
7	saba	80	tamanin
8	tamania	90	tessaayn
9	tesaa	100	meya
10	achara	110	mé'ah wa achara
11	hedachar	200	metein
12	etnachar	300	toltomeya
13	tatatachar	400	roboomeya
14	arbaatachar	500	khomsomeya
15	khamastachar	600	sotto meya
16	settachar	700	sboomeya
17	sabaatachar	800	tomnomeya
18	tamantachar	900	tosoomeya
19	tessatachar	1 000	alf
20	eichrin	2 000	alfein
21	wahed wa eichrin	10 000	achartalaf
22	etnein wa eichrin	1 000 000	melyoun

Jours, mois, saisons

Dimanche	yom el-had
Lundi	yom el-etnein
Mardi	yom et-talat
Mercredi	yom el-arbaa'
Jeudi	yom el-khamis
Vendredi	yom al-goumaa
Samedi	yom es-sabt
Janvier	yanayer
Février	febrayer
Mars	marss
Avril	ebril
Mai	mayo
Juin	younyou
Juillet	youlyou
Août	aghoustous
Septembre	sebtember
Octobre	oktouber
Novembre	noofember
Décembre	disember
Printemps	el-rabii
Été	es-sayf
Automne	el-kharif
Hiver	ach-cheta'

Vous entendrez certainement

Inch'Allah	À la grâce de Dieu
Machi	ok !
Maalech	Ce n'est pas grave (l'expression est aussi utilisée comme une formule d'excuse ou de regret…)
Tacharafna	Vous êtes le(s) bienvenu(s)
Esmak eh ?	Comment vous appelez-vous ?
Bel hana wach-chefa	Bon appétit !

GUIDES VOIR

Pays

Afrique du Sud • Allemagne • Australie
Canada • Espagne • France • Grande-Bretagne
Irlande • Italie • Japon • Maroc • Mexique
Nouvelle-Zélande • Portugal, Madère
et Açores Singapour • Thaïlande

Régions

Bali et Lombock • Barcelone et la Catalogne
Bretagne • Californie • Châteaux de la Loire
et vallée de la Loire • Écosse • Florence et la
Toscane • Floride • Grèce continentale
Guadeloupe • Hawaii • Îles grecques • Jérusalem
et la Terre sainte • Martinique • Naples, Pompéi
et la côte amalfitaine • Nouvelle-Angleterre
Nouvelle-Orléans • Provence et Côte d'Azur
Sardaigne • Séville et l'Andalousie • Sicile
Venise et la Vénétie

Villes

Amsterdam • Berlin • Bruxelles, Bruges, Gand
et Anvers • Budapest • Delhi, Agra et Jaipur
Istanbul • Londres • Madrid • Moscou
New York • Paris • Prague • Rome
Saint-Pétersbourg • Stockholm • Vienne

CONSULTEZ NOTRE SITE
www.hachette.com

Carte des transports au Caire